불합리한
폐지
가족법 개정 쟁취하자
이천만 여성 단결하여
!

〔또 하나의 문화〕
제6호

〔또 하나의 문화〕
제6호

도서출판

주부, 그 막힘과 트임

〔또 하나의 문화〕
제6호

도서출판
또 하나의 문화

그림 / 김용림 김인순 김진숙 윤석남 외
글 편집 / 박혜란 고석주 장필화 김명신 고영애 이숭선 안희옥 외
표지그림 / 김진숙, 중년의 일기, 1988

김창섭, 책을 든 부인, 1924

‘또 하나의 문화’ 모임은 4년 전에 동인지 2호를 ‘열린 사회, 자율적 여성’이라는 제목으로 펴냈었다. 그때 우리는 편집자의 글에서, 모든 여성에게 자율성 확립은 하나의 당위로 주어져야 한다고 힘주어 말했었다.

"혼자 섬으로써 비로소 진정한 협력자로서 손을 맞잡고 일할 수 있다는 의미에서 자율성은 또한 공동체의 운명에 적극 참여하는 필요조건이 된다…… 현대사회의 진정한 발전은 근본적으로는 주체적인 시민세력의 형성이 없이는 불가능하며 이에 여성의 자율성 확립의 과제는 더욱 그 당위성을 갖게 되는 것이다……"

짧은 기간 동안 우리 사회는 격변이라고밖에 표현할 수 없는 큰 변화를 겪었으며 여성의 삶 또한 다양하게 열려가는 듯하나, 찬찬히 따져보면 여전히 여성의 자율성 확립이라는 과제는 그대로 우리 앞에 남아 있다. 그래서 4년이 지난 지금 우리는 다시 이 주제를 부각시키지 않으면 안 되게 되었다. 2호에서 우리는 가정주부들의 이야기가 빠진 것을 못내 아쉬워 했는데, 이 책에서는 주로 그들의 목소리로 이 문제가 풀려진다.

　그토록이나 속내를 드러내는 것을 꺼려 왔던 주부들이 당당하게 자신의 삶을 드러내 보이면서 이웃과 나누고 싶어해서 놀랍고 반가왔다. 이 책은 어느새 우리를 동료로 끌어 안은 주부들이 눈물과 희망을 얽어 다듬은 것이다. 낱장을 넘길 때마다 우리는 혼자 서고자 하는 주부들의 노력과 자매애의 씨앗을 보게 될 것이다.

　책은 다음 순서로 엮어진다. 먼저 근대화 과정에서 여성들에게 맡겨진 가정주부화 현상을 분석한, 조금은 까다롭고 긴 논설이 실려 있다. 그러나 이 글에서 어렵게 풀어간 문제들은 곧이어 실린 주부들의 글모음에서 살아 있는 목소리가 되어 다시 펼쳐진다.

　홀시어머니 밑에서 십년을 꾸려 온 주부의 슬기, 이 사회가 들씌워 준 현모양처의 틀에 맞추려고 자신의 모난 부분을 도려내는 평범한 주부의 아픔, 끝없이 쌓이는 일더미에 치어 자신을 돌아볼 겨를이 없는 쳇바퀴 속의 삶, 남편이라는 울타리를 빼앗기고 추워하는 주부들이 힘겹게 모아내는 이야기들이 우리의 호흡을 가쁘게 만든다. 그런가 하면 제도와 타인의 손에 휘둘리기를 이제 멈추고 홀로서기를 다짐한 주부들

의 선언은 비록 조금쯤 위태롭게 들릴지라도 힘의 용솟음을 감지하게
한다.

어렵게 자율성을 확립한 주부들, 그들은 농촌에서, 도시 변두리에서
그리고 아파트 밀림 속에서 자신을 찾아 나서고, 그 길에 자신과 같은
뜻을 가진 이웃들을 만나게 된다. 이 책의 뒷부분에서는 이렇게 주부들
의 힘이 뭉쳐 있는 곳을 '현장연구'라는 이름으로 찾아 나선다. 그곳은
교회나 농성장일 수도 있으며 교육운동 또는 민주화운동의 마당이기도
하다.

곳곳에 실린 그림과 시는, 여성을 다른 여성과 서로 갈라 놓으려는
가부장제 문화의 논리를 거부하며, 주부 여성과 주부 아닌 여성의 만남
을 통한 화해와 일치의 세계를 노래한다. 그리고 창작극의 형식으로 편
'주부 파업 일지'는, 주부업을 천직(天職)으로 추켜 세우는 신화의 장막
뒤에서 실제로는 천직(賤職)을 도맡아 해온 여성들이 일시에 손을 놓으
면 세상이 어떻게 될지를 상상케 함으로써 여성들의 잠재력을 드러내고
있다.

이 책 전편에 흐르는 우리의 뜻은 명확하다. 주부의 자율성 확립과

그를 통한 가정과 일터의 변혁, 더 나아가서 사회라는 영역 총체를 바꾸려는 것이다.

우리는 먼저 '현모양처'를 여성의 궁극적 목표로 제시하는 이 사회에 대하여, '주부로서의 삶은 행복한가'라는 진부한 그러나 지나쳐 버릴 수 없는 질문을 던진다. '아니다'라는 대답을 들은 우리는 두번째로 '취업은 과연 탈출구가 될 수 있는가'를 물었다. 그리고 우리는 보다 근본적인 질문의 필요성을 느끼게 되었다. 이 사회는 여성에게 과연 어떤 사회인가? 우리는 역사를 만들어 가는 과정에 참여하고 있는가? 우리는 여기서 여성들의 하나됨은 더 이상 늦출 수 없는 과제임을 깨닫게 되었다.

우리의 과제는 주부들이 속깊이 감추어 둔 에너지를 큰 힘으로 모아 가는 데 있다. 그리고 그 실마리는 추상적인 이념이 아니라 주부가 날마다 꾸려 내는 살림의 테두리 안에서 찾아 낼 수 있다. 주부는 살림의 주체자로서 스스로 설 수 있으며, 가족을 그리고 이웃을 바로 세울 수 있으며, 인류를 건강하게 지켜낼 수 있는 힘을 가지고 있다. 주부들이 자신 속에 있는 힘을 깨닫게 될 때, 변혁의 물길을 주도하는 대열에서 다른 여성들과 손을 잡는 것은 너무나 자연스러운 모습일 것이다. ■

수치와 오욕의 나날 속에서
옳은 것은 옳다, 하고
아닌 것을 아니다, 발음하는 씨앗이
삼천리 강토에서 싹이 나고 잎이 피고
하나로 줄기를 뻗어
정의의 숲이라 이름하는 그날까지,
예, 아니오, 의 힘으로
여자의 가슴에서 차별을 뽑아내고
남자의 가슴에서 빗장을 벗겨내어
해방의 땅이라 이름하는 그날까지,
아무도 행진을 멈춰서는 안되리
──고정희, '자유와 해방에 대한 구속영장' 중에서

새로운 시대, 새로운 주부

좌담참석자 · 박혜란, 조혜정, 고영애, 장필화, 이숭선,
최영애, 윤양헌, 이숭리, 김명신, 남상희, 서혜란.
시간 · 1990. 3. 11. 오후 12 : 30.
정리 · 박혜란, 김명신

주부, 보수의 온상인가, 변혁의 토대인가

장필화 ·

지난 번 이 책을 만들기 위해 '주부'라는 주제로 열린 월례논단에서 전업주부, 시간제 주부, 겸업주부 등이 구분되었고 주부의 역할도 아내로서의 역할, 어머니로서의 역할, 지역사회인으로서의 역할 등으로 설명되었는데 먼저 주부란 무엇인가라는 질문으로부터 오늘의 토론을 시작하는 것이 흥미로울 것 같군요.

이숭리 ·

먼저 주부는 최근까지 자신의 직업란에 무직이라고 써왔다는 점에 주목하고 싶습니다. 주부라고 당당하게 쓰기 시작한 것은 최근인 것 같아요.

박혜란 ·

이러한 현상은 여러 가지로 해석될 수 있겠으나 주부가 노는 사람이라고 하는 기존의 관념이 바뀌고 이제 좀 당당해졌다는 뜻으로 보입니다. 그러나 그것이 직업으로서의 '주부업'이라고 적극적으로 생각하는 사람이 얼마나 되고 어떤 의미를 붙이는가는 궁금한 일입니다.

최영애 •

주부가 직업난에 주부라고 쓰는 것은 '주부'가 꼭 직업이라고 인식해서라기보다는 하나의 특유한 사회적 범주로 인식한다는 의미로 봐야하지 않겠어요? 주부라는 직업인으로 당당해졌거나 그런 것과는 무관한 것 아닐까요?

김명신 •

제 경우에는 아이들 환경조사서를 쓸 때 ' . '을 찍었다가 주부로 고쳐쓰면서 뭔가 퍽 다른 것을 느꼈어요. 내가 주부라고 쓸 때에는 더 이상은 주춤거리며 뒤로 물러서지는 않겠다는 스스로의 다짐도 있었고 학교 선생님을 대할 때도 주부라는 직업인으로 당당함을 갖고 싶었어요. 젊은 주부 입장에서 말하면 파출부는 직업이라고 인정하면서 그와 똑같은 일을 아니 오히려 교육 등의 문제를 포함한 더 많은 일을 하는 주부를 직업으로 인정하지 않으려는 사회적 인식은 문제라고 보여져요. 출퇴근을 해야 일을 하고 있다고 인정을 하고 주부는 집안일만 하면서 노는 걸로 보는 풍조는 빨리 바로잡아져야 합니다.

고영애 •

고학력 주부들이 늘어나면서 자신이 주부라는 데 대해 성취감도 가지고 자신있게 주부업에 종사하는 주부들을 보게 되는데 단지 여건 때문에 사회적 인정을 받지 못할 뿐이지 자신감을 잃고 있다고 보여지진 않습니다.

최영애 •

그러나 저는 최근의 변화를 보면서 다른 생각이 떠오릅니다. 지난 번 '또 하나의 문화'의 논단을 각 일간지마다 대서특필했는데 그때 받은 느낌은 이것이 다시 현모양처의 허상을 강화시켜 장기적으로는 여성들에게 손해가 되지 않겠나 하는 불안이었습니다. 당당하고 신성하다고 미화시켜 주면서 예전 우리 어머니들의 모습을 상기시키려는 음모가 아닌가 우려되더군요.

조혜정 •

여기에 사회적인 변수가 분명 있습니다. 소비자의 권한이 강해지면서
'주부님'의 호칭이 퍼지고 한편 신보수주의 경향에서 여성을 전문적인
가정관리인으로 부각시키고 싶어하는 움직임과 관련이 있는 것 같습니
다. 젊은 주부들 사이에 전문직과 겨루어서 이것을 직업으로 선택해 자
기실현을 해보겠다는 층이 나타나는 것은 주목을 요하는 변화이지요.

최영애·

나의 우려는 바로 그런 데 있습니다. 전문직으로서 가정관리를 잘해보
겠다는 경향은 몇십 년 전 미국에서 "가정경영도 공장경영과 같다" 하
면서 가정대학을 신설하고 의식주에 가정 단위로 전문화를 꾀하던 배경
과 흡사하지 않나 생각됩니다. 보수적인 신문뿐 아니라 급진적인 신문
까지도 다투어 크게 다루는 것을 보며 이것을 독자들이 어떻게 받아들
일까 염려가 되더군요.

이숭리·

아직까지의 사회 통념으로 주부를 인식할 때 그런 우려가 드는 건 당연
합니다. 저는 주부라는 단어가 누구의 아내 내지는 누구의 며느리라는
뜻의 한자가 지니는 비주체성에 대단한 불만을 갖고 있습니다. 어쩌면
'새로운 주부'를 이야기함에 있어서 이 단어 자체가 바뀌져야 되지 않을
까하는 생각이 듭니다. 살림꾼, 살림가, 또는 살림경영인이라고 저는 씁
니다만 그 살림이라는 말 속에는 대단히 주체적인 의미가 담겨져 있습
니다. 그리고 살림이라는 것이 그렇게 안일하게 택할 수 있는 일이 아
니라는 것을 인식하는 게 매우 중요합니다.

장필화·

여전히 '주부'의 개념화가 문제이군요.

이숭선·

주부이든 또 다른 명칭이든 그런 것은 그렇게 중요한 것이 아닐지 모릅
니다. 더 중요한 문제는, '살림을 한다'는 것이 사람을 사람답게 살린다
라고 하는 심각한 일임에도 불구하고 흔히 우습게 보여지는 데에는 무
언가 석연치 않은 게 있다는 거죠. 분명히 이 역할이 남녀의 성역할 구

분과 함께 강제적으로 주어졌다는 데 문제가 있습니다. 강제적으로 주어졌고 그것에 가치를 주는 것처럼 되어 있으나 실질적으로는 전혀 주지 않고 경시해 왔을 뿐 아니라 하는 일 없이 밥만 축내는 사람처럼 취급해 온 것이 사실 아닙니까? 그래서 여성들이 주부의 역할을 부정적으로 받아들여 왔는데 "아니다, 이것은 굉장히 중요한 역할인데 사회의 그릇된 평가 때문에 거부하는 흐름으로 가는 것이다" 하고 인식하고 이 점을 주체적으로 그리고 매우 심각하게 받아들이는 데에서 우리의 논의가 시작되어야 한다고 생각됩니다. 그러기 위해서는 기존의 주부의 모습 그대로가 아닌 몇 가지 전제가 첨가된 주부의 모습이 이 자리에서 그려져야 된다고 생각합니다. 살림이라고 하는 이 중요한 역할이 선택되어지고 제대로 행해지기 위해서는 어떤 것을 우리가 해결해야 할 것이냐, 이런 근본적인 차원에서 이 문제가 이야기 된다면 아까 우려하신 신보수주의나 현모양처 이데올로기의 강화의 문제는 우려할 바가 아니지 않느냐 생각합니다.

박혜란 ·

문제는 그리 간단하지 않다는 데 있습니다. 저는 양자택일의 상황에서 아주 자발적으로 주부를 선택했다고 생각하고, 일하는 여자를 한심하다고, 어떻게 애들을 놓아두고 그럴 수가 있느냐고 큰소리를 치던 주부였어요. 한참 후에 그게 자발적인 게 아니었다는 것을 깨닫고 당황했습니다. 정말 어려운 문제였어요. 저는 많은 방황을 했고 개인적으로 해결책을 찾았습니다만 보다 나은 대답이 젊은 세대에서 정리가 돼 나와야 한다고 봐요.

장필화 ·

그러면 자신을 전업주부로 여기는 사람들이 여기에 대해서 어떻게 느끼는지를 이야기해보면 좋겠군요. 난 신보수주의에 의한 악용 가능성 못지 않게 가정주부들 자신이 긍정적으로 받아들이는 측면도 굉장히 많다고 보거든요.

김명신 ·

제 친구의 경우 결혼 후 직장을 2년쯤 계속 다니다가 아이를 낳게 되었을 때 직장보다는 가정을 선택했는데 그 후 가정일에 긍지를 지니고 잘 살고 있어요. 자신은 언제라도 사회에 나가서 다시 직업도 가질 수 있고 돈도 벌 수 있다는 확신을 가지고 있으니까 더욱 긍정적인 삶을 살고 있고요. 그러나 이와 같이 주부직을 자발적으로 선택할 수 있는 계층은 행운아이고, 이들 경우 외에 그냥 나이가 차서 결혼하고 주부 역할을 맡은 많은 주부들이 알게 모르게 뚜렷이 알 수 없는 이유들로 갈등을 겪고 있는 것은 사실이라고 봐요. 그래서 전 이 갈등을 만드는 이 뚜렷이 알 수 없는 요인이라는 게 이 책에서 밝혀진다면 큰 의미가 있다고 생각되는데 이런 논의를 주부가 주체적으로 시작하지 못했던 것에 대한 아쉬움도 크네요.

조혜정 ·

이 책에서 그런 논의가 중점적으로 풀어지고 있습니다. 한 가지만 비유를 들어 주부가 처한 상황적 특징을 이야기해 보지요. 우리는 매우 전문화된 사회에 살고 있습니다. 주부도 전문적인 일을 한다고 볼 수 있습니다만 특수한 사람(아이, 남편)에 맞추는 일을 주로 하다 보니 그 '전문성'이 사회적으로 활용되기가 어려워요. 그래서 매우 사회적으로 취약한 입장에 있습니다. 주부가 주체가 되는 주부운동의 경우를 보면 이 점을 보다 잘 알게 됩니다. 미국 같은 데에는 신보수주의적 입장에서 '가정주부 권리 옹호' 운동이 가정주부 중심으로 일고 있는데, 원래 가정주부였던 운동가는 운동가가 되면서 연설 다니고 책 쓰고 조직하느라고 그만 주부일을 못하게 되지요. 전형적 주부의 범주를 벗어나 버린다는 것이지요. 결국 극도의 전문성 위주로 짜여진 현사회체제를 바꾸어가지 않으면 주부가 설 자리는 늘 불안할 것입니다. 우리가 새로운 주부를 말할 때는 이런 체제 변혁을 염두에 두고 하는 것입니다.

장필화 ·

그런데 그렇듯 전문성을 중요시하고 주부역할은 비전문적이고 사적인 영역의 일로 치부하는 상황에서도 과연 좌절하는 주부가 얼마나 되겠어요. 극소수가 아닐까요? 어떤 대접을 받든 상관없이 집에서 자유로움을 즐기고 싶어하는 주부들이 더 많지 않을까요?

이숙선 ·

제 짧은 안목 탓인지는 모르지만 자신의 전문직을 갖고 싶다고 얘기를 하면서도 호사스런 집에서 아름다운 홈드레스를 입은 채 자유시간을 만끽하고 싶어하는 모순된 욕구를 가진 사람은 상당수가 될 것입니다.

최영애 ·

맞아요. 7시에 집을 나서서 러시아워의 만원차에 부대끼면서 출근하는 것이 뭐가 그렇게 부럽겠어요? 그렇게 자신의 생활에 만족하는 주부가 많은 상황에서 주부가 '자기' 아이 학교 점수라든지 '자신들만의' 가정생활이라든지 '자기' 집안만을 깨끗이 꾸미는 등에만 지대한 가치를 두는 것이 문제가 되는 것이지 주부라는 직업 자체를 인정하느냐 안하느냐는 아직 큰 문제가 아니라고 봐요.

장필화 ·

아니지요. 지금 전업주부 쪽을 강조함으로써 다른 측면이 약화되는 경향이 있는데 분명히 전업주부와 취업주부 사이에는 경제력이라든가 그밖에 여러 가지 면에서 전업주부들이 알게 모르게 위기의식을 가지게 되는 요인이 있지요.

김명신 ·

네, 그래요. 자그마한 충격에도 흔들리고, 사회적으로 성공한 친구를 봤을 때 흔들리는 것은 자기가 선택한 것에 대한 자부심이 결여되어 있기 때문일 거예요. 주부는 자신의 목표를 일단 가정 내에서 찾으니까 사회적이라는 가치와 부딪치면 당황하게 되고 자신을 자꾸만 뒤돌아보게 되요.

서혜란 ·

사회적이나 경제적인 것을 떠나서 중산층 이상의 주부들도 위기 의식은 있다고 봐요. 아무리 편안하고 여유작작하게 자유인으로 그것을 즐기면서도 일반적인 사회인식이 사회적인 활동을 한다, 안 한다로 일과 사람

을 평가하는데 주부의 일이 사회적인 활동으로 인정받지 않은 상태에서
사회적인 활동을 하는 사람에 대해서는 상대적으로 열등감을 갖게 되는
것이 보편적이라고 봐요.

최영애·

저도 그것은 인정을 합니다. 그런데 그것이 가정주부에 대한 사회적 인
식을 높임으로써 해결되는 것이 아니고 오히려 자기 일을 주부와 겸직
할 수 있는 기회가 왔을 때 언제라도 서슴없이 나간다는 의지를 갖는
것이 중요하다고 보는 것이지요.

서혜란·

그런 대안을 제시하는 근저에는 주부의 가사노동에 대한 천시경향이 깔
려 있다고 봅니다. 언제든지 내가 사회적인 노동을 하겠다고 얘기하는
것은 주부의 가사노동은 사회적인 노동이 못 된다는 뜻을 내포하고 있
는 것이지요.

조혜정·

다시 아까 얘기와 관련되는데 아직까지는 우리에게 홈드레스를 입은 주
부와 사회활동을 하는 주부, 두 모델밖에 없었습니다. 그래서 주부들은
그들 사이에서 방황하거나 피해의식에 젖어 있곤 하는데 저는 우리 여
성들이 그 둘을 저울질하는 차원을 확 넘어설 수 있을지 고민하고 있습
니다.

이숭리·

지금까지 주부가 해온 모양으로는 사회적으로 인정받을 수 없는 역할만
해왔어요. 그런 주부를 전제로 할 때는 이런 토론이 자꾸 쳇바퀴를 돕
니다. 이제부터 우리가 얘기하려는 주부는 그런 쓸고 닦고만 하는 주부
가 아닌 사회적으로 가치를 부여받는 모습일 때, 또한 가정에 국한되지
않는 현장을 대안으로 내놓을 수 있을 때 새로이 평가될 수 있다고 생
각합니다.

주부의 넓은 현장

장필화 •

가정에서 자기 아이들을 위해서 살림하는 것은 목표가 분명한데 가정 이외의 현장에서의 살림이라는 것은 추상적으로 들리니까 구체적으로 어떻게 목표를 설정하고 그 목표를 달성하기 위한 현장활동을 통해서 주부들이 사회적 가치를 인정받게 될 것인지가 문제로군요.

조혜정 •

나는 주부가 보다 주체적이어야 한다는 것을 강조하고 싶습니다. 예를 들어 주부가 주체적으로 어머니 역할을 하는 데 방해하는 것을 깨뜨려 나가야 하는 것이지요. 애들 교육을 위해 주부가 학부모 모임에 나가려 할 때 나는 오늘 이러이러한 중요한 일로 휴업을 하니 식구들은 알아서 식사를 하라고 말할 수 있어야 한다는 거예요. 그래야만 정말 자기 일을 할 수 있죠. 현재 대부분의 주부는 그걸 못하고 있는 게 사실 아닙니까. 가족들의 모든 자질구레한 요구를 들어주다 보니 일상생활에 파묻히게 됐고 스스로 돕지 못하게 됩니다. 남자가 만일 전업 주부가 되면 상황이 아마 크게 바뀔 겁니다. 남자 중에서 7시에 전철 탈 필요도 없고 가사일을 잘하고 좋아하니까 아이들을 돌보겠다는 사람이 나온다면 그가 하는 주부업이 지금 대다수 여성들이 하는 주부업과 같은 방식일지 상상해 볼 필요가 있습니다. 많은 주부가 자기 일에 대해 스스로 계획하고 작은 방해거리는 크게 신경쓰지 않게 될 필요가 있어요. 남편에게 만약 사고가 날 경우 그동안 가정주부 경력으로 훌륭한 요리사가 될 수도 있고 여러 가지 자신들의 삶을 향상시키기 위한 시간을 얻기 위하여 휴업을 할 수 있는 주부가 되어야 하는 것이지요.

서혜란 •

학부모운동을 나가면서 휴업을 한다고 하는 것은 오해가 있을 듯하군요. 학부모운동도 내가 능동적으로 참여해야 되는 주부의 일이며 살림운동 중 농촌을 살린다는 것도 거창하게 농민운동이 아니라 공동구입을 통해 농촌도 살릴 수 있고 건전한 생산을 가능케 하는 내 일이다, 주부의 일이다라는 인식이 있어야 할 수 있읍니다. 요컨대 주부일의 범위가 넓어져야 한다는 것인데 다행히 지금의 20대 후반, 30대 초반의 주부는 우리보다 식구의 밥을 챙겨주는 데서 벗어나 있습니다. 식구가 스스로 차려먹고 그 후의 설겆이까지 남편이 할 정도로 가사일에 얽매이지 않는 경우도 많아졌구요.

지금까지 이야기해 오던 가사노동에 안 매이고 일에 대한 확신, 그것만 주어지면 많은 여성들이 쉽게 사회운동을 내 일이라고 찾아 나설 수 있다고 봐요. 북가좌동의 살림운동 경우도 우선 일이 재미있거든요. 재미있으니까 2개월이라는 짧은 기간에 생전 문 닫고 살던 사람들이 46세대가 모였어요. 오늘 조합원끼리 부부동반으로 수락산 놀러갔어요. 그런 일들이 가능하거든요. 객관적으로 가사노동을 박차고 나가기가 너무 어려운 조건만은 아니죠. 현재는 일에 대하여 얼마만큼 밝게 전망을 해줄 수 있느냐가 중요하다고 봅니다.

장필화·

그러나 우리가 가사휴업을 이야기하게 되는 이유는 자꾸 뭔가 모여야 운동이 되는데 모일 때 집안에서 장애가 되는 게 많기 때문이지요. 모임은 "내가 없으면 안돼"라는 의식이 필요한데 주부는 집안일 만큼 그런 의식을 갖지 못하기 때문에 모임 약속을 잘 지키지 못하는 것 같아요.

서혜란·

일의 전망이 보일 때는 아이들을 데리고 나온다든가 아파트 이웃에 맡긴다든가, 서로 봐주기를 한다든가, 자체내에서 해결을 합니다. 이제까지 "우리 모두 학습하자"는 식에는 문제가 있었다고 봐요. 무엇을 위해 학습을 할 것인가가 안 주어지면 처음에는 신선해도 오래가지 않아요. 내가 여기 뭐하려고 앉아 있나 하는 회의가 들거든요. 일에 대한 전망이 있을 때는 자기가 적극적으로 해결을 하더라구요. 오히려 저희가 네

살박이 아이를 안 데리고 나온 엄마한테 걱정이 돼서 물으면 "옆집 아
줌마한테 맡겼어요"라고 하며 스스로 해결하는 모습을 보이는 게 매우
든든했지요.

장필화·

일의 전망이라는 용어가 신선합니다. 즉 의식과 동기가 어떻게 유발되
느냐가 중요하지요. 연령집단에 따라 차이가 있겠지만 너무나 쉽게 동
창생들끼리 여행 가고 몇박 며칠 자유롭게 지내는 것을 보면 정말 그렇
다는 생각이 들어요. 집안 일에 그리 매어 있지는 않는 것이죠. 그런데
그것이 가능했던 사람들이 다른 일에는 시어머니나 아이들이 걸릴 수
있다는 말예요.

서혜란·

아무리 밝은 전망이어도 스스로가 "아, 그게 좋구나" 받아들여야만 하
는거죠.

가족이 걸림돌?

장필화·

현재의 주부일상에서 볼 때 현장에서 살림을 하는 새로운 주부로 태어
나는 데에 걸림돌은 한두 가지가 아닙니다. 연령이나 가족의 주기에 따
라 집안일의 요구가 다를 뿐 아니라 가정의 경제적 여유도 문제가 될
수 있겠지요. 또 요즈음 입시제도 때문에 고3 자녀가 어머니의 발을 묶
어 놓는 경우도 있지요.

김명신·

주부가 가정의 얽매임에서 벗어났다고 하는 것이 보통 자기 시간을 가
져서 외출이 용이하다거나 취미 활동을 갖는 걸로 생각들 하는데 사고
의 자립이 전제되지 않는 한 큰 의미가 없다고 봅니다. 가사로부터의
해방은 마음먹기에 따라 개인적으로 어느 정도 이루어 낼 수 있다고 봅
니다. 없는 것은 '무엇으로의' 해방이라는 면이에요. 내 경우 결혼으로

얻은 것보다 잃은 것이 더 많았다고 생각했고 그래서 주부로서의 꿈에 젖기보다 나 자신으로의 삶, 시민으로 살아야겠다고 생각하며 무던히 애를 써 왔어요. 사실, 그게 또 내가 늘 새로운 것을 받아들이는 데 도움이 되었어요. 그런데 뾰족한 대안이 안 보여요. 무척 캄캄하다는 느낌입니다. 사회에 나가 이런 모임에 와 봐도 뭔가 미진하고, 직장에 다시 나가려니 그렇고, 주부끼리 뭘 해 보려고 해도 안되구요.

장필화ㆍ

이제 주부가 하는 일의 가치 평가를 새롭게 하고 살림이라는 것이 중요하다, 굉장히 가치가 있는 일이라는 것을 얘기하려는데 문제가 되는 것은 그것이 완전히 개인적인 장에서 개인 남편, 자기 아이를 위한 자기의 헌신에 그치는 일이고 그 외 대안은 주어지지 않고 있다는 데 있다는 것이죠. 어떤 사람은 거기서 벌써 벗어나려는 노력을 하고 있는데 어떤 사람은 한 발짝도 벗어나지 않으려 하는 가운데 있지요. 아직은 비취업 주부들이 주부 입장에서 이 문제를 주체적으로 제기하고 있지 못하고 있는 상태입니다. 그러니까 주부 스스로가 문제 제기를 하고 재평가를 하려는 노력을 하기 이전에 다른 사람이 할 수밖에 없게 된 것 같은데 그 문제에 대해서 주부들의 의견을 들었으면 좋겠어요.

이숭리ㆍ

저 같은 경우는 주부를 선택해서 살림하는 사람이 되었는데 그렇게 열심히 한 십년쯤 살다 보니까 그게 아니다라는 생각이 어렴풋이 들었어요. 그래 가지고 주부라는 단어가 붙은 교육을 하나 받았는데 그 교육 속에서 "야 주부의 입장에서의 시각이 이렇게 없구나"하는 것을 느낀 거예요. 그리고 주부의 시각을 가지고 주부의 역할을 평가하는 시도가 이제는 있어야겠다라는 생각이 들더라구요. 그러면서 그때까지만 해도 개인적으로 어떻게 해결해 보려고 노력을 했어요. 가정의 테두리를 탈피해 보려고 대학원에 갈 생각도 했지만 결론을 내린 것은 내 인생에서 개인적인 도피는 안하겠다는 것이었어요. 모두들 대학을 다시 가서 '증'을 받는 것이 해결책이라고 생각할 때 나는 절대로 주부로서의 시각을 계속 고수하겠다고 결단까지 했지요. 남들이 별 결단을 다한다고 비웃을 정도였어요. 현재의 여성운동에는 주부 쪽의 시각이 크게 간과되고 있습니다. 그래서 주부운동을 하려고 보니까 제일 모자라는 게 바로 혼자서 해결해 보려 하는 주부들의 습관이랄까요? 개인적인 해결책은 없고, 중요한 것은 조직인데, 조직 속에서 부대껴 보는 게 제일 부족하더군요. 조직 속에서 부대끼다가 제일 먼저 도망가는 것이 주부이기 때문에 제대로 조직 안에서의 해결방법을 찾아 낼 수 없게 된 것입니다.

윤양헌·

주부운동에 대한 이해를 위해 살림이라는 개념을 다시 보도록 합시다. 지금 우리는 살림이라는 것을 가정 안에서 하는 주부의 일이라는 수준에서 이해하고 있는데 그 수준이 아니라 조직 속에서의, 공동체에서의 살림으로 확장을 해서 볼 수 있다면 변화가 있겠어요. 그리고 그게 다시 가정으로 들어 가야지요. 지금 우리가 벌이는 한살림운동이라든지 그 어떤 것들이 바로 살림을 조직 차원에서 이루어 가는 것이며 그것이 자연스럽게 가정을 변화시켜 갈 수 있다면 큰 변화가 오리라고 봅니다. 아까 그 '증'이라고 하는 것도 주부가 가정에 앉아 남자들에게 직업증을 얻어 내기보다 살림이라는 것을 큰 테두리로 보고 살림증을 우리가 발행할 수가 있다는 것이죠. '살림증'으로 가부장제를 파고 들어 간다면 살림증을 가진 남자들이 여자들한테 대우를 받는다든가 하게 되겠죠. 이런 접근으로 인간이 누구나 살림에 참여할 수 있게 되고 그 일이 가치 있게 인식되면 삶을 살리는 사람이 대우를 받는 사회, 보다 인간적인 사회가 오는 것이죠.

박혜란·

정말 좋은 생각이군요. 문제는 어떻게 그런 변화를 이루어 갈지에 있지요.

조혜정·

우선은 현장을 만들어야 합니다. 우리 모임 중 동화 만들기 소모임을 보면 그것을 확인하게 되어요. 어머니들이 모여 자기 아이를 기르면서 그 아이에게 읽히고 싶은 해롭지 않는 동화를 만들어 가는 모임인데 그 모임을 하자마자부터 변화가 눈에 보이는 것 같아요. 책방에 자주 들르게 되고 책방에 가도 전문적인 눈으로 보게 된다구요. 책 하나를 보면서도 "디자인이 좋구나" 등의 평가를 덧붙이게 되고 그냥 지나치지 않게 되니 관심은 지속적으로 발전되지요. 적극적인 운동의 장이든 어린이를 위한 좋은 책을 만드는 것이든 현장을 가짐으로써 자기 가정도 다시 볼 수 있다고 봅니다. 그리고 다시 가정에 돌아가는데 그 과정에서 이때는 이미 새로운 주부가 되어 있는 것이라고 봅니다.

서혜란·

그렇습니다. 주부일을 흔히 가사일만 의미하는 것으로 보는데 실제 살림하면서 저는 쓸고 닦는 시간은 별로 안 듭니다. 하루에 한 시간이면 끝나요. 문제는 생활의 주담당자는 우리 주부인데 이제까지 생활의 여건은 다른 데서 다 주어지고 주부는 주어진 여건 속에서 단순 기능만을 제공해서 수동적인 자세로 대리인 역할만 했거든요. 앞으로는 내가, 주부가 관여하는 생활의 모든 분야에 걸쳐 주어지는 여건에서 수동적으로 받지만 말고 적극적으로 찾아나가자고 제안하고 싶습니다. 주체적으로 생활의 주인이 되자. 그렇게 나아갈 때 여성 해방운동이 사회적으로 인정을 받게 된다고 저는 믿습니다.

조혜정·

문제는 일단 한 발을 나서는 그 단계를 시작하는 것이 쉽지가 않다는 겁니다. 예컨대 시어머니가 보자고 한다거나 남편이 갑자기 손님을 데리고 왔을 때에도 나는 회의 약속이 있어 나가야 한다고 당당히 말할 수 있을 정도가 될 수 있을지요.

김명신·

그런데 집안 일이라는 것이 그 일상을 깨뜨리거나 아니면 일상과 조화시켜 어떤 알파를 더한다는 것을 어렵게 만들어요. 또 가정 이외에 하나의 현장을 가지라는 건 파출부의 도움을 받으며 직장생활을 하는 여성에게 가정일까지 맡아서 하라 그런 의미나 비슷한데요. 주부의 시간

은 동강난 시간들이 많고, 아이가 어릴 경우 그걸 모아 쓸 수 있는 방법
은 거의 없어요. 또 실제적인 문제에서 목적지까지 교통시간만 평균 3
시간 걸리는 이 교통지옥 서울에서 하나의 목적을 가진 외출은 보통 6
시간 이상 걸려요. 남편이나 놀이방에 겨우 부탁을 해서 아이를 맡기고,
돌아오는 전철 속에서 현장이 주는 가슴 뿌듯함이라도 느끼느냐 하면
그것도 아닐 수가 있지요.

서혜란·

제 생각에는 무엇보다도 시집살이를 하느냐 안하느냐가 중요해 보입니
다.

고영애·

저 같은 경우는 시집살이 하는 게 당연한 걸로 알고 살아왔는데 한 10
년쯤 하고 나니까 그 시집살이로 인해 내가 얼마나 마모된 삶을 살고
있었는가 느껴졌어요. 자신의 능력이나 자신의 감성 등 개인적인 게 죽
거나 무산되어 버리고 시집살이로 인해서 나라는 존재가 없어진 것 같
았습니다. 시집살이란 주부가 주체적으로 무엇을 하지 못하게 하는 주
요한 방해물이 될 수 있다는 걸 보여주는 증거입니다.

서혜란·

저는 이제 상황이 달라졌어요. 지금은 대가족살이를 어떻게 하면 합리
적으로 조화롭게 발전을 시킬 수 있을지에 대해 발전적으로 궁리를 하
고 있습니다. 주부운동을 하면서 제가 매일 아침 8시 반에 나와서 집에
8시에 들어가거든요. 그러니 어머님께서 매일 청소를 하셔야 되는 거예
요. 3일 정도 청소를 못하는 날이 있어서 남편에게 어머님이 화내시지
않느냐고 하니까 딸처럼 봐주려고 굉장히 애를 쓰신다는 거예요. 그전
에는 시어머니니까 의무감에서 잘해 드려야지, 책 안잡혀야지, 점수 따
야지 하는 생각에서 행동하니까 피곤하고 했는데 이제는 정이 들어 가
지고 어머님이 핸드백을 허술한 걸 들고 나가시면 "좋은 것으로 들고
나가시면 좋을텐데" 하는 애정이 자연스럽게 생기는 거예요. 그런 관계
의 변화를 느끼면서 대가족제도도 인간적인 측면에서 필요한 것이다라

는 생각이 들어요. 사실 저도 10년 동안 마모된 세월을 살았다고 생각했는데 고부간이 지혜롭게 사는 방법을 고안하는 것이 불가능하지 않다는 확신을 갖게 됐읍니다.

조혜정 •

서선생 경우에는 선택의 여지가 없었었고 지혜롭기 때문에 후반부에 와서 그것을 전환시켰던 거죠. 우리가 얘기하는 것은 근본적으로 시집살이를 어떻게 볼 거냐는 점예요. 근본적으로 시집살이건 처가살이건 한 사람이 이미 있던 남의 가족에게 들어가서 그 가족문화에 맞추어 산다는 것은 매우 어려운 일이예요. 정말 '벙어리 삼년……' 식의 10년을 보내야 하는데 현대사회에서는 무리한 요구지요. 차라리 서너집이 모여 새 공동체를 차리면 서로를 이해하기 위해 백지부터 시작하니까 나은데 이미 있는 관계망 속에 들어가면 열린 대화보다는 눈치껏 맞추어 살아야 되기 때문에 보이지 않는 억압을 받기 마련이죠. 원칙적으로 인간을 그런 불평등한 궤도에 넣어서는 안 된다고 봅니다. 주부가 진정한 모성을 발휘하고 주부로서의 창의력을 발휘하는 데 시집살이가 큰 장애가 되는 것은 두말할 필요가 없습니다. 서혜란 씨 경우처럼 고부가 동지 같은 관계를 맺게 되면 문제는 크게 달라지지만 주부가 주체적이고자 하면 애초에 가족형태부터 진정한 선택에 의해 이루어져야 합니다.

김명신 •

저는 두 번의 시집살이의 기회가 있었는데 고부간의 사이는 좋았지만 시집살이는 웬지 싫었고 자신이 없어서 안 했어요. 제가 막내 며느리라 크게 부담을 못 느끼기도 했고 시어머님은 그 당장은 약간 섭섭하게 여기시는 것 같더니 곧 이해하셨고 지금은 함께 사시자고 해도 싫다 그러실 정도예요. 혼자 사시는 게 훨씬 편하시다구요. 그런데 연세가 많더라도 이렇게 자주성이 있는 경우는 문제가 안되는데 혼자 여생을 살고 싶어도 뚜렷하게 자기 의사를 밝히지 못하는 어머니들의 경우 자식은 효도한다고 함께 살기를 우기지만 그것이 도리어 자식들의 횡포일 때도 많아요. 같은 집에서 사는 건 요즘의 며느리의 자세로 보아 시어머니 쪽의 소외감이 큰 것 같고 결국 가까운 데 살면서 자주 찾아 뵙는 것에 만족하는 게 좋을 것 같다는 생각이에요.

조혜정·

시부모 문제가 너무 심각한 경우는 모든 것이 시부모 문제 때문인 것같이 생각하는데 실제로 그 문제의 상당 부분은 핵가족 가족관계만을 고집하는 데에 있다는 점을 분명히 해야 할 것 같습니다. 우리가 원하는 것은 비정한 사회의 유일한 피난처로서의 핵가족이 아니지요. 우리가 정말 원하는 것은 "공동체적이고 대가족적인 삶이다"라는 원칙은 중요합니다. 그러기 위해서는 사실 지금까지 우리가 가져온 부계혈통적 기본 전제를 완전히 새롭게 바꾼 상태에서 가족생활이 시작되어야 할 겁니다. 그런 면에서 친정부모를 모실 때에는 주부의 위치가 달라질 수 있는 것이지요. 시부모와 살더라도 친정 부모를 만나고 싶을 때 당당하게 만나고 시부모 못지 않게 잘해 드려야 하는데 많은 딸들이 현재 그것을 못하고 있거든요. 친정 어머니와의 관계를 제대로 갖지 못한다는 것은 곧 우리가 자기 나름대로의 소신을 펼 수도, 자기 마음 속의 이야기를 가족에게 그대로 할 수도 없다는 것을 뜻합니다.

이숙선·

그럼 친정의 문제를 해결하지 않고는 주부문제도 해결이 안 되겠군요.

조혜정·

전 그렇게 보고 있어요. 자기 부모에게 잘하는 것은 인간의 도리입니다. 남자건 여자건 자기 부모에게 사랑을 받은 만큼 되돌려 드릴 수 있어야 하지요. 시부모 체제는 불공평하고 여자들을 주눅들게 합니다.

서혜란·

그렇습니다. 시어머니와 같이 살면 항상 긴장 속에 살거든요. 설거지를 내 딴에는 깨끗이 해도 시어머니가 보시면 마음에 안 드는 수도 있으니까 우리끼리 할 때 신나게 하는 기분하고 결과는 같은데 임하는 자세가 틀리니까 긴장이 오곤 하지요.

고영애·

전 시어머님과 같이 살다가 최근에 분가했어요. 내가 좋아하는 대로 가구를 이렇게 놓고 저렇게 놓고 스트레스도 안 받고 내가 좋아하는 식으로 하니까 점차 남편과 아이들도 적응하고 생활이 잡혀가면서 일하는 시간도 짧아지고, 나머지 시간을 내가 나를 발전시킬 수 있는 시간으로 가질 수가 있더군요. 남편은 처음에는 불편해 했는데 "당신을 위해서만 사는 존재가 아니고 나는 나 나름대로 사는 나의 삶이 있다"는 것을 깨닫게 했지요. 당신이 죽고 난 뒤(당신과 아이들 중심만으로 살아온) 나는 어디에 가서 서 있겠느냐라는 문제를 제기하면서.

서혜란 ·

충분히 이해가 되는군요. 내 생활이 없고 남편과 아이들도 중심이 아니고 ……. 어른 중심에서 정말 벗어나고 싶은 생각이 들게 마련이지요. 그런데 의문이 드는 점은 시어른을 모시지 않는 일반 주부들도 남편과 아이들을 위해서 사는 것을 벗어나고 싶어 할까 하는 점이에요. 그것은 조금 다르지 않을까요? 저의 경우도 시어머니에 대한 스트레스가 더 많아서 내 식구만을 위해서 해주고 싶다는 생각이 자꾸 났었거든요.

조혜정 ·

모두가 개인의 경험과 느낌을 이야기하다 보면 아주 다양한 수준의 이기주의라 할까요. 그런 것이 드러나 보입니다. 주부가 자기가 되는 것, 주체성을 갖는다는 것은 좁은 이기주의에 빠지는 것과는 구분되어야 한다고 생각해요. 주부는 가정 안에서 희생만을 하는 어떤 사람이 아니라 주체성을 회복하는 것은 매우 중요합니다. 그러면서 동시에 다른 가족원, 핵가족이나 대가족을 막론하고 다른 주체들과 공동생활을 만들어내는 지혜를 갖는다는 것도 동시에 중요하지요. 바로 그것의 확대가 현장의 확대이기도 하고요.

주부운동의 연대

장필화 ·

다시 한 번 살림이라는 것에 연결을 시켜 보지요. 살림이라고 할 때 가정에 묶어 놓는 데 문제가 있다는 지적도 나왔지만 살림을 하는데 가정이라는 울타리를 과감히 깨뜨리고 실력을 전체 사회를 바른 방향으로 이끌어 가는 데 실제로 쓸 큰 현장을 찾는다는 것, 가정살림에서부터 사회살림, 전체살림으로 가는 길을 찾는 것이 정말 새로운 주부의 할 일인 것 같군요. 그 길에는 개인적으로 넘어야 하고 또 집단으로 넘어야 하는 작고 큰 걸림돌이 많이 있습니다. 고부간의 이야기가 나온 것은 그것이 당장 현재 주부들이 주체적이 되는 것을 어렵게 하는 문제이기도 하지만 한편으로는 살림을 하는, 사회살림을 하는 입장에서 앞으로 가족 관계를 어떻게 하는 것이 좋을까 하는 점에서 주요과제이기 때문이지요. 그래서 핵가족과 노인문제를 어떻게 할까 하는 것을 주부운동에서 연구하고 대안을 제시하는 것이 급선무일 것입니다. 주부가 어떤 중요한 사회적 문제를 공동으로 대처하는 모임에 참여하는 데에는 그 일의 전망도 중요하지만 개별적으로는 일상적 가정생활을 어떻게 재조직화하여 스스로의 시간과 여유를 만들고 동시에 가족 내에 피해자(?)가 없도록 하느냐 하는 문제로 각자들에게는 물론 모임 전체에도 중요하기 때문이지요. 이런 문제도 현장에서 공동으로 토론하면서 함께 대처하면 좋은 해결안들이 나올 듯합니다.

그런데 지금 이야기를 들어보면 가장 큰 변수로 나타나는 것이 연령, 계층, 생활 스타일, 그런 것들인데 주부운동을 해오면서 그런 문제들에 대한 정리가 되고 있는지 말씀해 주시면 좋겠는데요.

서혜란 ·

주부운동이라는 용어 자체가 대두된 것도 얼마 되지 않습니다. 그리고 주부운동의 지향점이 궁극에는 같겠지만 그 과정이 각 계층마다 다르다고 생각되요. 중산층은 중산층 대로의 생활영역이 다르고 각 계층마다 그렇다는 생각이 들어요. 제 짧은 경험에서지만 생활협동조합에 관여했던 사람은 중상층은 아니고 중산층 정도가 아니었나 싶습니다. 그리고 학력은 모두 섞였어요. 이야기를 앞서가자면 학력으로 볼 때 응집력이 강하고 호응이 높은 학력은 고학력이 절대 아닙니다. 대졸 출신 여자들은 까다로와요(웃음). 고학력이고 중산층 이상인 사람들은 자기 스스로 의식적으로나 경제적으로나 어느 면 하나 부족함이 없다고 생각하기 때문에 살림의 현장을 넓힌다는 동기가 매우 약한 게 아닌가 생각됩니다.

그러니까 중산층에서도 고졸 출신이나 저학력의 경우가 오히려 변화를 원하고 지적인 욕구도 상당해요. 사회문제에 대한 인식 같은 번듯한 강의 한번 들어봤으면 좋겠다는 분도 있으니까요. 또 협동조합운동이라는 것이 생활운동으로서 흔히 생활의 질을 높인다는 식의 표현을 하는데 이런 방향으로 과제를 잡으니까 다른 운동보다 더 쉽게 접근되는 것 같습니다. 즉 기본적으로 생활 속에서 개인적이고 경쟁적인 의식에서 벗어나 협동의 가치를 실현하고자 하는 가치를 기본에 깔고 지금 생활의 문제가 무엇이냐, 과연 주부들이 할 수 있는 것이 무엇이냐는 등의 현실적인 과제를 다루니까 접근이 쉽다는 것이지요.

예를 들면 도시 중산층 주부한테 농민운동을 하자고 한다면 당연히 해야 한다는 것을 아는데 참여해야 할 현장이 상당히 멀기 때문에 어쩔 수가 없습니다. 그리고 그런 사람이 농민문제에 대한 글을 써보았자 설득력이 없지요. 그런 의미에서 도시주부가 도시라는 현장에서 벌이는 협동조합운동은 상당한 호응을 얻게 되는 거지요.

그리고 또 한 가지는 시대의 흐름에 따른 의식의 변화입니다. 제가 3, 4년 전 한살림에 있을 때, 지역교육을 나갔다 들어와서는 머리가 아파서 약을 먹어야 했었어요. 설득을 하기가 매우 힘이 들었던 탓이지요. 자연생태계의 문제라든지 개인의 삶의 가치 문제 같은 것은 관심 밖의 문제이고 오로지 소유, 행복과 자유의 증진, 이런 데 모두들 만족하니까 전혀 대화가 안 되더라구요. 그러니까 제가 이야기를 하면 저런 사람도 있구나 하는 식의 반응을 보일 뿐 설득력이 없었어요.

그런데 지금은 사회적인 분위기가 상당히 고양되어 있고 주부들의 의식수준 역시 높아졌지요. 또 교육기관이 얼마나 많습니까? 그 교육의 내용도 상당히 다양하게 제공되었다고 봐요. 그전까지는 주부들을 대상으로 한 교육이란 것이 꽃꽂이, 등공예, 수영 등의 취미교실이었는데 지금은 매스컴을 통한 주부들의 건강한 삶이라는 것이 많이 다루어지면서 주부들이 이러한 자기들의 생활문제를 스스로 해결해야 되겠다고 의식이 깨이게 되었죠. 그래서 현장성과 주부들의 의식 변화가 맞아 떨어지지 않았나 봐요. 그래서 그 진행속도가 빨라졌다고 봅니다.

한살림 같은 경우 저희가 처음 만들 때는 63세대로 시작되었는데 지금은 2,100세대로 늘어났어요. 다른 데도 비슷하리라 생각합니다. 그런데 앞으로 이런 수적인 증가도 좋지만 어떻게 이런 생협활동이 내면적으로 성숙하여 소비자운동도 내용을 갖고, 개별운동이 아닌 지역운동으로써 뿌리를 내릴 수 있을까 하는 과제가 남아 있어요. 지금 어떻든 시작단계로서 자리를 잡는 단계인데 이것에 내용을 주고 발전시키는 것이 모든 주부에게 주어진 과제라는 생각이 들어요.

이숭리 ·

숫자가 많아지는 것이 굳이 여기서 얘기하는 그 트임의 징조로 다 평가할 수는 없지요. 거기에는 오히려 가족이기주의가 더 작용해서 더욱 단단한 가족이기주의 왕국이 되지 않도록 주부운동에서 그에 대한 분석과 재조명이 있어야 한다고 봅니다.

조혜정 ·

그때 가족이기주의는 우리 가족만은 무공해식품을 먹게 하겠다는 등의 것이겠지요. 그런데 아까 고학력 중상층에 대해서 이야기하셨는데 그 2,100 가구에는 고학력 중상층이 많이 들어갔지 않습니까?

이숭리 ·

많이 들어 있읍니다. 그렇지만 운동으로 확산시키고 참여하는 데 재미를 느끼는 층에서는 상층들은 빠지지요.

박혜란 ·

고학력 중상층은 그야말로 갖고 있는 것을 뺏지나 않을까 하는 피해의식으로 이런 운동이라는 것에 굉장히 거부감을 갖고 있지 않아요? 제가 전업주부였던 시절에 저는 동창모임에서 돈봉투 얘기를 참 많이 했었어요. 그 당시도 그게 굉장히 심했거든요. 그래서 너희들은 상류층인데 이 렇게 앞장서서 이러면 너희보다 못한 사람들은 정말 어떻게 하겠느냐. 남들보다 앞서 갖다 바치면서 뒤에서는 선생을 인간적으로 경멸하고 그 러면서 또 우리는 희생자라고 한다는 것은 말도 되지 않는다. 그랬더니 다 웃으면서 "너 국회로 나가지"하더라구요(웃음). 그런 일은 국회의원 이나 하는 거라며 주부인 내가 주제넘다는 거지요. 그런데 제가 작년부 터 학부모운동에 참여하면서부터 30대, 40대 여성들의 사고의 변화의 흐름을 온몸으로 느껴요. 그 의식이 성숙되었고 그것이 혼자서 해결되 서는 안되겠고 적어도 자기가 행하는 행동의 사회적 의미를 깨닫는 주 부의 수가 착실하게 불어가고 있다는 것을 매일매일 몸으로 느껴요.

이숭선 ·

사실 저희 한살림 회원들을 보면 의식있는 사람들, 즉 어떤 개인적 이 기주의가 아니고 사명감과도 같은 사회의식 때문에 참여하는 사람들은 거의 다 고학력 중산층이예요. 어느 계층에 한정된 것으로 보는 데는 저는 찬성하지 않습니다. 주부라는 이름이 붙어 있는 위치에 놓인 여성 은 실상 모두 문제를 안고 있는 증세를 보이고 있습니다. 직장이 없는 경우 중상층 주부는 자아위기를 보이죠. 작년 자살한 주부의 경우가 그 것과 관련되지요. 중하층은 빛 안나는 일로 내내 바쁘고 자기 시간을 못 가져요. 취업주부는 계층을 막론하고 이중·삼중 일을 하고 있지 않 습니까?

장필화 ·

그러면 생존권을 이야기하는 기층여성, 기층주부의 운동도 있어야 한다 고 보는데 지금 그 기층주부운동은 주부운동으로 자리잡는 것이 아니고 빈민운동, 무주택운동, 민중운동 내에서의 대상이 되거나, 아니면 철거 지역에서 데모하는 데 앞장서는 식으로 일어나고 있지요. 이렇게 보면 주부운동을 중산층에서 이끈다는 것이, 그래서 결국 주부운동의 상징이 중산층으로 된다는 것은 이 기층주부운동을 주부운동과 분리시키는 역 할을 하는 것이 아닌지요?

이숙선 •

물론 현재로서는 대개의 주부운동이라는 것이 중산층 중심인 것은 사실입니다. 그러나 지금 적어도 의식을 가진 중산층들은 어떻게 하면 다른 층과도 접목을 꾀할 것인가 하는 일로 고민합니다.

　농민문제를 생각하니까 소협을 하는 것이고 주부아카데미 교육을 받고나서 공추연에 가는 것도 그런 것을 걱정하는 것이고 어떻게 하면 우리가 모두 함께 나누게 될 것인가를 연구하는 것이 우리의 과제이지요.

조혜정 •

아까 말씀하신 대로 각 현장에서 구체적인 작업들을 진행하면서 서로 연대를 하는 방식이겠읍니다.

이숙선 •

그렇지요. 서로 없는 것을 나누면서 공통의 토대를 다져가야 합니다.

박혜란 •

산돌 공부방 같은 것도 중산층이 밀고, 운영 등의 일은 실제 그곳의 빈민여성들이 하는데 그 여성들이 자립의식이 싹트는 모습이 나타납니다. 자존심을 찾게 되고 여성으로서 연대의식을 느끼게 되구요. 그들은 가난한 여자들이고 손덕수 선생은 중산층의 기득권을 갖고 있는 사람인데 그들 간에 여성으로서의 동질감을 느끼거든요.

　계층간의, 계급간의 갈등을 여성운동이 해소시켜줄 수 있다는 가능성을 그런 현장에서 봐요.

남상희 •

무허가 정착지에 4개월간 갔다 왔는데요. 거기 있는 사람에 대해 할 말이 많아요. 저변에 흐르는 것은 여성의 불평등이라는 것과 주부노동이 평가를 못 받고 있다는 것으로 근본적인 문제는 같은데 현상적인 것은 굉장히 달랐어요.

　예를 들면 그곳의 젊은 주부들은 고졸이나 중졸 출신이니까 학교를 그만 두고 회사 같은 데 일찍 몸담고 직장생활은 하는데 정말 상사 눈치보면서 전화번호 적어주고 전달하는 사회생활의 찌들림을 한 4, 5년

받은 다음에 결혼을 하지요. 그들에게는 선택의 기회가 처음부터 굉장히 제한되어 있습니다. 졸업하고 직장을 가질까 말까 하는 것도 선택이 아니고, 직장을 다니다 나이가 찼을 때 결혼을 할까 말까도 사회적으로 이미 결정된 선택이죠. 결혼을 하지 않아도 나이 때문에 직장에 남아 있지 못하는 경우도 볼 수 있어요. 물론 결혼을 해서 정말로 홈드레스를 입고 살고 싶다는 꿈을 안고 살죠. 세찬 바람에 나가서 전철에 시달리고 그런 생활 하고 싶지 않은 것이예요. 그러나 새벽부터 일해도 결국 가난은 못 벗어나지요. 제가 연구한 아주머니들은 노동자로 있다가 결혼을 했는데 결국 노동자로 남아요. 미싱을 밟고 집에서 봉제를 해야 하는, 결국은 벗어나지 못하는 일터로 다시 몰려나가는 경우예요. 공적 영역에 머물 것인가, 사적영역에 머물 것인가, 탈출할 것인가 이런 게 문제가 아니라 가난의 극복이라는 것이 그들의 당면과제인 것을 부인할 수 없어요. 그런데 가난에서 벗어난다는 것에 성차별이 아주 효율적으로 방해를 하는 것 같아요. 구체적으로 가사노동의 가치가 절하되어 있는 것과 관계가 있어요. 주부는 집 가까운 곳에서 봉재를 하거나 파출부 비슷한 일을 하는데 거의가 가사노동과 같은 일들을 해요. 가서 빨래를 하거나 공장에서 청소를 해 주거나 바느질을 하거나 가사노동의 연장이잖아요? 가사노동의 사회적 평가가 낮으니까 주부들 자신들도 그렇게 해서 벌은 돈을 공짜같이 느끼는 거예요. 집안에서 하는 일은 돈을 안 받는데 나가서 일해주니까 푼돈이라도 받았다는 심리적인 안정, 만족감을 주기 때문에 그게 더 차별임금, 임금격차의 권리를 주장하지 않는 내면적인 근거가 되기도 하죠. 지금 우리가 주부 얘기를 하면서 빈민여성이 부각되지는 않지만 여기서 논의되는 바대로 의식있는, 똑똑한 여자들이 했건, 아니면 다함께 걸어갔건 가사노동의 재평가가 이루어진다면 제일 큰 혜택은 그 사람들에게 돌아가지 않을까 그런 생각이 드네요.

장필화 •

남상희씨는 연구를 통해 많은 것을 느끼고 산 공부를 하셨군요. 결국 성차별의 극복이 가난의 극복에 중요한데 이 사람들에게 자기가 가난을 극복했을 때 도달한 모양은 중산층 주부의 모습이지요.

결국 그런 악순환의 고리를 벗어나는 것이 지금 얘기한 것처럼 새로운 주부상으로 이어지는 일직선상에 연결을 지을 방도가 없을지요.

남상희 •

그곳의 주부운동이나 탁아소운동과 연결시켜 보자면 형식적으로는 여성복지회관도 200m 거리에 있고 새마을 유아원도 있다는 얘기는 들었어요. 그들에게 물어봐도 잘 몰라요. 동사무소에 물어보니까 사회복지과가 담당과라는데 복지과 직원도 어디에 있는지 모르더라구요.

그것도 문제고 탁아소 문제가 굉장히 심각한데 "유아원을 이용하지" 이런 식으로 얘기하면 일단 시간이 정해져 있기 때문에 그 시간에 맞추어 가서 데리고 와야 되기 때문에 안된대요. 돈이 들어가는 것도 싫지만 제대로 이용하게 되어 있지도 않은 것이죠. 또 친척들이 아이를 엄마가 키우지 않고 돈을 몇 푼이나 번다고 아이를 남에게 맡기느냐고 비난한대요.

여성복지회관도 미용 등을 가르쳐 여성의 숙련노동을 키워주는 것 같은데 호응도가 전혀 없었고 홍보원도 없었어요. 설명을 해주는 사람도 없고 교습비도 너무 비싸대요. 그런 다음 취직이 보장되는 것도 아니구요. 관에서 주도하는 프로그램이 빈민여성의 삶의 부담을 덜어주는 식으로 되어 있지 않아 문제가 있지요. 그렇기 때문에 운동권에서 하는 배려 깊은 활동이 더 호응을 받게 되는 것 같아요.

윤양헌 •

지금 그 주부들이 뭉칠 수 있는 가장 단단한 기반은 자녀문제라고 봅니다. 아직 운동의 차원은 아니지만 가능성 있는 방안을 보게 되었는데, 돈봉투 문제였어요. 중산층에서 하는 참교육운동, 돈봉투 없애기 등 그것이 없어졌을 때 가장 혜택받는 것이 이들이거든요. 그러나 실제적으로 앞장서기보다 어떤 해결안이 나오기를 기다리고 있다고 하는 편이 맞겠지요, 그러다가 이 엄마들이 가능한 일을 찾아냈어요. 엄마들이 함게 학교를 방문했어요. 문제아들 때문에 늘 학교에서 불림을 당하는 엄마들이어서 피해의식까지 있는데 뭉쳐서 학교를 방문해 "우리는 없다. 대신에 학교청소, 뒷정리, 나무심기 등을 해줄 수 있다"고 선언을 했대요. 이럴 때 개인으로는 학교에 대해 늘 불만이 있고 열등의식이 있지만 뭉쳐질 때는 자신감을 갖고 대응하게 되고 교사들의 태도도 바뀔 수밖에 없지요.

남상희 ·

그곳에서는 사실 결혼 후의 어려운 생활 속에서도 최고의 낙이 자녀교육시켜서 올라가는 것이 마지막 남은 카드인데 그 카드가 차례차례 좌절되는 걸 보게 되어요. 일단은 학교와 가정이 분리되어 있고 학교에서는 애가 못 사는 집 아이니까 하고 젖혀놓고 아줌마들은 돈 못 갖고 가니까 가기 싫어하고 또 아이들은 학교 선생님에 대해 부정적인 인식을 갖고 있는 경우가 많아요. 학교에서 이루어지는 것 중에 선생님들에 의해 감화를 받는 것보다는 또래문화가 더 영향을 주고 있구요. 교육이나 학교에 부정적인 성향들이 아이들 교육에 그대로 연결되고 또 영세지역의 환경 자체가 아이들의 교육기회에 제한점을 주고 있어요. 조그만 방에서 대여섯 명이 사니까 TV는 크게 틀어놓고 쇼 비디오쟈키를 보면서 아이에게는 '쿡' 머리통 갈기면서 "공부해", "숙제해" 그런 상황이 되풀이 된다면……

윤양헌 ·

그러니까 빈민지역에는 가장 절실한 게 교육운동 같아요. 사실 그곳 주부들은 교육문제로 강의를 하는 때면 열의를 갖고 모이지요.

장필화 ·

그러면 주부운동에서 이렇게 다양한 문제를 종합해서 나아갈 수 있는 방향이 보입니까?

이숭리 ·

사실 그 운동이라는 말은 방향성을 갖거든요. 그래서 내가 어떤 방향으로 표적을 잡고 즉, 표적 있는 삶을 사느냐가 종교의 이야기듯이 주부가 운동을 한다고 하면 어떤 표적을 향해서 가는 것인데 그 표적이 무엇이냐는 것이지요. 그리고 그 표적이라는 것이 혼자 단절되어 있는 것은 이미 죽은 것이고 유기적인 관계를 갖어야 하겠지요. 주부가 운동성을 가짐으로써 주부가 갖고 있는 현장이 자꾸 고리처럼 연결되어 평행선에 서더라구요. 옛날에는 아래 위로 섰던 것인데 말이지요.

그리고 내가 운동가가 되겠다, 운동성을 갖겠다는 등, 즉 유기적으로 살겠다는 방향이 서니까 관심과 정보가 계속 들어오더라구요. 산돌 공부방, 공해문제, 노동자문제, 경제문제, 교육문제 등 이것이 옆으로 쫙 서는데 그것을 어떻게 잘 비벼서 집에 있는 사람들에게 가깝게 빨리 손내밀 수 있게 해주느냐가 지금의 과제이지요. 제 나름대로의 생각으로는 이런 여러 가지 유기적인 현장이 그런대로 비빔밥이 된 것 중의 하나가 이 생활협동운동으로 공해문제, 공동체문제, 소비자문제가 잘 비벼진 셈이지요. 더 나아가 교육문제, 경제문제, 민주화문제 등이 조화된다면 주부들에게 접근하는 데 크게 도움이 되겠지요.

그리고 전에는 공해면 공해, 여성의 전화면 여성의 전화 식으로 하나씩 먹는 나물밥을 이제는 잘 비벼서 각자의 기질에 맞게 가까이 갖다 줄 수도 있게 했어요. 사람마다 기질에 잘 맞는 것이 있고 그렇지 않은 것이 있기 때문에 나 같은 경우는 공해, 여성의 전화 이런 것들이 다 맞지 않았는데 주부아카데미 속에서 주부의 역할은 이런 저런 것이다 하고 비비는 역할을 해보니까 뭔가 나오더라구요. 주부들이 주부라는 한계 안에서도 주부운동가로 될 수 있는 방법의 하나는 집에서 못 나오는 때에도 할 수 있는 비빔밥을 만들어 보는 일입니다.

조혜정 ·

그런데 산업구조상 앞으로 10년만 내다봐도 전업주부가 굉장히 줄어들게 되어 있어요. 결국 주부운동이 보다 포괄적인 여성운동의 한 부분이 되어야 합니다. 직장에 나가는 여성들도 직장 나간 걸로 문제가 해결된 게 아니고 사회를 바꾸어가는 운동을 해야 하고 주부운동도 아까 얘기했듯이 비빔밥을 잘해서 각자가 처한 조건에서 활동할 수 있는 방식으

로, 삶을 '살리는' 전체운동 속에서 유기적인 협력을 할 수 있는 것이 중
요하다고 봅니다.

이숭선·

또 하나의 문화 기획이 좋은 비빔밥이 되어야 하겠죠. 학자들 하고 주
부들 하고 현장사람들이 상호보완하면서 비벼지는 거라구요. 앞으로 신
나게 운동이 일어날 것 같은 예감입니다.

장필화·

긴 시간 동안 감사합니다. 90년대 죽어가는 사회를 여성들의 삶이 살릴
수 있게 되기를 바라면서 이만 오늘 좌담을 끝맺겠습니다. ■

무지와 침묵의 땅에서
꿈틀거리는 몸짓을 보아라
억압과 차별의 굴레를 거부하는
해방의 몸짓을 보아라
이제는 돌려줘야 한다
그대가 가졌던 온전치 못한 자유와 기쁨과 힘
어두운 시대의
부당했던 모든 것들을
이제는 돌려줘야 한다
그대와 손잡고 나갈
또 다른 새날을 위하여
그대와 함께 싸워 나가야 할
인간해방 평등의 세상을 위하여
이 산하 푸른 하늘 아래
우리는 결코 꽃으로 머물 수 없다
──신동원, '여성해방의 서' 중에서

가정과 사회는 여성의 힘으로 되살려질 것인가?

조혜정*

1. 들어가는 말

이 글은 '새로운 가정주부상'에 관한 글이다. 10년 전만 해도 이런 주제로 글을 쓰리라고는 생각지 못했다. 사실상 최근까지만 해도 나는 고도로 전문화되는 사회경제적 토대의 변화와 여성해방운동의 전개에 따라 모든 여성이 조만간 사회적 노동에 참여하게 되고 또 그렇게 되는 것 자체가 여성들의 삶에 긍정적으로 작용하게 되리라는 믿음을 갖고 있었다. 따라서 집에서 살림만 하는 '가정주부'란 1, 2세대 내에 사라질 과도기적 범주로 간주되었고 내 관심의 촛점은 늘 여성의 사회진출과 그들이 지닌 변혁가능성에 놓여 있었다. 지난 몇 년간의 격동기를 거치면서, 그리고 열띤 여성해방운동의 와중에서 나의 이러한 생각은 크게 바뀌어 갔는데, 한마디로 나는 가부장적 억압구조가 내가 생각했던 것보다 훨씬 더 뿌리 깊고 악질적이라는 것을 알게 되었다. 그리고 그 가부장적 억압이 가정주부의 삶 속에서 가장 순수한 형태로 드러난다는

---

* 1948년 가을 부산에서 태어났다. 문화인류학자로서 지금 연세대학교 사회학과에서 가르치고 있다. 두 아이, 남편, 친정 부모와 살고 있다.

것을 알게 되었다. 그러므로 여성의 인간화를 가로막는 두텁고 높은 장벽은 가정주부들의 한숨과 분노와 연결되지 않는 한 깨뜨려질 수 없다는 결론에 도달했다. 아래에서 이 결론이 나오기까지의 생각을 상세히 풀어감으로써 여성이 주체가 되는 변혁운동이 보다 활기차게 일어날 수 있는 근거를 마련해 보고자 한다.

2. 공업자본주의화와 가정주부화

우리 어머니 세대는 '가정주부' 권하는 사회에서 살아왔다. 한 식구를 먹여 살리기에 충분한 정도의 수입을 갖는 남성을 만나 살림을 알뜰히 하고 자녀를 헌신적으로 기르며 시부모를 위시한 친척관계를 우애 있게 유지해 가는 것이 그들 생의 목표였고 임무였다. 그들은 〈가정주부〉라는 직업을 가졌던 것이다. 남성은 공적 영역에, 여성은 가정 영역에 보다 가까운 존재로 인지된 것은 그 역사가 깊다. 그러나 여성이 공적 영역에서 체계적으로 배제되고 일터와 가정이 엄격히 분리되는 것은 자본주의적 산업화 이후이다. 경제활동이 생계유지 생산수준에 머물렀던 농경사회에서 가정주부는 엄한 이데올로기적 규제는 받았지만 '진짜 일'을 남성과 함께 해왔다. 그들의 노동은 사회적 인정을 받았으며 스스로도 그 중요성을 확인할 수 있었다. 그러나 오늘날의 집안일은 과거 농부의 아내가 가족의 생계유지에 필수적이었던 것과 같은 정도의 유용성을 주장할 수 없게 되었다. 오늘날 가정주부의 일과 사회적으로 인정되는 '생산'과의 관계는 간접적이며 가정주부의 위치가 약해진 것은 바로 이런 생산과의 관계 변화와 관련된다. 다시 말해서 자본주의 사회내 남자들의 노동자화 과정은 여자들의 가정주부화 과정과 함께 일어났다는 것이다. 즉 남자들을 숙련시키고 장기간 일터에 묶어두는 노동자화 과정은 여자들을 가정에 묶어 두는 과정과 동시에 일어났으며, 이로써 노동력을 가장 값싸게 재생산할 수 있었다는 것이다. 동시에 여성들의 정치적 시민화를 체계적으로 막을 수 있어서 자본가계급은 이중의 효과를 본다는 것이다.

 가정주부의 존재적 특성을 이해하려면 이러한 문제들, 즉 돈이 모든 것의 평가 기준이 되는 자본주의 사회에서 무보수 가사노동에 종사하는 집단의 존재가 갖는 기능과 의미가 무엇인지, 그리고 당사자들은 자신의 삶을 어떻게 느끼고 있는지를 파악하는 작업은 매우 중요하다. 초기에는 보수적 기능주의자들에 의한 가정주부 찬양론이 지지를 받고 있었다. 그들은 가정주부 집단의 존재를 생산과 경쟁 위주의 사회를 중화시키는 사랑과 휴식을 제공하는 역할에서 찾는다. 계산된 자본주의 사회의 계산될 수 없는 부분이나, 미처 계산되지 못한 부분의 일을 가정주부들이 맡아함으로써 현사회를 그 나름대로 굴러가게 한다는 것이다. 이런 시각에서는 시장에서의 교환원리가 인간생활 전체를 지배하게 된 현체제를 이대로 유지해가는 것이 바람직한가?라든가 가정주부들은 자신들에게 할당된 역할에 진정으로 만족할 수 있는가? 하는 보다 본질적인 질문이 나오기 어렵다.

 자본주의 체제는 자신의 노동으로부터 소외된 수많은 인간을 생산해내는 체제이므로 변화시켜 가야 한다고 보는 시각에서 가정주부론이 새롭게 펼쳐졌는데 그 근본 논리는 톰젠의 가정주부화론과 같다. "만약 모든 가정내의 가정주부들이 한꺼번에 죽는다면 남자들은 모든 것을 기성품으로 사야 할 것이며 임금은 즉시 올려야만 할 것이다"는 20세기 초 어느 통찰력 있는 영국 여성운동가의 말이 시사했던 바대로 가정주부를 노동자에 대한 지원체계로 남겨 두면 두 명의 노동자를 한 명 값으로 얻는 기업가에게 큰 이득이 된다. 또한 남성들이 일터에서 갖게 되는 불만이나 스트레스는 가족의 생계가 자신의 노동에 전적으로 걸려 있다는 생각에 미치면서 상쇄된다는 감정적 순화의 측면에서 다수 노동자의 보수화를 초래한다. 집에서 당장 자신만을 바라고 사는 아내와 아이들을 생각하면 부당하고 열악한 노동조건을 견뎌내어야 하지 그 처지를 장기적으로 개선시킬 움직임을 벌이게 되기는 어렵다는 것이다. 동시에 노동운동의 측면에서는 가족의 생계가 전적으로 한 남성의 어깨에 달려 있다고 할 때 보수화는 강화된다. 가정주부 자신이 무보수 노동자이고 종종 자신의 직업에 불만족하기 때문에, 저임금 직업을 가진 대다수 여성들의 임금을 더 낮게 하는 산업예비군으로서 존재한다는 점에서 또한 문제가 되고 있다.

그러면 주부 자신들은 자신의 삶을 어떻게 보고 있는가? 주부가 하는 일을 중심으로 주부의 기본권이 얼마나 보장되고 있는지 알아 보자. 역사적으로 우리 나라 가정주부 제1세대는 일제 때 임금을 받은 관료나 공장 노동자의 아내들일 것이다. 자본주의화가 진행되면서 취업인구는 늘어왔으며, 이는 곧 임금노동자와 가정주부군의 증가를 의미한다. 초기의 가정주부는 친족적 토대가 강한 사회에서 친족의 연줄을 통해 남편을 출세시키고, 자녀교육을 위해 치맛바람을 날리며, 비공식적 지하경제 영역에서 고리대금도 하고 투기도 하여 돈도 상당히 벌었다는 것을 우리는 잘 알고 있다. 우리 사회의 가정주부가 서양의 전형적 형태를 닮아가기 시작한 것은 최근의 일로서 본격적 경제성장 이후의 일이다. 이제 많은 가정주부는 단출한 자기 핵가족만의 공간에서 가사일을 하며 산업역군인 남편의 스테미너 관리와 자녀의 학력에 신경을 쓰기만 하면 되게 되었다. 여전히 시부모 체제가 남아 있어서 알력이 없는 것은 아니지만 젊은 층의 발언권이 세어진 지금 20, 30대 주부들은 부모 아들 중심의 시가 체제를 벗어나 탄탄한 부부중심 핵가족 체계를 구축해가고 있는 것이 현실이다.

드디어 시집의 눌림에서 벗어난 이들 젊은 세대 주부들은 그러면 행복한가? 장구한 농경사회적 가부장 체제를 벗어나면서 전혀 다른, 그러나 그 정도에서는 조금도 완화되지 않은 눌림의 상태가 그들을 기다리고 있는 것이 아닌가? 그들이 최대의 시간을 쏟는 가정일을 중심으로 살펴보면서 이 질문에 답하도록 해보자.

가정주부가 하는 노동생활의 질의 분석을 위해 다음과 같은 네 가지 질문을 던져볼 수 있다. 첫째 노동에 대해 적합한 보상이 주어지는가의 문제이다. 여기서는 가사노동이 무보수 노동인 점이 문제가 된다. 그녀가 교통사고를 당했을 때 받게 될 보상액은 매우 적으며, 그녀는 휴가도 없다. 노동 동기에 있어서도 주부의 노동 동기는 가족에 대한 사랑이라고 되고 있으나 그것은 너무나도 단순한 해석이다. 가정주부의 '상관'—남편—은 항상 사랑으로 그녀를 대하지만은 않을 것이며, 일단 가사노동에 대한 나름의 존중(보상)을 가족으로부터 얻어낸 후에도 그녀가 더 나아갈 길은 없다. 상관의 사랑을 끌지 못하는 한 그녀의 일에는 임금상승도 없고 사회적으로 보다 나은 명예를 얻을 길도 없다. 하다 못해 합리적 작업조건을 얻어내는 일도 쉽지 않다.

두번째 기준은 자신의 능력을 사용하고 개발시킬 수 있는 직접적인 기회이다. 반복적 노동은 주부의 많은 시간을 빼앗아 가며, 또한 아이들과 남편의 갖가지 요구는 주부의 집중력을 분산시킨다. 집을 관리하느라고 목수일이나 수도 고치기 등의 일을 배울 수는 있으나 가정주부의 노동생활의 질은 20년간 가정주부였던 사람의 남편이 죽거나 이혼을 하게 되면 실직을 한 셈인데, 이 때 그녀의 가정에서 익힌 기술은 임금시장에 맞게 곧바로 전환될 가능성은 매우 적다.

세번째 기준은 노동현장에서의 사회적 통합——즉 자신이 조격의 일원으로 받아들여졌다고 느끼는——의 정도이다. 가정주부에게는 다른 동료성원이 없기 때문에 이런 점에서 특수한 위치에 놓인다. 그녀는 위계서열 속에 자리잡고 있지 않기 때문에 상승이동은 없다(전통적 씨족사회 대가족제 아래서는 있었다). 그녀는 고립되어 있고 가사일은 바쁘기 때문에 사회적, 감정적 지지를 제공하는 대면적 동료 집단을 갖기는 어렵다. 오히려 가정주부 집단이라는 동질집단의 소속감은 대중매체, 특히 여성잡지와 텔레비전 프로의 영향을 통해 이루어지는데 이는 상황을 오히려 악화시킨다. 가정주부들은 사회적 통합을 이루어 내지 돗함으로 결국은 자신들을 잘 알지 못하는 상업주의자들이 쓴 글을 읽어야 하며, 이로써 그들의 복지향상이나 세력집단화는 더욱 어려워진다.

네번째 노동생활의 질을 가늠하는 기준은 법적 보호에 관한 것이다.

헌법에서 보장하는 노동자들의 자유는 개인생활에서뿐만 아니라 노동현장에서도 보장되어야 한다. 헌법 규정에 따른 품위 있는 생활을 누리기 위해서 가정주부는 보복에 대한 두려움 없이 자신의 상급자의 의견에 공개적으로 반대할 권리를 가져야 한다는 것이다. 그녀는 보상과 직업안정권을 포함한 모든 문제에서 평등한 대우를 받을 권리가 있다. 남편의 원칙에 의한 지배가 아닌 법률의 보장을 받아야 한다는 것이다. 그러나 종종 법정은 교통사고 당한 아내의 위자료를 터무니 없이 적게 매기거나 남편이 아내에게 물리적 폭력을 행사할 때 부부간의 문제에 끼어들지 않으려 하므로 가정주부의 권리를 부정한다. 많은 경우 아내는 보복의 두려움 때문에 동등한 보상이나 직업안정성을 요구할 권리를 행사하지 못한다. 일단 결혼하면 중요한 재조정 방법은 이혼뿐이며 개선의 길은 극히 제한된, 즉 상관인 남편의 비위를 잘 맞추어 얻어내는 수밖에 없다. 여기서 안드레가 인용하는 가정주부의 초과근무에 관한 예가 시사하는 바가 크다(1987 : 20). 가정주부의 초과근무에 대해 물으면 "초과근무라뇨? 하루 종일 집에 앉아 있는 걸요?"라는 무지한 발언에서 "참 좋은 생각이군요, 그러나 그 돈은 누가 주지요?"라는 타산적 발언까지 다양한 답을 얻을 수 있다. 또 가족휴가란 그녀에게 있어서 음식 만들고 청소하고 자녀를 돌보는 똑같은 일의 연속에 불과한 경우가 허다하다. 가정주부의 실업보험에 대한 생각은 더욱 생소한 것이어서 가정주부가 봉급노동자처럼 고용주의 변덕과 불안정한 사정으로부터 보호받을 수 있는 기제는 전혀 마련되어 있지 않다. 또한 가정주부는 65세가 되어도 퇴직금도 없고 쉴 수도 없다. 65세 가정주부의 가출 사건은 바로 은퇴를 원하는 주부의 항의인 것이다.

이렇게 일반적 기준으로 잴 때 가정주부의 노동생활의 질은 매우 낮음을 알 수 있다. 동시에 가정주부들이 항상 일을 하는 것에는 틀림이 없으나, 그 일을 제대로 다룰 개념조차 아직 갖고 있지 못하다는 점에서 가정주부의 존재가 얼마나 우리 사회에서 무시되고 간과되어 왔는지를 알 수 있다. 여기서 주부들의 일은 노동이 아니며, 그 일은 그 일 자체로 자발적 헌신이며 따라서 감정적 보상을 받는다고 주장하는 이들이 있을 것이다. 실제로 많은 주부들, 특히 결혼한 지 10년이 채 안되는 여성들은 자신들에게 사별이나 이혼, 그외 남편을 더이상 신뢰할 수 없게 되는 등의 불상사가 일어나리라고 생각조차 하기 싫어하기 때문에 그런 사태를 예방하려 들지 않으며 바로 이런 경향이 다른 직업집단에 비해 안정성이 적은 상태에 '주부'를 내버려둔 결과를 초래하였다. 특히 주부들은 각기 자기 집에 고립 분산되어 있으므로 그들 자신이 처한 객관적 조건을 보기 힘들고 집단적으로 모이기도 어렵다. 사회는 점점 더 이익집단 중심으로 자기의 몫을 스스로 확보해 가는 방향을 가는데 주부만이 뒤처져서 점점 더 남편의 호의에 자신을 맡기는 상태에 남게 된 것이다.

 '가정주부'에 대한 인식은 물론 계층에 따라 달리 나타난다. 표준 가정주부가 되고 싶어도 되지 못하는 중하층 여성의 경우와 표준 가정주부로부터 탈출하고자 하는 고학력의 젊은 세대 여성들의 모습에서 그 점이 잘 드러난다. 표준 가정주부가 되기를 소망하는 이들은 대부분 경제적으로 열악한 계층에 속한 여성들로서 가족의 생존을 위해 주부도 임금노동을 하지 않으면 안 되는 경우이다. 이중 노동에 시달려온 이 계층의 여성들이 바라는 삶은 적어도 바깥의 힘든 노동에서나 면제될 수 있는 삶이며, 따라서 '돈 잘 버는 남성과 만나 가정주부로 사는 것'이 꿈이다. 여성노동의 절반 이상이 생산직, 그리고 타이피스트, 현금출납부, 비서, 식당 종업원, 영업사원, 점원, 사무직 등으로 그 작업들이 극히 기계적이며 승진 전망도 거의 없다는 점을 상기해 보자. 집밖의 일에서 단조로움, 저임금, 말단자리에 있는 서러움을 당할 때 자신의 가족을 보살피기 위해 집에 있다는 생각은 아주 매력적인 것이 된다.

 고졸 여사원 교육에 가서 자신들의 20년 후의 미래상을 그려보라는 질문서를 돌렸을 때 나는 상당수의 여사원들이 '현모양처 가정주부'의 꿈을 갖고 있음을 확인했다. 예상치 못한 것이 있었다면 그들은 '결혼 10

주년을 로마에서 보내겠다'는 등의 멋진 계획을 꾸미고 있다는 것이었
다. 문제의 심각성은 이들 고졸 내지 중졸 여사원의 대부분이 남편의
벌이가 충분치 못하여 자신들이 꿈꾸는 가정주부가 되지 못한다는 현실
이다. 오로지 '가정주부'가 되려는 희망은 이들로 하여금 현재의 직장을
일시적 정거장으로 여기게 하여 직업적 훈련을 소홀히 하게 하는 효과
를 내므로 문제를 더욱 어렵게 하고 있다. 이들의 '가정주부'가 되려는
열망은 결혼 후 취업을 해야 할 경우에도 집 근처에서 비공식 노동을
부업 정도로 하는 것을 큰 자부심으로 삼는 데서 찾아볼 수 있다. 파출
부나 전일제 일을 나가야 하는 이웃의 '취업주부'들을 불쌍히 여기면서
'가정주부'로 남아 있을 수 있는 자신의 상대적으로 나은 처지에 큰 위
안을 받는데, 이런 성향 역시 여성노동을 전반적으로 열악한 조건에 놓
아두는 주요 변수로 작용해 왔다.

  이러한 상황에서 표준적 가정주부의 삶을 살아온 많은 우리 어머니들
은 문제의식을 갖게 되었고, 그래서 딸들에게는 직장을 권해 왔다. 사회
도 '능력' 있는 여성들에게 '가정'과 동시에 '직장'을 권하는 방향으로 변
해 왔다. 어머니와 사회의 권유에 따라 직장을 갖게 된 새로운 유형의
가정주부가 출현하게 되었고 그 숫자가 크게 늘어나기 시작했다. 이 새
로운 유형의 가정주부, 즉 취업주부는 현대 젊은 여성들의 이상형으로
자리를 굳히기 시작했는데, 우리는 여기서 다시 근본적인 질문을 던져
야 할 필요성을 느끼게 된다.

3. 크게 변화되지 않고 있는 성 위계구조와 성계급의 토대

  고도기술화를 추진하는 선진자본주의 사회의 경우를 살펴보면 여성해
방운동의 결과라기보다 그 사회의 경제적 조건 때문에 여성들은 점점
더 사회적 노동에 참여하게 된다. 현재 이들 사회에서 순전히 남편의
수입에만 의존하는 주부의 수는 전체 주부의 20~30% 정도에 불과하고
2000년대에는 순가정주부는 10%도 되지 못할 것이라고 예상되고 있다.

우리 나라도 예외는 아니어서 현재 가정주부의 50% 이상이 경제활동을 하고 있는 것으로 나타나고 있으며 여성의 직업진출은 앞으로 계속 늘어날 전망이다. 여기서 우리가 문제 삼는 것은 여성의 직업진출이 성위계구조를 크게 변화시키지 못하고 있다는 점이다. 이런 판단을 성급함에서 오는 것이라고 간주하는 이들도 있을 것이다. 실제로 여성의 직업진출이 성위계구조를 근본적으로 바꾸기에 충분하지 못하다는 증거는 여러 곳에서 나타나고 있다. 여성해방운동의 방향을 수정할 수밖에 없는 이유도 여기에 있다.

이제 우리는 가정주부직으로부터 직장세계로의 탈출이 진정 여성들에게 새로운 대안이 될 수 있는지를 심각하게 물어야 할 시기에 와 있는 것이다. 소위 후기 산업사회에 들어선 선진자본주의 사회의 경우를 보자. 첨단기술에 대한 공장자동화와 사무자동화, 그리고 전산통신망의 연결이 여성들에게 열어놓은 직종은 어떤 일들인가? 유감스럽게도 우리는 소수의 여성들──그것도 가정 갖기를 포기하고 오로지 자기 직업에 몰두하는 경우를 제외하고는 대다수가 미숙련, 탈숙련화된 업무를 보고 있는 것을 알게 된다. 예를 들어 은행자동화에 따라 은행의 고용상태는 크게 바뀌었고 여성 비율은 높아졌으나 실제 성별분업은 전과 다름없이 남아 있으며, 오히려 심화된 경향을 보인다. 여성은 전산기계를 조작하는 단순노동에 몰려 있고 남성은 그 기계를 만들고 수리하며 금융을 관리하는 핵심부문을 담당하는 식의 위계서열화가 뚜렷해지고 있기 때문이다. 물론 남성이 차지해 온 핵심영역에 여성의 진출은 이론적으로 가능하다. 그리고 그 자리를 차지하는 소수의 '명예남자'들은 항상 있어 왔다. 이 '명예남자'들이 실은 표준가정주부들의 자존심을 흔들어 놓는 여성들이기도 한데, 이들이라고 해서 문제가 없는 것도 아니다. 사회에서 요구하는 능력을 가졌기에 발탁되었지만 그들은 가정과 직장에서 이중역할을 완벽히 해내느라 과로하고 있고, 자신의 경향과 맞지 않더라도 경쟁적이고 권위적인 직장분위기에 맞추기 위해 많은 타협을 해야 한다. 거기다가 자신들의 그 별난 노력이 결국은 경쟁적이고 권위주의적인 가부장적 자본주의 체제를 유지시키기 위한 것이라는 것을 알게 될 때 허망감을 갖지 않을 수 없다. 따라서 거의 일세기에 달한 여성들의 공적 영역에로의 진입을 위한 노력 끝에 얻어진 결론은 '여성의 천직은 가정주부'라는 통념이 남아 있는 한 공적 노동이나 정치의 현장에서 받는 성차별은 지속될 것이며, 그 현장에서 여성이 주요직을 갖지 못하는 한 여성은 가정주부라는 딱지를 붙이고 다닐 수밖에 없을 것이라는 점이다. 이에 가정주부의 조직화와 전여성간의 연대 결성의 중요성이 새롭게 제기되게 된 것이다.

그렇다면 여성들이 공통적 이해관계를 가진 하나의 범주로 묶여질 수 있는 토대는 무엇일까? 여성이 하나의 사회불만집단이자, 변혁세력이 될 수 있는 계급으로 존재한다는 전제를 좀더 자세히 따져 보자. 자본주의 사회내 사회적 불평등의 한 측면을 가장 체계적으로 분석한 마르크시즘에서는 계급을 다음과 같이 정의하고 있다.

"계급은 역사적으로 규정된 사회적 생산체계 속에서 점하는 지위, 생산수단에 대한(대부분의 경우 법률적으로 성문화된) 관계, 사회적 노동조직 속에서의 역할, 그리고 결과적으로 그들이 자유로이 처분할 수 있는 사회적 부의 크기 및 그것의 획득방법이 상이한 사람들의 집단이다. 일정의 사회경제 제도 속에서 점하는 지위가 상이함으로 인하여 한 계급은 다른 계급의 노동을 전유할 수 있게 된다."

이 정의에 따른다면 여성 또는 남성이라는 집단은 분명 하나의 계급이다. 여성은 여성이기 때문에 남성과는 다른 사회적 지위, 생산수단과의 관계, 그리고 조직 속에서 역할을 부여받아 왔고, 그들이 자유로이 처분할 수 있는 부의 크기 내지 획득방법도 남성과는 다른 규제를 받아 왔다. 구체적으로 여성의 노동력, 출산력, 그리고 그외 관심과 지식과 감정은 상당 부분 남성에 의해 전유되어 왔다. 국가가 생기기 전인 부족사회시대에는 부족의 딸들을 교환하는 결혼제도가 여성통제의 주요기제였으며, 농경국가시대에 들어서서는 부계혈통만을 인정하는 친족 조직화가 그 주요기제였다. 근대국가시대에 들어서서는 보다 철저해진 거대 관료조직화와 이윤극대화의 논리가 일부 여성을 흡수하는 듯하면서 사실상 보다 철저히 여성을 핵심부로부터 배제시키는 기제로 작용해 왔다. 여성들은 이제 가정에, 직장에, 기혼으로, 또는 독신으로 흩어져 있으면서 각 현장에서 '뒤치다꺼리' 일을 주로 해오고 있으며 출산과 육아의 임무를 국가나 자본가 또는 남편의 보다 많은 통제와 약간의 도움을 받으며, 수행해 오고 있는 것이다. 최근 주부가 일 나가지 않으면 생계가 어려운 가정에서 아이들을 맡길 데가 없어서 방안에 가두어 두었다가 아이들이 숨진 사고는 이런 현실을 적나라하게 드러낸 사건이다. 다시 말해서 여성의 노동과 출산은 그의 경제적인 계급 지위가 어떠하든 자신에 의해서라기보다 남성 위주 체제에 따라 통제, 규제되고 있으며, 그 노동의 통제는 '가정주부노동의 부불성'에서 가장 현저하게 드러나고 있다고 하겠다.

그러면 이런 성계급구조는 어떻게 재생산되고 있는가? 가족구조와 육아방식, 그리고 조직내 갖가지 배제원리가 이와 관련되어 논의되어 왔는데, 여기서는 사회화의 면을 잠시 살펴 보는 것만으로도 우리는 재생산 과정의 그림을 쉽게 얻게 될 것이다. 부모가 여자아이와 남자아이에게 당부하는 이야기를 비교해 보자. 여자아이에게 대부분의 부모는 '상냥해야 한다. 남을 도와야 한다. 이기적이어서는 안 된다. 경쟁적이어서는 안 된다. 인정스럽고 다정하며 보살피려 드는 사람이어야 한다. 유순하고 순응적이며 이해심이 있어야 한다. '아니오'라는 말을 되도록 하지 말아라. 남을 귀찮게 굴지 말아라. 필요한 것이 있으면 스스로 하거나 구하라.'고 가르친다. 한편 남자아이들은 '강해야 한다. 남이 앞지르게 될지 모르니 남을 돕지 말라, 강경한 반응으로 상대편을 먼저 수세에 몰아라. 상냥한 사내는 남을 이기지 못한다. 경쟁적이고 도전적 태도를 취하라. 자신이 원하는 것이 무엇인지 알고 그것을 취하라. 누군가 너에게 해줄 수 있는 일을 하지 말고 맡기라'는 식의 조언을 듣고 자란다.

이런 분위기 속에서 자란 여성은 늘상 '자신이 얼마나 착한가, 얼마나 부지런한가, 얼마나 자질구레한 데까지 신경을 쓰고 있는가, 얼마나 예민하게 반응하는가, 얼마나 자기 희생적인가?'라는 기준에 따라 자신을 평가하게 된다. 반면 남성은 자신이 얼마나 능력이 있는가? 가능한 한 자질구레한 일을 남에게 미루고, 빛나는 일을 해낼 수 있을까? 예민한 감정 또는 인간관계 따위는 무시하고 추진력 있게 일을 해낼까? 어떻게 경쟁에서 늘 이길 수 있을까?를 생각하며 행동하게 된다. 그리고 이 차이는 단순한 역할분담으로 연결되는 것이 아니라 매우 효율적으로 위계서열적 남녀관계를 재생산해 내게 되는 것이다.

가장 '빛 안나는' 그리고 보상이 적은 일을 해온 가정주부집단의 의미가 새롭게 부각되어야 하는 이유가 바로 여기에 있다. 먼저 각자의 노동과 출산은 그 주체에게 돌아와야 한다는 〈평등원리〉를 실현하는 것, 다음으로 현 체제의 위기와 관련하여 여성의 잠재력이 새롭게 부각되어야 할 필요가 있다. 여기서 우리는 여성들이 위에서 열거한 일반남성들이 갖는 성향을 갖는 것이 과연 바람직한가? 위기상황에 처한 현 체제에 여성들이 흡수되고 동화될 이유가 무엇인가?를 묻게 된다.

물론 우리는 부정적인 '남성적' 성향을 한껏 발휘하여 가족의 이익만을 챙기려 들고, 지하경제를 부추기며 교육풍토를 흐려놓고 노동의 신성성을 인정치 않는 가정주부들을 주위에서 보아왔다. 그러나 그보다 많은 다수가 묵묵히 생명을 길러왔고, 아픈 사람을 보살피며 남들이 싫어하는 뒤치다꺼리 일을 해 왔음을 부정하기는 힘들 것이다. 그리고 병든 사회를 살려낼 잠재성도 바로 이들 속에서 나올 수 있음을 우리는 보게 된다.

4. 가부장적 분할지배 기제에 따른 여성간의 대립과 분열

여성들은 가부장적 배제원리가 관철되고 있는 현 자본주의, 관료기술주의적 사회에서 동일한 이해관계를 갖는 동질 집단임을 위에서 살펴보았다. 그런데 이러한 이해관계의 일치는 사회에 대한 보다 깊은 파악을 전제로 할 때 이루어지는 것이며 그렇지 못할 경우에 여성들은 오히려 서로를 대립관계에 놓게 될 가능성이 높다. 이것은 이미 살펴본 사회화와 구별되는 가부장적 체제 재생산의 또 다른 기제로서 '분할지배' 방식이다. 지금껏 여성들은 가부장적 체계 속에서 분열되어 왔다. 사모님과 아줌마, 정실 부인과 첩, 시어머니와 며느리, 착한 어머니와 타락한 창녀로 분리되어 있었으며, 이러한 체제를 통해 남성들은 자신의 욕구를 만족시키면서 여성들을 보다 용이하게 통제할 수 있었다. 물론 이러한 분열은 개개인 남성이 의도적으로 만들어 낸 것은 아니다. 그것은 장구한 가부장적 역사의 산물이며 많은 개개 남성은 이런 분열 구조 속에서 함께 고통을 당해왔다. 그러나 구조적으로 하나의 계급적 범주로서의 남성과 그 반대 범주로서의 여성이 대립적 이해관계에 있었던 것은 사실이며, 여성간의 분열은 이때 남성들이 여성을 통제하는 주요 기제가 되어 왔다. 보다 민주적인 사회를 원하는 소수의 남성들은 이런 분열에 대해 거부감을 갖지만 아직도 대다수의 남성들은 이 남녀간의 위계서열 약화를 이용하여 자신의 편리함을 도모하는 것도 사실이다.

  주변에서 자주 볼 수 있는 구체적 예를 들어 보자. 우선 고졸 사무직의 분열을 생각해 볼 수 있다. 이 분열은 얼핏 보기에는 여성 당사자끼리의 분열로 보인다. 고졸여성은 대졸여성이 별로 일도 잘하지 못하면서 대학 나왔다고 이제껏 여사원들이 해온 '아침 책상 닦기'를 거부한다고 '티꺼워'하는 한편 공채를 통해 들어 온 대졸 여성은 같이 들어온 남자사원이 안하는 일을 자신이 왜 하느냐고 '버틴다'. 이때 주변의 지도자격인 상관, 또는 동료 남성들은 문제를 합리적으로 해결하도록 돕기보다 분열을 부추기는 분위기를 만들면서 구경거리가 생긴 것에 신나 한다. 그리고 한편이 물러날 때 '그것 봐라, 여자란 것은 마음이 좁고……' 등등으로 기존의 고정관념을 만방에 확인시키는 기회로 이용한다. 여기서 손해보는 것은 여자들 뿐이다. 고졸사원이 이겼다 치자. 여성들은 고졸사원 정도의 일만 하다가 결혼하면 퇴직하는 식으로의 직장분위기만

고조된다. 후에 그 고졸사원의 딸이 고졸사원이 되었을 때, 그는 이때 일을 후회하지 않을까? 대졸여성이 이겼다 치자. 청소문제를 현명하게 처리하지 못하고 대립적으로 풀은 이 여성은 조만간 이 남성주도적 조직에서 도태되기 십상이다.

취업여성과 가정주부 간의 분열도 이와 근본적으로 똑같은 성격의 현상이다. 이미 언급했듯이 초기 자본주의사회는 임금노동자와 그를 보조하는 가정주부를 출현시켰다. 그후 경쟁적 자본주의화가 고도로 진행되면서 자본주의 사회는 '능력 있는 여성'을 흡수하지 않을 수 없게 되었다. 가부장적 자본주의의 이해관계에 따라 이제 가정주부와 직업여성이 나란히 출현하게 된 것이다. 현재는 여성이 비취업가정주부가 되거나, 취업을 하거나 그것은 개인의 선택인 것처럼 되어 있다. 그러나 실제 이 선택은 진정한 선택이기보다는 여전히 강요된 측면이 많다. 사회화를 통해서 또는 경제적 여건상 우리는 취직을 하거나 집에 남아 있는 '선택'을 하게 되었다. 가정과 직장에서 두 가지 일을 하는 경우는 두 쪽을 다 제대로 해내지 못한다는 생각에 움추러 들곤 해왔다. 모든 여성이 가부장제의 희생물이 되고 있는 것이다. 그런데 이들이 반목관계에 놓이게 된다. '사회'에서는 직업여성은 가정일을 소홀히 하는 여성적이지 못한 여성으로 간주하는 한편 가정주부는 사회에서 뒤처진 '능력 없는' 여성으로 간주하면서 갈등을 높이고 있다. '성공적 직업여성'은 점점 더 남성화 되기를 강요당하고 가정주부는 점점 더 사회에서 격리되어 알뜰주부, 극성 모성, 살신하는 아내가 되기를 강요당하고 있다.

이제는 보다 많은 '일하는 노동력'이 필요하게 되면서, 바람은 일하는 여성 쪽으로 불고 있다. 아내가 '성공적' 직업인이면서 동시에 헌신적 주부가 되기를 원하는 남성들이 늘고 있는 것이 그런 바람이 불고 있음을 단적으로 드러내 준다. 이런 남성들의 기대 속에 여성들의 스트레스는 높아가고 좌충우돌 한다. 그런 와중에 가정주부는 '잘난 척 하는' 직업여성이 자신의 불행의 씨앗인 양 원망하게 되고, 직업여성은 '헌신적인 척 하는' 주부를 원망하게 되었다. 남성위주의 시각으로 현상을 보도록 길들여진 여성은 이런 식으로 오랫동안 반목의 관계에 놓여 있었다. 여성간의 반목은 주변의 가부장적 남성들의 저울질과 변덕에 의해 더욱 심해졌고, 이로써 여성간의 피해의식도 깊어 갔다.

여성운동권 내에서의 분열양상도 같은 맥락에서 있어 왔다. 자본주의 사회의 주요모순은 경제적 변수에 따른 계급불평등이라는 주장 아래 가부장적 불평등 구조를 인정하지 않으려는 또는 부분적으로만 인정하려는 여성들이 여성운동의 주도권을 잡으려는 시도가 있어 왔다. 이런 억압 주체자의 체험을 인정하려 들지 않는 권위주의적 시각은 여성해방운동과 그외 민중운동의 활성화를 사실상 막아왔다고 하겠다. 도대체 이런 반목에서 이득을 누리는 사람은 누구인가? 여성 모두가 지고, 또한 다수의 남성 역시 시달리는 이러한 체제를 이제 더 이상 우리는 지지하지 말아야 한다. 직장을 갖고 갖지 않고가 중요한 것이 아니다. 남성주도적 변혁세력에 동참하거나 하지 않는 것도 그리 중요한 문제가 아니다. 중요한 것은 여성들이 자신들의 억압을 꿰뚫어 볼 수 있는 역사의식에 의해 하나로 묶어지는 것이다. 여성이 억압, 소외당하지 않고 '인간'이 중시되는 역사를 이루어 가는 주체가 되는 것, 그래서 알량한 기득권을 누리기 위해 비인간적 가부장 체제를 계속 고수하려는 단견과 무지를 바꾸고 일깨워 갈 운동을 벌여나가는 것이 중요한 것이다.

여기서 우리가 벌여갈 보다 구체적 연대 작업을 생각해 보자. 가장 먼저 해나가야 할 작업은 우리 어머니들의 '자존'을 회복하는 일이다. 우리 어머니들 중에는 우리가 그들이 살아온 삶과는 달리 자기 자신으로 살아갈 수 있도록 적극적으로 도와주신 분들이 많이 계시다. 그러나 어머니들 중에는 우리를 가부장제에 길들이기 위해 온갖 힘을 기울여 온 분도 없지 않다. 가부장제를 거부했던 어머니였던, 그것의 적극적 대리인으로서의 어머니였던, 또는 우유부단한 어머니였던, 우리는 이제 그들과 만나야 한다. 가부장제 속에서 살아남기 위해 할 수밖에 없었던 가식과 치장을 벗겨드리고 우리는 이제 그들의 참 모습과 만나야 한다. 이것이 바로 우리들의 참모습을 발견하는 길이며, '제도로서의 모성'이 아닌 '체험으로서의 모성'을 우리 삶의 원리로 살려가는 길이다. 친정 어머니를 자주 뵈러 가자. 그리고 그분들이 딸을 낳은 것을 진심으로 기뻐하시게 하자. 그들의 삶 속에서 '나'를 만나고 할머니를 만나고 또 앞으로 태어날 우리의 딸과 손녀를 만나면서 나의, 그리고 우리 딸들의 삶이 어떠한 모습이어야 할지를 함께 찾아내고 준비해 가야 한다.

다음으로 우리는 보다 폭넓게 자매들도 만나야 한다. 언니, 동생, 또 동료로 만나 각자의 상이한 입장과 체험을 바탕으로 협력체를 만들어 가기 시작해야 한다. 그런 면에서 최근에 발간된 볼렌(J. Bolen)의 여성에 대한 심리 연구서인 《우리 속에 있는 여신들》이 시사하는 바가 크다. 정신분석학자이며 여성주의자인 볼렌은 임상을 통해, 또 여성운동을 하면서 많은 여성을 만나왔고, 그 체험을 토대로 이 책을 썼다. 이 책은 여성 속에서 발견되는 다양한 자질, 소망, 결함을 있는 그대로 드러내 보임으로 지금껏 본의 아니게 도매금으로 넘겨지거나 반목해 왔던 여성 간의 이해와 연대를 보다 가능케 하고 있다. 이 책에서 볼렌은 여성의 유형들을 희랍신화에 등장하는 여신에 비유하여 그려내 주고 있다. 그는 여성 중에서는 헤라 여신과 같이 제우스의 아내로 살림하는 것을 좋아하는 성향이 강한 사람도 있는 반면 아르테미스처럼 이성적이면서 모두를 감싸고 보호하는, 또는 아테네의 여신처럼 독립적인 일을 추구하는 '남성적' 사람도 있고, 아프로디테처럼 정열적이고 감성적인 사람이 있는가 하면, 말없이 남을 돕는 것에 자족하는 화덕의 여신 헤스티아와 같은 사람도, 페르세포네처럼 평생을 가볍게 즐기면서 사랑받는 딸로 살고 싶어 하는 성향의 사람도 있음을 밝혀 주었다. 그리고, 한 여성 내에 이런 여러 성향이 어우러져 있음을 보여 주면서 여성들의 자아성찰을 위한 탄탄한 토대를 마련해 주었다. 사실상 이 책은 여성에 대한 연구라기보다 남녀 모두에게 깊이 있는 자아분석의 근거를 제공하고 있다고 보아야 할 것이다. 우리 개개 인간들이 타고 나는 선천적 차이——남녀의 선천적 차이란 이 개성의 차이에 비하면 하잘것 없는 것이다——그리고 그 차이가 사회문화적 환경과의 상호작용을 통해 하나의 독특한 인성적 스타일을 형성해 내는 과정의 이해와, 그 독특한 인성적 특질(개성)을 죽이는 것이 아니라 최대로 살리면서 연대를 이루어 가는 것이 곧 이상적 사회운동의 모습이며, 이상적 사회 그 자체임을 이 연구는 우리에게 분명히 보여주고 있다(보다 자세한 논의는 이 책에 실린 장필화의 책소개를 참조하기 바란다.)

여성간 총연대를 위한 첫 걸음은 이렇게 여성들내의 다양함을 인정하는 데서 시작될 것이다. 예를 들어 20년간 가정주부의 삶을 산 여성들의 삶의 방식과 목소리는 20년간 숨가쁜 직장생활을 해온 여성의 방식과 목소리와는 다를 수밖에 없다. 그런데 이 차이는 그냥 차이로 인정되지 않고 오해와 반목으로 연결될 경우가 많았다. 이런 차이가 오해로 이어지고 서로 가슴 상해하던 때를 이제는 벗어나야 한다. 우선 우리들의 각자 타고난 개성 그대로를, 그리고는 상황적 조건의 차이에 따라 달라져 버린 모습을 있는 그대로 포용하며 확장된 자아로 만나야 한다.

5. 여성들이 원하는 사회 ── 뒤치다꺼리 일이 중시되고 아이가(인간이) '소유'되지 않는 사회

이제 공동운명에 있음을 자각한 여성들은 가정에만 있건 직장에서 대부분의 시간을 보내건, 우리들이 원하는 사회는 어떤 사회인가에 대한 근본적 의문을 제기해야 할 것이다. 직장과 가정을 넘나들며 이중역할을 해오던 취업주부는 자기의 개인적인 인고와 노력이 자연스럽게 여성의 지위를 향상시키고 이것이 보다 나은 사회로 이어지리라는 환상을 더이상 가질 수 없게 되었고, 가정주부 역시 '여성의 행복은 가정에 있다'라는 말이 신화에 지나지 않음을 체험을 통해 깨닫게 되었다. 직장에서 바닥일을 하면서, 남자들의 연대망에 끼이려고 안간힘을 쓰면서, 또 아무도 몰라주는 뒤치다꺼리를 하면서 거의 몇 년, 또는 몇십 년을 외롭게 보낸 뒤에야 여성들은 각자의 개인적인 고충이 정치적인 것임을 알게 된 것이다. 이것을 알게 된 여성들은 각자의 장에서 작은 움직임을 벌여 왔다. 하나는 최근에 활발하게 일기 시작한 여성해방운동이며, 또 하나는 가정내에서의 움직임이다.

가정일에 대해 입으로는 찬사를 아끼지 않으나 실제로는 아무런 댓가도 보장되어 있지 않는 자신들의 삶에 부단히 나타나는 모순을 일찌기 알아챈 어머니들은 딸에게 자기 같은 삶을 물려주지 않으려 노력했다. 가끔 부족한 '가정주부'의 삶을 산 여성들이 그 부족함을 메꾼 온전한 가정주부의 삶을 딸에게 권할진 몰라도, '숨죽이고 사는' 삶을 자녀에게 물리고자 하지 않은 주부들이 더 많았다. 그들은 집단화를 통해서만이 새로운 것을 이룰 수 있는 사회에서 자신들은 늘 고립되어 있었으며, 개인적 능력위주로 돌아가는 사회에서 집단주의적 가치를 고수하도록 요구당해 왔고, 이성적이기 전에 감성적이기를 요구받으며, 전문화와 개성을 추구하는 사회에서 획일화 되고 있었다는 것을 알게 되었다. 이러한 자신들의 상황에 대해 어렴풋이 자각을 갖게 된 어머니들은 딸의 자아실현을 도왔으며, 또한 자신의 활동영역을 넓혀 사회봉사를 해왔다. 다른 사람에게 권력행사를 함으로 자신의 힘을 느껴보거나 신분적 과시를 통해 자신의 불만을 무마시키려는 비뚤어진 시도도 없지 않았다. 고부간의 갈등이나 부유층 '사모님'들이 부추겨온 혼수경쟁, 취미생활경쟁, 외제선호 등 부의 과시행위는 탈출구를 찾으려는 불안한 주부들의 대안모색행위였던 것이다. 자신의 불만족스러운 실존을 인식하고 태업에 들어간 주부도 적지 않았는데, 이 약자가 가진 '소극적 저항권' 행사는 그것이 자신이 원하는 바를 얻게 해주지는 못할망정 상대방을 괴롭히는 상당한 파괴력을 지니고 있다는 것을 우리는 잘 알고 있다.

여기서 우리는 여성들의 노력에 비해 그 효과가 별로 크게 나타나지 못했는지에 대한 의문을 갖게 된다. 나는 그 주요 이유가 주부가 고립되어 있었던 데 있다고 본다. 여성들은 자신의 가족의 이익을 일차적으로 내세워야 하므로 다른 가족과 항상 잠재적 경쟁관계에 있다고 느껴왔고, 또 가정에 있는 경우 자신의 불만족 상황의 원인을 제대로 파악하기 어려웠다. 제대로 파악했다 하더라도 토론구조가 열려 있지 못하므로 확신을 갖기 어렵다. 이런 상황은 여성들로 하여금 개인적으로 탈출구를 찾는 노력을 하게는 할지언정 집단적 노력에 닿게 하기는 어렵게 만든다. 집단적 노력은 오로지 자신의 위치를 전체 구조 속에서 분명히 인식하게 될 때에 크게 가능한 것인데, 그것이 상당히 체계적으로 차단되어 있었던 것이다. 가정이 돈과 권력, 그리고 공적 영역과 완전 분리된 세계가 아니라는 것, 주부노동과 국가적 생산력과의 관계, 사회적 인정을 받지는 못하고 있으나 실제로 막중한 비중을 갖는 가정주부들의 책임, 그 잠재력을 우리는 이제야 인식하기 시작하였고 바로 이것이 여성해방운동의 핵심적 쟁점이 되어야 한다는 것을 알게 되었다. 따라서 여성해방운동의 목표는 첫째, 상품생산을 위한 노동이 아니라 공동체를 차려나가는 데 꼭 필요한 노동, 특히 뒤치다꺼리의 일이 중시되는 사회를 만드는 것, 둘째, 어머니로서 모성의 힘을 사회적으로 확대하는 것, 셋째 소비자로서의 힘을 발휘하는 것과 연결된다.

먼저 노동과 관련시켜 보자. 직장여성이든 가정주부이든 여성들은 이미 자신의 경험을 통해서 주부의 일이 바깥의 노동자에게 얼마나 필수불가결한 것인지를 잘 알고 있다. 그들은 사람들이 병이 들면 누군가가 남아서 돌보아 주어야 하며, 잘 꾸려진 가정은 활력을 주는 피난처이자 새 사회를 위한 전진기지라는 것도 알고 있다. 가정생활을 통해서 충족되는 인간의 욕구는 직업을 가진다고 해서 사라지지 않는다는 것을 뒤치다꺼리를 해본 모든 여성들은 잘 알고 있다. 공동체는 바로 이 치다꺼리를 하는 사람들에 의해 차려지고 유지된다.

아이러니컬하게도 전업가정주부는 오히려 이러한 바깥세계와 자신의 일과의 관련성을 알기가 어렵다. 가족법의 개정이라든가 가족재산을 부부공동명의로 해야 하는 문제를 자신의 문제로 받아들이지 못하는 점에서 그런 경향은 뚜렷이 드러난다. 따라서 가정주부들은 〈가정과 일터〉라는 두 세계를 넘나들며 이중의 역할을 해온 취업여성들과 연대하며, 새로운 시각에서 자신의 일을 바라보는 법을 배워야 할 것이다. 가정에서의 지극한 헌신이 사회적 차원에서는 이기적 행위로 몰리는 자기존재의 모순적 상황을 보다 분명히 이해하고 삶을 유지하기 위한 뒤치다꺼리의 일이 중시되는 사회를 이루기 위해 나서야 한다는 것이다. 가정 밖에서는 최근 노동생활의 질적 향상을 꾀하려는 노동운동이 활발하게 일어나고 있다. 이제 직장과 사회에서 빛 안 나는 일을 해온 여성들은 일차적으로 뒤치다꺼리 일이 중시되는 사회를 만들기 위해 모여야 한다. 그래서 군대생활이 경력이 되는 것인 만큼, 아니 그보다 더 중요하게 출산과 육아의 경력이 인정되는 사회를 만들어 가야 한다. 자신의 사회적 위치를 자각한 여성들은 직장에 있을 때는 직장구조 자체의 변혁을 위해 부단히 노력해야 하고 가사일만 주로 해온 주부들은 태업, 파업, 그리고 집단휴가를 통해 뒤치다꺼리 일을 하지 않을 때의 무질서를 생전 그 일을 하지 않은 사람들이 알게 해야 하는 것이다. 그래서 모두가 최소한 자신의 뒤치다꺼리를 하며, 또 남의 뒤치다꺼리를 하는 것을 기쁨으로 삼는, 노동이 더 이상 강요된 일이 아니고 기쁨일 수 있는 사회를 만들어 가야 한다.

그러기 위해서 우리는 진정한 모성성을 발견해 내어 사회변혁의 기초로 삼아가야 한다. 배타적인 모성은 비생산적이라는 것을 우리는 그간의 역사적 경험을 통해 잘 알고 있다. 우선 부모―자녀 관계의 주도권을 쥐고 있는 아내들은 남편들이 자녀와 진정한 관계를 맺어서 부성(모성)성을 길러가는 일부터 도와야 할 것이다. 그리고 가족이기주의를 벗어나, 어머니들은 보다 포용적인 모성으로 자녀들의 적과 대항할 수 있는 사회적 힘을 길러가기 시작해야 할 것이다. 자식이 민주화 대열에 섰다가 희생되는 것을 보다가 드디어 일어난 어머니들로부터, 자녀를 공해로부터 보호하려는 어머니들에 이르기까지 우리는 억압적 권력과 대항하는 새 힘과 조직력을 얻어가야 한다. 자녀들을 '위한' 학습환경을 조성하고, 지역사회의 상호부조망을 만들어 인신매매와 마약과 온갖 악한 상품들로부터 자녀들을 보호해야 할 때가 되지 않았는가? 약자와 아이들이 존중되는, 그래서 인간이 중심이 되는 '부드러운 사회'를 만들기 위해 어머니들은 이제 거대한 벽을 깨뜨려가기 시작해야 한다는 것이다.

　사회적 인정을 받지 못하는 형태로 수행되어 온 가사와 육아는 지층적 차원에서 볼 때보다 복잡한 양태를 나타내는데, 특히 모성 역할에 관한 기본적 권리의 박탈면에서 주목을 요한다. 앞에서 언급한 바 있는 어린 남매가 부모가 맞벌이 나간 사이에 방에 갇힌 채 질식해 죽은 비극적 사건이 그 면을 단적으로 드러내 주고 있다. 국가정책이 여성들은 집에 남아서 가사와 육아를 한다는 전제 아래서 세워지기 때문에, 저임금 맞벌이 일을 하지 않으면 안되는 여성들의 자녀들은 보호받지 못한 채 내버려지고 있는 것이다. 이제 무보수 가정일을 해온 여성들은 바로 자신의 자발적 헌신이 많은 다른 여성들이 모성역할을 수행하는 데 장애가 되고 있음을 인식함과 동시에 그것이 다른 계층 여성들의 기본적 모성권을 앗아가는 하나의 토대가 되어 왔음을 보다 분명히 인식하고 모성보장을 위한 연대운동을 벌여가야 할 것이다. 맞벌이를 하지 않으면 생계가 어려운 가족의 자녀들을 위해 탁아소를 늘리고, 더 나아가 적어도 취학전 아동을 둔 어머니들에게 국가가 양육비를 지불하는 방향으로의 정책입안을 하도록 압력행사를 해나갈 수 있어야 한다는 것이다.

　소비권의 경우, 문제는 보다 복잡하다. 가정주부들에 의한 소비자 운동의 역사는 꽤 길다. 일부 경제학자들은 소비자로서의 가정주부의 실질적인 권한이 엄청난 것처럼 말해 왔다. 그러나 사회구조를 꿰뚫어 보는 눈이 없는 한 가정주부의 소비자 역할은 상당히 무력하다. 앙드레의 표현대로 소비자의 힘은 기업의 힘에 비해 훨씬 약하고, 실제 선택은 '구매력을 통한 소비자의 투표행위'보다 기업의 선전능력에 의해 크게 좌우되어 왔다. 이제껏 가정주부의 '소비자로서의 위력'이란 기껏 저질 상품으로부터 스스로를 보호하는 차원에 머물러 궁극적으로 대기업 체제의 후원자 노릇을 했을 뿐이다. 갈브레이드(1973)의 지적처럼 주부들은 갖가지 가전제품을 사들이는 차원의 소비권에 매몰되어 온 셈인데 이제는 가사일과 자녀양육일을 공동체 수준에서 재구성하고 해결해 나가는 차원에서 보다 적극적으로 소비권을 사용해야 할 것이다. 집안일 중 필수적인 부분을 집단화하고 축소시키는 보다 근본적 방식으로 해결해가야 한다는 것인데 이는 곧 근본적으로 불안정한 자본주의 계획생산 체제에서 보다 안정적이고 인간욕구충족 중심적인 서비스 경제체제로의 이행을 돕는다. 안정적 서비스경제로의 전환은 여성의 지위를 상당히 향상시킬 것이며 동시에 가사노동자로서, 어머니로서, 그리고 소비자로서의 정치시민화는 사회적 삶의 질을 크게 향상시킬 것이다.

지금 당장 해야 할 조그맣지만 커다란 일들이 우리 주변에는 쌓이고 쌓여 있다. 우리들이 막대한 비토권을 가지고 있다는 점을 잊지 말자. 우리는 이미 올림픽 자원봉사단, TV시청료 거부운동, 철거반대 주민운동, 수도 넣기 주민운동, 생산과 소비를 연결시키는 농촌주부와 도시주부의 연계, 공해추방운동, 학부모운동 그리고 민가협어머니들의 변신을 통해 주부운동의 가능성을 보아왔다. 이제 아내들은 그들의 남편이 하는 일이 무슨 일인지, 우리 자녀들을 죽음으로 몰아 넣는 공해산업에 종사하지 않는지, 극악한 무기생산에 또는 마약제조나 밀매를 하고 있지나 않은지, 인간을 상품화하는 데 주저치 않는 악한 사람이 아닌지 알아가야 한다. 여성들이 연대를 결성하여 시민불복종운동을 벌여나가고 문교장관을 경질하며 국회의원을 우리 손으로 뽑을 때가 되었다. 이를 위해 우리들은 보다 ‘뻔뻔해져서’ 드디어 ‘당당해져야’ 할 것이다. 가부장적 시각을 벗어나 자신의 시각을 되찾아야 하는 것이다. 그러기 위해 우리들의 발걸음 그리고 전화는, 그래서 더욱 바빠져야 할 것이다. 가정일에서 벗어나기 힘든 주부는 전화를 통해 다른 주부들과 연결하고, 책과 잡지와 TV를 통해 왜곡되게 그려진 자신이 모습을 바로 잡아가면서 당당하게 우리들의 생각을 펼치고 나누어 가야 한다. 태업과 파업, 그리고 불복종행위가 집단으로 이어질 수만 있다면 우리 새로운 주부들이 모아낼 힘은 엄청난 것이다.

옛날 우리 할머니들이 우물가에 모여 집안일과 마을일을 의논했듯이 ‘우물가의 정치모임’을 안방에서, 일터에서 갖기 시작하자. 지금 우리가 해오는 동창모임, 계모임을 보다 생산적 모임으로 만들어 가면 된다. 극성스럽게 '수다'를 떨고, 그 목소리를 모아가자는 것이다. 그리고 가끔씩 우리 모두가 모이는 여성들의 잔치를 벌여 우리가 바라는 사회의 모습을 함께 그려보고 우리의 힘과 가능성을 확인해 가는 대대적인 축제를 벌여 가면 된다. 가정과 직장에 나뉘어 있던 여성들이 단결하기만 한다면 숨죽었던 가정과 사회는 되살아날 수 있다. 이웃간의 담은 쉬이 허물어질 것이며 지구상에 인류의 생명은 존속될 수 있다. 그러나 우리들이 여전히 가정일이 너무나 중요하다는 위로 속에 자신의 위치를 제대로 보려 하지 않거나 경쟁사회에서 홀로 안간힘을 쓰며 이기려고만 한다면? 우리는 모두 질 수밖에 없다. 여자와 남자, 어른과 아이, 푸른 숲과 맑은 강, 우리 모두가…….

각 영역에 흩어져 뒤치다꺼리를 해온 모든 여성들은 이제 고립된 개개 가정의 살림꾼 '가정주부'로서가 아니라, 커다란 공동체의 살림을 일구는 새로운 주부, 즉, '사회주부'로서 하나 되어야 할 때이다. ■

* 도움받은 책

앙드레, 레이. 1987.《가정주부 : 보이지 않는 노동자들》. 한국여성개발원.
조혜정, 1988.《한국의 여성과 남성》. 서울 : 문학과 지성사.
베로프 외, 1987.《여성, 최후의 식민지》. 한마당.
백월순, 1989. "사무자동화에 따른 여성노동변화에 관한 연구", 이화여대 석사학위 논문.
새비츠, 마조리 핸슨, 1986.《슈퍼우먼 신드롬》. 서울 : 우아당.
J. Bolen 1985 Godesses in Everywoman : A new Psychology of Women. New York : Harper and Row.
J. Galbraith, 1973. "The Economics of the American Housewife." Atlantic Economics and the Public Purpose. Boston : Houghton Mifflin.

R. E. Walton 1975. "Criteria for Quality of Working Life." in The Quality of Working Life Vol. 1.(ed. by L. E Davis. et al.) New York : Free Press.

이 시대에 주부는 할만한 직업인가

'현모양처'의 심리학

박혜란*

요즘은 뭘하고 지내냐는 물음에 "아무것도 안해요" 또는 "집에서 놀아요"라는 대답과 함께 주눅들린 듯한 어색한 미소를 띠는 여성들 대신에, "내 직업은 가정주부"라고 당당하게 말하는 여성들이 눈에 띄게 늘어나고 있다. 또 새학기를 맞은 자녀들이 들이미는 가정환경조사서의 어머니 직업란에 '무직' 또는 'ㆍ'을 찍는 대신 '주부'라고 밝히는 여성들이 늘고 있다.

눈만 뜨면 쏟아져 나오는 엄청난 양의 새 상품들이 '주부님들'을 겨냥하고 갖은 아양을 떠는가 하면, TV 라디오의 아침 프로그램은 남편과 아이들을 내보낸 후 집안에 홀로 남겨진 주부시청자들을 포섭하기 위해 안간힘을 쓰고 있다. 바야흐로 주부전성시대의 서막이 열리는 듯한 분위기가 도처에서 느껴지는 세상이다.

그러나 이러한 축제 분위기의 한 편에서는 이제까지 천직으로 알고 종사해온 주부업에 불만을 품은 여성들의 목소리 또한 전례 없이 높아가고 있다. 20년 가까운 주부업 끝에, 집 바깥에서 할 일을 찾아 나섰다

---

* 1946년 겨울에 함경도 출신 실향민 부부 사이에서 태어났다. 경주에서 잉태되어 수원에서 출생, 성환에서 유년기를 보내고 서울에서 학령기를 보냈다. 전업 가정주부 10년 후 지금은 시간강사 · 시간제 주부 · 시간제 편집인으로 일하고 있다.

가, 주부를 거부하는 높은 벽에 부딪쳐 삶의 회의를 느끼고 목숨을 버린 "어느 '행복한 여자의 불행'한 이야기"가 많은 주부들의 가슴을 울린 일도 있었다. 그런가 하면 '사랑받는 아내'교실 또는 취미강좌에 식상한 여성들의 관심이 각 대학의 평생교육원과 각 사회단체의 교육프로그램에 쏠리기 시작했다.

그림자처럼 소리없이, 한 가정 한 가정 안에 숨어 있던 주부들이 자의든 타의든 개인으로서 존재를 드러내고, 새로운 자리매김을 위하여 부산하게 움직이고 있음을 그 누구도 외면할 수 없을 것이다. 이러한 움직임을 놓고 전혀 상반된 의견들이 백출하는 것도 이미 예상된 일이다.

주부는 예나 이제나 행복하게 살고 있는데 '바깥'사회가 그들의 불행을 강요한다고 주장하는 이가 있는가 하면, 경제적 독립이 없는 주부의 행복이란 한낱 허위의식일 뿐이라는 의견 또한 만만치 않다. 주부란 사회의식이 결여된 집단으로서 가족이기주의를 유지 강화시키는 주체세력이라는 비난도 상당히 보편화되어 있으며, 그러나 그런 각성 아래 바깥에서 자신의 존재를 정립시키려는 주부는 이기주의자라는 지탄을 면하지 못한다. 경제적 풍요 속에서 삶의 허무를 짓씹는 부유한 주부들과, 살림과 노동에 억눌린 채 '행복한 가정주부'의 꿈을 가슴에 안고 살아가는 가난한 주부들이 이웃해서 살고 있다.

장광설 같기만 한 이러한 앞소리를 늘어 놓은 까닭은, 주부문제에 대한 접근이 얼마나 다양한 방향에서 이루어져야 하는가를 강조하고 싶은 속셈 때문이다. 전업주부인가 취업주부인가, 신혼주부인가 중년주부인가, 중산층인가 저소득층인가, 도시주부인가 농어촌주부인가, 대가족인가 핵가족인가에 따라 주부의 삶은 모두 다르고, 그만큼 그들이 겪는 심리적 갈등 또한 다를 수밖에 없다. 그러나 또한 그들 모두 '주부'로 불리우는 만큼 주부로서 해야 할 일과 겪는 문제의 본질은 같다고 보아야 한다. 이 글은 오늘 이 사회를 살아가는 주부들의 심리적 갈등을 그들의 '일'을 중심으로 풀어 나감으로써 주부문제의 본질에 심리적으로 접근해 보기 위해서 쓴 것이다. 여기에는 현재 44세인 내가 이제까지 쌓아올린 20년의 주부 경험이 밑받침하고 있다. 그것은 구체적으로 취업(맞벌이)주부 3년, 전업주부 10년, 학생주부 3년, 그리고 시간제 취업주부 4년으로 나뉜다. 아울러 이 글에는 다양한 삶의 단계를 거치면서 부딪쳤던 수많은 주부들의 경험, 그리고 전업주부로부터 탈출하여 대학원에서 여성학을 공부한 학생으로서의 나의 경험이 섞여 있다. 또한 그 20년의 주부 경험은, 최초의 생계유지를 위한 몇 년 간을 제외하면 줄곧 중산층이라는 계층적 한계 속에서 이루어졌음을 고백한다.

'남편 뒷바라지'의 내용

한 집안에서 주부가 맡은 일은 너무나 막중하고 성스러운 일이기 때문에 돈으로 계산할 수 없다는, 이른바 주부의 성직론은 자연스럽게 집안일(가사노동)을 돈으로 계산하지 않는 결과를 맺게 된다. 그리하여 주부는 돈을 벌지 않는(못하는) 사람=일을 하지 않는 사람=노는 사람이라는 등식이 통용되어 왔다. 엄청난 양의 노동에 시달리면서도 최근에 이르러서야 '주부는 과연 노는 사람인가'라는 문제가 제기되고 있음은 정말 놀라운 일이다.

주부의 가사노동을 화폐로 셈하는 작업들이 낯설지 않게 되고, 1991년부터 시행되는 개정 가족법에서 인정한 부부의 재산분할청구권은 주부가 노는 사람이 아니라는 사실을 법적으로 보장해 주었다는 점에서 획기적인 개혁이라고 할 수 있다.

이러한 변화들은, 주부업이야말로 유일무이한 여성 천직이라그 굳게 믿어온 대부분의 중상층 전업주부들을 심리적으로 위로해 주고 있다. 아직까지도 우리 나라 중산층 전업주부들은 대부분 여성의 행복은 자신의 사회적 성공보다 자녀나 남편의 성공에 달려 있다고 생각하고 있기 때문이다. 그들은 남편에 대한 내조, 자녀에 대한 뒷바라지를 잘하는 여성이 가장 바람직한 여성상이라고 꼽는다.* 남편의 성공을 위해선 아내는 일평생 '그림자'처럼 살아야 한다는 전통적인 부덕관을 쫓는 여성들에게, 사실 요즘의 '사회참여를 부추기는 듯한' 분위기는 그들의 존재를 부정하는 위협으로 느껴지기도 한다.

"…… 그러나 요즘은 또 스트레스시대인 것도 틀림없는 것 같다.《술 권하는 사회》라는 소설이 있듯이, 사회활동이 강조되는 사회에서 가정에 안주하려는 나는 갈등이 없을 수 없다……"

전업주부 14년째에 접어드는 한 여성이 여성잡지에 투고한 글의 내용은, 현실이 만족스럽다고 애써 강변하면서도, 바깥 일에 대한 기회가 주어지기를 끊임없이 모색하는 이중성을 보여 준다.

살림이 여성의 본분이라고 확신하는 중산층 전업주부들은 동시에, 살림만 하고 사는 것에 대해선 매우 부정적이다. 앞에서 예시한 조사대상자의 70%가 부업·취업·공부·자원봉사 등의 사회참여를 원하고 있으며, 원하지 않는 주부들도 그 이유를 남편이나 자녀교육에 소홀해지기 때문이라고 말한다. 결국 중산층 전업주부들은 전통적인 여성역할을 거부하지 않으면서도 자신의 경제적·교육적 수준에 걸맞는 사회적 지위가 보장되는 사회활동을 원하고 있지만, 이같은 기회가 제대로 주어지지 않는데서 사회적 고립감·무력감을 느끼는 것이 현실이다.

그러나 이러한 고립감 또는 무력감을 '이름 붙일 수 없는 병'이라든가 '주부병'이라고 부르는 현상이 보편화되어 있긴 하지만, 자칫하면 주부의 갈등을 지나치게 도식적으로 보게 되는 우를 범하는 것 같다. 즉 주부들이 자신에게 맡겨진 일차적인 역할인 주부업 자체에서 느끼는 어려움을 간과하게 되기가 쉽다는 뜻이다. '성공하는 남편과 공부 잘하는 아이들'을 만들기란 얼마나 어려운 과제인가. 오늘과 같은 한국 사회에서, 대부분의 보통 주부들은 자신에게 맡겨진 주부업의 무게에 짓눌려 헉헉대는 자신의 모습에서 일차적인 무력감을 느낀다.

---

* 성영혜 외(1990), 「여성유휴노동력 활용방안에 관한 연구」, 아세아 여성연구 제 28 집.

한 마디로 '남편 뒷바라지'라고 표현되는 역할 속에 포함된 일의 양은 엄청날 수밖에 없다. 그의 심신의 건강을 유지시키기 위해서 소요되는 작업들, 즉 정보수집, 시장보기, 세탁, 청소, 친족관계 등등에서부터, 그의 사회적 지위를 유지시키기 위해 필요한 작업들, 즉 사교모임에 참석한다든가 상사에게 선물하는 일 따위.

한 달에 한 번씩 남편이 소속된 기관의 부인들끼리 모이는 파티에 참석해야 했던 어떤 주부는 모임을 앞둔 한주일 전부터 심한 배앓이에 시달린다. 사흘 전부터는 가슴이 답답해 오고 잠을 이루지 못한다. 도임의 분위기가 자신의 기분에 맞지 않기 때문이다. 그 날을 대비하여 새로 맞춘 듯한 최신유행의 옷을 휘감은 나이보다 10여년씩은 젊어 보이는 '사모님들'의 입에서 쏟아져 나오는 화제들은 그로서는 도저히 견뎌 낼 수 없는 것들뿐이다. 공직자인 남편에게서 입수한 개발지역 부동산 정보와, 고가의 과외교사 정보 등은 그들의 단골 메뉴이다. 그는 첫째, 그런 화제의 반사회성 때문에, 둘째, 남들은 다 좋아하는 그런 얘기를 싫어하는 자신의 성격 때문에, 셋째, 그렇다고 뭐 특별한 일을 하지도 못하는 자신의 주제꼴 때문에 늘 가슴을 앓고 있다. 더구나 자신의 갈등을 어느 정도 눈치 채면서도 남편이 그 날 아침 출근하면서 던진 말, "웬만하면 그냥 나가 보지 그래"는 그를 꼼짝달싹 못하게 묶어 버린다. 결국 옷장에서 가장 좋은 옷을 골라 차려 입고 모임에 참석하고 온 날 밤이면 그는 늘 이혼하는 꿈을 꾼다.

남편의 성공은 오로지 그 아내의 손에 달려 있다는 믿음은 남편 뒷바라지가 요구하는 엄청난 양의 노동을 실제로 감당해 낼 수 없는 많은 여성들을 무력감에 빠지게 한다. 특히 취업한 주부들의 경우 이러한 무력감은 죄의식으로까지 발전하기 십상이다. 그 결과 생계유지를 위해서 어쩔 수 없이 취업한 저소득층 여성들조차 그들에게 들씌워진 이중부담을 하소연하기는커녕, 자신이 아내노릇을 '변변히' 하지 못했다는 죄의식 때문에 늘 기가 죽어 지내게 된다.

"성공한 남편·공부 잘하는 아이들이 있다. 그런데도 나는 왜 이렇게 허전할까"—이것은 최근 우후죽순처럼 쏟아져 나오는 이른바 '고학력·중산층 여성을 위한' 고급여성지라는 것들이 내세우는 선전문구이다. 무능력한 주부노릇에 기가 죽은 여성들은 이런 문구를 대하면 더 움츠러들 수밖에 없을 것이다.

소위 성공한 남편을 둔 여성들은 남편에 걸맞는 성공한 아내가 되기 위해 전력을 투구한다. 주부들의 일탈행위로 손가락질 당하는 계바람·아파트투기·땅바람·골동품투기 등은 이러한 전력투구의 한 모습으로 볼 수 있다. 그리고 이런 모습들은 남의 이야기일 경우에는 부정적으로 비치지만, 자신의 이야기일 때는 오히려 바람직하게 보이는 법이다. 최근 운위되는 '경제정의'가 실현되지 않는 한 부동산투기는 성공적인 주부역할의 하나로 확고한 위치를 차지할 게 분명하며, 반면에 자신의 정의감 때문에 혹은 자신의 우유부단 때문에 이러한 방법으로 가정의 부를 이루지 못한 대부분의 주부들은 계속 무력감에 젖어 있을 수밖에 없을 것이다. 똑같은 봉급장이를 남편으로 둔 두 주부가, 한 사람은 '먹을 것 안 먹고 입을 것 안 입으며' 천신만고 끝에 겨우겨우 변두리 연립주택을 마련했는데, 다른 주부는 돈 쓸 것 다 쓰면서 강남지역의 평당 1천만 원짜리 초대형 아파트 사모님이 되었다면, 앞의 주부가 느낄 무력감의 크기는 짐작하고도 남음이 있다. 이런 측면에서 주부업 자체에서 오는 갈등은 우리 사회구조와 한 고리로 묶여 있다고 보는 것이다.

과잉혼수문제 역시 마찬가지이다. 이러한 4·50대 주부들이 딸 세대의 주부업이 요하는 노동량을 최소화시키기 위한 방편의 하나는, 이미 성공한 또는 성공전망이 확실한 사위를 맞아들이는 방법이다. 의사나 판사, 교수 후보생들을 얻기 위해서 그들은 앞으로 딸이 수행해야 할 노동을 화폐로 환산해서 미리 준다. 그들은 자신이 소유한 재산은 그들이 남들보다 더 성실하게 수행한 주부업에서 나온 결실이라고 굳게 믿고 있기 때문에, 과잉혼수문제가 왜 사회적으로 물의를 일으키는지 전혀 이해하지 못한다. 형평이니 정의니 하는 낱말들은 주부사업에 태만했던 이들의 억지소리로서 그들에겐 불쾌감을 줄 뿐이다.

주부에게 맡겨진 '남편 뒷바라지'라는 일은 결국 주부를 몰사회적 존재로 몰고 간다. 공직자인 남편이 뇌물 받는 것을 당연한 권리로 생각하고 있는데, 주부가 마음대로 그것을 거절할 경우 이 사회는 그 주부를 어떻게 평가하는가. 주부에게 사회의식이 없다고 탓하는 소리는 높으나, 주부업의 몰사회적 본질을 꿰뚫어 보려는 노력은 거의 없다.

이러한 사회구조 속에서 '남편 뒷바라지'를 자신있게 수행할 수 있는 여성은 과연 얼마나 될 것인가. 주부가 뚜렷한 주체의식을 가진 경우, 주부업 자체에서 생기는 심리적 갈등은 매우 심각하다. 여기 비하면 차라리 남편을 하늘처럼 여기고, 맹목적으로 따라갈 수 있는 주부는 일단 '행복한 주부'라고 부를 수 있다. 사회적으로 뻔뻔스런 주부라고 불릴지라도, 적어도 스스로 주눅들지는 않을 테니 말이다.

'아이 키우기'의 부담

한때, 거수기노릇이나 하면서 세비를 축내던 국회의원들을 보고 "집에 가서 애나 보라"고 비아냥대던 시절이 있었다. 또 갖은 악조건을 무릅쓰고 열심히 뛰는 여성들에게 동정 반 질시 반으로 던지는 말 중에 "뭐하러 그렇게 힘들게 사노? 집에서 애나 키우지"하는 경우가 많다.

아이 키우기는 과연 그렇게 말처럼 쉬운 일일까? 옛날에 비하면 요즘은 애 키우기가 아주 쉬워졌다고들 한다. 우선 아이를 적게 낳는데다가 질 좋은 우유도 풍부하고 옷가지·장난감도 넘쳐 나며 의료시설도 좋아졌다는 점들을 든다. '돈'만 있으면 거저먹기가 되었다는 이야기이다.

그러나 핵가족의 '젊은 엄마'들에게 육아문제, 그리고 중년층 주부들에게 교육문제는 부담일 뿐만 아니라 불안요소로 점점 커가고 있다. 이웃 또는 친척들과 단절된 주택 속에서 경험이 전혀 없는 젊은 여성이 혼자서 한 인간의 성장을 책임져야 한다는 일은 전통사회와는 전혀 다른 문제를 야기시키기 때문이다.

이러한 주부의 불안을 겨냥하여 각종의 육아·교육정보가 상품의 형태로 침투, 또 다른 형태의 과소비를 부추기고 있는 것이 오늘 우리 사회의 현실이다. 아기를 위한 이유식·영양제, 장난감, 교재들이 하루가 멀다하고 새로 나오고, 아기옷에까지 패션화·고급화 물결이 번져 지출을 강요한다. 조기교육·영재교육의 필요성이 중구난방으로 거론될 때마다 주부들은 중심을 잃고 우왕좌왕하게 된다. 중산층이 밀집한 아파트단지마다 피아노·미술·속셈·태권도 학원이 난립하고, 컴퓨터조기교육은 마치 유행병처럼 번지고 있다. 열평 안팎의 서민아파트단지 역시 예외가 아니다.

맹모삼천지교의 교훈은 '현모'의 강박관념과 맞물려 주부들을 상업주의가 부추기는 대로 따라서 흔들리게 만든다. 국민학교에 입학하기 전부터 아이들은 이 학원 저 학원을 시계추처럼 왔다갔다 하면서 '놀이'를 잊어가게 된다. 전업주부들은 보다 나은 질의 교육을 모색하기 위해 정보수집에 심혈을 기울이고, 취업주부들은 아이에 대한 불안과 죄책감이 덧보태져 더 세밀한 일과표를 짜는 데 골몰한다. 취학전 교육이 전적으로 주부에게 맡겨진 사회이기 때문에, 그리고 아이의 성적은 곧 어머니의 성적과 동일시되기 때문에, 주부들의 불안감은 입력되는 정보량에 따라 더욱 증폭될 수밖에 없다.

중산층 주거지역의 놀이터는 아이들을 학원에 빼앗긴 채 늘 비어 있는 데 반해, 정작 놀이터가 필요한 저소득층의 아이들은 마음놓고 뛰어놀 만한 공간을 허락받지 못한 채 방치되거나 갇혀 지내고 있다. 저소득층 주부들의 아이들에 대한 불안은 보다 현실적이고 절박한 양상을 띤다. 좁은 골목은 줄줄이 내어 놓은 연탄 화덕들 때문에 마음을 놓을 수 없고, 큰 길은 애시당초 자동차가 주인이다. 게다가 여자아이들은 늘 강간의 위험에 노출되어 있으며, 남자아이들 역시 자칫하면 비행에 끼어들 소지가 얼마든지 있다. 갇힌 방에서 불장난을 하다가 질식사한 남매를 부르며 울부짖는 어머니의 모습은 이 시대 또 다른 주부의 얼굴이다.

비인간화 현상이 가속화되어 갈수록, 그리고 정치가 잘못되어 갈수록 주부의 역할 중에서 자녀양육의 중요성이 강조되기 마련이며, 따라서 주부의 갈등은 심화될 수밖에 없다. 학교에 들어간다고 해서 그러한 부담이 줄어드는 것도 아니다. 우리네 학교는 이미 전인교육을 포기한 지 오래이다. 또한 열악한 교육환경은 결과적으로 학교가 맡아야 할 교육의 상당부분을 주부에게 떠넘기고 있다.

실례를 들자면, 국민학교 1학년생에게 부과되는 과제의 대부분이 주부의 도움을 전제하고 있다. 이른바 '가정통신'란은 준비물 챙기기·받아쓰기·산수 숙제 등을 '어머니가 도와주세요'라는 단서를 붙여 내는 게 보통이다. 모든 어머니들은 전업주부이며, 자녀교육은 전적으로 여성의 책임이 아니겠느냐는 식의 이러한 떠맡김은 전업주부들을 점수에 옭아맬 뿐만 아니라, 취업주부들에게 죄책감과 불안을 안겨 준다. 학교 성적은 주부 스스로에 의해서 그리고 아이·남편과 학교에 의해서 주부의 책임으로 규정된다.

중산층 전업주부들의 치마바람·과외바람은 자녀교육자로서의 역할을 충실히 수행하려는 열의가 지나치게 표출된 결과이다. 우리 사회의 열악한 교육환경은 학력만이 인생의 전부라는 믿음과 맞물려서, 많은 중산층 주부들을 극단적인 이기심에 빠뜨리고 있다. 아이의 성적을 올리기 위한 어머니들의 노력은 눈물겹기조차 하다. 아이를 적게 낳기 때문에 여성의 여가가 대폭 늘어나리라는 추측은 주부의 24시간을 들여다보지 못하는 이들이 세운 탁상공론에 불과하다.

온갖 정성을 다 바쳐도 아이의 성적이 오르지 않는 주부의 무력감·우울증은 상상할 수 없을 정도이다. 결혼 초기에는 남편의 성공이 인생의 보람이 되지만 자녀가 학생이 되면서부터 주부의 관심은 오로지 성적, 성적이기 때문이다. 자녀가 4년제 대학에 들어갈 수만 있다면 그까짓 집쯤이야 얼마든지 팔아버릴 수 있다는 게 주부들의 솔직한 심정이다. 이러한 어머니의 기대에 미치지 못하는 아이들은 '불효를 용서해 주기' 바라면서 스스로 목숨을 끊기도 하고, 재수를 했던 아들이 또다시 낙방하자 절망감을 이기지 못해 농약을 마시는 어머니도 있다. 대학입시가 100일 앞으로 다가오면 전국의 사찰과 교회는 자녀의 합격을 기원하는 주부들로 넘쳐난다.

대학입시에 떨어진 자녀의 어머니는 당사자보다 더 심한 후유증에 시달린다. 최선을 다했노라고 자부하는 전업주부들이 겪는 우울증도 심각하려니와, 최선을 다하지 못했다고 느끼는 취업주부들의 자책감은 그보다 훨씬 크다. 자녀의 낙방 후 충격을 받고, 결혼 이래 20년 근속한 직장을 당장 그만 둔 한 고교 교사의 이야기는 자녀교육에 대한 주부의 부담이 얼마나 큰가를 설명해 준다. 심지어 어떤 주부는 자기자신이 정말 '이기주의자'였노라고 참회하기도 한다.

저소득층 주부의 좌절감이 극대화되는 시기도 바로 이때이다. 자녀의 낙방은 전적으로 과외도 못 시키고 영양 많은 밤참도 마련해 주지 못한 무능한 어머니 탓이라고 자책하는 그들에게서 모든 희망이 사라진 이들의 깊은 좌절을 발견하게 된다. 가난에서 벗어날 수 있는 유일한 수단은 교육을 통한 신분상승밖에 없노라는 판단 아래 고향을 떠나왔던 그들이 아니었는가. 그러나 이미 출발점에서부터 승부는 예상된 터였다. 공교육이 떠맡긴 상당부분을 감당해 내기란 그들에겐 애당초 불가능한 일이었기 때문이다.

교육제도가 획기적으로 바뀌지 않는 한 입시경쟁은 더더욱 가열될 것이며, 자녀교육에 쏟아야 하는 주부의 노동 역시 늘어날 수밖에 없다. 결국 일부의 주부들은 몰사회적인 행태를 계속할 테고, 일부의 주부들은 무력감에 빠지고, 또 나머지 주부들은 자책감으로 괴로와 할 것이다. 그리하여 주부 모두를 까닭없이 우쭐거리게 만들거나 주눅들게 만들어 가면서, 계층간 여성들을 이간질시키면서, 주부 모두를 갈등으로 몰아갈 것이다.

현모양처의 신화는 주부업 자체에 대한 갈등을 일으키게 할 뿐만 아니라, 전업주부로부터의 탈출도 어렵게 한다. 그것은 여성들의 생애 주기의 고비마다 끊임없이 '일이나 가정이냐'는 양자택일을 강요한다. 그 결과 전업주부와 취업주부는 마치 서로 반대되는 여성의 삶을 살아가는 존재들처럼 여겨진다. 사회는 전업주부의 몰사회성을 지탄하거나 취업주부 가정의 문제점들을 나열하면서 어떤 식으로든 두 주부집단에게 차별성을 두면서 양자를 다 주눅들게 만든다.

두 주부집단은 모두 현모양처 신화의 피해자라는 점에서 같을 수밖에 없다. 그들은 여성의 일차적 역할은 무어니무어니 해도 '남편과 아이의 성공'이어야 한다는 믿음 때문에 때로는 뻔뻔스런 행동도 마다하지 않게 되거나, 또는 죄 지은 것도 없이 주눅이 든 나날을 보낸다. 그들은 그런데도 상대집단에 대하여 서로 이해하기보다는 사회가 늘상 하는 식으로 서로의 흠을 꼬집어 내려고만 한다.

전업주부는 반복되는 가사노동에서 느끼는 따분함·외로움·무력감을 솔직히 털어 놓기보다는 '여자의 행복'을 과장하기에 바쁘다. 그러나 동시에 취업여성이 늘어나는 현상을 인정하지 않을 수 없으며, 여성이 있을 자리의 '다양성'을 부정할 수 없으며, 사회가 '사회활동을 강권한다'면서 초조감을 느낀다.

그들은 정돈된 집안, 맛있는 된장찌개에 우쭐하지만, 그것들 모두가 '가족을 위해서'이지 '나를 위해서'는 아니라는 의구심에 주눅이 든다.

전업주부는 이른바 '자아의 위기'를 대략 두 번쯤 겪는다. 첫아이를 국민학교에 입학시킬 무렵, 주부들은 이제 어느 정도 잔손드는 일에서 벗어났다는 기분이 들면서 그동안 잃었던 자신을 되돌아보는 여유를 갖게 된다. 사회의 변화에도 눈을 돌리고 친구들의 삶도 들여다 볼 시간을 만든다. 그러나 동시에, 육아에서는 해방되었지만 교육의 문제가 무겁게 짓눌러오는 현실을 발견하게 된다. 입시전쟁에 첫 발을 내디딘 아이를 보살펴야 하는, '진짜 엄마노릇'을 해야 할 때가 바로 이때라는 부담감이 일종의 '공포'로까지 다가오는 시기가 바로 이때이기 때문이다. 결국 연령적으로 이때를 놓치면 사회에 참여할 기회를 다시는 붙잡을 수 없다는 초조감과 자녀교육에 실패할지도 모른다는 두려움 사이에서 갈팡질팡하게 된다. 첫번째 위기이다.

이러한 갈등을 극복하고 어떤 형태로든 자기자신의 일을 갖기로 결정한다 해도, 사회는 여성에게 참여의 문을 잘 열어 주지 않는다. 특히 취업은 아주 어렵다. 전업주부로서 쌓아 올린 경험에 값을 쳐 주는 곳은 어디에도 없다. 결혼 전에 가졌던 경력은 주부경력과 상쇄되어 완전히 무화된다.

때마침 '주부님들'을 유혹하는 구인광고들을 따라가 보면 백퍼센트 판매직이다. 판매직에 전력투구해서 성공하는 주부들의 이야기도 드문 건 아니지만, 대부분의 주부들은 연고판매에 의존하다가 스르르 주저앉고 만다. 그들은 가정이야말로 영구직장이라는 믿음으로 돌아가 전업주부 생활에 더 열심히 매달린다.

그러나 두번째 위기는 첫번째보다 더 심각하다. 남편 뒷바라지와 자녀교육의 임무가 웬만큼 이루어진 다음이라, 관심의 대상을 안에서 찾을 수 없기 때문이다. 30대 후반에서 40대 초반의 나이는 흔히 결혼생활의 안정기라고 불려지지만, 주부의 입장에서는 주부업에 대한 반성기로 다가온다. 흔한 표현으로, '인생을 헛살았구나' 하는 회한에 사로잡힌다. 현실적으로 취업을 통한 사회참여는 거의 봉쇄되어 있기 때문에 각종 교양강좌나 취미교실에 몰려 든다. 종교활동에 가장 열심인 것도 이 연령층이다. 때로는 신흥종교에 빠져 가정까지 버리는 여성들, 대낮에 장바구니를 든 채 카바레에 들르는 주부들, 집을 옮겨가며 고스톱판을 벌이는 주부들도 드물지 않다.

그런가 하면 보다 이타적인 성향의 여성들은 각 사회단체의 자원봉사 프로그램을 찾기도 하며 사회의 그늘진 곳을 찾아 봉사활동을 펴기도 한다.

어떤 식으로 사회참여의 욕구를 발산하건, 이 연령층의 주부들은 여성의 삶을 살림 속에만 묶어 두는 것이 얼마나 무리였던가를 깨닫는다. 따라서 취업주부를 보아왔던 시각에 큰 변화가 생긴다. 즉 취업주부들이 겪어온 갈등을 이해하게 되면서, 그들과 자신을 이분화시켜 왔던 것이 결국 모든 여성들의 삶을 개선시키는 데 방해가 되었음을 깨닫게 된다.

예를 들면 그들은 취업주부의 탁아나 육아문제에 대해서 상대적으로 우월감을 갖고 있었기 때문에 그들의 고통을 이해하려 하기보다는 비난하는 것이 상례였다. 그러나 탁아나 육아문제가 해결되지 않았기 때문에 자신들이 전업주부를 '선택'했던 것이지, 만약 그 문제들이 해결된 상태였다면 자신들이 과연 주부업을 천직으로 생각했을 것인가 하는데 대한 자기반성에 이르게 되면, 여성의 삶을 둘러싸고 전파되는 신화들의 정체, 즉 가부장제적 사회구조의 모순에 눈을 뜨지 않을 수 없는 것이다.

주부들의 연대는 바로 이렇게 다른 주부의 삶을 하나의 띠로 파악하는 데서 출발한다. 여기서, 여성의 문제를 계급적 시각에서만 보려는 태도는 어떤 계층의 여성들에게도 도움이 되지 않는다는 것을 짚고 싶다.

모든 여성들을 '좋은 일자리'에서 철저하게 배제시켜 왔을 뿐만 아니라, 생계 때문에 저임금노동을 감수해야 하는 주부들에게 여성으로서도, 노동자로서도 자부심을 느끼지 못하게 만든 원인을 자본의 논리로만 풀기에는 매우 미흡하기 때문이다.

맺음말─주부끼리 마음 열기

전업·취업주부를 막론하고 주부업을 수행하는 과정에서 겪어야 하는 여성들의 갈등은 사회전반적인 개혁과 더불어서만 풀릴 수 있을 것이다. 우리 사회가 추구하는 '성공'의 개념에 이미 비인간성·몰사회성이 개재되어 있다면, 남편과 자식의 성공을 일차적인 보람으로 삼는 여성의 삶은 애당초 비인간적·몰사회적 성향을 띨 수밖에 없지 않은가.

그렇다면 동시에, 남편의 사회 경제적 지위를 자신의 지위와 동일시하지 않을만큼 주부가 자율성을 확보할 때, 여성은 사회개혁의 주체로 설 수 있다는 논리가 성립된다.

이 험한 세상에서 주부노릇 하기가 쉬운지 아느냐고 턱없이 우쭐대거나 지레 주눅들 일이 아니라, 마음 편하게 주부노릇을 해내기 위해서라도 세상을 고쳐나가는 일에 앞장을 서야 한다. 주부에게는 그런 힘이 있다. 그 힘은 무엇보다도 여성들이 사회가 틀지워준 현모양처 이데올로기를 과감히 벗어 던질 때 솟아난다. 우리의 힘을 확인하기 위해서 다음과 같이 묻고 제안하고 싶다.

첫째, 여성은 왜 사는가를 다시 생각해 보자. 여성은 주부가 되기 위해서 태어났는가, 사람다운 삶을 누리기 위한 과정에서 주부가 되었는가.

둘째, 주부는 무엇하는 사람인가. 주부는 분명 노는 사람이 아니지만, 그렇다고 여성들이 최종적으로 선택해야 하는 천직도 아니다.

셋째, 이 시대가 요구하는 현모양처의 내용을 바꾸자. 사회는 '어진 어머니·좋은 아내' 노릇과 '어질고 좋은 사람' 노릇을 다르게 규정하고 있다. 현모양처라는 이름으로 주부들은 아이들과 남편을 쉴 새 없이 채찍질해 오지 않았던가 반성해 보자. 이제까지 '성공기계'와 '살림기계'가 모여 실적경쟁을 벌여 왔던 가정을 '사람들'이 만나는 장소로 바꾸어야 한다.

넷째, 새로운 사회는 주부들이 제각기 뽐내던 살림솜씨와 모성능력을 집 바깥으로 확대시켜 나갈 때 쉽게 이룩될 수 있다. 내 아이의 육체적·정신적 건강을 돌보던 마음을, 그들과 더불어 계속 살아갈 이웃아이들에게까지 넓히는 건 그리 어려운 일이 아닐 것이다.

다섯째, '주부노릇이 힘들다'는 말을 남편에게 투정삼아 하거나 팔자타령으로 늘어 놓지 말고, 주부들끼리 솔직히 털어 놓는 '마음 열기'부터 해보자. 스스로를 꼴찌주부로 평가하는 주부들이 엄청나게 많다는 사실을 확인하면 갑자기 속이 편해지고 힘이 솟는 걸 느낄 것이다.

마지막으로, 그 힘을 함께 합치자. 자유롭고 평등한 사회에서 누구나 당당한 주부로 살자. ■

살림, 아무나 하는 일 아니다

이숭리*

학교에서 매년 새 학기가 되면 가정조사서를 아이들이 가져 온다. 엄마의 직업란에 무엇이라 써야 하는지가 아이들에게도 화제거리이다. 작은 놈은 '살림꾼'이라고 이미 써 갔고 큰 놈은 '살림가?' '살림경영인?' 하다가 '살림경영가'라고 쓴다. 이처럼 지금까지의 전통적인 어머니의 역할에서 크게 벗어나지 못한 '주부'라는 단어로 우리 식구는 논란을 많이 겪었다. 어렸을 적 기억에 남아 있고 주위 어머니들이 다 그런 것처럼 늘 집에서 청소, 빨래, 음식을 주 업무로 해야 하는 것이 주부라고 생각해 오던 아들들은 몇 년 전부터 다른 바깥 살림으로 바쁜 엄마에게 "엄마는 주부도 아니면서 주부아카데미는 왜 나가시나요?"라는 빈정거림을 하기도 한다.

예전엔 엄마의 직업란에 빈 칸으로 비어 놓던 때가 많았다. 무직이라고 쓴 적도 있는 것 같다. 살림의 세월이 쌓이면서 빈 칸도 무직도 아닌 주부라는 이름이 자연스럽게 올랐다. 가정에서 주부의 역할이 얼마나 중요하며 '공부 못하면 시집가 살림이나 해라'라고 쉽게 하던 옛말들이

---

* 1947년 황해도에서 태어났다. 대학교를 나오고 지금 주부로 고3, 고1 두 아이가 있다. 인간교육실현 학부모연대 대표위원이다.

노엽게 들렸다. 오히려 '머리가 나쁘거든 나가서 돈 벌고, 머리 좋은 사람은 살림해라'라고 해야 옳다고 생각했다. 그 다음부터는 주부라는 말에 주체적으로 선택한다는 의미까지 포함시켜 '전업주부'라 자칭하였다. 부엌일 이외로 시간에 쫓겨 식탁이 변변치 못할 때 남편은 식탁에 앉아 애들한테 "너희 엄마는 '전업주부(專業主婦)'가 아니라 '전업주부(轉業主婦)'인가 보다. '업'을 바꿨나 보구나"라고 말하기도 했다.

(그러고 보니 주부라는 단어 속에는 부수적인 역할만 있지 주체적인 역할이 없다. 사전에도 뜻이 이렇게 나와 있다. 주부란 '한 집안의 주인의 아내, 또는 제사나 살림을 맡은 사람의 아내'라 되어 있어 주로 아내나 며느리 노릇만이 '업'이라 규정지워져 있다.)

살림꾼, 살림연구가, 살림하는 사람으로 불리우는 것이 진정 창조적이며 주체적이라 여겨 아이들에게도 일렀더니 어디 써 낼 때마다 토론이 붙는다. '주부란 무어냐?' 하고 물으면 아들들은 고등학생이 다 되어도 '집에 있는 엄마'가 주부라고 우긴다. 그러면 나는 '주부의 개념이 얼마나 바뀌었는지 아니?' '아들들아 이제 집안일은 함께 하는 거야.' 아들들이 주장하는 '집에 있는 엄마'라는 말 속에는 하루 종일 푹 고아서 맛있는 국을 끓여 놓고, 학교에서 있었던 일을 털어놓고 싶은 때 대문 열며 반기는 엄마의 이미지가 들어 있다. 그러나 이제는 가정이 그것만으로는 안 되는 더 큰 세계로 확 열려져 버렸으니 살림하는 사람의 갈등은 더 크다.

부엌에서 나라 경제와 정치가 뒤엉키고 아이들 공부방 책상 위에서 한국의 교육현실과 사회의식이 평행선을 달리고 거실에서 어른과 젊은이 사이에 역사관과 통일론이 좌우로 뛰고 모두 둘러앉은 밥상이 약상(藥床)이 아니라 독상(毒床)이 되어 가니, 국솥만 들여다 보고 돌아올 아이만 문고리 잡고 기다릴 수 없는 것이 요즈음 세상이다. 가장 어려운 직업 중에 하나가 주부직이 되었다. 무엇을 어떻게 살려내야 이름 그대로 살림한다 당당하게 말할 수 있을까? 주부, 진정 아무나 하는 것이 아니다.

살림만 하고픈 여자

　나는 살림만 하고픈 여자였다. 시집가기 전까지 아무도 이것을 눈치채지 못했다. 대학을 졸업하자마자 시집보내 달라는 말을 부모님들도 농담으로 넘기셨다. 졸업반 때 교수님들도 궁금해서 졸업 후 무엇을 할거냐고 물어 오실 때도 아이들 학교 갔다 오면 대문 열어 주는 엄마 하겠다고 하면 "또 웃기는 소리 하는구나!"하고 재미있어만 하셨다. 내가 하는 행동거지가 남자친구 같아 편안하다는 클럽의 남자친구들도 결혼엔 관심이 없는 여자로 알고 있었던 것 같다. 하여튼 나는 내가 청혼을 못 받아 보고 드디어는 내가 청혼을 하여 시집을 갔다. 남편은 마음 푹 놓았다가 얼떨결에 장가들었다.

　결혼만 하면 나는 우리 어머니가 하시던 식에다 더 감각을 살려서 더욱 기가 막히게 살림을 잘 해내리라 자신만만해 했다. 늘 행복해 하는 엄마와 할머니에게서 살림수업을 한 나다. "나는 어제보다 오늘이 나아지는 생활을 살아 왔단다." 이 말씀이 늘 어머니의 고백이었다. 살림이 얼마나 재미있는 일인가! 나에게는 매일 실감있게 다가오곤 했다. 할머니가 하시는 대로 빨래비누를 아끼면서 물을 아끼면서 흰 빨래와 다른 빨래는 구별해 가며 삶고 두드리고 너는 것에서부터 축이고 다리는 그 모든 과정을 지켜보고 때로는 참여하며 언젠가는 내가 도맡아 하는 기쁨을 맛보리라 별렀었다.

　학교에서 돌아와 대문에 들어서면서 "할머니 시장에 가셨어요?"를 먼저 묻고 이미 가셨으면 가방을 현관에 내던지고 교복을 입은 채 시장으로 뛰어가 끝내 할머니를 찾아내어 흥정하시는 것에서부터 물건 고르는 것까지 재미있게 쫓아다니다가는 끝내 한 보따리 가득 머리에 이고 집으로 돌아오곤 했다. 야채 다듬는 것도 참견하고 싶고 생선 아가미가 그렇게도 따고 싶었는데 비린내를 이리저리 풍긴다고 못 하게 하실 때는 나도 빨리 시집가서 내맘대로 주물러 보리라 안타까워 했다. 어머니는 빠듯한 재료로도 늘 요리를 개발해 내시고 '맛있지? 맛있지?'를 계속 물어 오셨고 내가 학교 갔다 돌아 왔을 때 한 번도 집에 안 계셔 본 적이 없었다. 엄마와 할머니는 딴 식구가 있으면 집안 분위기가 깨진다고 싫다고 하셔서 도와 주는 사람도 없이 편찮으셔서 앓아 누우실 때까지 손수 하셨다.

이런 분위기 속에서 나는 아무 저항없이 주부로서 가장 바람직하고 가장 훌륭한 모습은 바로 이것이라는 확신이 섰고 '거기에 한 술 더 뜰 일이 무엇일까'하는 연구까지도 하기에 이르렀다. 내 시간도 내 몫도 구별된 모양을 갖지 않는 것이 어른들의 칭찬의 덕목임을 훈련받았다. 큰 딸인 나에게는 더욱 더했다. 두 여동생이 자신의 주장을 명확하게 하여 야단맞는 것을 볼 때는 그것 보라는 듯이 더욱 자신에 차, 내 생각을 다시 확인하였다.

나의 시댁은 모두가 어렵겠다는 지방학교 교장이신 홀시어머니에 시동생이 둘 있고 친척이 한 식구처럼 늘 모이는 집안이었다. 공무원인 남편의 첫 근무 발령이 춘천으로 났다. 신혼살림 때부터 손님을 달고 살았다. '집에 사람이 들락거려야 좋은 거다'라는 어른들의 말씀에 아주 잘 훈련된 터였다. 주말에는 서울에 와서 지방에서 오신 시어머니와 친척이 늘 20~30명이 모였다 헤어지곤 했다. 며느리 칭찬에 음식을 나누고 힘든 것이 하나도 없었다. 문안편지 잘 쓰고, 음식해 이웃에 나누고, 불평 안하고, 수시로 가구 위치로 분위기 바꾸고 전근할 때도 '번개처럼 짐 잘 싸고 쉽게 한다'는 칭찬 듣고(칭찬에 끔찍히 약한 나다) 끝내는 이 칭찬 때문에 '시동생이 결혼 전이라 혼자 있어 정서적으로 안 좋을 것 같으니 네가 이사와 준다는 답장을 내 생일 축하 대신으로 해주었으면 좋겠다'는 시어머니 편지에 남편은 하숙을 시키고 냉큼 보따리 싸 들고 어린 아들 두 놈을 데리고 상경하는 사건까지도 저질렀다. 월급 타서 친척의 화목을 위해 먹는 잔치로 없애고, 돈도 조금 모으면 이 명목 저 명목으로 주어 없애고도 즐거워하고 살았다.

드디어 남편이 조용히 나에게 물었다. "당신은 어디 있소?." 그 동안 가끔 나에게 싫은 눈치를 줄 때면 '아내에게 미안해서 그러나 보다'라고 우아하게 넘겼었다. 이 아픈 물음을 물어 온 것이 결혼 후 7년째 되는 해였다. 나는 30년 동안의 학교교육과 가정교육 속에서 칭찬이라는 풍선 위에 올려져 철저하게 자신의 소유도 내어놓고 존재까지도 모두 내어놓는 훈련을 받아 온 것이다. 그날 나는 정말 허망해서 깊이 울었다. 그걸 빼면 그럼 나는 무얼 한다? 나는 지금까지의 한국여성교육이 가장 훌륭하게 만들어 놓은 산 표본이었다. 딸로 아내로 어머니로서의 역할과 의무만 훈련 받았지 감히 '나'라는 존재를 생각하는 것은 불경하게 여겨왔으니……

잘 안보이는 '나'라는 존재

제주도로 발령이 나면서 남편과 살림을 합쳤다. 이사하는 날 가을비가 내려 제주도의 돌은 비에 젖어 더욱 검고 번쩍여 인상이 침울한 터에 아래층에 사는 사람이 기척도 없더니 저녁 무렵 사람 죽이는 소리가 나는 것으로 시작했다. 인사가 없었으니 내려가 볼 수도 없고, 삼일 후에야 사람은 안 보이고 소리만 이층으로 들렸다. "미안합니다. 후에 올라가 뵙겠습니다."

이후 제주도에서 만난 여자들은 나를 더 무력하고 무능하게 만들었다. 눈과 코가 시커멓게 멍들어 올라온 아래층 여자는 가정 있는 남자에게 속아 결혼하고 아들 낳고 살다가 불결하게 느껴져 이혼했는데 끝내는 서울서 내려와 첩살이를 한다. 뒷집 엄마는 남편이 여자문제로 좌천되어 서울서 따라 내려왔다. 섬까지 와서도 육지로 비행기 타고 여자 만나러 가면서 발길로 걷어 차 다리뼈가 멀렁멀렁해졌다. 경찰하던 남편이 돈 많은 작은 마누라한테 가서 사는 것이 당연하다고 체념하는 빨래하는 아줌마. 대학 동창회에 가면 제주도 정치역사상 남자를 많이 잃어 우리 어머니가 셋째다 넷째다 하는 것을 자연스럽게 말하는데 나는 자연스럽지 못하고 어색해 하는 것이 괴로운 일이었다.

이 모든 이웃들이 늘상 나를 상대로 한맺힌 삶을 이야기하면 어줍지 않게 머리 속에선 원인이 무엇이고 해결책이 무엇인가를 찾아내느라 복잡했지만 그들은 나에게 아무 말도 못하게 했다. 듣기만 하라는 것이었다. 그들은 내 속에 있을 편견과 선입견을 빤히 들여다보고 있었다. 겨우 할 수 있는 일은 마주 눈동자를 들여다 보며 같이 울어 주는 것이었다. 그러나 지금 생각하면 그것은 하나의 선심이었지 마음 깊이 동감하지는 못했었다.

제주도 생활이 끝나면서 집안 살림에서 바깥 살림이 시작되었다. 무언가 해야겠다는 생각에 제일 먼저 신문을 보고 생명의 전화를 찾아갔다. 인터뷰하기 전에 자신의 인성을 체크해 보는 순서가 있었다.

"자살을 생각해 본 적이 있나?" — ×

"불편한 것은?" — ×

"불평해 본 적이 있나?" — × 등등…….

아무튼 건강한(?) 쪽의 대답을 해 놓고 인터뷰에 들어 가려는 순간 아차 갑자기 얼굴이 화끈해지면서 '아! 나는 얼마나 쓸모가 없는 사람인가! 누구의 아픔도 알 길이 없는 사람이구나! 하는 데 생각이 미쳤다. 어떻게 인터뷰를 했는지 모른다.

이어진 몇 개월에 걸친 상담교육과 상담원으로서의 활동은 '삶'을 사는 살아 있는 나를 찾는 노력이었다. 그 동안의 도덕교육과 종교교육은 나에게 심한 편견과 높은 울타리를 쌓는 데 한 몫을 단단히 한 것이었다. 이때부터 지금까지 계속되는 갈등의 주제는 집을 비운다는 것과 아이가 나를 찾고 있겠다는 쫓김이다. 주택은 아파트와 달라 주부의 외출은 큰 부담을 줄 뿐더러 십년 전에는 아이가 어려 더했다. "음식은 주부가 꼭 해야지 그렇지 않고 남의 손에 맡기면 그건 사료다"라는 친정어머니의 뇌임이 머리에서 떠나지 않아 아직 한 번도 음식은 남의 손에 맡기지 않자니 이 또한 어려웠다. 늘 불안한 가운데의 들락날락거림이었다.

자신의 모양을 정확하게 들여다 보는 일이 모든 일의 시작이었다. 잘

아이들 교육에 대한 무력함

아이들의 교육이 시작되었다. 물론 가정에서 교육은 나름대로 교육적으로 한다고 머리를 썼으나 상경하여 아는 이웃이 없던 차에 준비없이 덜컹 미술학원을 보냈다. 자유로움과 창의력, 즐거움과 따뜻함을 당연히 기대했던 내게는 교육의 'ㄱ'자도 맛볼 수 없는 첫경험이었다. 커다란 시설에 일사불란한 진행과 상업성까지 곁들여져 부모들이 널을 뛰었다. 비교육보다는 무교육이 낫겠다는 생각이 들었다. 둘째 아이 때는 동네에서 몇 년 산 뒤라 유치원에 보내기 전에 몇몇 엄마들과 자연스럽게 모였다. 동네 유아원을 시작했다. 각기 자신들의 집 형편에 맞추어 일주일씩 수업을 맡았다. 모두가 주택이니 놀이도 가능했다. 아이들의 교육을 이야기하면서 부모의 의식을 파악하기가 제일 쉬운 것을 이때 알았다. 인생관이 모두 다 드러난다. 어떤 엄마는 고령의 할머니를 모셔서 프로그램을 할 수 없었다. 늘상 오줌 빨래를 해야 해서 마당에서 큰 빨래통에 발로 밟는 세탁이 아이들의 수업이 되었다. 우리 모두는 그 수업을 가장 훌륭한 수업이라고 하며 진정 고마와했다.

동네 유아원이 끝난 후 유치원을 보낼 때가 되어서는 주위에 몇 군데 유치원을 찾아 내느라 면담을 했다. 원장의 교육관을 엿본 것이다. 드디어 좀 멀지만 한 곳을 찾아냈다. "시작시간이 따로 없습니다. 학생 한 명이 오는 순간이 수업의 시작시간입니다." "제복은 없습니다. 좋은 옷 절대 입혀 보내지 마십시오. 몇 개월 동안 마당에서 그네만 탄 아이들도 있습니다. 폐품은 모두 모아 보내 주십시오. 공작에 활용합니다."

무궁무진하다. 우리 아이를 시작으로 멀지만 사방에서 몇십 명이 이곳을 거쳤다. 의식 없는 학부모들이 학교교육을 망친다고 하지만 의식 있는 교육기관이 학부모들의 의식을 계발시키는 경험이었다.

주택 150세대가 한 단지로 되어 있는 이 동네는 아파트 붐이 멀리서 불면서 차츰 떠나는 식구들이 생겼다. 외출의 문제와 학교 따라 떠나는 것이 나무와 땅을 버리는 이유가 되었다. 학군 따라 이사가는 아이를 보는 우리 아들이 한 마디 했다. "명문을 왜 찾아가? 두고 봐. 내가 나온 학교는 내가 다녀서 명문이 될텐데"라고 오기를 폈다.

아이들을 학교에 넣으면서 교육은 이미 부모 손에서 떠난다는 단절감을 맛본다. 선생님과 아이교육을 이야기할 수 없는 것은 학부모로서 서러움이다. 큰 권리를 안겨 준 듯이 어머니들에게 아이들의 교육을 일임하고 아이의 성적에서 어머니의 능력을 평가하려는 상황에서는 열등감 덩어리로 남기 쉽다. 이 열등감과 서러움을 해결하기에는 혼자 힘으로는 어려운 것을 느꼈다. 이때 집집마다 자주 모였지만 대화가 발전을 못하는 것을 경험했다. 이런 때에는 흔히 취미생활들을 한다. 꽃꽂이, 서예, 수놓기······ 그러나 근본적인 갈등의 해소가 안 된다.

아이들로 인해서 어느 정도 의견을 나누었던 동네 이웃을 차례로 방문했다. "우리 모여서 화제를 개발해 봅시다." "좋습니다. 한 번 주선해 보십시오." 시어머님이 얼음판에서 넘어지셔서 입원해 계신 동안 간호하면서 온통 그 구상만 했다. 퇴원하시고 누워 계신 동안 틈틈히 동네를 누볐다. 40명 정도 모였다. 모두 주택이니 저녁 때 모이자, 동네 미술원을 쓰자. 그런데 프로그램은 무엇을 하나? 월간지를 읽고 발표를 하나? 궁리가 많았다. 사람은 모였으나 진행이 걱정이었다. 같은 처지에 서로가 서로에게 영향을 주는 것이 어렵게 느껴졌다. 여성단체는 무얼 하나? 자진해서 나갈 수 있는 형편 좋은 사람에게만 필요하다면 의미없다. 우리에게 찾아 들어와 줄 교육은 없을까? 드디어 찾아 냈다. 크리스천 아카데미의 '주부 아카데미교육'. 프로그램만 들어 와라, 장소와 인원은 내가 책임질테니. 장소도 신중해야 했다. 천주교 성당을 찾아가 교섭했다. 지역 사회교육이라 쾌히 승락을 받았다. 그러나 확보되었던 인원 중에 변동이 생겼다. 교육초까지 일어난 현상 중에 크게 구분을 하면 '나는 뭐가 달라도 다르다는 자아도취파,' '믿습니다를 외치는 신앙파,' '세뇌될까 겁나는 공무원 부인파,' '자신의 모든 것이 노출될까 겁나는 갖가지의 공포파'들이 포기했다.

당신을 통해 내가 보인다

매주 목요일마다 30분간 공동체 노래, 90분 강의, 5분 발언, 그룹대화, 종합토의로 이어지는 시간이었다. 1982년, 여성학이라는 것도 생소한 때였다. 인간화가 전과정에 큰 맥을 놓으면서 개인의식, 여성의식, 사회의식, 정치, 경제, 문화, 소비자의식, 농촌문제, 역사의식, 가족관계, 자녀교육에 대한 강사의 발제에 대해 그룹대화시간에 서로 생각의 나눔과 새로운 사고의 전환을 하게 되었다. 고부간의 문제, 가족내의 문제를 개인적인 것으로만 풀려고 끙끙거렸던 것이 시야가 넓어지며 그 안에 한국사회문제와 역사가 함께 들어 있다는 인식을 할 때의 해방감. 여성의 인간화가 곧 남성의 인간화라는 것, 역사의 발전은 나라의 주인이 되는 사람이 많아지는 것, 즉 민주화라고…… 농촌경제의 피폐진단, 같은 동네에서 오래 살면서도 같은 화제로 깊이 생각을 나누는 것은 새로운 환희였다.

5분 발언으로 자신의 경험을 솔직히 드러내는 경우는 이야기한 사람과 함께 듣는 이가 더욱 감격한다. 우리는 여기서 솔직함이 사랑 그 자체란 결론도 내렸다. 다른 사람에게 가졌던 선입관이 얼마나 헛된 것인가를 알게 되고 무책임하게 가졌던 편견이 사라지는 경험을 한다. 나 자신의 모습은 스스로 볼 수 없었다. 다른 사람의 얼굴에서, 눈에서, 생각에서 거꾸로 나를 찾을 수 있는 것이 조물주의 역사다. 다른 사람의 허물을 보면서 내 허물도 함께 볼 수 있었다. 진정한 부흥회였다.

이미 가정 스스로가 자신을 지킬 수 없음을 알았다. 가정을 지키는 것만이 주부는 아니다. 가정을 품 안에 싸 안은 주부의 어깨 너머로 사회, 정치, 경제, 교육의 갖가지 문제가 쏟아져 넘쳐 들어오고 있다. 가정을 등에 업고 사회를 향해 돌아선 주부만이 가정의 문제도 해결할 수 있다. 이미 우리의 가정 공동체가 커져 버렸다.

교육받는 중 제일 먼저 우리가 함께 한 행동은 스승의 날을 맞아 모두가 개인적인 돈봉투를 없애는 것이었다. 학부모로서 교육에서 의식없이 행하던 모든 행동을 자성하고 선생님을 진정한 교육인으로 대접할 것과 감사의 꽃다발을 편지와 함께 아침 일찍 자기가 맡은 두 학교에 살짝 놓고 오는 일이었다. 얼마 후, 한 쪽 학교에서 반응이 왔다. 전교생에 대한 앙케트 조사였다. 학생들에게 선생님이 좋을 때, 싫을 때, 부모님들의 생각, 요구 등 무기명 조사였다. 그것도 아이들, 엄마 모두가 진지하게 엎드려 의식 있는 견해로 썼음은 물론이다.

그러나 학교 교육은 늘상 고통과 짐으로 따라 다닌다. 새학기가 되면 두 아들놈뿐 아니라 온 집안이 앓는다. 선생님과 우리 아이들(우리 집안)의 교육관이 다르면 다를수록 괴로움은 더욱 크다. 해마다 학기초가 되면 나는 조심스러운 몇 달을 보낸다. 성적의 결과보다 공부할 동기에 더 촛점을 두고, 일사불란함보다 다양성을 존중토록 하고, 통일된 정답보다 소수의 이견(異見)을 가져 보도록 키워진 아들놈을 지켜 보아야 하기 때문이다. 선생님과 잘 소통이 되면 안도의 한숨이고 아니면 두어 달 후쯤 흠씬 두들겨 맞고 오게 되어 머리가 복잡해진다. 이런 경우 '왜 미리 찾아가 뵙지 않느냐'가 주위의 공통된 충고다.

그럴 즈음이 5월이다. 매년 통계로 보아 이때 자살하는 아이들이 급격히 늘어난다는 것을 알았다. 이유가 모두 '성적 비관'이다. 그러나 그 동안 내가 경험한 결론으로는 교사와 학부모를 포함한 어른들이 잘 길들여지지 않는 아이들에게 또는 교육관이 다른 학부모에게 성적을 위협용으로 사용해 오는 것을 알았다. 아이들은 절대 성적 때문에 죽는 것이 아니다. 학교와 교육제도를 운영하는 사람에게 실망하여 죽는 것이다. 이 모든 과정에서 부모는 제도와 운영을 자세히 들여다보지 못하고 돈봉투라는 백기를 들고 항복한다. 그래서 이런 전투가 있기 전인 초반전에 백기를 드는 것이 훨씬 현명하다는 쪽도 있다. 아이들이 볼모로 잡혀 있으니 어쩌냐면서 사실은 돈봉투로 스승을 볼모로 잡아 버린다. 학교에서는 아이들만이 아니라 교사까지도 교육적인 사고가 엿보이면 현실에 맞지 않는다고, 다시 말해 너무 교육적이라고 담임직에 밀려나는 경우도 흔하다.

교육현장 어디에도 교육의 주체인 학부모가 없다는 것을 깨달았다. 그러나 주위의 모든 부모 특히 교육을 떠맡은 주부들은 '어쩔 수 없다'고 생각해왔을 뿐이다. 그러나 주부들 모두가 함께 진단하고 나면 '병의 원인이 어디에 있나?'가 명확하게 보이기 시작한다. 교육에 가문의 명예가 달렸고, 아이는 엄마 머리 닮는다는 속설에 기가 죽어서, 집에서 밥 먹고 하는 것이 무어냐? 애들 공부도 안 시키고……라는 말에 기가 죽어서, 엄마들은 숨어서 온갖 비법을 쓰고 있었던 것이다. 더 이상 기죽지 말자. 비뚤어진 사회풍조와 결탁한 공범의 자리를 떨치고 나오자. 그 럴려면 학부모들이 연대하여 교육제도와 정책에 대한 공식적인 교육운 동을 하지 않으면 안 된다. 우리들은 이런 결론을 갖게 되었다. '주부는 교육운동가여야 한다'고.

교육이 어떻게 하다 이렇게 됐나? 하고 살피다 보니 이 시대를 휘어잡고 있는 사고의 큰 틀이 하나 있다. '누가 빨리 많이 보기 좋은 상품을 만드나'하는 틀이다. 농산물의 경우도 '누가 빨리 출하하느냐'에 따라 높은 값을 받는다. 비닐하우스 재배를 해야 한다. 많이 하려니 화학비료를 쓴다. 화학비료를 쓰니 저절로 농약을 쓰게 된다. 더욱 보기 좋게 내려면 성장촉진제도 때론 성장억제제도 방부제도 마다하지 않는다. 이 모든 것은 곧바로 우리 밥상으로 올라온다.

천천히 죽이는 것은 밥상뿐 아니라 교육에서, 가정경제에서, 주부의 손이 닿는 곳 모든 곳에서 이루어지고 있다. 농촌을 병들게 한 '빨리, 많이, 보기 좋은 상품 만들기'는 땅을 죽이고 거기서 나는 작물을 먹는 우리를 서서히 죽이고 있다. 교육도 같다. 내 아이를 보기 좋은 상품으로 만들기 위해 비닐하우스를 쳐 한 학기 먼저 예습시키고, 화학비료인 과외시키고, 기타 오락이나 운동은 제초제를 써서 제거한다. 정신과 신체에서 일어나는 각종 질환을 예방 내지는 치료한다는 명목으로 농약과 다름없는 온갖 종류의 보약과 치료약을 남용한다.

이것을 해결해 보자니 교육운동가만 되어서도 안 된다. 농촌과 함께 더불어 사는 살림운동도 해야 하니 직거래 생활협동조합으로 동네에서 공동 주문하여 매주 나누어 먹는 작업도 주부의 큰 일거리가 되고 있다.

희고 깨끗한 빨래가 최선인 시대가 아니다. 반짝반짝 빛나는 그릇이 살림 잘하는 주부의 상징이 아니다. 그 속에 각종 유해물질이 우리의 건강을 지구를 위협하고 있다. 우리를 편리함으로 유혹하는 모든 것들 속에 있는 죽임의 정체를 보는 눈을 길러야 한다.

가정경제도 마찬가지다. '월급의 반은 저금해라' 하시던 어른들의 말씀대로는 못해도 월급의 1/3은 저금을 해야 하는 나이련만 몇 년씩 부은 적금이 조그맣게 보여 정말 주부의 역할이 달라져야 함을 절감한다. 적금 용지를 달마다 높이 붙여 놓는 나를 보고 남편은 "참 훌륭하지만 정말 바보다"라고 말할 만큼 부동산이 껑충껑충 뛰는 마당에 5년씩 붓는 적금은 어리석은 짓이 되었다.

누군가 망국의 부동산 투기 풍조를 일컬어 못된 도둑이라고 하였다. 도둑이 있어 내 돈을 몽땅 뺏어 가는데 알뜰한 주부로 절약하는 것은 무의미하다. 투기판에 끼이지 않은 사람이 가만히 앉아 돈을 몽땅 빼앗기는 꼴이니 얼마나 억울한가? 경제정의가 실현되지 않으면 주부가 아무리 가정경제를 잘 운영해도 밑 빠진 독에 물 붓기다. 사랑받는 아내 교실에 '부동산 경영(부동산 투기)을 잘해라'가 들어 있는 한, 끝내는 우리 모두 함께 망하게 되어 있다.

살림이 필요한 때이다. 생명을 귀히 알고 살림을 하려는 사람이 있어야 한다. 살림운동이 우리 주부에 의해 모든 곳에서 적극적으로 조직적으로 일어나기 전에는 좋은 세상 보기 어렵다. 개인개인이 그런 의식만 가지면 되지 않겠느냐고 홀로 앉아 있기를 즐기는 개인의식만으로는 절대 안된다. 조직화된 주부만이 막힘을 트이게 할 수 있다.

오늘도 나는 교육문제를 걱정하는 주부들이 모인 '학부모 연대'에서,

농민과 흙과 생명의 먹거리 나눔을 걱정하는 '한살림,' '정농회,' '민우회 소협'에서, 공해문제에 헌신하는 '공민협'에서 그리고 '경실련'에서 각자가 처한 곳곳에서 살림을 하는 주부들을 만난다. 그들의 살림이 진정한 살림임을 생각하며, 주부들에게 그 역할이 맡겨진 것을 힘들지만 자랑스럽게 생각한다. ■

졸업할 수도 안할 수도 없는 시집살이

고영애*

결혼 10년째를 맞은 올해. 그 누구도 대신해 줄 수 없는 시집살이. 끝없는 시어머니와의 갈등은 내 20대의 뜨거운 피를 삭히며 살아가기에 너무 힘겹고 지겨운 나날들이었다. 여러 가지 구속에서 해방되고자 했던 결혼은 오히려 나를 커다란 굴레 속에 묶어 놓았다.

나는 1958년 종로구 계동서 태어난 서울 토박이. 조부는 일제 때 못 배우는 천민 자녀들을 위해 학교를 세우고 구호사업을 하는 등 많은 가산으로 어려운 사람들을 도왔던 교육자였다. 유복한 가정에서 태어난 아버지 또한 교육자였다. 4남매 중 셋째딸이었던 나는 전통적인 대가족 속에서 엄한 할머니와 완전 순종형인 어머니 밑에서 굉장히 유교적인 교육을 받으며 자랐다. 남부럽지 않게 보낸 어린 시절이 지나자 조부가 물려준 가산도 큰아버지의 한량놀음과 아버지의 관리소홀로 위기를 맞게 되었고 아버지는 직업을 바꾸어 사업을 했지만, 매번 실패의 연속이었다. 그런 중에 친구의 빚보증을 서준 게 결국은 아버지를 완전히 파산시켰다.

---

* 1958년 서울에서 태어나서 지금 성남시의 한 아파트에서 아이와 남편과 함께 살고 있다.

그 결과 제대한 오빠의 복학을 위해 나는 어렵게 들어간 대학을 중도에서 포기해야만 했다. 그 일은 나에게 죽고 싶을 만큼 괴롭고 부끄러운 일이었다. 그 이후 내가 몹시 방황하며 헤매고 있을 때 지금의 남편이 내 곁에 다가왔다.

남편은 나의 여고시절 음악선생님이었다. 또 남편은 사춘기 시절 내게 소중한 시간을 보낼 수 있도록 정신적인 지도자 역할을 해주기도 했다. 총각 선생님으로 인기도 좋았지만 무엇보다 황폐해가는 내 가슴을 토닥거려 주며 용기를 북돋아 주던 사람이었다. 졸업 후 남편도 직장이 바뀌고, 나 또한 대학생이 되어, 자주는 아니었으나 사제지간의 간간한 만남은 계속되었다. 아버지의 파산, 첫사랑의 유학, 학업에 대한 갈등 등으로 길거리를 방황하고 삶의 절망에 빠져 허우적거릴 때, 남편은 내게 조용하면서도 강하게 이성으로 다가왔다. 나의 슬픔, 나약함, 나의 부끄러움, 열등감까지도 나누어 가지려는 듯했다.

서투른 맏며느리 노릇

신혼살림이 시작되었다. 홀시어머니를 모신 4남매의 맏며느리가 된 셈이다. 그러나 나는 편안한 남편에게 안주하고 싶은 욕구가 있었을 뿐, 시집살이나 맏며느리의 본분 같은 것을 깊이 생각해보지 못했다. 결혼하면서도 나의 내부에는 다시 공부를 계속하리라는 생각으로 가득차 있었다. 다만 남편의 양말과 손수건을 챙겨 주는 일이나 아침 저녁 시어머니의 이부자리를 펴고 개는 일만큼은 자신있게 하리라 생각했지만, 그 외의 다른 일들은 구체적으로 떠오르지 않았다. 살림 잘하는 아내라든가 아이를 낳는 일, 큰며느리로서의 도리 같은 건 생각도 못했다. 그렇게 철없이 시작한 시집살이에서 처음부터 나는 곤혹을 치러야만 했다.

남편은 직장이 ○○○ 연수원이라 일주일이나 열흘에 한 번 집에 다녀가곤 했다. 출퇴근이 없이 그 곳에서 연수생들과 침식을 같이 해야만

98

되는 직장여건상 우린 일주일, 열흘에 한 번씩 만났다. 신혼인 나로서는 조금 외롭기는 했지만 한가할 시간은 없었다. 하루 종일 쓸고 닦그 하는 시어머니의 결벽증이 나를 가만 놔두질 못해 시어머니의 뒤꽁무니를 따라 이리저리 쫓아다니다 보면 저녁엔 너무 지쳐 자리에 눕기가 바빴다. 남편이 집에 오는 날은 나는 더 바빠져야 했고 생전 처음 장토기를 시작한 나는 어머니가 일러주신 찬거리를 사는 데도 많은 시간이 걸렸고 허겁지겁 돌아와서 반찬을 만들면서도 까다로우신 어머니 입을 맞추느라 애쓰고 해놓으면 어머니는 이것저것 뒤적거리다 이것도 음식이라고 했냐시며 뒤집어 엎기가 예사였다. 그리고는 당신 손으로 다시 음식을 만들었다. 내가 정성을 다했으나 어머니는 그런 것에는 전혀 무관한 듯이 행동하셨다. 마음은 상하지만 못하는 나로서는 할 말이 없었다. 친정과는 모든 기호가 다른 살림살이였다. 자라온 환경과 풍습이 달라서 오는 차이도 있었지만 며느리의 정성보다는 완벽한 결과만을 기대하는 어머니를 이해할 수 없었다.

남편을 보는 날은 기쁨과 슬픔이 교차됐다. 만남의 기쁨도 잠시뿐, 시어머니는 끊임없이 일을 만들어 우리를 같이 있게 놓아주질 않았다. 밤새 아프다고 소리를 지르거나 무섭다며 그이를 놔주질 않아 뜬눈으로 밤을 지새게 만들기도 했다. 그렇지 않은 날은 밤새 거실을 왔다갔다 하는 발소리에 잠을 제대로 이룰 수가 없었다. 속옷조차도 어머니가 미리 챙겨주어 난 정말로 손수건과 양말만 챙겨주는 신세였다. 그만큼 어머니는 아들에 대한 소유욕이 강했다.

아버님이 일찍 돌아가신 어머니에게 남편은 큰아들로서 든든한 벽이다. 책임감이 강하고 정서적으로 안정된 남편은 어려운 살림, 동생들과 어머니 때문에 유학도 포기한 효자였다. 그런 아들을 어린 며느리에게 빼앗긴 것 같아 시어머니는 생병이 나고 입맛도 없어지고 하니 며느리가 예쁘지 않은 건 당연한 일이었다.

남편이 없을 때는 잘 대해 주다가도 집에 있을 때는 무섭도록 쌀쌀해지곤 했다. 모처럼 둘이서 외출이라도 하는 날은 정말 눈치보기에 바빠

기색만 살피다가 외출허락을 받고 보면 몸과 마음은 집을 나가기도 전에 지쳐 버리곤 했다. 그래도 남편과 집밖으로 나오는 날은 날아갈 것처럼 기분이 상쾌해져 몇 시간 동안의 자유를 맘껏 누려볼 수는 있지만 나의 소심한 성격 탓에 집에 있는 시어머니가 걸리곤 했다. 그러다 보니 결국 남편과의 좋은 시간도 헝클어지고 집에 돌아올 때 나의 손에는 시어머니가 좋아하는 간식거리가 들려 있었다. 외출에서 돌아와 영락없이 뾰로통해 있는 시어머니의 비위를 이리저리 맞추다 보니 무엇 때문에 외출을 했는지 모르게 된다. 몇 번의 외출 때마다 똑같이 되풀이되는 그 과정이 너무도 싫어서 결국 남편과의 외출도 포기해 버렸다.

결혼과 시집살이에 대한 갈등과 살림에 익숙해지면서 나는 다시 공부를 계속하고 싶었다. 그러나 조심스럽게 꺼낸 내 공부 계획은 집안 분란만 일으키고 무산이 되었다. 시누이 시동생까지 합세해서 시어머니가 몰아세우는 통에 남편과 난 그 계획을 거둘 수밖에 없었다.

얼마 후, 첫 애를 임신한 나는 입덧이 몹시 심한 덕택에 잠시 친정에서 지낼 수 있었다. 먹는 것마다 토하는 나에게 어머니는 견딜 수 없었는지 친정행을 제안하셨다. 친정에서 참으로 오랫만에 편안하게 지냈다. 부모님의 사랑과 형제들의 따스한 배려를 새삼 가슴깊이 느끼면서 난 마음 속으로 우리 집도 이렇게 따스한 곳으로 만들어 보자는 결심을 다졌다.

입덧이 어느 정도 가라앉고, 집으로 돌아가는 버스 속에서 시어머니의 찌푸린 얼굴이 자꾸 생각나 마음이 돌덩어리처럼 무거워졌다. 시어머니는 혼자서 가난한 살림을 이끌어오신 외로움 탓인지 찌푸린 얼굴을 항상 하고 있었다. 오전과 오후의 기분이 다른 것이나 줄담배를 피시는 것을 시어머니의 성격이고 습관이라고 이해하기엔 많은 시간이 걸렸다. 그리고 늘 공격적이고 부정적인 어머니를 이해하기까지는 10년의 세월이 필요했다.

첫 애 임신 7개월쯤이 되었을 때 막내 시누이가 결혼을 하게 됐다. 직장생활을 하던 시누이지만 결혼자금의 대부분을 우리가 충당했다. 다른 형제들은 살림이 어렵다면서 어머니는 우리에게 부탁했기 때문이다. 우린 결혼 후 죽 부어온 적금을 해약하고, 남편 직장에서 융자까지 받아 시누이의 결혼자금을 만들었다. 나보다 나이가 많은 막내 시누이지만 맏며느리로서 기꺼이 힘자라는 데까지 잘해 주고 싶었다. 부른 배를 싸안고 돌아 다니려니까 다리도 아프고 힘도 들었지만 장농 등 살림살이를 열심히 준비해 주었다. 어쩌면 내 마음 속 깊은 곳에서는 이러한 내 정성을 보아 시집식구나 시어머니가 나를 맏며느리로서 인정해 주리라는 기대감이 자리잡고 있었다.

시누이 결혼식 후 남편은 내게 고맙고 기특하다며 손을 잡아 주었지만 어머니는 더 좋은 것을 못해 주었다고 불평만을 늘어놓았다. 우리의 형편에서 최대한도로 좋은 것을 마련해 주었는데도 불평만을 하는 어머니와 고맙다고 인사조차 안하는 시집식구들의 뻔뻔스러움에 기가 막혔다. 좋은 소리를 들을 수 있다고 생각했던 자신이 처량해지며 그동안의 노력과 정성이 먹칠당한 기분이었다.

시어머니의 행동은 막내 시누이 결혼 후 점점 더 이상해졌다. 남편이 집에 와 자는 날이면 한밤중에 갑자기 들어와서 한참을 둘러보고 나가곤 했다. 그때 옷이라도 다 벗은 날에는 일어날 수도 안 일어날 수도 없는 어정쩡한 모습으로 시어머니를 외면할 수밖에 없던 적도 있었다. 어떤 날은 아예 방안에 들어와 한참을 앉아 있다가 나가곤 했다. 방문도 잠궈보았지만, 그런 다음날은 새벽 5시에 어김없이 가방을 챙겨서 집을 나갔고, 그 다음엔 시누이들에게서 언짢은 전화가 걸려 왔다. 한 분밖에 없는 시어머니도 못 모시냐, 집안 식구를 도둑 취급하는 거냐 왜 방문을 잠그냐, 엄마가 무서워서 방에 좀 들어간 게 무슨 잘못이냐며 호통을 치는 통에 말대꾸조차 제대로 못했다.

순간순간의 일들이 나를 조금씩 나쁜 며느리로 둔갑시키고 있었지만 남편은 늘 나를 위로해 주었다. 서로 참고 시간이 흐르면 괜찮아질 거라는 남편의 위로와 스스로도 참는 길밖에는 뾰족한 수가 떠오르지 않아 가시 같아지는 마음을 달래곤 했다.

딸을 낳고 몸은 허약해지고 마음은 병들어 갔다

손자를 원하던 어머니와 남편의 기대와는 달리 난 딸을 낳았다. 큰딸을 낳고 많이 울었다. 나와 똑같은 여자를 낳았으니 그 아이도 똑같은 여자의 행로를 거쳐야 하는 운명이 슬펐다. 자랄 때도 여자라 하여 아버지나 오빠의 뒤로만 걸어 다녔던 나의 어린 시절, 모든 것이 남성 상위였던 친정의 법도가 몹시 불만스러웠었다. 결국 그런 가르침으로 내가 여자답고 얌전하다는 말은 듣게 되었지만, 어려운 일은 아예 생각조차도 하지 않으려는 겁쟁이가 되었다. 결혼 또한 한 남자를 사랑해서보다는 세상에 부딪치는 일이 너무 두려워, 남편을 내 울타리로 선택한 결과였다. 또 여자는 당연히 시부모를 모셔야 한다는 오랜 동안의 관념을 당연한 것으로 받아들여 어머니와 함께 살기로 했던 것이다.

아이는 낮과 밤이 바뀌어 제대로 잠을 자주질 않아 낮에 아이가 자면, 집안일과 기저귀 빨래를 해야 했다. 세탁기가 있었지만 빨래가 깨끗이 빨리지 않고 전기료가 많이 나간다며 시어머니는 세탁기 쓰는 것도 싫어하셨다. 될 수 있는 한 시어머니 비위를 건드리지 않는 편이 집안도 편하고, 내 마음도 편해 몸이 힘들어도 참기로 했다. 밤에는 자지 않는 아이를 업고 서성거리다 너무 고단하고 졸려 아이를 업고 자기가 일쑤였다.

보고 싶은 책을 보거나 음악감상을 하는 그런 취미는 나와는 무관한 세계가 되어 버렸고 오로지 편하게 잠을 자는 것이 소원이었다. 아이를 업고 자다 깨어나면 허리가 몹시 아프고 어지러웠다. 내려누이면 아이는 또 깨어 울어 다시 내 등에 업혀지고, 밤새 거실과 방안을 오락가락하며 뜬밤을 새워도 어머니는 기척도 않았고 너무 힘들어 몇 번 방문을 두드려도 나와 보지도 않았다. 그런 날은 유난히 친정엄마 생각이 나서 아이를 안고 울어 버렸다.

큰딸을 낳고 시어머니 눈치에 몸조리도 제대로 못하고 아이와 계속 그런 식으로 밤을 지새우던 나는 시름시름 아프기 시작했다. 하루를 보내는 일이 정말 힘겨웁고 지옥처럼 느껴졌다. 두통과 심한 어지러움증, 소화불량, 가슴은 꽉 막혀서 어느 순간에는 숨이 막히는 것 같았고, 몸무게는 점점 줄어 워낙 작은 체구를 가진 나는 땅속으로 들어가는 것 같은 느낌도 들었다. 그러나 그것은 마음의 병이 시작된 시초라고 할까?

신경과를 찾았지만 증오심으로 병은 깊어가고

큰 일, 작은 일 끝없이 요구되는 시어머니의 욕심 탓에 나로서는 참으로 견디기 힘든 나날들이 지나가면서 나의 생각은 달라지기 시작했다. 나에게도 한계가 있다는 생각이 들었고 시어머니에 대한 미움과 증오, 시집식구들에 대한 경멸감, 남편에 대한 원망과 분노로 나의 마음에는 사랑과 애정이란 단어는 이미 오래 전에 없어져 버린 듯 흉한 미움의 감정들만이 떠다니고 나의 온 마음을 깊은 암흑 속으로 빠져 들어가게 했다. 하루하루가 혼란스럽고 감정은 칼날 같아지기만 하여 시어머니를 대할 때마다 가슴이 뛰고 숨이 찼다. 짧은 수면 시간조차도 악몽 속에서 헤매이고 몸무게는 자꾸 줄어 허공을 떠다니는 것 같았으며, 마음 깊은 곳에서는 너무 할 말이 많은데, 한마디도 표현하기가 힘이 들었고, 몹시 소리치고 싶은 충동을 심하게 느꼈다.

날이 갈수록 나를 짓누르는 그런 감정들을 해소해 보고자 친구들을 만나 보기도 했지만, 내가 결혼을 너무 빨리 한 셈이라 나와 비슷한 처지에 있는 친구들은 없었다. 미혼인 친구가 더 많았고, 결혼한 친구일지라도 시집살이 하는 친구는 없었다. 그런 친구들이 모인 자리에서 내 힘든 생활을 털어놓아도 그들은 믿을 수 없다는 듯 의아해 했다. 공감할 수 없는 것을 이야기 하는 게 자존심도 상해 입을 다물게 됐고, 그들의 행복한 나날에 대해 이야기를 듣다 보면 내 마음은 더욱 답답해지는 듯했다.

남편에게 내 마음의 그런 증세들을 이야기했지만, 미안하다, 참아보자는 말뿐 오히려 자기가 어떻게 해주면 좋겠느냐는 반문을 던져 날 어이없게 했다. 어차피 남편이 내 입장을 대신해 줄 수 없는데, 그에게 무슨 요구를 할 수도 없다는 생각과 나의 위치와 존재를 남편을 통해서 확인하려 한다는 것은 큰 허상이라는 것을 깨닫게 되자 점점 더 나는 외롭게 되었다.

나는 시어머니의 분가보다는 남편과의 이혼을 먼저 생각했다. 그와 헤어지면 시집식구 모두를 보지 않아도 될 거라는 어리석은 생각이 나를 지배했다. 나름대로 많은 방법으로 시어머니와 시집식구들과 융합하기 위해 애썼던 시간들이 허무해지고 슬퍼졌다.

혼자서는 그 고통의 나날들을 이겨내기 힘들어 고민 끝에 신경정신과를 찾아갔다. 의사는 나의 모든 이야기를 잘 들어주긴 했지만 해결책을 주지는 못했다. 다만 억눌려온 나의 마음을 풀어주려고 했고 먹는 약으로 마음의 안정을 갖도록 했다. 신경정신과 약 없이는 마음의 안정을 이룰 수 없는 날들이 오래 계속됐지만 그 상태도 몽롱하고 멍청할 뿐이지 막힌 숨을 터주지는 못했다. 의사 앞에서 실컷 울고 나와 병원문을 나서서 길 위에 섰을 때의 나의 심정은 한 마리의 자유로운 새처럼 날아 보고 싶다는 것이었다.

친정엄마의 편지로 마음을 고쳐 먹기로

그런 어느 날 친정엄마가 한 통의 긴 편지를 보냈다. "꿈마다 네가 보이는 것이 마음에 걸리어 늘상 염려하지만 보고 싶어도 친정식구와 왕래하는 것은 예법이 아니며, 별난 시어머니지만 홀시어머니의 외로움을 지혜롭게 감싸드리고 항상 마음의 분노를 삭히라"고 써 있었다. 또 엄마는 젊은 시절 아버지의 바람기, 할머니와 고부간의 갈등을 혼자서 삭혀야만 했던 35년의 시집살이를 하면서, 그 시대의 관습에 묶여 엄마는 모든 것을 순종하며 살아왔다는 것이다. 시대가 바뀌어도 여자는 참는 지혜와 덕을 갖추는 것이 근본이라고 썼다. 시집살이하는 내가 안쓰럽지만 자신이 선택한 삶에 최선을 다하고 끝까지 책임질 줄 아는 여자가 되라며, 마음의 분함으로 자신을 그르치지 말라고 썼다. 엄마는 늘 순종하며 자신보다도 가족들을 더 아꼈고 어떤 환경에도 적응을 잘하는 지혜로운 여자였다. 우리들에겐 좋은 것만을 보고 듣게 해주던 엄마에게도 그런 힘든 날들이 있었다는 게 놀랍고 믿어지지 않는 사실이었다. 엄마의 편지 한 통은 복합적으로 엉켜 있던 마음을 풀어주면서 극단적인 생각을 거두도록 만들었다.

새로운 삶을 시작하면서

여러 사람에게 상처를 주는 일보다는 좀더 슬기롭고 지혜롭게 부딪쳐보자. 선택한 나의 삶이라면 좀더 당당하고 용기있게 살아보자. 두조건 참는 것과 당당함은 다르다는 진리를 터득하는 마음으로……

뒤엉킨 마음이 조금씩 풀어지자 병원도 약도 필요없게 되고, 시어머니의 횡포에도 마음은 여유를 갖게 되었다. 인간에게는 그런 능력이 있는 건지 마음을 강하게 가지면서 차츰 담대해져 갔다. 남편과 교회도 함께 나가면서 시어머니를 위해 기도하는 여유도 갖게 되었다.

그런 중에도 어머니는 여전하였다. 쌀쌀맞고도 잦은 잔소리. 조금 비위가 상하여도 식기가 깨지고, 화분이 뒤집어지고, 하루 온종일 방문을 걸어 잠그고, 몇날 며칠을 말을 안해도 나는 끄떡 없었다. 그전처럼 눈이 통통 붓고 가슴이 아프도록 울지도 않았고, 무릎이 아프도록 빌지도 않았다. 그래야 할 이유가 없었다.

며느리는 노예도, 광대도 아닌 것을 깨달은 순간부터 난 흔들리지 않았고 당당해진 것이다. 조용히 참아드리면 힘이 다 빠진 듯 어머니는 또 제자리로 돌아오곤 했다. 네가 미워서가 아니고 자신의 못된 성격 탓이라고 인정할 때엔 측은한 마음까지 들었다. 좋아하는 음식을 더 해주고 이야기도 더 해주면서 왜 더 빨리 깨우치지 못했는지 자신의 미련함을 책망했다.

둘째도 딸을 낳았지만, 어머니는 달라졌다. 다른 변화는 없었지만 둘째 손녀를 끔찍이 사랑해 주었다. 마치 큰손녀에게 못 베풀었던 애정을 더하여 베풀듯이. 그것만으로도 난 아주 기뻤다. 세월 탓인지 나이 탓인지, 시누이들도 미운 짓을 덜하니 한결 더 편해졌다.

시집살이로부터 해방과 시어머니에 대한 애정

시어머니의 환갑도 잘 치루고, 어려운 일들이 다 지나갔다 싶었는데 다니던 회사의 여직원과 바람이 난 시동생은 결국 이혼을 하고 말았다. 그 뒤 시동생은 그 여직원과 재혼을 했지만 그 여자와 아이들이 적응이 잘 안된다며 어머니가 계시면 좀 나을 것 같다고 어머니를 모시러 왔다. 어머니의 짐이 옮겨가던 날 난 착잡한 심정을 감출 수가 없었다. 난 시집살이 10년이란 세월을 벗어버리고 남들처럼 핵가족이 되고 모든 것이 자유로와졌다. 보고 싶은 책을 보고, 듣고 싶은 음악을 듣고 아이들 교육도 훨씬 수월해지고 남편과 함께 있어도 눈치보지 않는 이 자유스러움은 시부모를 모셔 보지 않은 사람에겐 하찮은 것들이겠지만, 지금의 나에겐 너무나 소중하다. 또 시어머니와 함께 보낸 고통스러운 날들도 인생에 있어 귀중하다는 것을 깨달았다. 시집살이는 나를 보다 성숙한 인간으로 변화시켰고 소심했던 나를 적극적인 사람이 되게 해주었다. 남편은 잘 참아준 나를 더 아끼게 되었고, 시누이들도 지금은 누구보다 가까운 사이가 되었다. 2~3년 뒤에 시어머니는 다시 돌아오겠지만 그땐 더 잘 해낼 자신이 있다.

시어머니는 요즘도 아무때나 우리 집에 온다. 새 작은 며느리에게 반해 있던 시간이 지나가자 이젠 그에 대한 흥덩어리를 짊어지고 와 풀어놓으려고 새벽이든 밤이든, 다녀간다. 한바탕 푸념을 하고 며칠을 머리를 싸매고 누웠다가 손주들이 걸려 돌아가는 시어머니의 마음을 이제는 이해할 수 있게 되었다. ■

삼십대 주부의 빛과 그림자

김명신*

세 개의 공간 —— 내 집, 시댁, 친정

결혼 8년째, 남편의 두 번의 지방근무로 약 3년간 광주와 부산에서 생활했다. 초기의 결혼생활도 힘든 일이 많았지만 지방생활은 더욱 힘들었다. 남편이 회사에 출근하고 나면 찬거리를 살 때 '이거 얼마예요'라고 하는 말을 빼면 말을 할 필요가 없었고 하루 종일 혼자 있다가 남편이 퇴근해야 비로소 내가 살아나 생기를 찾는 듯한 느낌을 받았다. 전시회도 가보고 역사 강좌를 듣기도 했지만 사회적 고리가 없는, 지속적 관계로 맺어지지 않는 이런 일은 오래 가지 않았다. 어느덧 나는 사회 속에 산다는 걸 조금씩 잊고 내 집과 시댁, 그리고 친정만의 세 공간 속에서 쳇바퀴 돌듯 지내게 되었다.

그렇게 6년쯤이 지난 88년 가을 하자보수차 아파트에 온 기사들에게 설명을 하면서 내가 결혼 후 낯선 남자와 이야기한 게 이것이 처음이라는 생각이 들며 그동안 얼마나 사람들과 담을 쌓고 지냈는지에 대해 놀

---

* 1956년 서울에서 태어나 학교를 졸업하고 2년 동안 교사 생활을 했다. 1982년에 결혼하여 남편과 7살, 5살인 남매와 함께 사는 주부이다.

랐다.

　두 아이가 각기 2~3살이 되었을 때 특히 사회성의 발달 건에 대해 은근히 걱정이 되었다. 엄마인 내가 이렇게 폐쇄적으로 살며 어떻게 아이를 사회적으로 키운다는 말인가? 그러면서도 별 불편 없는 내 생활방식을 애써 고치려 하지 않았다. 새삼스레 잃어버린 사회와의 연결고리를 쉽게 찾아낼 수도 없었다. 시댁 공간은 내가 막내 며느리여서인지 처음부터 큰일은 아예 주어지지 않았다. 그저 나서지 않고 상냥하고 겸손하면 큰 탈이 없었다. 나는 결혼 전에는 교사로서 매우 적극적이고 활발한 생활을 해왔고 주변인으로 살아본 적이 없었기 때문에 시어머니께는 스스럼없이 나 살던 대로 행동했다. 그런 점이 어머니와 사이를 가깝게 만들었는지 별로 문제가 없었다. 한번 시집살이할 기회가 있었는데 시댁의 온 가족이 모인 가족회의에서 ‘시집살이는 생각해 봐야겠다’고 단호히 내 뜻을 밝혔고 시어머니는 섭섭한 대로 내 의견을 받아들이셨다. 시어머니와는 사이가 좋지만 나는 나의 친정어머니가 혹독하게 시집살이하시는 걸 보고 그 제도를 마음 속으로부터 거부하고 있었기 때문에 시집살이를 하고 싶지가 않았다.

　결혼을 하며 내가 친정오빠에게 귀에 못이 박히도록 들은 말은 ‘친정을 멀리 하라’였다. 그러나 아이도 낳고 기르고 여러 경험을 하면서 친정엄마에 대한 더욱 각별한 애정이 생겨났다. 시어머니와는 어느 정도 거리를 둘 수도 있고 장단점을 그 자체로 받아들이고 행동할 수 있는데 친정어머니와는 엄마의 모든 점을 이해하고 사랑까지 해야 하는 부담이 있다. 엄마의 장단점이 다행히 사회의 가치기준과 맞을 때는 문제가 없으나 그와 다를 때는 갈등을 느끼게 된다. 우리 엄마는 젊었을 때는 살림을 윤기나게 하셨지만 천성적으로 놀기를 좋아하셨던 것 같다. 엄마는 성격도 쾌활하셨고 사람들과 교제하기를 좋아하셨다. 그에 비해 아버지는 노는 걸 싫어하셨고 나 역시 그것을 싫어하고 냉정하게 엄마를 본 적이 많았다. 그러나 엄마를 있는 그대로 받아들이지 않고서는 나 자신마저도 사랑하지 못할 것이라는 자각이 들며 나는 엄마를 내가 정해 놓은 우아하고 정숙한 엄마상에서 벗어나 '자유롭기를 열망하는 한 인간'으로 보기 시작했다. 그 과정을 통해 나는 나와 다른 가치관을 가진 여자들, 다른 상황에 처한 여자들을 마음속으로부터 받아들이기가 쉽게 되었다.

남편의 변화

서로 뜻이 맞다고 생각해 결혼한 상대였지만 생활 속에서 서로의 생각과 행동을 맞춰 보려는 작업은 많은 시간과 노력이 필요했다. 처음 살림이라는 걸 하면서 집을 선택하고, 저녁 반찬을 결정하는 일에 이르기까지 매순간 선택의 연속이었다. 특별히 살림을 배우지 않은 것을 후회해 본 적은 없으나 결정하는 데 외로운 마음이 들었던 적은 많다.

나는 나와 연관된 많은 관계를 단절하고 남편과만 새롭게 인간관계를 시작했는데 남편은 그 모든 걸 채워주기에 부족했다. 사실 그 자신은 필요성도 느끼지 못한 채 여러 식구의 막내아들로 계속 살아가고 있는 것처럼 보였다. 나는 빨래를 흰거품이 생기도록 빨래판에 비비면서 '아이고 심심해'라고 마음은 따로 있었고 손으로는 무우채를 썰면서도 '아이고 심심해' 혼자 중얼거렸다. 그리고 남편과의 본격적인 대화와 다툼이 시작되었다. 처음에는 이불을 개어라 마라, 퇴근 후 양말을 빨래통에 넣어라, 마라 등등 시시콜콜 의견대립이 있었다. 그후 내 손에 일이 약간씩 익고, 남편이 아내와 어머니는 다르다는 인식을 조금씩 갖게 되면서, 서로 많이 절충하게 되었다. 부부 사이에 문제가 되는 안건들은 주말에 애봐주기에서 피임, 원하지 않는 섹스(Sex) 문제에 이르기까지 다양하다. 그렇게 해서 나의 활동영역이 보다 넓어지고 나만의 시간을 조금씩 가질 수 있게 되었다.

이제 남편은 아내의 희생을 딛고서는 삶을 살지 않겠으며 자신도 회사나 사회에 희생당하지 않겠다라는 인식이 선 것 같다. 나도 남편을 가해자로 보던 데서 벗어나 그 역시 사회 속에서 자기를 찾으려는 고민을 안고 있는 한 인간으로 보기 시작하면서 갈등들은 제 물길을 찾으며 풀려나갔다.

남편의 의식이 자리를 잡아가기 시작한 것은 사실 나와의 관계 때문이기도 하지만 또 하나 사회적 흐름과도 관련이 있다. 결혼과 입사라는 비슷한 두 가지 새로운 환경에 부딪히자 회사 쪽이 더 많은 걸 요구했다. 그 쪽의 보상이 더 클 것이라는 판단에서인지 남편은 직장에서 이미 자리를 잡은 대학선배나 직장동료들의 행동양식을 모방하며 가정을 희생시키던 중 아내와 문제가 하나, 둘씩 생기기 시작했을 것이다. 그리고 자기보다 먼저 입사한 선배가 불철주야 회사에 매달린 결과 대충 이사까지 승진하고는 가정에서 소외된 중년의 허망함을 느끼고 있는 것을 보면서, 또 지방근무자의 경우, 자식의 교육을 위해 아내와 자식을 서울에 둔 채 회사에서 제공한 아파트에서 혼자 지내다가 주말에나 서울 가족들과 잠시 시간을 보내고 다시 월요일 아침에 비행기편으로 출근하는 모습들을 보면서, 자기가 바라던 미래의 모습이 바로 저것이었나 하는 회의를 갖게 되었다. 동시에 새로 입사하는 신입사원의 '아니 저럴 수가'라는 탄성이 나올 만큼 회사의 인간관계에 얽히지 않고 선을 긋고 사는 걸 보면서 충격을 받으며, 자신과 자기 가정에 우선 비중을 두는 방향으로 인식을 바꾸게 되었다고 생각한다.

그러면 나는 지금 행복한가

7,8년이 지나 내 역할은 자리를 잡아 나갔는데 그렇다면 나는 행복한가라는 질문에 마음속으로부터 꾸준히 들려오는 대답은 '별로'라는 답이다. 남들은 내가 행복에 필요한 요소를 골고루 가졌다고 보아주는데 왜 내 자신은 그외에 무엇이 더 있다고 생각하는 걸까? 무슨 이유일까?

분명 하나 하나 짚어보면 행복해야 하고 당당해야 하고 자신 있어야 하는데, 사는 데 점점 자신을 잃어가고 있다. 그동안 성실하게 쌓아올린 내 생활이 중요하다고는 생각하지만 자꾸 작은 충격들에 흔들리는 건 웬

110

일일까? 분명 별것 아닌 일은 아니었는데 마치 한 개의 나사가 빠져 모든 작동을 중지한 기계처럼 하나의 빠진 나사를 찾고 싶어질 때가 있다.

학교 다니는 아이가 가져온 가정환경조사서에 엄마의 직업난에 '주부'라고 썼다. 그걸 쓸 때의 마음은 더 이상 뒤로 물러서지 않을 것이라는 확신에서였지만 '주부'가 나의 일의 전부는 될 수 없다. 직업도 될 수는 없다. 나는 가능한 한 빠르고 능률적으로 집안 일을 해치우는, 그래서 과중한 가사 노동 때문에 시달리는 타입의 주부는 아니다. 그러나 언제나 피곤해 있었다. 더욱이 아이가 아직 어려 애들에게 많이 묶여 있어 내 활동과 사고가 자유롭지 못했다. 아이가 아프면 자꾸 그것을 내 탓으로 돌리는 버릇도 갖고 있다. 그런 제약이 있음에도 불구하고 나는 더 이상 비전 없는 미래를 살고 싶지 않다. 더 이상 고립된 주변인으로 머물며 자신 없어 하고 서성이며 살기는 싫었다. 내가 중심이 되어 주체적으로 살고 싶었다. 그리고 새로운 일을 위해 준비하고 싶었고 훈련 받고 싶었고 무엇보다 내게 적당한 일을 찾고 싶었다. 그러나 나는 주부를 포함한 여성일에 관심이 있었지만 그 관심이 어떻게 해야 공적인 힘을 갖게 되는지 방법을 찾을 수 없었다. 개인적으로(힘을 소모하면서) 그 결과에 대해 확신할 수 없었고, 사실 나 혼자의 힘은 보잘것 없기도 했다.

또 한 달에 한 번 정도의 외출을 위해선 남편이나 친지의 도움을 받으며 아이를 맡길 수 있었지만 그 외출이 정기적이고 잦아질 때 누구에게 아이들을 맡길지 난감했다. 남편과는 어느 정도 합의를 본 상태이지만 그 정도가 심해지면 그가 어떤 반응을 보일지는 아직 미지수였다. 그리고 아이들의 구속에서 벗어나는 방법을 찾기 어려웠다.

그리고 대학 졸업 후 아무런 자격증도 갖지 못한 내가 할 수 있는 일도 드물었다. 자신의 과제를 해결하는 것과 함께 그 성장된 의식에 맞는 일은 사실 대개 '증'을 가진 사람에 의해 행해지고 있었다. 그렇다면 나는 그 '증'을 위해 다시 시간과 경비를 들여야 할까. 그 '증'을 얻지 않는 한 나는 아마추어로 남을 수밖에 없을 것이라는 생각이 나를 괴롭혔다.

더욱이 좀더 시야를 넓히기 위해 전문적인 공부를 하려 할 때 그 공부가 분명 여성 내지는 주부문제를 연구하는 과정일지라도 주부의 경력은 공적인 경력이 되지 못하고 영어시험과 전공시험을 거쳐야 했다. 이런 여러 불리한 현실과 부당한 구조 속에서 내가 할 수 있는 것은 과연 어떤 것일까? 의문은 계속 일었으나 다시 원점으로 돌아오기 일쑤였다.

강자의 입장에서 약자의 입장으로

결혼과 함께 내가 남들이 부러워하는 교직을 포기한 것은 좀 쉬고 싶기도 했고 점점 혼란스러워지는 사회로부터 피하고 싶은 마음도 있었다. 그리고 남편은 사회에서 나는 집에서 각기 맡겨진 역할을 기본적으로 해내고자 했다. 그런데 내가 가정이라는 곳에 허우적거리기도 하고 안주하기도 하며 세월을 보내고 이제 사회에 다시 서려 하니 나의 역할과 입장이 많이 변해 있었다. 우선 예전에는 학생들을 가르치는 입장이었고, 내 아이 교육은 문제 없다고 자신하던 터였으나 아이를 소신껏 키운다고 하면서도 그 소신의 결과에 대한 확신이 서질 않았다. 겉으로는 "공부 좀 못하면 어때", "그림 좀 못 그리면 어때"라고 자신있게 말하면서도 마음속으로는 어느 정도만큼은 잘해 주기를 바라고 있었다. 아이는 먼저 인간성을 키워야 한다고 말하면서도 나는 특기를 키우는 교육을 택하고 있었다. 이웃집 엄마들이 아이들 교실을 청소한다며 학교에 드나들 때 나는 절대 그렇게 안한다고 청소해줄 아줌마를 구할 거라고 비웃어 주고 그후 그에 맞는 노력은 하지 않은 채 나도 어쩔 수 없이 학교에 가서 유리창 닦고 있었다. 물론 학교 일에 학부모가 모든 방면에서 그렇게 참여하여 보다 나은 교육을 이루어갈 수 있다면 좋겠으나 학교는 그 정도의 협조만 바라는 듯했고 엄마들 역시 거기에서 한 걸음 나가려는 노력은 하려 들지 않았다. 답답했다.

개인적으로도 아이와 일정한 거리를 유지하려는 노력을 스스로 자꾸 다짐하지 않으면 어느 새 아이에게 깊이 빠져 있는 자신을 보게 되었고, 말로는 묶여 있기 싫다고 하면서도 자꾸 지나친 관심을 보여 아이에게도 나에게 의뢰하는 마음을 갖게 하고 있었다. 방이 3개인 이 집에 이사올 때 아이들이 국민학교를 졸업하기 전엔 더 이상 집 생각 안한다고 다짐했으면서 시작은 같이 했으되 강·남북의 집의 위치에 따라 벌어진 가격 차이에 아주 무심할 수는 없었다.

여성지 속에 그려진 부정적인 주부상은 나를 더 우울하게 만들었다. 즉 행복하나 외롭고 취업하고 싶어 갈등하는 여성, 남편의 건강을 관리하고 아이의 학력을 관리하며 집을 꾸미고 재산을 증식시키려는 노력만을 하는 집단 등으로 표현되는 것에 역한 마음이 들었다. 그러면서 나만 그렇지 않으면 되지, 무슨 상관인가 하고 남의 일로 생각하려고 애썼다. 그러나 내가 가끔 만나본 '의식 있는' 사람들마저 그런 선입견에서 주부를 보려 하고, 주부를 자기들이 계몽해야 할 대상으로 보는 경향이 있었다. 나는 주부로서 많은 피해의식도 느꼈고 분개도 했다.

'또 하나의 문화' 월례논단에 갔을 때였다. 그런 편견을 비판하려고 입을 열었는데 나는 사적인 체험만을 늘어놓고 있었다. 상대는 분명 공적인 언어로 담담히 의견을 밝히는데 나는 열이 나서 언제나 똑같은 말을, 목소리를 높이며 말하고 있었다. 나는 내 자신에 대해 실망스러웠고 내가 왜 여기까지 오게 되었을까? 나도 한때는 바람직한, 진보적인 의견의 소유자로 인정받았었는데 어디서부터 무엇이 잘못되었기에 과잉방어라는 소리를 들으며 안간힘을 쏟고 있는 것일까? 정말 나는 열등감을 주체하지 못해 이러는 것일까? 나는 그들의, 여성지의, 사회의 부당한 시선을, 그리고 대우를 바로잡고 싶었다. 어떻게 해야 할 것인가?

다시 사회 속으로

나는 여기서 포기할 수는 없었다. 다시 원점으로 돌아가기엔 걸어온 길이 많은 것 같았고, 도리어 더 나쁜 상태가 기다리고 있는 것 같았다.

과거에 참가했던 한 모임이 떠올랐다.

주부로 구성된 책읽기 모임이었는데 그 속에서 나는 편했고, 많이 배웠고, 남편과의 갈등을 해소시키는 방법을 스스로 깨달아 나갔던 경험이 있었다. 누가 누구를 가르치거나 정보를 일방적으로 주는 모임이 아니었음에도 이상하게 그 속에서 해답이 나왔었다.

또 내가 안타까이 구하려는 여러 문제의 해답들은 남들이 쓴 주부에 관한 글에서는 찾을 수가 없었다. 주부에 대한 글은 많았지만 주부에게 애정을 지니고 쓴 글은 드물었고 무조건 일방통행식으로 '계몽'하려고 쓴 글이 많았다. 아니면 여성지처럼 주부를 아예 소비자로만 계산하고 있는 글들만 많았다.

주부들이 너무 자신에 대해 깊이 생각해 보지 않은 것이 문제의 근본인 것 같다. 그렇기 때문에 그 속에 주부문제 전문가가 없었고 그러다 보니 남들이 해결해 준다고 나서게 된 모양이었다. 물론 새로운, 진보적인 발상을 가진 전문가의 견해가 필요하기는 하다. 그러나 주부 위에 군림하는 자세는 필요하지 않다. 나와 그의 삶이 질이 다른 것이 아니라 방법이 다르다는 전제 아래 주부를 논할 수 있다면 그 사이가 좀 좁혀지지 않을까 하는 생각이 들었다. 그러나 가장 중요한 것은 나 자신이다.

나 역시 '우리'를 언제나 염두에 두었지만 우리와 함께 이루어낸 일은 없었다. 사회통념에 반발하려고 애썼지 그것을 참으로 바꾸어나가는 작업을 벌여가지 못했다. 그러나 지금 나의 모든 감각은 내가 뜻을 세운 방향으로 가기 위해 긴장하고 있다.

현재 내가 속한 조직 이외에도 내게 알맞는 조직이 있다면, 또 그 뜻에 찬동할 수 있다면 언제라도 참여할 마음이 있다. 그러나 단 한 가지 그 조직은, 그리고 그 구성원들의 마음은 언제나 열려 있어야 한다는 게 조건이다.

이제 이런 마음속의 결의를 가지고 내가 어떤 일을 어떻게 할지는 미지수이다. 그러나 다시는 움츠리지 않고 내가 필요한 일에, 내가 필요한 곳에 나가 내 목소리로 내 방법으로 살아가고 싶다. 지켜봐주기 바란다. ■

마디마디 쑤셔오는
노동과 소외의 나날 속에서도
척박한 희망을 버릴 수 없는 것은
우리 껴안아야 할
뜨거운 노래 있음을 알기 때문입니다

내 어머니 적부터
그 어머니의 어머니 적부터
내려온 가난과 굴종
이제 그 사슬 끊어버리고
해방의 빛나는 날들
찾아 나서야 함을 알기 때문입니다
—— 신동원, '노동의 시' 중에서

현대의 '상록수'로서 해야 하는 일들

강추옥*

큼직한 초가집이 서너 채 있는 넓은 마당과 큰 터밭에서 배추 무우를 심고 길러 남에게 나누어 주곤 하던 것이 우리 어머니의 삶이었다. 그러한 어머니의 삶은 나에게 농촌의 좋은 점만을 보게 하였다. 큰 부자는 아니었지만 아버지가 없는 가정치고는 부유한 편이었다고 할까. 배고픈 줄 모르고 보낸 어린 시절이었다. 그 때만 해도 돈이 흔치 않았고 배 주리는 걱정이 없으면 부자라고 했던 시절이었으니까.

천여 평에 이르던 우리 집터는 집이 들어앉은 자리를 제외하고는 마당과 큰 터밭으로 이루어져 있었고 새까만 흙 위에 철따라 널어 놓던 보리짚, 조짚, 그리고 팔월이 되면 파란 억새로 우리 마당은 황홀하기까지 하였다. 나는 이런 것들이 너무 좋아서 농촌에 살리라, 그래서 이상적인 삶을 꾸리리라 하는 꿈을 간직했었다. 서울의 친척집 나들이가 없었던 것은 아니지만 그 작은 방하며 부엌 따위가 너무 답답해서 도저히

---

* 강추옥은 1950년 제주도 성산 온평리에서 딸 다섯 중 막내로 태어났다. 호적에는 1951년생으로, 이름은 강추익으로 올라 있다. 성산중학교를 졸업하고 농사를 지으면서 동시에 상록회 야간학교, 리사무소, 단위 농업협동조합, 유아원 일을 차례로 보아왔다. 지금 세 아이와 남편과 살고 있고 친정 어머니를 돌아가실 때까지 모셨다.

살 수가 없을 것 같았다. 어떤 때는 도시생활에 적응하지 못한 것이 후회가 될 때도 있긴 하다.

처녀 이서기로 1년을 보내다

우리 마을이 재건활동에 한창 힘을 쓰던 때 내 눈에는 그러한 활동들이 얼마나 좋게 보였던지 모른다. 나는 《상록수》를 읽으면서 내가 바로 주인공 영신인 것 같은 기분이었다. 개척사업하는 분들과 이야기를 나누는 것이 어찌나 좋았던지 그 당시 몇몇 인상에 남아 있는 분들은 그 이후 내 삶의 좌표가 되다시피 하였다. 그분들의 영향으로 나는 마을의 이(里)서기를 맡게 되었다.

그 때만 해도(1974년쯤) 여자들은 향사에도 가지 못했을 뿐더러 향회에 참석했던 처녀는 '밭에 갔다온 된장'이라고 불리웠었다. 그런 시절에 내가 면 관내에서 서기 일을 맡은 것은 이제 와서 생각해 보면 '밭에 갔다온 된장'보다도 못했다는 생각이 들기도 한다. 어쨌든 여자가 서기를 맡은 건 내가 처음이었다. 당시 이장님이 데리고 일하던 남자서기들은 고작 한두 달하고 그만두었다. 왜냐하면 그들은 전화요금이나 비료값을 받으면 그 일부를 써버렸기 때문이다. 그도 그럴 것이 전화요금이라고 해야 하루 담배값 정도가 고작이었으니 손쉽게 써버릴 수밖에. 게다가 그 때는 마을 주민에게 처음으로 이세(里稅) 부과를 시도한 때였다. 세금 갹출이 되지 않으면 이장과 이서기가 봉급을 제때에 받지 못하였으니 자칫 돈을 쓰다 보면 이장이 자기 재산을 털어 먹지 않을 수 없던 시절이었다. 이 점은 요즈음도 마찬가지로 이장을 맡으면 자기재산을 내놓는 수가 많다. 나는 그때나 지금이나 이장이 자기 밭을 팔아서라도 돈을 잘 써야 마을이 잘된다는 주장에는 찬성할 수 없다. 돈을 정말 쓸 곳에 쓰는 게 아니라 먹고 마시는 유흥비가 대부분이라고 생각한다. 우리 마을에도 이장직을 맡으면서 집안이 폭삭 망하게 된 집도 여럿이었다.

난 무엇인가 달라지지 않으면 안 되겠다고 생각하였다. 그래서 우선 전화요금 수납에 철저했으며 마침 그 때가 어촌계 상호금융을 취급하던 때라 일일 결산 예탁을 하였다. 그리고 거두기 어려운 이세(동네세) 문제를 비료판매로 해결하기로 마음을 먹고 자유판매하던 것을 통제판매로 바꾸어 농경지에 따라 배정을 받게 하였다. 좀 심술궂은 사람에게는 배정량을 적게 잡아 그 사람이 더 달라고 요구하면 '이세를 내십시오'라고 말했다. 비료를 더 받고 싶으면 어쩔 수 없이 내고 싶지 않은 세금을 내야 하게 만들었다. 그리고 일손이 달리는 분들에게는 걱정하지 않아도 좋을 만큼 마음을 썼다. 그 덕에 내 결혼식에 축의금 500원을 들고 그 먼 곳까지 찾아준 분도 있었다. 이렇게 열심히 일한 덕분으로 마을 주민의 이름은 물론이고 한 사람 한 사람의 심리파악까지 누구보다도 잘 할 수 있었다. 여자가 이서기를 한다는 게 보통 독하지 않으면 못했던 그 시절이, 남자 서기가 한 명도 없다시피 하는 요즈음 생각하면 옛날 일 같기만 하다. 청소에서 사무까지 세심하게 처리하니 여자에게 맡기는 게 훨씬 좋은 것은 사실이 아닌가.

아무튼 이서기 한달만 하면 손에 장을 지지겠다는 사람들의 스리도 아랑곳하지 않고 1년을 채운 뒤 다시 그때 처음으로 시작된 단위 농협 부녀부장 시험을 치르고 농협지도 업무를 맡아보게 되었다. 일종의 승진이라고나 할까. 드디어 갈망하던 개척 일을 해보게 된 것이다. 14개 부락으로 된 우리 읍은 그 중에 산간 마을이 5개나 된 탓에 비포장 도로를 걸어다니기가 일쑤였다.

그때 내 나이 25살, 시골에서는 노처녀란 소리를 들을 나이였다. 돌아다니다 보면 우리 부락보다도 더 어두운 마을도 있었다. 오나가나 왜 여자들은 기를 못펴고 사는지, 이사무소에는 여자들이 모이면 안 되는 것으로 인식되어 있었다. 나는 이장님과 지도자들에게 부탁하고 사정하여 이사무실을 빌리고 부녀회를 조직하였다. 어디를 가도 그 마을 어른들이 아껴주던 고마움을 잊을 수 없다. 썩 잘하지도 못하는 말을 열심히 듣고는 "부녀부장님은 어떻게 그렇게 말을 잘하십니까?"하고 한껏

추어올려준 덕분에 나는 더 힘을 낼 수 있었다. 군관 내, 도관 내, 할것 없이 성산농협하면 '부녀회'라고 할 만큼 높은 분들의 인정도 받게 되었다. 그로부터 14년이 지난 오늘까지도 두 손을 꼭 잡고 이젠 많이 늙었다며 그때 일을 기억해 줄 때는 모든 일에 최선을 다하면 반드시 좋은 결과가 온다는 옛말을 돌이키게 된다. 그런 의미에서 큰 아이인 창식이가 3학년이 될 때부터 우리집의 가훈을 "최선을 다하자"라고 정하였다.

결혼생활 시작하다

부녀회장 일을 마지막으로 나의 처녀시절은 끝났다. 지금의 창식 아빠는 매우 건실하고 마음씨 착한 전형적인 농촌청년으로 나와는 동기동창이었다. 남편은 4H 활동에 열심이었고 흙에 대한 신념으로 꽉 차 있었다. 그는 흙이 좋아서 주위에서 구해준 직장도 마다하고 농사를 짓고 있었다. 마을사람들의 놀라움 속에 우리의 삶이 시작되었다. 결혼식은 4H 부원들이 마을 창고에 꾸며준 예식장에서 올렸다. 식장은 꽤나 화려하게 꾸며졌으며 대성황을 이루었다. 탁자에 올려 놓은 촛대가 쓰러져 그 위에 깔아 놓은 하얀 종이에 불이 붙자 주례를 맡은 조합장님께서는 불같이 일어나는 큰 부자가 되겠다는 말씀으로 장내를 웃겼다.

이때부터 시작된 새 삶은 갖가지 고생도 고생이려니와 서로간의 갈등이 적지 않았다. 이상적인 농촌 가정이란 상상으로만 꾸밀 수 있는 것인지도 모르겠다. 우선 시간적으로 구애받지 않는 자유로움 때문에 빚어지는 싸움이 너무 많았다. 그리고 이곳의 풍습이란 것이 자식이 결혼을 하면 자식 몫을 따로 떼어 주는 게 상례이고 그것을 받으면 어떻게 꾸려갈까를 설계하게 마련이다. 그런데 남편은 결혼 이전에 집을 나와 남의 집을 얻어 살아왔다. 이유인즉 시아버지가 공무원 친구에게 부탁하여 임시직 자리 하나를 마련하였는데 아들이 농사를 짓겠다고 하자 부자간에 마음이 안 맞아 집을 나왔던 것이다. 나의 시아버지는 워낙 지독한 욕심쟁이에 한량생활을 한 분이다. 그는 꽤 많은 농토를 지니고 있으면서도 자식에게는 흙 한 줌 주는 것도 아까와 하였다. 시아버지에 대한 미움도 부부싸움의 큰 요인이었다.

시집에서 재산을 물려받지 못한 대신 나는 하루도 쉬지 않고 일만 해 왔다. 비가 오면 비닐을 쓰고 일했다. 다른 사람들의 비웃음 속에서 살아온 것을 생각하면 한이 서리는 게 한두 가지가 아니다. 나는 이를 악물고 남의 땅을 빌어 농사지어 결혼한 지 4년만에 집을 마련하였다. 그리고 2년 전에는 정부의 토지매매자금을 융자받아 농토를 마련하였지만 엄청난 부채는 아직 그냥 남아 있다.

남편은 친구들과 어울리는 것을 무척 좋아해 먹고 마시고 노는 데는 어쩔 도리가 없었다. 친구들과의 만남을 줄이고 시간관념을 가지라고 잔소리를 해대고 하니 싸움에 폭행까지 일어나지 않을 도리가 없었다. 다행히 남편은 다른 사람들과는 사고방식이 달랐기 때문에 내 말을 들을 때가 많아서 그래도 이 삶을 지탱해 올 수 있었다.

가스렌지가 시골에 들어오지 않던 때에도 아궁이에 불 지피는 일, 빨래를 거들어 주는 일 등은 남편이 하였으니 우리 집은 다른 집과는 좀 색다른 면을 지녔다고 할 수 있다. 나는 남편에게 가능한 한 많은 것을 요구한다. 내가 할 수 있는 일이라도 창식아빠를 부르며 도와달라고 한 결과 이제는 완전히 습관이 되었다. 그리고 남자 아이들만 셋이나 있는데(큰 아이 중학교 일학년, 막내가 국민학교 삼학년) 아이들에게도 집안 일을 나눠주니 곧잘 해내고 있다. 일요일이면 밭일에도 한 몫을 차지하여 일에 대한 보람을 느끼게 해주고, 학습과정도 꼭같이 시도해 보기도 한다.

"우리 집은 엄마가 대장이다. 여자가 한 사람이니까. 그러니까 엄마를 도와야 한다"는 남편의 말에 아이들은 밥하기, 설거지, 집안청소를 해 나의 일손은 한결 가벼워진다. 이러한 일들은 일에 대한 느낌, 그리고 자기 할 일에 대한 책임 등을 느끼게 하는 데 큰 도움이 될 것이다. 아이들에게 엄마의 모습, 아빠의 모습을 심어주기 위하여는 우리 부부가 더욱 열심히 살지 않으면 안되겠다는 생각을 갖게 한다.

남자와 여자

　농촌의 겨울은 남자들의 천국이다. 당시는 일하는 남자들은 거의 없
는 반면에 여자들은 물질하고 밭일하고 집안일까지 도맡아 해야 했다.
그러니 제주의 여자들이야말로 산업기수라고 아니 할 수 없다. 그리고
제주는 강한 여자가 아니면 살 수 없는 지형적인 조건과 자연조건을 지
닌 것 같기도 하다. 내가 강하게 살지 않으면 내 남편도 다른 남편들과
꼭같이 될지도 모른다고 생각하며 지독하게 부지런히 일만 하다보니 이
젠 일을 안 하는 게 이상할 정도이다. 앞으로도 역시 농촌여성이 치르
어야 하는 이중삼중의 고역은 해소되기 어려울 것 같지만 발달된 문명
덕택에 생활이 많이 나아진 것만은 사실이다.

　그러나 육체의 고통보다도 더 참기 힘든 것은 겨울철의 노름판이었
다. 큰 일을 치르는 집이 있으면 온동네 남자들이 모두 모여 노름판을
벌여 새벽까지 그 노릇이 지속된다. 이 일 때문에 남편과 얼마나 싸웠
는지 모른다. 초상이건 잔치건 사람만 모이면 노름을 한다. 잃은 돈은
'농촌의 부채'라는 허울 좋은 이름의 빚이 되고 딴 돈은 멋지게 마시고
예쁜 여자와 놀 공짜 돈이 되어 유흥업소로 빠져 나간다.

　얼마 전 국민학교 졸업식 날의 일이다. 농촌에서 학교 졸업식은 잔칫
날과 같다. 한 쪽에서는 여자들이 점심식사 준비로 정신없이 바쁘고 다
른 한쪽에서는 멍석이 펴지고 윷판이 벌어졌다. 자모회 결산회의에서
몇 만원 돈이 남았는데 한 남자학부형이 그 돈은 회장단에게 주어 밤에
술집갈 때 보태 쓰도록 하자고 했다. 윷판이 끝나면 으레 가게 되어 있
으니까 말이다. 나는 화가 머리 끝까지 치밀어 올랐다. 마침 우리 아이
가 일등을 했고 남편이 회장인데, 그의 체면을 생각하면 그냥 넘어가야
할지 모르지만 이 체면 때문에 계속된 악습과 아이에게 줄 악영향을 생
각하지 않을 수 없었다. 나는 "그 돈은 못 받겠습니다. 임원직은 오늘
점심식사 준비와 결산으로 끝났습니다. 난 농사꾼으로서 그런 술은 못

사겠습니다"고 잘라 말했다. 그때가 오후 2시인데 저녁 9시까지 노름하다가 술집에 몰려가서 몇십 만원 생돈을 날리겠다는 게 말이나 되는가? 그 때문에 남편의 심중이 편치 못했을 테고, 나 역시 상쾌한 기분일 수 없지만, 그날 아침에도 친구에게 비닐 대금을 빌러 갔었던 남편인 만큼 내심 안심도 되었을 것이다. 하여간 다음에 회장단이나 일등한 자녀의 부모들이 부담을 느끼지 않게 되어서 좋고 아이에게 일등해서 몇십만 원을 날렸다는 푸념을 하지 않아도 되어서 좋았다.

또 한가지 농촌의 큰 문제점은 허례허식에 드는 돈이 너무 많다는 점이다. 특히 큰 일 치르기로 겨울 한 철을 다 지내다 보면 그에 따른 경비 지출 또한 엄청나다. 초상은 할 수 없지만 혼례 역시 온통 겨울철에 몰리다 보면 한밭 농사라도 부족할 만큼 부조금 나가는 것이 지긋지긋하다. 물론 상부상조하는 것도 좋지만 한 번 났을 때 상주가 열이면 열 사람 다 부조를 하자니 친척도 아닌 초상집의 경비지출이 칠팔만원 선을 넘는다. 정말 개선하지 않으면 안되는 실정이지만 선구자 노릇 하기가 여간 힘든 게 아니다. 만약 내가 이장을 맡게 되면 우선 이 일부터 해보고 싶다. 4백여 호가 사는 이 마을에 날이면 날마다 초상에, 잔치가 없는 날이 없을 정도고 가계부에 기록된 상조금만 해도 어떤 해는 일백오십만 원 이상을 넘겼다. 정말 지겹고 심각한 문제가 아닐 수 없다. 혼례식에 쓰는 비용문제는 더욱 심각하다. 농촌의 현실과는 맞지 않는 풍토가 새롭게 조성되어 가고 그 정도는 놀랄 만큼 심해지고 있다.

이런 현실에 대해 우리 여자들이 새로운 자세를 가다듬지 않으면 큰일이라고 여자들을 설득해야겠다. 그렇게 과소비를 자랑하지 않다도 부끄럽게 생각하지 않을 수 있는 용기를 갖도록, 정신의 중요성을 심어야겠다. 허례허식이 아니라 자신의 삶을 중요하게 여길 줄 아는 우리가 되자고 외치고 싶다. 남자들만 마을 일을 전담할 것이 아니라 여자들의 의견을 모아 아주 작은 일들에서부터 더욱 낫게 꾸려보고 싶은 심정이다.

나는 물질을 못하여 물질 수입이 없지만 반농반어인 이 마을에는 물질 수입이 농사 수입보다도 많은 집이 적지 않다. 그러나 여자들이 애써 벌어온 돈의 관리를 거의 남자들이 맡아하고 있다. 물론 여자들의 능력이 부족한 탓도 있겠지만 그보다는 시간에 쪼들리는 탓이 더 크다. 이런 광경을 볼 때 여자 자신이 깨어 있어야 하며 여자 자신의 삶도 살아야 한다는 점이 절실히 느껴진다. 나태하고 걱정없는 남자들에게 자극을 주는 이 또한 여자들이다. 그래서 나는 여자들에게 남자체면을 세운답시고 밤늦게까지 노름에 빠지는 남자를 내버려 두지 말고 찾아가서 머리채라도 휘어잡고 이판사판 벌여 보라고 권유하기도 해본다.

이제는 정말 그 허울 좋은 남자 체면, 그 옳지 못한 남자들의 습관이 좀 고쳐져야 하겠다. 우리 아들들이 어른이 되어 그런 낭비를 않고 더욱 보람있는 일을 할 수 있도록 하기 위해서도 나는 젊은 엄마들에게 지금의 체면보다 앞날의 더 큰 체면을 위하여 게으름 부리지 말고 ‘잔소리’하고 열심히 ‘바가지’를 긁으라고 말한다.

유아원 원장직을 맡다

좋은 일, 지겨운 일 속에 결혼 4년째 되던 어느 날 생각지도 않았던 유아교육에 뛰어들게 되었다. 1981년 제5공화국 시절에 군과 마을이 협동하여 설립한 새마을유아원 원장직을 맡게 된 것이다. 탁아와 교육을 겸비한 이곳은 이 마을에서 없어서는 안될 곳이다. 밭에 일하러, 그리고 바다에 물질하러 가야 할 엄마들을 위해서도 꼭 필요할 뿐만 아니라 요즈음같이 조기교육을 부르짖고 있는 때 어느 마을에나 꼭 다 있어야 할 곳이라고 생각한다. 유아원을 처음 시작할 때에는 대상자의 30%에 지나지 않았는데 지금은 대상자의 90%가 이곳을 찾아 온다.

어린 아이들을 보고 있노라면 끝없는 소망이 생기기도 하고, 주변에서는 우리 아이들이 우수한 것은 엄마가 유아원 일을 보기 때문이라고 말하며 부러워들 한다. 아무래도 다른 엄마들보다는 글을 읽는 회수가 약간은 많은 점도 없지 않으니까. 원장 일은 하루종일 상주할 수는 없으나 그렇다고 경영관리에 한시도 소홀히 해 본 적은 없다. 비록 내 개인 유아원도 아니고 이익이 생기는 것도 아니지만 그 자리에서 최선을 다해 처리해 나가고 있다. 서류정리를 하느라고 밭일에 지장을 끼치고 싶지 않아서 밤을 새운 일도 있다. 이날 이때까지 마음 편히 앉아서 놀아 보지를 못했다. 겨울철에 그 흔하게 치는 화투놀이 한 번 못했으니 저승에 가면 일만 하다 온 사람이라고 내쫓김을 당할 것만 같다.

우리 마을은 모든 것이 남자들 중심으로 돌아간다. 학교의 후원회나 유아원 자모회까지도 남자들이 도맡아 여자들의 참석을 거부하기까지 할 정도다. 이렇게 여자라는 위치는 별 게 아니라는 게 뚜렷이 나타나는 상황에서 유아원만은 유독 여자원장이니 남자들이 속상하기도 했을 것이다. 그래도 자모회의 때에는 남자들에 맞추어 술을 대접하기도 하였다. 그러던 어느 해 학예발표회가 있었다. 여러 사람으로부터 찬조금을 많이 받았었는데 남자 회장이 중심이 되어 돼지를 잡는 등 먹어치우는 데 절반 이상의 경비를 지출하는 게 아닌가. 그래서 그 이듬해에는 여자가 회장직을 맡도록 유도하고 임원구성을 전부 여자들로 바꿔 버렸다. 물론 다소의 말썽이 없을 수 없었지만 그 다음부터 행사찬조금은 비품구입에 유용하게 쓰게 되었고 이젠 아예 유아원 자모회는 엄마들이 활동하는 장소로 되어 버렸다. 아빠들은 큰소리만 치는 경향이 있는 반면 엄마들과는 큰 것부터 사소한 일까지도 의논하기가 쉬웠다. 그러면서 자모회의 때에는 내가 체험한 가계부 쓰기의 필요성을 이야기하기도 했으며 남자들에게 무시당하지 않으려면 동화책이라도 읽어 두는 게 좋다는 이야기도 늘 하곤 한다.

내 남편도 지도자직 3년에 가장 떳떳한 것은 바깥에 나가서 입으로만 떠드는 것이 아니라 자기 생활에 최선을 다하는 것을 보여 줄 수 있었던 것이었다고 말한다. 그리고 부부간에 서로 인격을 존중함으로써 남녀간에 차별 없는 생활을 해나갈 수 있다고까지 말한다.

이제는 우리 여자들이……

　우리 여자들이 이젠 자신을 가져야 한다. 그저 "여자니까……"라는 생각에 남편 뒷바라지, 자식 뒷바라지로 묵묵히 세월을 보내야 할 때는 이미 지났다. '홀아비는 이가 서말 홀어미는 쌀이 서말'이라는 속담이 있듯이 여자들은 이 순간 집을 떠나도 움직이면 얼마든지 살 수 있지만 술 마시고 도박하는 남자들은 여자가 없다면 도대체 어떻게 살아갈 것인가.

　농촌에 시집조차 오지 않겠다는 요즘 세상에 농촌의 여자들이 좀더 자신감을 가져 노력한다면 의식이 바뀐 남자들과 함께 복지 농촌을 만들어가기란 그리 어렵지 않을 것이다. 그리고 농촌이 황폐되지 않기 위하여서는 정부의 정책이 제대로 되지 않으면 안된다. 농한기에도 일감이 있어야 하지만, 또 농사도 섣불리 해서는 안된다. 하루 아침에 결과가 나오는 것도 아니고 씨 뿌리고 최소한 4,5개월을 가꾸며 기다려야 하는데, 특히 자금 없이는 할 수 없으니 문제다. 비닐 하우스 3~4백평 시설하려면 일천만 원에 가까운 경비가 투자되어야 하니 농사꾼으로서는 엄청난 금액으로 쉽게 구할 수 없는 돈이다. 나는 노름판이 벌어지는 것도 이런 농촌살림의 어려움과 관계가 있다고 본다. 한판 건지면 농사 몇 백 평의 수확이 나올 수 있으니까 투기심이 생길 수밖에 없다. 게다가 육지에서 토지 투기꾼들이 몰고온 바람이 농촌남자들의 마음을 술렁이게 해서 더욱 걱정이 아닐 수 없다. 농산물 가격 보장, 장기적인 융자 지원 등으로 농민의 노력이 제값을 받을 수만 있다면 왜 농촌을 떠나야 하며 왜 그 투기성 심한 노름판에서 쪼그리고 앉아 밤을 새울까? 비가 와도 내일 비닐집에서 할 일이 있으면 내 남편처럼 고스톱을 치고 싶어도 밤을 새우지는 못할 것이다.

　또 한 가지, "꼬리 없는 문화"가 농촌의 문제다. 텔레비전을 통한 문화는 우리를 병들게 하고 있다. 각종 광고선전, 그리고 걸맞지 않은 드라마의 가정과 사회생활 속에서 우리는 그저 눈만 높아지고 있지 않은가? 머리는 있으되 꼬리가 없는 문화를 고쳐나가 자신이 처해 있는 현실을 알게 하고 어떠한 유혹에도 대응, 대처할 수 있는 자질을 길러내야 한다.

이제 얼마 있으면 열릴 지방의회에도 제주 여성들은 남자들보다 민주적 토론 능력을 잘 갖추고 있는 터라 의석 비례도 거의 비슷해야 한다는 것이 나의 생각이다. 집집마다는 못 찾아가더라도 가능하면 여러 곳의 이야기를 수집하고 귀를 기울일 줄 아는 여자들이 지방의회에 많이 참여하여야 할 것이다. 특히 탁아와 교육문제에 어머니로서의 당당함을 보여주어야 하며 평범한 여성의원들이 지방의회의 일을 맡아 평범하면서도 살기 좋은 여성사회가 이루어졌으면 좋겠다. ■

24시에 배어 있는 내 삶의 의미

저소득 취업주부의 생활사와 생활세계

박은하*

1. 우리의 삶의 공간

시어머니, 시동생, 딸 셋, 남편과 함께 일곱 식구가 살고 있는 염리동, 이곳이 일제시대의 마굿간을 고쳐 생활터전으로 삼아 온 곳임을 내가 알게 된 것은 최근이다. 지붕 하나에 서너 가족이 살고 있는 것을 보면 옛날 서너 개의 마굿간이었음을 지금도 쉽게 연상할 수 있을 정도다. 1983년에 결혼해서 이 지역에 처음 발을 디뎠을 때나 지금이나 가옥들은 크게 변하지 않았다. 이 동네에선 그래도 큰 평수에 속하는 7평짜리 우리 집(시어머니 명의로 되어 있지만)에 수도를 설치하고 방 하나를 칸막이하여 2개로 만든 것은 그나마 큰 변화라 할 수 있다.

방범대원인 남편은 밤에 출근하고 퇴근하는 아침에는 아이들이 탁아소로 유아원으로 향하니까 결국 우리 방이 최대로 수용하는 인원은 남편이 출근한 다음 잠자리에 드는 4명인 셈이다. 그런데 지난 해 8월부

---

* 1955년에 태어나서 중학교를 중퇴했다. 1970년부터 1983년까지 평화시장에서 미싱공으로 지냈다. 1983년에 결혼해서 딸이 셋 있다. 현재 집에서 부업으로 미싱 일을 하고 있는데, 오전 10시부터 오후 5시까지 열심히 하면 17만 원 벌이가 된다.

터 미싱이 가장 덩치 큰 구성원으로 우리 가족에 들어왔다. 사람들이야 방 면적에 따라 더욱 촘촘히 밀붙거나 조금은 인간적으로 여유있게 떨어지는 융통성을 가질 수 있지만, 미싱은 비좁은 우리 방 사정엔 아랑곳없이 절대적인 자기자리를 확보하는가 하면 아이들이 탁아소로 유아원으로 향하는 아침이면 퇴근하는 남편을 시어머니방으로 쫓아낸다. 그러나 7평에 7식구가 살 수밖에 없는 상황에서, 미싱이 절대적으로 차지하는 평수보다도, 7명의 생존이 방범대원인 남편 월급 20만 원에만 의존하는 상황에서, 수입원으로서의 미싱의 의미는 우리 가족에게 무엇보다도 클 수밖에 없는 것이다.

2. 내 울화와 두통의 역사

내가 가죽 꿰매는 부업을 하기 위해 특수미싱을 들여 놓은 것은 영세민을 위한 탁아소가 문을 연 89년 8월이다. 미싱을 들여놓고 한 달 동안은 너무 재미있어 4시간 정도 자면서 일에만 빠졌었다. 질긴 종이판에 조각조각 풀로 붙인 가죽의 이음새를 미싱으로 박는 작업인데 신문 크기 만한 것을 한 장 박으면 220원이다. 한 장 한 장을 돈이라 생각하니까 박아대는 것이 그렇게 신이 날 수가 없었다. 하지만 이러한 신바람은 잠시뿐이었다. 한달 빠빠지게 열심히 박아 소위 오야에게 가져가니 돈은 나중에 준다고 하지 않는가? 과거에 수없이 당해 본 나는 '또 속는구나'라는 생각이 들면서 피가 거꾸로 솟았다. "더러운 놈들, 가진 놈들이 더 더럽다. 정말!" 그렇잖아도 두통을 머리에 달고 살아왔던 나는 그 후 증세가 악화되어 도저히 약을 먹지 않고는 버틸 수가 없었다.

나의 두통은 어쩌면 나의 출생과 함께 잉태된 팔자소관인지도 모른다. 지지리 복 없는 년이 바로 나라는 생각과 두통은 내 삶을 끈질기게 쫓아다녔다. 하루 적어도 9시간은 일을 해야 20만원 벌이가 되고 그러기 위해선 늦어도 아침 6시에는 일어나야 하는데 두통약을 먹으면서부터는 잠이 들었다 하면 까부라지는 바람에 아무리 긴장을 하고 잠이 들어도 소스라쳐 눈을 뜨면 8시가 넘어 있고, 박차고 일어나는 내 가슴 속엔 누구에게 향하는 것인지도 모를 분노만이 가득 차곤 한다. 하루하루의 삶을 시작부터 이렇게 뒤틀어 놓는 나의 두통은 어제 오늘 생긴 것이 아니기 때문에 내 두통의 역사를 이야기하는 것은 바로 나의 삶을 이야기하는 것이나 마찬가지일 것이다.

나는 4살 때 아버지를 여의고 엄마와 단둘이 살아 왔다. 엄마는 야채, 곡식 등 행상을 하면서 홀로 자식인 나를 공부시키려고 애쓰셨다. 이천에서 국민학교를 졸업한 후 엄마는 나를 서울 작은집에 올려 보내 중학교를 다니게 했다. 그러나 시간이 지날수록 엄마로부터 아슬아슬하게 올라 오던 학비조차 끊어졌다. 나는 학교 급우들과 선생님은 물론 작은집 식구들의 눈총을 견딜 수가 없었다. 결국 3학년에 졸업을 마다하고 봉제공장에 들어갔다. 그리고 1년 후 방 한 칸을 얻어 엄마를 서울로 모셨다. 그러니까 17살 때부터 나는 다시 엄마와 둘만의 생활을 시작하게 된 것이다.

16살 때 봉제공장에 들어간 이후 늘 머리가 아팠다. 정확히 말해서 나의 두통은 작은집에서 중학교 다닐 때부터 시작되었다. 지금 생각해 보면 작은집 식구들 눈치 보랴, 학교 선생님 눈치 보랴, 행상하면서 학비조차 못 올려보내는 엄마 마음 헤아리랴, 이 세상에 오직 나 혼자뿐이라는 외로웠던 고통만 기억되는 것을 보면 그 때부터 난 이미 이 세상에 대한 울화를 서서히 머리로 감싸쥐기 시작했던 것 같다. 그러다가 눈치 안 보고 치사한 꼴 안 당하고 불쌍한 엄마도 내가 모셔야겠다는 생각으로 학업을 포기하고 봉제공장에 들어갔으나 그것은 그야말로 치사한 꼴을 껴안기 위해 들어간 것이나 다름 없었다.

매일매일 할당되는 책임 몫이란 것은 화장실 가는 시간까지 아껴도 어림없는 것이었고 따라서 야근은 물론 집에까지 일감을 들고 다녀야 했다. 본래 부당한 처사에 참지 못하는 내가 재빨리 노조에 가입하고 입바른 소리를 도맡음으로써 공장으로부터 미운 오리새끼가 되는 것은 당연했다. 그러나 정말 참기 어려웠던 것은 복종에 익숙해진 같은 동료들이 나를 미운오리새끼처럼 대하는 것이었다. 나중에는 동료들로부터의 소외 자체보다도 자신들이 당하는 불이익을 그대로 고수하며 살아가는 그들의 죽은 듯한 삶에 울화가 치밀었다. 더구나 집이랍시고 돌아오면 평생을 혼자 사시고 온종일 혼자 계시던 어머니는 기다렸다는 듯이 당신의 울화를 매일 똑같은 분량만큼 나의 울화 주머니에 쏟아 부으셨다.

삶에 지칠대로 지친 어머니에겐 두 달만에 쫓겨나 다른 공장을 찾아봐야 하는 나의 형편을 헤아릴 여유가 이미 없었으므로 나는 쉴 새 없는 긴장과 울화, 그리고 빠개져 버릴 것 같은 두통을 나 혼자 삭혀야만 했다. 그러다가 두통으로 정신을 잃고 쓰러지는 현상이 잦아지면서 뇌파검사, 컴퓨터 촬영도 수없이 했고 보약이란 보약도 수없이 먹었다. '울화병' '긴장성 신경병' 등으로 불리우는 나의 병은 피 토하면서 번 알량한 돈을 물 쓰듯 써버릴 수밖에 없었던 사실만으로도 치료는커녕 증세가 더 악화되는 꼴이 되곤 했다.

29살 결혼할 때까지 14년 동안에 봉제공장 생활은 내 젊음의 전부였고 내 삶의 터전이었다. 나의 10대, 20대를 온통 차지했던 이 삶의 터전에서 나는 인생의 목표를 확립한 동시에 그 댓가로 질기디 질긴 두통을 짊어지게 된 것이다. 노동현장에서 진실되게 살아가고자 하는 노동자일수록 그 가치관대로 실천하며 살아가는 데 장애물인 육체적 정신적 질환을 동반할 수밖에 없는 것이 바로 우리 사회의 현실이라 여겨진다.

그렇게 되풀이되는 삶 속에서도 허기지나마 우리 모녀의 뱃속을 채워주고, 자주 내쫓김을 당하나마 권리를 찾고자 하는 동료를 한 명이라도 만날 수 있다는 이유에서 나는 봉제공장을 사랑하지 않을 수 없었다. 일하는 데 무척 장애가 되는 두통약을 복용하면서도 14년간이나 악착같이 일에 매달릴 수 있었던 이유도 여기에 있다. 결혼 후에도 두통은 지속되었으나 많이 나아졌기 때문에 결혼 직후 이제까지 약복용은 중단해 왔었다. 그러다가 미싱을 들여놓고 하청부업을 하면서부터 다시 도진 두통으로 정말 지긋지긋한 두통약을 다시 먹게 되었다.

그런데 결혼 전에는 갖은 두통약을 먹고 야근을 밥 먹듯 하면서도 그처럼 악착같이 출근시간을 지켰던 내가 지금은 계획대로 6시 기상을 도저히 지켜내지 못하고 있는 것을 곰곰히 생각해 보면, 돈보다 직장과 지배자의 압력이 내가 두통약을 먹으면서도 일을 해내는데 더욱 위력이 있었던 것 같다. 아니, 주부라는 직업이 쉽게 나태해질 수 있는 위치에 있다는 생각도 든다. 최선을 다해 돈을 벌겠다는 생각은 결혼 전이나 지금이나 다름없는데 엄마를 부양해야 했던 육체적 고통을 정신력으로 이겨냈던 내가 결혼 후 이겨내지 못하고 있는 것은 아마도 무의식적으로 남편의 알량한 월급에 의존하고 있는 것이 아닌가 하는 생각이 들기 때문이다.

3. 노동자이며 주부인 나의 하루 뜀박질

요즘 내 마음은 나태해질 여유가 있는 주부라는 자리에 더욱 반항하고 싶다. 공장장의 눈초리에 질려 지각 한번 안해본 나이기에 이제는 자유로운 내 위치에서 보란듯이 더 일찍 일어나 미싱 위에 앉고 싶다. 그러기에 8시에야 놀란 듯 튕겨 일어나곤 하는 나는 아침부터 내 자신에 대한 울화를 삼키면서 하루를 출발하곤 하는 것이다.

해가 중천에 걸린 시각에 눈을 뜨면 이미 깨어 있는 아이들의 오만가지 어수선함이 나를 더욱 급하게 만든다. 부랴부랴 쌀을 씻어 앉혀 놓고 밥상을 준비해 놓고 연탄불을 갈고 나서 방으로 들어온다. 이부자리 갤 시간은 없다. 쭈욱 한구석으로 밀어 붙인 후 여섯살짜리 맏딸부터 씻기기 시작한다. 5살 때부터 기를 쓰고 머리를 자르지 않겠다고 버티던 맏딸의 긴 머리는 바쁜 아침시간을 가장 방해하는 것 중의 하나이다. 더구나 요즘 와서는 요런 핀 조런 핀 골라가며 요구하는 통에 매일 아침 싸우다시피 머리를 묶어준다. 이제 네살된, 당연히 짧은 머리의 둘째딸을 대충 씻기고 나면 자기 차례인 줄 아는지 돌 갓 지난 막내 딸이 천방지축 달려든다.

하지만 이쯤 되면 시동생의 밥 달라는 싸인이 오고 남편도 퇴근해서 들어오는 시간이므로 일단 밥상을 들여놓고 나서 가장 시간이 많이 걸리는 막내아이를 챙긴다. 뒤범벅된 기저귀와 속옷을 벗기고 씻기고 갈아입히고 우유병을 물린 후 탁아소에 맡길 기저귀와 속옷, 우유 등을 챙기고 나면 큰 아이 작은 아이 밥 먹일 시간은 거의 없다. 행여나 해서 사다 놓은 식빵은 여지 없이 두 아이의 아침밥이 되고 만다. 식빵조차도 일일이 챙겨서 먹여주지 않으면 한 나절을 물고 있기 때문에(하기야 맨빵이니 어른이라도 목구멍으로 넘기기는 어려울 것이지만) 탁아소와 유아원으로 가는 길에 억지로 먹이는 경우가 더 많다. 아침을 먹였다는, 오직 엄마로서의 책임에 대한 자위를 위해서라는 생각에 반발할 자신도 없으면서 매일 식빵 한 조각은 열심히 챙기게 되는 것이다. 한 아이는 업고 양쪽으로 걸리면서 탁아소에 두 아이 내려놓고 가장 높은 지대에 위치한 유아원에 헐레벌떡 올라갔다 내려오면 9시 30분쯤 된다.

시동생과 남편이 물린 상을 다시 손질해서 시어머니 앞에 들여놓고 난 후 구석에 처박혀 있는 우리방 이부자리를 개어 없고 방청소를 하고 나면 시어머니께서 물린 상이 설거지를 기다리고 있다. 부엌이라 할 수도 없는 좁은 공간에서 설거지감을 앞에 놓고 허겁지겁 한 술 뜨고 설거지를 마친 후에야 나만의 작업장, 나만의 공간인 방으로 들어와 비로소 한숨을 들이쉰다. 이 때가 10시 30분쯤 된다. 오늘도 아침을 먹이지 못하고 맨빵 한 조각을 그것도 소리 소리 질러가며 억지로 먹여 보낸 아이들이 떠오르면서 순간이나마 무거운 죄책감을 느껴 보는 것은 한숨 돌리는 이 순간이 있기 때문이다. 하지만 그러한 죄책감도 타성적 습관이 되어버렸을 뿐 일단 미싱 앞에 앉으면 죄책감은 곧 사치스러운 사색이 되어 버린다.

"220원!—두부 1모—콩나물국 한 끼—밀가루 한 봉—아니 식빵 한봉지——빨리 박자! 한장 더! 한장 더!"

한 시경쯤 그야말로 의무적으로 물말은 밥 한 술을 선 채로 떠넣는 것이 자리를 뜨는 유일한 순간이다. 두 시경에 유아원에서 돌아온 큰 아이는 가방을 던져놓고는 아예 앞집에서 산다. 이렇게 재봉틀을 정신없이 밟다보면 어느새 5시가 넘어간다. 노동자로서의 나의 시간은 오후 5시 30분이면 어김없이 마감을 하고 다시 주부가 되어야만 한다. 저녁 7시가 남편의 출근 시간이기 때문이다.

저녁밥과 국을 앉혀 놓고 가죽이 나뒹구는 방을 정리하고 나면 탁아소에서 두 아이를 데리고 와야 할 시간이다. 잊었던 아이들이 비로소 생각나면서 내 마음은 웬지 또 다급해진다. 걸음을 재촉하여 아이들을 데리고 오면 남편은 밥과 찌게를 내려놓고 연탄불을 갈아놓기도 한다.

일곱시에 남편이 출근하고 나면 모처럼 여유있게 아이들 밥을 먹인다. 이것이 하루에 먹일 수 있는 오직 한 끼의 밥이다. 마냥 걸리는 저녁상을 물리고 설거지를 하고 난 후 아이들을 하나씩 씻겨놓고서야 빨래를 시작한다. 이것도 아홉시 삼십분까지 끝낼 셈이면 매우 서둘러야 한다. 아이들을 빨리 재워야 그만큼 나만의 시간이 늘기 때문이다. 늦어도 열시 전에는 TV도 끄고 불도 끈 채 조잘거리는 아이들을 윽박지르기도 하고 달래기도 하면서 잠을 재운다.

모두 잠들고 나면 다시 불을 켜고 도둑처럼 조심조심 움직이기 시작한다. 머리도 감고 가계부도 쓰고 다음날 아침 국이랑 반찬도 미리 만들어 놓는다. 성경책도 읽고 아주 가끔 소설책도 읽지만 한문 공부와 신문 읽기가 나의 뇌를 훈련시키는 유일한 작업이다. 이 밤엔 정말이지 일분 일분 지나는 것이 그렇게 아까울 수가 없다. 나는 조용한 이 밤을 아주 즐긴다. 이때만이 생각하고 깨닫고 배우는 유일한 시간이다.

4. 두 가지의 꿈

수많은 봉제공장들을 쫓겨 다니면서 억울하게 당하기만 하는 동료들을 위해 나는 절대 결혼하지 않고 평생을 바치리라 다짐했었다. 그러나 홀어머니의 애태우는 마음과 내 인생의 동반자로 확실하게 믿어지는 한 남자의 발견은 결국 29살에 동료들을 배반하는 심정으로 결혼을 결심하게 되었다. 결혼생활 7년이 지난 지금까지 비록 가난과 친숙하게는 살아 왔어도 아직까지 그때의 결심이 변해 본 적은 없다. 하지만 결혼 전과는 사뭇 달라서 결심만큼 실행하지 못하는 한계는 분명히 인정란다. 그런데 권리를 빼앗긴 여성노동자들을 위한 삶이 가치 있는 일인 단큼, 결혼하여 부모가 된 이상 자식을 올바로 키우는 것 역시 가치 있는 일이라고 생각한다. 여기에서 나는 두 가지 꿈을 갖게 되었다. 하나는 내가 열심히 돈을 벌어 남편이 마음에도 없는 방범일을 그만두고 소원대로 불이익을 당하는 사람들을 위한 일에 전념할 수 있도록 하자는 것이며, 또 하나는 우리 딸 셋 중에 한 명만이라도 내가 해내지 못한 일을 꼭 이루어 주었으면 하는 바람이다. 이 기회에 자식을 셋씩이나 낳은 이유를 분명히 해야겠다.

　장남인 남편은 아직까지 아들 타령으로 나에게 부담을 주어 본 일이 없다. 그리고 친엄마가 아닌 때문인지 시어머니 역시 손자 생산에 대해서는 관심 밖이다(시어머니는 시아버지의 첩으로 들어와 시동생을 낳았다고 한다). 그러므로 나는 아들을 낳아야 한다는 압박감 없이 둘째 아이까지 '그냥' 낳았다(그러나 가만히 생각해 보면, 딸은 마치 원하기만 하면 쉽게 낳을 수 있기라도 한 것처럼 첫아들을 낳아야 마음이 편하다고 생각했던 것 같고 그래서 둘째, 셋째를 낳을 때마다 아들이었으면 하는 바람은 조금썩 강해졌다고 말해야 정확한 표현일 것이다). 나의 꿈을 실현시켜 줄 딸이 하나 정도만 있으면 족하다고 생각했으므로 둘째 딸을 낳고 나서는 둘 중 한 명은 내 뜻을 따라주겠지 하는 풍요로움까지 있었으므로 이때까지만 해도 더 이상 낳을 생각은 정말 없었다. 그런데 둘째 딸이 돌이 지나면서 눈동자가 이상해지더니 눈암 선고를 받았다. 갑작스럽게 불구가 된 둘째 딸을 우리 부부는, 장애자 교사로 열심히 키우기로 결심했으며 그러기 위해서 장기적인 교육비는 우리에게 더욱 부담이 큰 책임 항곡이 되었다.

　둘째 딸의 장래가 이렇게 결정되고 보니 나의 꿈을 실현시켜 줄 확률이 반감된 것 같은 불안한 기분을 이유로, 어쩌면 아들을 낳을 수 있지 않을까 하는 저 밑바닥에 깔린 기대치를 은근히 들먹이면서·셋째 딸을 낳게 되었다. 딸이 셋이 되자 다시금 풍요로운 기분으로 전환될 수도 있었다. 그러나 아직도 나는 불임수술을 하지 않고 있는데 이것은 딸만 가진 남편들은 반드시 아들 타령을 할 때가 온다고 하는 여론을 진리로 삼은 채 여차하면 아들 낳을 보루로서 남겨 놓아야 한다고 생각했기 때문이다.

이러한 생각은 딸 셋을 낳고서야 뚜렷이 갖게 된 것으로, 첫 딸을 낳고 둘째부터는 아들이기를 좀더 바랐었다는 점을 생각해 보면 딸들에 대한 나의 풍요로운 기분은 결과적인 합리화였으며 반감 기분은 아들을 낳아 보려는 합리화에 지나지 않았다는 생각이 든다. 그러니까 나는, 대는 반드시 이어야 하고 또 아들이 이어야 한다는 진리 아닌 진리를 이미 밟고 서서 나의 뜻을 실현시켜 줄 것으로 기대되는 딸을 너무 쉽게 얻은 것이다. 지금도 분명히 말할 수 있는 것은 만일 아들만 낳았다면 딸을 낳으려는 나의 노력은 훨씬 강했을 것이라는 점이며 또 현재의 딸 셋이 아들 셋보다는 훨씬 좋다는 생각이다. 딸이기 때문에 적어도 교육열에서만큼은 내 인생의 보람을 지속시켜 주기 때문이다.

오늘도 가죽을 박아대는 내 가슴을 가장 답답하게 짓누르는 것은 나의 무식이다. 결혼 전 공장에서 쫓겨날 때마다 가장 참을 수 없었던 것은 뭔가 그들의 처사가 부당한 것만은 틀림없으나 법에 대해 전혀 무지했으므로 근거를 제시하지 못하고 따라서 전혀 힘을 발휘하지 못했다는 깨달음에 있었다. 이제 내 딸이 그런 일을 해내기를 기대한다면 많이 가르쳐야 한다. 많이 벌어야 하는 것이다.

방범 일보다는 책 읽기를 좋아하고 억울함을 당한 자의 대변인 역할에 열을 뿜고 다니는 남편이 보다 인간답게 사는 모습을 보고 싶다. 책을 많이 읽어 아는 것이 많은 남편 앞에서 아는 것이 없어 울화가 치밀었던 과거가 종종 떠오르곤 한다. 그러면서 막연하나마 공부는 해야 한다고 결심하곤 했다. 하지만 노동자요 주부인 내 자리에서 뇌를 훈련시키는 여유를 갖는다는 것은 매우 힘들뿐 아니라 그놈의 공부란 것을 어디서부터 어떻게 시작해야 하는지도 막막할 뿐이었다.

그러던 중 어느 날 신문 사이에 끼어 들어온 한 장짜리 한자학습지가 나에게 구체적인 공부 목표를 제공해 주었다. 남편과 뜻을 같이하기 위해서는 남편과 대화가 통해야 하며 자라는 아이들에게 적어도 현실을 올바로 평가해줄 수 있는 엄마가 되어야 한다는 생각을 해왔던 나는, 그러기 위해서는 신문이 가장 좋은 교과서라는 생각을 한자학습지를 받아 들고 난 후 굳히게 되었다.

밤 시간은 또, 나에게도 삶의 여유가 있구나 하는 기쁨을 갖게 해준다. 아침부터 '빨리' '빨리'로 시작하여 내 자신을 하루종일 닥달하다가 신문을 읽고 있는 나를 문득 발견하면 이 세상에서 가장 여유로운 사람이 바로 나라는 기쁨이 솟구치곤 한다. 공연히 없는 옷정리를 하면서 즐거운 미래가 기다릴 것 같은 희망에 젖어드는 것도 이 시간뿐이다. 잠든 아이들을 바라보며 '없는' 사람들을 위해 살아 가는 딸들의 미래를 상상하면서 새로운 힘을 충전시키는 것도 이 시간 아니면 나에겐 불가능한 것이다.

비록 내일 아침 또 늦게 일어나 치미는 울화로 하루를 시작한다 해도 새벽 2시에 잠이 드는 즐거움이 있는 한 두통약 먹는 것도 서서히 줄어들리라 믿는다. 지난 달부터 양심 있는 하청업자를 만난 이후 나의 아침 출발은 갈수록 좋아지고 있다.

7평짜리 마굿간, 이곳에서 7마리의 말이 살았을까마는 우린 지금 7식구가 살아가고 있다. 나는 가끔 이 생각을 하면서 무척 서글퍼지곤 했었다. 그러나 지금은 그렇지 않다. 인간이기에 7명 아니라 그 이상도 살아갈 수 있음을 미싱을 들여놓고서야 깨닫게 되었다. 주부이기 전에 한 가정의 주인이며 사랑과 희망을 가진 일하는 여성이기에 나에게는 7평이 70평 만큼이나 24시간이 240시간 만큼이나 소중하고 의미깊은 것이다. ■

시어머니 시누이 동서
할머니 어머니 숙모 고모
줄줄이 두름으로 엮이어
여자는 운신할 수조차 없네
죽은 눈이 죽은 눈을 감시하고
죽은 몸이 죽은 몸을 누르면
허접쓰레기 예절에 굳은 살 되어
마침내 미동도 비린내도 없이
구어지는 고기들
조선팔도 양반상에 순절하면서
부릅뜬 그 눈은 말하네
딸아 어서 떠나라

아직 생생할 때 혼자서
먼먼 바다로 떠나라……고
굳어진 그 몸은 말하네
── 장정임, '굴비' 중에서

결혼보다 나은 이혼

임혜숙*

나는 시골서 살았다. 좀 활발한 편이었고, 별다른 점이 있다면 핸드볼을 하게 되면서 두각을 나타내기 시작하였다. 여기 저기서 스카우트 요청이 들어왔으나 어머니는 허락하시지 않았다. 중학교를 마친 나는 고등학교에 가서 근로 장학생으로 도서관 일을 맡아 보게 되었는데 공부보다는 책에 미쳐 밤을 새워가며 도서관의 장서들을 모조리 읽었고 그렇게 학교를 졸업했다. 이미 공부에 흥미를 잃었던 나는 대학에 가지 않고 서울에서 언니가 구해 준 직장을 다녔다. 아는 친척이 운영하는 타자학원에서 잔심부름을 하면서 타자를 배웠다.

결혼

언니와 함께 자취를 하면서 1년여 가량 직장생활을 하였다. 그렇게 사회를 배우고 있던 어느 날, 한 남자가 나에게 '별처럼' 다가왔다. 그는 나에게 사려깊은 애정을 주었다. 육군 대위로 제대해서 어떤 보험회사

---

* 1950년 8월 전북 황등에서 태어났다. 서울 양동에서 한벗 유아원을 운영했고, 어린이 사랑방을 운영하고 있다.

의 지부장으로 있던 그는 나보다 10살이나 위였고, 사회 초년생인 나에게 모든 것에 능수능란한 사람으로 보였다. 나는 그와 결혼하기로 결심을 굳혔다. 가족들은 모두 반대를 했지만 우여곡절 끝에 우리의 결혼생활이 시작되었다.

너무도 가난하게 살았던 나는 그저 쌀과 연탄, 약간의 부식비만 있으면 그것에 만족했고 많은 돈을 원하지 않았다. 그저 집에서 책 읽고 노래 부르고 음악을 들으며 아무런 걱정 근심 없이 철없는 가정주부로서 얼마간을 살았다.

그러나 큰 아이를 출산하고부터 문제가 생기기 시작했다. 어느 날 갑자기 방문한 회사 직원들에게서 그가 부하 직원의 사고에 책임을 지고 직장을 그만둔 지 여러 날째라는 이야기를 들었다. 밤늦게 돌아온 그에게 나는 아무 말도 할 수가 없었다. 사흘을 혼자 끙끙 앓다가 결국 따져 물었다. 무엇보다도 그 동안 매일 나를 속이고 대체 어디서 무엇을 했느냐고 따지고 들었다. 처음엔 화만 내더니 나중에는 친구에게 ‘동양철학’을 배우러 다니고 있으며 자리잡힐 때까지만 그 일을 할 거라는 얘기를 했다. 나는 정말 화내지 않았다. 사람들이 나를 바보 같다고 말할지 모르지만 동양철학이 정확하게 무엇을 하는 것인지 잘 몰랐다.

얼마 후 그가 시골로 일을 나간다고 했다. 한번 나가면 보름, 때론 한 달에 한 번 정도 집에 왔다가 그 이튿날이면 또 다른 데로 일을 나갔고 일체의 연락도 없었다. 집에 올 때면 약간의 돈을 가져오긴 했으나 어린 딸과 생활하기에는 어림도 없었다. 행여라도 온다는 날이 늦어질 경우에는 국수로 끼니를 때워야 했다. 며칠씩 국수를 먹으면 젖도 안 나왔고 밀가루 냄새가 목에서 올라왔다. 그 때 먹은 국수의 양이 평생 먹을 국수의 양을 능가하는 것이어서 지금도 나는 밀가루 음식을 아주 싫어한다.

딸이 돌쯤 되자 정착하기 위해 대구로 내려가 살림집에서 그냥 간판을 걸고 손님을 받기 시작했다. 나는 불편하기는 했지만 국수를 계속 먹는 것보다는 훨씬 나았다. 단골이 생기면서 조금씩 형편이 괜찮아지자 그는 사무실을 얻었고 우리의 생활도 차차 나아졌다.

투쟁과 절망

그러나 둘째인 아들을 낳고 생활이 윤택해지면서 그는 빠른 속도로 변해갔다. 철저하게 자기중심적인 생활을 요구했고 그러한 생활은 나에게 심한 상처를 주었다. 첫째로 그는 나의 교회활동을 제약하면서 교회만 갔다 오면 누구와 연애하고 왔느냐면서 심한 의처증세를 보였다. 둘째로 여성에 대한 심한 차별의식을 보이기 시작했다. 여자가 아침에 잔소리하면 재수 없다. 여자 웃음소리가 담을 넘어 가면 안된다. 여자가 뭘 아느냐, 남편 앞에서 어떻게 방귀를 뀌느냐는 등 비교적 자우로운 가정에서 자란 나에겐 농담으로 들을 수밖에 없는 말들을 진담으로 해대기 시작했다. 셋째로 그는 경제권을 제약했다. 쌀, 연탄, 부식은 물론 화장품, 생리대까지 생활에 필요한 모든 것을 자신이 직접 구입했으며 나는 그저 사다주는 것으로 밥 지어 먹고 애 키우고 화장하고 밤에 시중만 잘(?) 들면 현모양처가 될 판이었다. 세상에 돈 걱정 안해도 되는 행복에 겨운 여자라는 것인데 이것이야말로 사람을 무기력하게 하는 최악의 것이었다. 집안살림권을 장악하기는 했지만 실제로 살림을 알뜰히 꾸려간 것은 아니었다. 그는 자신의 권위나 허세를 위해서는 필요 이상의 많은 돈을 썼다. 넷째로 딸, 아들에 대한 차별대우가 심해졌고. 가장으로서의 권위를 부리려 들거나 감정변화가 심해서 나와 아이들을 당황하게 하곤 했다. 다섯째로 그는 운명철학적인 세계관에 사로잡혀 자신과 나의 모든 일을 운명으로 귀결시켰고 부적이나 푸닥거리 등으로 나를 괴롭혔다.

이런 근본적인 문제들로 인해서 함께 살아가는 과정에서 무수히 부딪쳤다. 그는 그대로, 나는 나대로 서로의 주장을 굽히지 않았다. 그러나 매번 불리한 것은 나였다. 내가 고집을 피우면 그는 폭력을 사용하기 일쑤였고, 그럴 때마다 아이들은 울부짖으며 내 방패가 되어 주었다. 그는 마음먹은 대로 하지 못하면 며칠씩이고 집에 들어오지 않았다. 그러다가도 생각이 바뀌면 술을 잔뜩 먹고 밤늦게 씨익 웃고 들어와서는 만원짜리 지폐 뭉치를 방안에 휘익 뿌렸다. 그리고는 나를 완력으로 차지하려고 했다. 그러나 고집 센 나는 그런 방법에 쉽게 적응하지 못했다. 나는 그럴 때마다 절망과 비애로 몸부림쳤다. 점차 사랑의 허구성을 깨닫기 시작하면서 나는 갈등과 번민으로 말수가 줄어들었다.

그의 의처증세는 더욱 심해졌고 나를 학대하는 빈도도 높아 갔다. 그러다가도 사실이 밝혀지면 내 손을 붙잡고 눈물을 흘리면서 용서를 빌기도 했으나 며칠이 지나면 다시 의심하곤 했다. 나는 그가 뉘우칠 때마다 내 마음을 스스로 달래며 새로운 방법들을 생각했다. 주변 사람들이 중요한 영향을 줄 것 같아 우리 형제들이 살고 있는 서울로 올라가자고 설득도 해 보았다. 그러나 그는 요지부동이었고 나는 점점 삶의 희망을 잃어 가고 있었다. 나는 몸과 마음이 약해져 몸져 눕는 날이 많았다. 그런데도 그는 나의 건강에 상관없이 관계를 요구했고 거절하면 심통을 부리곤 했다. 4,5번의 인공유산을 경험한 나는 그에게 정관수술을 하라고 했으나 되려 내게 복강경수술을 요구했고, 거부하는 나에게 다른 사람에게 시집가려고 안 한다고 의심을 했다. 그 소리가 듣기 싫어 복강경수술을 했는데 일주일이 지나도록 회복이 되지 않았다. 의식이 몽롱해지면서 기침을 심하게 하기 시작해서 진찰해 보니 폐결핵이 상당히 진척된 상태라는 진단이 나왔다.

그것을 알게 된 그는 얼마 동안은 나를 걱정해 주더니 며칠이 지나자 또 다시 들들 볶기 시작했다. 남편 앞에서 버릇없이 벌렁 누워 있다느니, 만날 골골거린다느니, 집안이 먼지투성이라느니…… 이런 상황에서 내 병세는 점점 더 악화되어 각혈을 시작했다. 약을 먹어도 차도가 없었다. 아니 약을 제대로 먹지 않았다고 하는 것이 옳다. 나는 그를 미워하기 시작했고 그에게 복수하고 싶은 생각이 들기도 했다. 그러나 모두가 부질없는 짓이라는 생각과 함께 나는 삶을 포기하기로 했다. 하루종일 방에 누워 식사도 제대로 하지 않았고 교회에도 가지 않았다. 또 담배도 피우고 술도 먹었다. 그런 나를 보고 그는 처음에는 놀라는 듯싶더니만 이내 무관심해졌다. 그런 그에게 나는 비아냥거리기 시작했다. "내가 이대로 죽으면 시집가는 꼴 안 볼테니 소원성취하는 거요?" 몇 날 며칠을 그렇게 지내니 내 몰골은 형편없이 변했다.

그는 그제서야 겁이 났던지 나를 달래기 시작했다. 그러나 이미 그에 대한 믿음과 신뢰가 모두 사라진 상태였다. 그가 나에게 눈물을 흘리며 빌었던 것이 어디 한두 번이었던가? 지금 생각해보면, 자신은 톡잡한 여자관계를 가지면서 나를 장식품처럼 취급하고, 노예처럼 학대하고, 살인자로 몰아세우고, 세상에 둘도 없는 나쁜 여자라고 동네방네 떠든 적이 한두 번이었던가? 더 이상 아무 소리도 들리지 않았다. 나는 죽기로 작정했다. 그냥 이대로 있으면 죽겠지. 그리고는 또 며칠이 지났다. 내가 가사상태에서 깨어나지 못하자 그는 일도 나가지 않고 죽을 끓인구, 약을 지어온다, 온통 수선을 피우며 하나부터 열까지 자기가 다 잘못했으니 내가 시키는 것은 무엇이든지 하겠다고 했다. 나는 그 소리에 귀가 번쩍 트여 그것이 정말이냐고 했더니 진정이란다. 그럼 좋다. 끓여 온 죽을 먹고 정신을 차린 뒤 나는 협상을 했다. 생활 속에서 나타나는 근본적인 문제들, 이직 문제, 신앙 문제, 교육 문제, 경제권 문제, 사람에 대한 책임과 신뢰 문제 등 그는 내 말을 다 듣고는 시간을 달라고 했다. 이런 문제는 금방 해결되는 것이 아니어서 나도 좋다고 했다. 그러던 차에 친정 아버님의 환갑 잔치가 있으니 올라오라는 전갈이 왔다.

이혼 – 굴레를 벗고

친정에 올라온 나를 보고 부모님과 형제들은 아무것도 모른 채 내 건강만을 염려했다. 덤덤히 아버지의 환갑 잔치를 마친 뒤 나는 한 달이 넘도록 쉬면서 아버지의 극진한 치료를 받으며 좋다는 약은 모두 먹었다. 그리고 나의 삶에 대해서 다시 한번 생각하게 되었다.

나는 두 경우를 생각했다. 그가 모든 것을 버리고 나와 서울로 올 경우 농촌운동을 하는 큰 형부에게 부탁하면 양계장을 할 수 있으리라. 그러나 그 직업을 버릴 수 없다면 이혼을 할 수밖에 없다고 생각했다. 그렇지 않고 과거처럼 미적거리다가 또 그 굴레에 감기면 나는 거기서 완전히 파멸할 것 같은 예감이 들었다. 나의 파멸은 그에게도, 나에게도, 사랑하는 아이들에게도 불행일 뿐이다. 그렇게 죽어 갈 수는 없었다. 사랑하는 내 부모와 형제들에게 씻을 수 없는 상처와 아픔을 줄 수는 없었다. 또 한 남자로 인하여 내 목숨을 희생시킬 수는 없었다. 그러나 그가 나를 진심으로 사랑하고 있다면 그는 나를 선택할 것이라 생각했다. 이렇게 생각을 정리한 후 가족들에게 모든 사실을 알리기 위해 가족회의를 요청했다.

드디어 가족회의를 하는 날! 나는 결혼 8년 동안 비밀로 지켜왔던 모든 사실들을 풀어 놓았다. 남편의 직업, 그의 가치관, 내가 당한 고통과 갈등, 또 현재의 나의 생각과 내가 처한 상황……모든 가족들은 경악하였고 모두 눈이 퉁퉁 붓도록 울었다. 긴 침묵을 깨뜨리고 목사인 오빠가 집안의 체면도 있고 성경에도 이혼하지 말라 했는데 어떻게 할거냐고 했다. 나는 체면과 나의 목숨을 바꿀 수 없고 인간이 성경에 있는 말 그대로 모두 다 행할 수도 없다고 했다. 가족들은 더 이상 아무말도 하지 않았다.

나는 대구로 내려갔다. 사흘 밤낮을 먹지도 자지도 않고 줄다리기를 했다. 결국 그는 직업을 바꿀 수 없다고 말했다. 그럼 이혼하자는 나에게 그는 나를 사랑하기 때문에 이혼은 할 수 없다고 했다. 나는 사랑의 환상에서 깨어난 지 이미 오래 전이며 사랑은 실천이고 책임이라고 역설하며 서울로 갈 것을 종용했으나 그는 평생을 그렇게 살겠노라고 했다. 나는 앞으로 그렇게 번 돈은 한푼도 쓰지 않겠다고 말한 뒤 그대로 서울행 버스를 탔다.

그후 그와의 합의 이혼을 하기까지 약 4개월 동안 우리 가족들은 그의 사람됨을 직접 알 수 있었다. 행패(?)라고 할 수밖에 없는 그의 행동이나 나의 태도를 몇 개월 동안 지켜 보시던 어머니가 드디어 드러내신 분노는 지금도 잊을 수 없다. 그때까지 나이 많은 사위라 한 번도 하대한 적이 없으셨던 분이 "이 천하의 고얀 놈!" 하시며 오히려 이혼을 서두르셨다.

도전

나는 이혼을 경험하면서 많은 것을 깨달았지만 특히 인간의 본성이 얼마나 추악하고 더러운 것인지 볼 수 있었고, 나 또한 나쁜 상황에 처하면 그렇게 될 수 있는 인간이라는 사실이 치욕으로 느껴져 얼마나 울었는지 모른다. 그런 와중에서도 그나마 정신을 차릴 수 있고 인간으로서의 자존심을 지킬 수 있었던 것은 내가 어릴 때 받은 종교 교육의 힘이 아닌가 한다. 그런 면에서 나는 행운아이며 내가 당한 아픔과 고통과 분노는 별것이 아니라는 생각도 들었다. 나는 비록 돈 한 푼 없이 두 아이와 함께 길바닥에 내팽개쳐졌으나 그것이 슬프거나 괴롭다는 생각은 전혀 들지 않았다. 또 앞으로 어떻게 살아야 할지 하는 걱정도 들지 않았다. 나는 무엇이든지 할 수 있다고 생각하였다. 우선 친정집에서 조금 떨어진 마석에 월 오천 원짜리 방을 하나 빌어 친정에서 담요 몇 장, 숟가락, 냄비 등 간단한 취사도구를 얻어다가 아이들과 함께 살기 시작했다.

나는 사회 경험이 너무 없었고 그래서 사회를 가장 잘 알 수 있는 일이 무엇인지 알아보았다. 결국 영업용 택시운전이 바로 그 일이라는 판단이 내려졌다. 어머니께 운전을 배우겠다고 빚을 좀 내주시라고 부탁을 드리니 그 몸으로 운전을 했다가는 3개월도 못하고 죽을 거라고 말리셨다. 그때 내 건강은 예전보다 많이 좋아지긴 했어도 빼빼 마른 해골이었다. 나의 고집으로 20만 원을 빌어 학원에 나갔다. 트럭으로(1종 면허) 연습을 할 때면 남자들이 자꾸만 웃었다. 작은 몸집이 핸들에 딸려갔기 때문이다. 1개월만에 면허증을 따고 연수를 받으러 가니 30시간은 받아야 하는데 한 시간에 만원이나 했다. 고민 끝에 일단 교사 한 사람을 소개받아서 차를 한 잔 마시자며 다방에 가서 봉투에 8만원을 넣어 탁자에 올려 놓으며 협박(?) 비슷하게 사정 얘기를 했다. "나는 목숨 걸고 영업용을 해야 하는 사람이니까 선생님이 선처해 주셔야 합니다. 그런데 돈은 이것이 전부입니다. 되겠습니까, 안 되겠습니까?" 어리둥절하던 그는 봉투를 들여다 보고는 입을 딱 벌린 채 아무 말도 못했다. "내가 생각해도 말도 안 되는 소리죠? 차나 마시고 나갑시다." 나는 홀짝 홀짝 차를 마시고 그는 담배를 후우하고 품어 대더니 "아주머니, 정말 나를 놀리시는 것은 아니겠죠?"라고 물었다. 내가 그렇게 보였다면 진심으로 사과하겠다고 했더니 뜻밖에 그는 좋다고 했다. 그날 나는 여의도에서 한 시간 교육을 받고 광화문까지 차를 몰고 갔다. 연수 선생은 연수 교사 13년 동안 나 같은 악발이는 처음 봤다면서 운전에는 천재적인 소질이 있다고 했다.

그렇게 10시간을 연수하고 택시회사를 찾아 나섰다. 그러나 가는 곳마다 거절당했다. 한결같이 하는 말이 면허증을 벽장에 1년만 넣어 두었다가 가져오라고 했다. 일주일 동안 서울 시내 변두리를 돌아다녔지만 경력이 없어 허사였다. 그렇다고 1년간 면허증을 썩힐 수는 없었다. 속도 상하고 화도 났지만 계속 일자리를 찾으러 다녔다. 새벽 4시에 홍은동 골짜기에 있는 어느 회사로 찾아 갔고 거기서도 똑같은 반응을 들었다. 그런데 새벽에는 시커먼 남자들이 어찌 그리 많은지, 그들은 나를 보며 킬킬거렸다. 무슨 희귀동물이나 되는 것처럼 내가 말 한마디 할 때마다 그랬다. 약이 오르면서 얼핏 만약 내가 여기서 진다면 나는 정말 아무것도 할 수 없을 것 같은 생각이 들었다. 차 주인인 듯한 사내에게 운전기사의 조건이 무엇이냐며 따졌다. 그야 사고 내지 않고 입금 잘해 주는 것이란다. 그럼 내 얼굴에 사고내고 입금 못 시킨다고 쓰여 있느냐면서 차를 달라고 큰 소리를 탕탕 치니까 옆에서 왜 그렇게 목숨 걸고 운전하려 하느냐며 낄낄거렸다. "먹을 것 없어 굶어 죽는 것보다는 일하는 것이 훨씬 나은 것 아니오" 하니 또 와르르 웃었다. "저 여자 대단한데 사장님 차 한 대 줘봐요"하며 어떤 이가 장난처럼 거들었다.

한 노인이 "브리샤라도 할래?" 했다. "이리 와 봐요!" 하는 소리가 눈물이 나도록 고마왔다. 차를 끌고 시내로 나오니 이것은 택시가 아니라 구루마였다. 이렇게 나는 일을 시작했고 그 차고에서 일약 또순이르 유명해졌다. 며칠을 사고없이 일해주자 좀 나은 차로 교체해 주었다. 점점 이력이 생기자 돈을 조금씩 모으게 되어 홍은동 꼭대기에 월세방을 얻어 마석에서 이사를 했다. 아이들을 돌봐줄 사람이 필요하여 가난해서 공부를 할 수 없는 처녀 아이를 데려다가 검정고시 학원에 보내주고 식구처럼 함께 살았다.

새로운 삶

새벽 5시에 일을 나가면 밤 12시 통금이 되어서야 집에 돌아오게 되니 거의 18시간의 장시간 노동이어서 건강한 남자도 힘겨운 일이었으나 나는 감기 한번 걸리지 않았고 결근 한번 한 적도 없었다. 3년 동안 길바닥을 누비면서 별별 희한한 일들을 많이 겪었고, 천차만별의 사람들을 통하여 우리 사회의 부조리와 모순들을 볼 수 있었다. 또 큰 사고를 당할 뻔한 일이 몇 차례 있었지만 무사고를 기록할 수 있었던 것은 결코 우연한 것이 아니라는 생각이 들었다. 그러나 내 마음 한 구석에서 이것은 나의 진정한 삶이 아니라는 소리가 자꾸만 들려왔다. 쉬는 날이면 뭔가 보람있는 일을 찾기 위하여 봉사 서클에 나가 가난하고 소외된 사람들이 살고 있는 시설들을 돌아보며 진정으로 그들과 친구가 될 수 있는 방법이 무엇인가를 생각했다. 그 즈음 우연한 기회에 거리에서 구걸하는 맹인을 만났다. 지하도를 지나다가 그를 보면 그 옆에 쪼그리고 앉아서 그의 일거수 일투족을 지켜보며 저 사람은 얼마나 답답할까 하고 생각했다. 그와 통성명을 한 후 어느 날, 그의 집에 찾아가 그의 맹인 부인과 친구가 되었고 그의 아이들도 보았다. 그들의 생활을 보고 나는 놀랐다. 그들은 내가 생각했던 것처럼 답답해 하지도 않았으며 밥과 빨래 등 모든 것을 손수했다. 그런데 문제는 그들의 아기였다. 돌이

갓 지난 아기는 가슴이 아프도록 맑고 초롱초롱한 눈동자를 가졌다. 한여름 더위에 아랫도리를 벗고 아장아장 놀고 있던 아기가 쪼그리고 앉아 똥을 싸더니 엄마에게 걸어가 그 손을 자신이 누어 놓은 똥에 대어 주는 것이 아닌가! 어미는 더듬더듬하더니 냄새를 맡아 보고 "아이고 똥 쌌구나!" 하고 그것을 능숙하게 치우는 것이었다. 아아, 돌밖에 되지 않은 아기가 어떻게 엄마가 안 보인다는 것을 의식할 수 있는 것인지 ……그들의 삶은 내게 많은 새로운 것을 일깨워 주었다.

다음 날 차를 몰고 시내를 나갔는데 갑자기 어린 아이가 차 앞으로 뛰어들어 급정거를 했으나 살펴보니 아무도 없었다. 뒤에 탄 손님이 정신 차리고 운전하라며 막 화를 냈다. 나는 그저 착각이겠거니 생각했으나 그 날 두 번이나 더 그런 일이 일어났다. 등에서 식은 땀이 흐르면서 도저히 자동차를 앞으로 움직일 수가 없었다. 모든 것이 정상이었고 아픈 곳도 전혀 없었지만 차고로 돌아올 수밖에 없었다. 그 다음날 또 일을 나갔으나 차창에 아이가 어른거려 도무지 일을 할 수가 없었다. 나는 일손을 놓고 집에 처박혀 생각을 했지만 그 수수께끼 같은 사실을 이해할 수가 없었다. 그렇다고 다른 사람에게 말할 수도 없었다. 누가 그것을 믿겠는가? 주위 사람들은 내가 애인이 생겼나 보다고 수군거렸다. 나는 산에 올라가 사흘을 울었다. 마지막 날 밤 나는 놀라운 사실을 깨달았는데 그것은 바로 그 맹인을 통하여 나의 맹아됨을 본 것이다. 비록 내가 눈을 뜨고 있었으나 제대로 삶을 볼 수 없었고, 세상을 보고 있었으나 앞 일을 볼 수 없었으니 바로 내가 맹인이 아니고 무엇인가? 나는 내 주변을 다시 돌아보았다. 나의 부모, 형제, 친구들, 이웃들, 그리고 내가 처한 상황들. 나는 너무 가진 것이 없다고 생각했는데 실은 하늘의 은혜를 너무 많이 받고 있었다. 모든 것이 축복이었으며 소중한 것이었다. 나는 감당할 수 없는 기쁨으로 계속해서 눈물이 났다. 어느 담장 밑을 지나다가 라일락 향기를 맡으며 울었고, 목련꽃 봉오리만 보아도, 아침의 까치 소리, 아이들 재잘거리는 소리, 파란 하늘, 밥상의 생선토막, 모든 것이 아름다와서 자꾸만 눈물이 났다.

그 후

나는 그 후 구걸하는 맹인들이 가장 많이 살고 있는 서울역 앞 양동에 들어갔다. 그곳은 해방 이후부터 윤락가가 형성되면서 도시의 가장 밑바닥 사람들이 마지막 목숨을 이어가는 곳이었다. 매춘, 매혈, 인신매매, 구걸, 폭력, 살인, 알콜중독, 마약 등 우리 사회의 모든 문제들의 집결지였다. 그 곳에는 구걸하는 맹인, 각종 신체장애자, 윤락여성, 포주, 펨푸, 앵벌이도 살았지만 서울역과 남대문 시장, 남산 등지에서 노점이나 행상으로 살아가는 빈민들도 함께 살고 있었다. 이들은 모두가 철저하게 소외되고 버림받고 가난과 질병으로 지친 사람들이다. 나는 그곳에 탁아소를 세우고 흙탕에 뒹구는 아이들을 씻기고, 먹이고, 가르치고, 앵벌이(구걸)나 껌팔이에 자녀를 이용하는 부모들과 싸우는 일을 시작했다.

1980년 여름부터 그곳이 철거되는 1985년 봄까지 나는 혼신을 다해 일했다. 그곳에서 일하면서 나는 나의 개인적인 삶을 살 때보다 더욱 많은 눈물을 흘렸다. 그것은 나 자신을 위한 눈물도 불쌍한 그들을 위한 눈물도 아니었다. 나는 그들의 아픔과 절망 앞에서 너무나도 무력한 존재임을 뼈아프게 울었다. 또 너무나도 많은 사람들이 억압당하고 수탈당하는 우리 사회의 구조적 모순을 보고 분노했다. 그리고 나는 그들이 필요로 하는 것은 돈이 아니라 정당한 노동의 댓가와 진실한 친구라는 것을 깨달았다.

나는 10년 동안 빈민지역에서 탁아소, 공부방 일을 보면서 참으로 좋은 이웃과 진실한 친구를 많이 얻었다. 그들은 가난하고 배운 것은 없지만 허세를 부리거나 타산을 하지 않는다. 혹자는 내가 탁아소나 공부방을 만들었다고 하면 무슨 돈으로 그리 했느냐고 묻는다. 그럴 때마다 나는 손가락으로 하늘을 가리키곤 한다. 내가 생각해도 정말 신기한 일이었다. 대부분의 사람들은 기적이 갑자기 일어난다고 말한다. 그러나

기적은 결코 그런 모습으로 오지 않는다. 기적은 뜻이 있는 곳에서 조금씩 조금씩 일어나는 것이다. 그것은 사람이 살아가면서 어려운 상황을 만났을 때 자신의 습관대로 행동하지 않고 '사람됨'을 포기하지 않으려고 안간힘을 쓸 때 일어난다. 생각의 방향을 아주 조금만이라도 바꿀 수 있다면 그 순간부터 기적은 벌써 일어나고 있는 것이다. 나에게는 앞으로도 해야 할 일들, 하고 싶은 일들이 산적해 있지만 두렵지는 않다. 왜냐하면 모든 문제는 고정관념으로부터 벗어나는 순간 해결될 수 있으며 나는 이미 그것을 한번 해냈기 때문이다. 사회 통념에 눌리지 않고 '감행한' 이혼을 통해 나는 스스로를 보다 책임 있는 인간으로 만들 수 있었다. 세상에는 갖가지 삶이 있으며, 불행한 결혼을 유지하기보다 이혼하는 것이 당사자들을 위해, 또 아이들을 위해 몇 배 나은 경우가 많다는 사실을 있는 그대로 받아들일 수 있다면 우리의 삶은 한결 나아질 것이다. 사실 난 요즘 내가 이혼했다는 사실을 거의 잊고 산다. 그것이 자랑이 될 수는 없지만 부끄러움도 아니다. 그것은 하나의 과정이었으며, 돌이켜 볼 때 내게는 성숙함을 가져다 준 단지 힘겨운 사건이었을 뿐이다. 이제 나는 그러한 고개를 보다 많은 '우리'를 위해 기꺼이 넘어갈 준비가 되어 있다. ■

무슨 이야기를 하란 말인가

성미순*

다시 돌아오지 않는 남편

외국손님의 접대로 좀 늦겠다고 아침 7시에 나갔던 남편은 끝내 돌아오지 않았다. 생전 큰 감기 한 번 걸려본 일이 없던 그였기에 병원이라며 놀라지 말고 오라는 남편의 전화를 받고 혹시 교통사고라도 났는가 하는 불안한 마음으로 밤 12시가 넘어 응급실에 들어가니 남편은 움직이지 않는 눈을 뜨고 누워 있었으며 그 옆에 후줄근한 가운을 입은 30 전후의 바보 같은 의사 2명과 간호원이 서 있었다. 내가 들어서자마자 그들은 고개를 좌우로 흔들었고 곧 이어 다그치듯 묻기 시작하였다.

"남편께서 평소 술을 굉장히 좋아하셨죠?"

"아녜요."

"술고래라며요?"

"그렇지 않아요. 내 남편이에요. 누가 나보다 더 잘 알아요?"

나는 신경질적으로 소리쳤다.

---

* 1950년 서울에서 태어나 서울대 가정대학에서 공부했다. 남편과 사별하고 3남매와 함께 살고 있다.

그 당시 함께 있었던 거래처 직원인 친구의 말에 의하면 그날 밤 손님들과 일식집에서 양주 2잔을 마시고 가슴이 아프다며 약방을 찾았고 계속 통증이 오자 서울에서 큰 병원으로 꼽히는 이 병원에 제 발로 걸어 들어와 주민등록증도 제시하고 의사들과 반 농담도 나누며 스스로 침대에 누웠으며 조금만 기다리면 편해질 거라는 말과 함께 놓은 주사를 맞고 온 몸에 경련을 일으키며 숨을 거두었다고 한다.

나는 그 돌팔이 의사들을 이 지면을 통해서나마 만 천하에 고발한다. 특허낸 살인자들에 의한 오진율이 70% 이상이며 또 그 때문에 파리목숨처럼 죽어가는 억울한 생명이 부지기수라고는 익히 들어 왔지만 이건 너무도 분하고 원통했다. 그 후에 들은 이야기지만 이런 상황에서 주사는 주사액과는 상관없이 극약이라는 것이다. 산소호흡기를 대고 심장맛사지를 해주면 고비를 넘길 수 있다고 똑같은 일을 여러 번 당했던 어떤 경험자가 이야기해 주었다. 그 당시 우리는 병원을 상대로 항의하였으나 국가가 보호하고 있는 이런 큰 병원과의 싸움은 바위에 계란치기라며 주위에서 극구 말렸다.

나는 남편의 식어가는 가슴에 엎드렸으나 눈물은 나오지 않았다. 꿈을 꾸고 있는 것 같았다. 두 가지 말만 입안에서 맴돌았다.

"이건 우리 일이 아녜요. 신문이나 드라마에서나 볼 수 있는 이야기예요."

"여보! 나에게는 애가 넷이나 있는데……막내는 이제 겨우 백일이 지났어요."

아침이 되어 영안실에 영정이 모셔지고 친구들과 친정식구들이 모여들었고 첫 비행기로 올라오신 시댁식구들의 오열이 끊이지 않았다. 그러자 이모가 사준 검은 나비 넥타이에 상복정장을 한 6살짜리 큰 아들은 "왜들 이렇게 울고 난리지? 아이 시끄러워" 하며 아빠 영정 앞에서 뒹굴며 놀고 있었다. 맞는 사이즈가 없어 특별히 크게 맞춘 관 속에 그가 생전에 너무도 좋아했던 바둑책과 흑백 바둑알을 넣어 먼 길로 보냈다.

그는 고향 선산에 묻혔다. 시집오신 후 7년만에 부처님 공덕으로 얻었다는 종가집 외아들. 아들을 고향 국회의원으로 만들겠다며 너무나도 자랑스러워 하며 흐뭇해 하시던 시아버님은 아들을 잃고는 물 한 모급 입에 대시지 않은 채 1년만에 돌아가셨다.

나는 남편 사무실을 지켜야 했다. 남에게 초라하게 보이지 말라는 시아버님 말씀대로 5일만에 탈상을 하고 엷은 화장도 하고 곧장 출근하였다. 외국 거래처에는 '사장은 불행한 일을 당했습니다. 그러나 그의 부인을 중심으로 직원은 변동이 없고 업무도 차질이 없습니다'라는 텔렉스를 계속해서 보냈다. 사실 나는 화공약품에 대해서 아는 것이 별로 없었으나 남편이 간혹 집에서 전화로 주고받았던 내용을 들먹이며 꽤 아는 척하며 직원들에게 과시했다. 그들이 나를 무시하면 안되었다. 외국에서는 오는 텔렉스 내용도 한 두마디 아는 영어단어로써 아는 척 했고 남편 친구들에게도 구원을 청했다. 내가 구심점이 되어야 했다.

하지만 시간이 흐르수록 이 일은 내가 섣불리 건드릴 사업이 아니라는 것을 깨닫고 거래처가 떨어지기 전에 넘겨야겠다는 판단을 내렸고 누구와의 상의도 없이 독단적으로 내린 결단에 모두가 놀랐다(지금 생각해도 현명한 판단이었다). 남 주기 아까와 계속 움켜 쥐고 있다가 나중에 손도 대지 못할 지경이 되어 포기할 줄 알았는데 이렇게 빨리 결단을 내려 모두 당황했고 또 제 값을 받을 수 있었다. 그러나 이 소식은 곧장 시댁으로 통했고 시댁에서는 돈을 요구해 왔다. 안 그래도 젊은 나이에 혼자된 서울 며느리(또는 질부)가 혹시 딴 마음을 먹을까봐 자꾸 고향으로 내려와 살라는 성화가 있었기에 나는 의심을 받기 싫어 실질적인 집안의 어른이시며 때마침 많은 돈을 필요로 하셨던 고모님께(빌려 드리는 조건으로) 보내 드렸다. 이것이 나의 첫번째 실수였다. 그러나 5년이 지난 지금까지 그 생명 같은 돈은 회수가 안 되고 있다. 그게 어떤 돈인데.

나는 내 일을 찾아야만 했다. 남에게서 손가락질 받지 않으려면 열심히 벌어 당당히 살아야 했고 잡념이 생기지 않게 하기 위해 바삐 뛰어야 했다. 다행히 배운 게 재산이라던가. 아이들을 가르치기 시작했다. 가르치는 아이들의 성적이 많이 오름에 따라 수입도 꽤 좋아졌다. 낮에는 살림하고 저녁에는 나가고.

서서히 주변정리를 시작했다. 남편이 평소 즐겨 입던 양복 두 벌과 거기에 맞는 와이셔츠만 남기고 모두 치웠다. 그를 내쫓는 것 같아 가슴이 메어졌다. 남편의 분신이었던 차도 팔았다. 살을 도려내는 아픔을 맛보아야 했다. 그러나 제일 견디기 어려웠던 순간은 동회에서 사망신고를 한 뒤 주민등록표에서 그이 이름 석 자에 줄이 그어지면서 내 이름이 세대주로 올라갔을 때였다. 나는 정말 미칠 지경이었다. 나는 이제 정말 혼자구나. 어떻게 이 애들을 키우나. 모르는 게 있으면 누구에게 물어보지. 나는 동사무소 한 쪽 편에서 하염없이 흘러내리는 뜨거운 눈물을 막을 수 없었다. 어떻게 나에게 이런 일이 생길 수가 있는가. 내가 저지른 나쁜 짓이라곤 기어다니는 바퀴벌레 죽인 일밖에 없는데.

울타리가 무너진 집

나는 남편이 없음으로 해서 잃은 것이 너무 많았다. 그는 나의 하늘이었고 울타리였고 기둥이었다. 애인이고 친구이며 동반자였고 은행이었다. 나는 남편의 은혜에 보답하는 뜻으로 남에게서 야만인 소리를 들어가며 애를 4명이나 낳았고 애들보다는 그를 좋아했고 그가 내 남편이라는 것이 자랑스러웠다. 남들은 믿지 않겠지만 결혼 10년이 넘었으면서도 시내로 나오라는 전화를 받으면 내내 가슴이 두근거렸고 그의 환한 웃음을 맞이할 때면 나는 정말로 행복감을 느꼈다. 어느 때는 가슴이 터지는 것 같았다(나는 그가 탁구 칠 때 웃는 모습에 반해 결혼했었다). 이제 그를 잃음으로 해서 모든 것을 잃어 버렸고 감정도 가져가 버렸다. 삶에 대한 즐거움도 남의 죽음에 대한 슬픔도 가져가 버렸다. 무감각한 인간이 된 것이다.

얻은 것이라고는 과부라는 지독히도 기분 나쁜 호칭뿐이었다. 나는 외로운 투쟁을 해야 했다. 나는 나의 허점을 보여서는 안 되었다. 나의 방황하는 모습도, 내 무능력도 남들이 알면 안 되었다. 만일 들통이 나면 모두들 나를 비웃고 손가락질하며 무너뜨릴 것이다. 나의 불행을 신기하다는 듯이 즐거운 마음으로 관찰할 것이다. 그래서 나는 내가 홀로 되었다는 것을 아는 사람에게는 의연한 체 했으며 나를 모르는 사람에게는 남편이 있는 것처럼 행동했다. 이런 행동은 사업을 할 때는 반드시 필요했다. 혼자 살면서 제일 불편한 것이 바로 이 점이다. 특히 돈과 연관된 일이나 사업에는 힘이 있는 남자가 필요했다. 사실 나는 타어나서 이제까지 내가 여자라서 불행하다거나 불편하다고 생각한 적은 별로 없었다. 그러나 이제 남자의 필요성을 느낀 것이다. 남자는 방패요, 울타리였다. 이 사회에서 남자는 힘이 있고, 여자는 힘이 약했다. 나는 남편이 없다는 사실이 창피했다. 하지만 남편이 있는 사람을 부러워 하지는 않는다.

나는 자존심 강한 여자였다. 남자는 하늘이요 여자는 남자를 위한 부속물이라고 생각하시는 시댁 식구들. 첫딸을 낳았다고 이름도 지어 주시지 않던 시아버님. 나는 이들에게 남편 없이도 살아 나갈 수 있다는 것을 보여주어야 했다. 아빠가 없으니까 심심하고 재미 없다는 생각을 아이들이 해서는 안 되었다. 쉬는 날이면 아이들을 데리고 백화점 옥상의 놀이터나 유원지, 가까운 교외로 나가서 놀아 주었다. 먹고 싶어하는 것도 마음껏 사주었다. 피아노나 미술학원에도 계속 보냈다. 자꾸만 우시는 친정 어머니를 위해서 애써 더욱더 명랑하게 굴었다. 하지만 순간 순간 가슴 저 깊은 곳으로부터 밀려오는 슬픔과 공허함을 어느 누가 알아 주겠는가.

언제부터인가 아빠 얘기는 우리 집에서 금기로 되어 있다. 아이들이 아빠를 얼마나 그리워하고 원하는지는 모른다. 하지만 아직 입밖에 내어 노골적으로 표현한 적이 없다. 간혹 어쩌다가 무심결에 아빠 얘기로 연결되면 서로 서먹서먹해 하며 무슨 못할 말을 한 것같이 끝내 버린다. 내가 입을 다물고 있기 때문에 이러한 일이 생기는 것인데 과연 옳은 일인지는 모른다. 사실 나는 아주 남과는 남편 이야기를 하며 즐거운 추억을 회상하곤 하지만 집안 식구나 특히 우리 애들하고는 아빠 이야기를 피한다. 그 이유는 잘 모르겠다. 그러나 곰곰히 생각해 보면 그동안 남들이 부러워 할 정도로 행복하게 살아 왔다고 자부하던 우리 가정이 이제는 집안 사람들에게 부담을 주고 불편하게 만들고 있다는 자책감에서인지도 모른다.

사실 남편이 살아 있을 때 우리는 친정이나 시댁, 그리고 친구들에게 작게나마 베풀며 살아 왔다. 모두가 우리를 반겼다. 그러나 지금은 다르다. 내가 어느 집을 방문하면 그들은 나나 우리 애들을 측은한 눈으로 바라보고, 또한 그렇지 못하면서도 어떤 도움을 주어야 하지 않을까 해서 갈등을 갖는다는 느낌을 받는다. 더 쉽게 말하면 예전에는 우리 식구들이 가면 반가와 했는데 이제는 귀찮은 존재가 되고 있다는 생각까지 든다. 이러한 생각은 나를 꽤나 슬프게 한다. 그래서 나는 남편 없이도 꿋꿋하게 살아간다는 의연함과 용기를 보여 주어야만 했다.

나의 이러한 태도는 친정 쪽에서는 환영받을 일이지만 시댁 쪽에서는 나를 자생력이 강한 여자라서 도와줄 필요가 없다는 생각을 들게 만드는 것 같다. 아니면 언제 마음 변하여 돌아설지도 모르는 여자라고 생각해서인지, 거리가 너무 멀어서인지, 그 누구도 올라와서 우리 사는 모습을 보려 하지 않았다.

남편을 잃은 지 2년만에 나는 과로로 쓰러져 보름 이상을 입원했었다. 한 푼이라도 더 벌고자 낮에는 책이나 보험 외판활동을 하고 밤에는 아이들을 가르치며 동분서주하다 보니 급기야 어느날 갑자기 죽기 일보 직전까지 간 적이 있었다. 일주일쯤 후 돈이 아까와 퇴원하려 했더니 살기 싫으면 퇴원해도 좋다는 의사의 경고를 받을 정도로 몸이 악화되어 있었다. 병원에 입원해 있는 동안 남편의 제사를 맞았으나 내려갈 수가 없었다. 후에 들리기를 "제 남편 제사인데도 병원에 편히 드러누워 있다는 것은 말도 안 되는 일"이라고 하더란다. 역시 시댁은 시댁인가 하는 그 서운함은 아직까지 내 가슴 속에 응어리로 남아 있다. 같

은 병실 사람들이 왜 남편이나 시댁식구들이 한 번도 찾아 오지 않느냐
고 묻는 말을 들을 때 내가 얼마나 부끄럽고 슬펐는지 그들은 알까?

나에겐 그가 필요하다

우리 막내둥이는 나를 당혹하게 한다. 아빠가 뭔지도 모르는 그 애는
올해 6살이다. 작년 여름까지만 해도 그 애는 아빠 얘기를 한 번도 하
지 않았다. 시골 할머니 댁에 내려가 있는 막내에게 나는 이틀에 한 번
씩 장거리 시외통화로 그리움을 달랬다. 그런데 지난 가을 어느 날 전
화를 하니 "엄마, 우리 아빠 어딨노?" 하는 것이 아닌가. 갑자기 가슴이
덜컥 내려 앉으면서 말을 이을 수가 없었다. 다행히 아이는 계속해서
"엄마, 아빠 미국 갔지? 돈 많이 벌러 갔나? 빨리 오라 해라." 오, 맙소
사! 그 이후부터 곧잘 아빠에 대해서 물었다. '큰일이구나. 올 것이 왔나
보다.' 나는 고민하기 시작했다.

어느 날 나는 아이가 몹시도 보고 싶어 시간을 내어 시골에 내려갔
다. 아이는 엄마가 왔다고 좋아서 내 바지자락을 붙들고 하루 종일 옆
에 붙어 변소에까지 따라 다니며 좋아했다. 저녁 내내 얼마나 신나게
놀았던지 다음날 늦게까지 나를 꼭 껴안고 단잠을 잤다. 깨자마자 아이
는 또 물었다.

"엄마, 아빠 미국 갔재? 돈 많이 벌어서 나 로봇도 사준다 하더라."

"엄마, 아빠 언제 오노?"

"엄마가 전화해서 아빠 빨리 오라 해라."

이런 아이에게 '아냐, 아빠는 죽었어. 절대 올 수가 없어'라고 어떻게
말한단 말인가.

나는 남편이 평소에 좋아하던 오란씨와 코코낱 버터쿠키를 사들고 아
이 손을 잡고 산으로 올라갔다. 산이라기보다는 산 중턱에 있는 밭이었
다. 애비 두고 먼저 간 아들이 밉고 또한 그렇게 열심히 모셨는데도 지
켜주지 않는 조상들이 밉다며 저 위에 있는 조상들 묘와 떨어진 밭에

덩그러니 묻었었다. 한 1년 후 홧병으로 앙상하게 뼈만 남아 돌아가시면서 아들 옆에 묻어달라는 아버님의 유언에 따라 이 밭에는 봉분이 두 개 있게 되었다.

우선 할아버지 산소에 절을 하였다. 이번에는 남편 묘. 그러니까 아빠 묘에 절을 시킨 셈이다. 누구 거라고 말할 필요가 없었다. 아니 말해서는 안 된다. "새해에 복 많이 받으세요." 시키지도 않은, 아이가 절하면서 한 말이다. 아이는 죽음이 뭔지 모른다. 더구나 이 땅 속에 5년 전에 돌아가신 아빠가 누워 있고 또한 이제는 형체도 없이 사라져 버렸다는 사실은 더더구나 모른다. 사실을 밝힘으로써 아이의 꿈을 짓밟아 버릴 필요는 없었다.

아이는 영문도 모르는 채 내 눈물을 닦아주며 "엄마, 심심하다. 가자"고 재촉한다. 그러나 나는 곧이어 놀라운 사실에 접했다. 그냥 내려 오기가 서운해서 "자, 빠이빠이, 안녕 해야지" 하였더니 "아빠, 안녕. 또 올께"하는 것이 아닌가. 아니 그럼 이 애는 알고 있었단 말인가! 이 깊고 어두운 땅 속에 아빠가 묻혀 있다는 것을.

나는 요즘 가슴이 매우 답답하다. 할 수만 있다면 세월을 꽁꽁 묶어 놓고 싶다. 내 나이 한 살 더 먹는 것이 두려워서가 아니다. 흰 머리 하나 더 늘고 주름살 하나 더 늘고 주름살 하나 더 늘어서가 아니다. 시간이 흘러가는 것이 두렵다. 타임 머신으로 거꾸로 흐르게 했으면 좋겠다. 아이들이 성장하고 있다. 내년이면 큰 애는 중학생이 되고 둘째는 6학년, 세째는 4학년, 그동안 시골에 있던 막내는 국민학교에 입학하기 위해 올라온다. 점점 힘이 벅차다. 감당하기가 힘들다. 무거운 짐을 나 혼자 진다니 너무 억울하다. 나에겐 그가 필요하다. ■

배꼽마당

어머니를 위한 싸움

현행자*

금년 2월 아버지가 서울에 오셨다. 눈이 오고 있을 때, 공항에 나갔다. 국내선 출구에서 기다리고 있으니까 머리가 새하얗게 된 아버지가 나오셨다.

"아버지 머리를 염색시키러 일본에 돌아와"라고 한 언니의 편지가 떠올라 가슴이 메이는 듯했다. 아버지의 하얗게 센 머리카락에서 어떤 압력을 느끼면서 인사하는 나에게, 아버지는 그저 미소만 지으시면서 고개를 끄덕이셨다.

아버지는 이번에 할머니의 건강상태가 나빠지셨다는 연락을 받고 급히 제주도로 병문안 오셨다. 일본으로 돌아가시는 길에 서울로 들리신 것이다. 제주도 출신이신 아버지께서 서울에 오시는 것은 이번이 처음이시다. 올해 62살인 아버지와 같이 내가 사는 곳으로 가는 택시 속에서 문득 아버지는, "네가 서울에 있다는 것이 실감나지 않았다. 너는 어

---

* 1960년 일본 오오사카에서 태어나 교또 약대를 졸업하고 오오사카에 있는 제약회사에서 근무하다가 1988년 서울에 왔다. 지금 연세대 대학원에 다니면서 자유기고가로 활동하고 있다. 주로 동포의 삶을 그 지배문화와의 연관 속에서 알아보는 글을 써왔다. 앞으로 중국 동포를 비롯한 해외 동포들의 상태를 살펴보고 보다 포괄적으로 소수집단의 고통을 덜어가는 일을 해 갈 포부를 갖고 있다.

릴 때부터 나를 놀라게만 하는구나"고 중얼거리셨다. 나는 늙은 아버지의 옆 모습을 바라보면서 갑자기 옛 일이 떠올랐다.

아버지는 1928년 제주도의 한 시골에서 삼형제 중 막내로 태어나셨다. 7살 되던 해 할아버지께서 돌아가셨고, 할머니와 일본으로 가셨다. 아버지는 할아버지가 말을 태워주신 것을 아버지에 대한 유일한 추억으로 갖고 계셨다. 어린 아버지를 앞에 태운 할아버지의 말은 신나게 달렸고, 그때 볼에 맞은 바람을 아버지는 아직도 기억하고 계셨다.

해방 후 제주도로 돌아오셨지만 4·3봉기 이후 일본으로 다시 들어가셨다. 당시 20살로, 재일 한국인으로서의 아버지의 역사가 본격적으로 시작되었다. 23살 때 같은 제주도 출신의 어머니와 결혼하셨다. 젊어서 과부가 되신 할머니를 모시고, 나의 부모님은 일본의 동북지방에 있는 센다이라는 곳에서 생활을 시작하셨다. 그 후 각지를 옮겨다니시다가 마지막으로 오오사카에 있는 이카이노에 정착하셨다. 이카이노는 일본에서 가장 큰 재일동포 밀집지역이다. 아무것도 가진 것이 없는 재일동포에게는 살기 좋고, 살 수 있는 곳이었다.

대다수의 재일동포 1세가 그러하듯이 아버지는 일본에서 막일을 하셨다. 교사가 되기 위해 사범학교에 다니셨던 아버지에게 노동일은 힘들 수밖에 없었다. 그러나 뒷바라지를 열심히 한 어머니 덕분에 작은 공장까지 차릴 수 있게 되었다.

당시 아버지는 학생 가방을 만드는 일을 하고 계셨다. 어릴 적의 아버지에 대한 기억은 언제나 고뇌에 가득 찬 표정으로 미싱을 밟고 계신 모습이다. 일본이 고도 성장기를 타서, 미싱을 밟으면 밟을수록 조금이나마 이익을 얻을 수 있었지만, 그것은 잔인할 정도로 인간을 힘든 노동에 시달리게 했다. 아버지는 일이 잘 안 되거나 마음에 들지 않은 것이 있으면 곧장 짜증을 내시곤 하셨다. 어머니는 나에게 "네 아버지는 딸기 같은 사람이다"라고 자주 그러셨다. "건드리면 금방 상한다"고 말씀하셨다.

술을 먹고 폭력을 휘두르시는 정도는 아니었지만, 물건을 심하게 다루거나 어머니에게 말로 심하게 구셨다. 어머니는 아버지의 기분이 안 좋아지면 그냥 가만히 아버지의 욕하는 것을 듣고만 계셨다. 한 마디라도 어머니가 말대답을 하면, 아버지는 엉뚱한 행동을 할 것 같았다. 그것을 아이들은 재빨리 눈치 채고, 숨을 죽여 한바탕 끝나는 것을 가만히 기다렸다. 나는 아버지와 식사하는 것이 정말로 괴로왔다.

어린 시절 어머니에 관한 기억은, 그냥 한결같이 눈앞에 쌓여 있는 가방 부속품을 하나 하나 망치로 두들기고 계시는 모습과 하얀 시프(파스)가 어깨에 붙여져 있는 모습이다. 공장에서의 힘든 노동이 끝나면, 어머니는 가족이나 일꾼들에게 줄 식사 준비를 하고, 세탁이나 청소, 집안 살림을 모두 하셨다. 어머니는 말수가 적으셨다. 아이들은 아버지의 어머니에 대한 거만한 태도나 말하는 것을 보며, 무의식중에 어머니를 마구 대하였다.

나는 항상 어머니를 가만히 쳐다보고만 있었다. 묵묵히 일하고 계시는 어머니를 마치 기계인 양 보고 있었다. 아이들이 반항을 해도 어머니는 조용하셨다.

내가 어머니에 대하여 생각이 바뀐 것은 대학 시험을 친 다음이었다. 나는 대학에 가고 싶었지만, 첫 번 입시에 떨어졌다. 애초부터 내 대학 진학에 반대하셨던 아버지께서는 재수를 시켜주시지 않으셨다. 일하면서 공부를 계속해 다시 시험을 보려고 궁리할 때, 어머니께서 부엌으로 나를 불러 돈을 내밀며 학원에 가라고 하셨다. 그 돈은 학원에 가기에 충분한 금액이었다. 나는 생각지도 못했던 어머니의 지원에 놀라 말도 나오지 않았다. 어머니께서 아버지에게 "병에 걸린 셈치고 1년만 보살펴 줍시다"라고 열심히 설득시켰고, 아버지는 처음에는 굉장히 화를 내셨지만, 어머니의 필사적인 설득과 나의 궁지에 몰린 듯한 얼굴을 보며 마지못해 허락해 주셨다. 그리고 그 다음 해 나는 희망대로 대학에 들어갈 수 있었다.

내가 대학에 진학한다는 것은, 이카이노에서의 희망 없는 노동일에서 헤어날 수 있는 수단을 의미했다. 어릴 때부터 집안 일을 거들어 왔던 나는 부모의 노동일을 미워하고 있었다. 대학에 입학해 이제는 이카이노의 삶에서 벗어나는 특권을 손에 넣었다고 생각하니, 그때까지 미워하기만 했던 부모의 일도 나의 미래와는 따로 떼어 볼 수 있게 되었다. 이 일은 나를 거만하게도 했지만 처음으로 자신을 둘러싼 상황을 객관적으로 주시하게 만들었다고도 할 수 있다. 또한 대학이라는 새로운 세계에 들어가 지금까지 없었던 새로운 인간관계를 가지게 됨에 따라, 나는 무심하게 보았던 아버지와 어머니의 관계에 대하여 다시 생각하게 되었다.

그때, 어머니께서는 오랜 과로 때문에 몸이 상당히 나빠지셔서 결국 병이 나셨다. 그때까지 나는 어머니가 건강해서 가족보다 몇 배 더 일하실 수 있다고 생각해 왔었다. 거의 모든 재일동포의 가정에서처럼 나의 가정에서도 두터운 억압과 피로가 축적되고 있었다. 그 억압은 어머니에게는 너무 친밀한 것이어서, 그 상황에서 벗어나는 것조차 생각할 수 없게 될 정도로 어머니는 집안에 갇혀 있었다. 그리고 이제 어머니의 몸에 파탄이 찾아 온 것이다. 당시 가정 내에 큰 슬픔이 있어 그 충격으로 어머니는 쓰러지셨다. 그러자 집안이 모두 당황했고, 그때까지 어머니가 혼자서 처리해 왔던 일들이 한꺼번에 중단되었다. 지금까지 신경 쓰지도 않았던 사소한 일들이 모두 우리에게 쏟아졌다. 누군가 어머니를 대신해야 했었다. 언니는 직장인이었고, 부모의 신세를 지는 나에게 그 역할이 돌아왔다. 어머니의 일을 맡기 시작하면서 나는 너무나 힘들어 죽는 소리를 냈다. 그러나 열심히 여러 일들을 해나갔다. 매일 단조로운 일을 하면서 나는 육체보다 정신적으로 더 괴로와졌다. 아버지도 형제들도 나의 노동에 대해 고마움보다 오히려 아직 모자라다는 태도였다. 요구는 점점 더 많아져 갔다. 그 안에서 내 불만이 점점 더해 갔다. 아무 평가도 내려지지 않는 노동보다 허무한 일은 없다. 그때 나는 처음으로 어머니의 슬픔, 어려움, 원통함을 알았다. 어머니는 수십 년이나 인격을 무시당하면서 가장 힘든 노동을 해오신 것이다. 이런 생각에 미치자 내 마음 속에서부터 무언가 폭발하기 시작했다. 아버지가 어머니에 대해 해온 여러 가지 일들이 생생히 되살아나 분노가 터져 버렸다. 그때까지 나는 아버지는 무섭고 어머니는 우둔하다고 생각했었다. 그러나 이제 선명하게 아버지의 어머니에 대한 태도가 얼마나 부당한가를 깨닫게 되었다. 그때부터 나는 끊임없이 아버지에게 맞서기 시작했다. 어머니나 아이들의 입장을 아랑곳하지 않고, 멋대로 이야기하는 아버지에게 나는 일일이 반항하기 시작했다. 아버지의 남자로서의 이기심 때문에 어머니는 마음 아파하고 괴로움을 받아왔다는 생각이 나를 용감하게 했다. 아버지가 어머니를 무시하는 듯한 말을 하면 장소를 가리지 않고 말대꾸를 하고, 부당한 노동이나 자기 멋대로인 요구를 하면 나는 그 일에 응하지도 않고 어머니에게도 '하면 안돼'라고 하며 응하지 못하게 했다. 나의 급변한 행동에 아버지께서는 몹시 화를 내셨다. 매도 맞고 호통도 받았지만 나는 물러서지 않았다.

어머니는 당신의 일로 내가 아버지와 싸우는 것을 보기 괴로워 했으나, 나의 기세에 압도당해 멍하게 쳐다보고만 계셨다. 내가 반항하게 됨에 따라 어머니에 대한 아버지의 비난도 많아졌지만, 나는 어머니를 감싸 보호했다. 어머니는 처음 내게 아버지와 싸우지 않도록 부탁하셨지만, 이대로 두면 모두가 불행하고 어머니가 너무나도 불쌍하다고 내가 어머니를 설득시켰다. 후에 어머니께서 이 때 일을 생각하시면서 "나 자신을 위해 싸워준 사람이 네가 처음이었다"고 말씀하셨다.

나는 어머니께서 가족들과 함께 밥 먹지 않고 모두에게 먹게 한 후, 혼자 남은 음식을 드시고 계시는 모습을 그때까지 아무 의문 없이 보고 있었다. 어머니께 함께 식사하자고 권했다. 또 식사준비할 때도 똑같이 나누어 아버지나 오빠를 특별 취급하지 말자고 했다. 식사일 같은 건 사소한 것이라고 생각할지 모르지만, 사소한 인간생활의 기본적 생활규칙조차 우리집에서는 지켜지지 않고 있었던 것이다. 어머니는 함께 식사하는 것이 거북하신 듯했다. 그때 나로서는 식사하는 방법조차도 아버지하고의 싸움이었다. 어머니한테는 혼자서 남은 것을 먹는 것이 편하셨을지 모르지만, 나에게는 참을 수 없는 일이었다. 처음에는 어색한 기분으로 식탁을 둘러싸고 있었지만, 점점 자연스러워졌다. 아버지께서도 어머니께서 자리하실 때까지 기다리게 되셨다.

나는 지금까지 집안에서 보고 지나쳤던 아주 사소한 일까지도 놓치지 않았다. 신 벗는 법에서 빨래감 내놓는 법까지 뒤치다꺼리하는 사람을 무시하는 듯한 행동은 용서하지 않았다. 지금 생각하면 우스울 정도로 나는 가족에게 이것저것 요구했다. 당연히 마찰도 생겼지만, 그럴 때마다 어머니 앞에서 소리내어 울면서 분통을 터뜨렸다. 그렇게 하면서 나는 처음으로 어머니와 인간으로서, 여자로서 대등하게 대화할 수 있게 되었다. 나는 그때까지 어머니에 대해 아무 것도 몰랐고, 알려고 하지도 않았다. 내 자신의 어머니이면서도, 어머니는 나에게 관심 밖의 사람이었다. 내가 왜 갑자기 어머니를 위해 아버지에게 대들기 시작했는가? 딱히 어머니가 불쌍하다기보다는 같은 여자로서 내 자신을 위해서도 극복해야 하는 문제라는 것을 어렴풋이 느꼈던 때문일까? 내가 남자였더라면 이렇게 싸웠을까? 아마 생활의 구석구석까지 편들며 이렇게 아버지와 싸우지는 않았을 것이다.

나는 어머니에게 여러 가지 물어보기 시작했다. 이제까지 어머니의 개인사에 대해 전혀 무관심했던 것이다. 우리 어머니는 당신 아버지가 일찍 돌아가시고, 조부모 밑에서 자라 15살 되던 해에 당신 어머니를 따라 일본에 건너가시고, 아버지와 알게 되고 가정을 가지고 자식을 낳아 자아를 억누르면서 계속 일만 하시며 사셨다.

어머니의 삶을 들으면 들을수록 나는 놀라지 않을 수 없었다. 그러나 어머니께서는 그 일들을 그냥 담담히 말씀하셨다. 옛날보다는 낫다고 하시면서…… 사람은 10중 9이 불행이면 단 하나의 행복이나마 음미하며 살려는 사람도 있고, 9이 다 찼는데도 한 가지 불행 때문에 불만을 가지며 사는 사람도 있다. 어머니는 앞의 경우이셨다.

어머니는 나의 기세에 압도당하고 계셨지만, 나와 여러 가지 얘기를 함에 따라 조금씩 자기의 사는 모습이나 삶에 무언가 의문을 느끼기 시작한 것 같았다. 그리고 어머니께서는 내게 "결혼해도 애를 많이 낳지

마"라고 말씀하신다. "자기 의지로 자식을 낳아"라고도 하셨다. 어머니께서 내게 이런 말씀을 하시리라고는 이전에는 상상도 못했다. 어머니도 조금씩 변하고 계신 것이다. 우리 어머니들은 자식을 많이 낳았다. 아이들을 좋아해서가 아니라 낳을 수밖에 없었던 것이다. 남자들은 여자들의 건강상태에는 신경쓰지 않았다. 나는 어머니를 통해서 여자를 생각하게 되었고, 그것이 나를 싸우게 했다. 나는 점차 어머니와 모녀로서보다 여자로서 신뢰관계를 가지게 되었다.

'대학 4년간 거의 다'라고 할 정도로 나는 날마다 아버지와 싸움을 계속해 나갔다. 나 자신도 놀랄 만큼 아버지에게 과감히 도전해 갔다. 오빠, 언니는 아버지와의 관계를 포기하고 있었고 남동생들은 어렸었다. 그때 어머니께서 하신 말 중에서 지금도 잊혀지지 않는 것이 있다. 어머니께서는 "아버지를 너무 나무라면 안된다. 아버지도 고생해서 일하여 오지 않았느냐. 아버지도 외롭고 불쌍한 사람이다"라고 말씀하셨다. 아마 아버지와 어머니 사이에는 아이들이 모르는 둘만의 역사가 있었나 보다.

내가 대학 졸업할 즈음 나와 아버지와의 관계에 변화가 오기 시작했다. "나는 이제 너에게 이길 수 없다"라고 하시면서 아버지가 꺾이기 시작했다. 당시 사업이 기운 탓도 있지만, 아버지가 갑자기 기가 약해져 온화해진 것이다. 원래 기가 약하고 섬세한 아버지께서는 딸에게 기가 꺾임에 따라 오랜 고집이 풀려 편안해지신 것 같다. 아버지는 놀라울 정도로 어머니를 부드럽게 대하게 되었다. 어머니를 위해 목욕물을 받아주기도 하셨다.

어머니나 가족은 아버지의 변화에 어리둥절해 하였지만, 기쁘게 받아들였다. 그리고 동시에 아버지도 편안해지셨다. 원래 기가 약하시고 섬세하신 아버지께서는 폭군이 될 수 있는 사람은 아니었다. 사회적으로 좌절당한 아버지의 분통함, 괴로움의 배출구가 어머니였고, 가정이었던 것이다. 나는 일본에 건너 와 온갖 고생을 하며 살아 오신 아버지와 어머니를 이제는 이해하고 존경한다. 그러나 그 고생으로 인해 애달픔과

166

답답함도 느꼈다. 부모가 행복하게 살아주지 않으면, 아이들도 행복해질
수 없다. 부모의 생활 모습을 보며 아이들은 자란다.

  아버지의 말씀이 하나 생각난다. "나는 실패만 해왔지만, 오직 한 가
지 성공은 너희 어머니와 결혼한 것이다." 어머니는 역시 행복하신 것
인가? ■

딸이 들여다 본 어머니의 내면

한란*

엊그제 환갑이 지난 엄마는 아직도 곱다. 나는 10년 전 유학을 떠났을 때 당신의 모습과 크게 달라지지 않은 엄마를 보며 강산도 변한다는 그 세월이 더 무상하게 느껴진다. 떡장사를 해서라도 하나뿐인 딸 너만큼은 끝까지 가르치겠다고 늘 말하시던 엄마는 이제 소원을 푼 셈이다. 고대하던 박사딸을 만든 것이다. 엄마는 당신이 이 딸을 '박사'로 '만들었다'고 표현하신다. 엄마의 자존심은 당신의 삶에서 우러나오지 않고 오히려 딸의 삶에서 부추겨지는 것이다. 엄마에게 딸은 무엇인가? 엄마와 나를 하나의 몸과 마음으로 이어주는 것은 무엇인가?

일제시대 아홉살 나이로 뒤늦게 보통학교에 입학하여 열여섯에 졸업한 실력으로는 편지 쓰기가 버거웠던 엄마는 아주 가끔씩 아버지의 편지 끝에 한두마디 당부말을 덧붙이는 게 고작이었다. "밥 잘먹고 건강하라"는 짧은 당부 말에서 나는 엄마의 애타는 그리움과 기도를 보았고 몇 번이고 손에 잡힐 듯하여 가만히 문어체 철자법을 무시한 그 글씨를 만져보곤 하였다. 나는 외동딸이다. 내 밑으로 남동생만 셋 있는데 나의

---

* 1953년에 태어나 서울대 가정대학을 졸업하고 서울대 대학원·미시간 대학에서 인류학 학위를 받았다. 현재 시간강사로 일하고 있다.

부재 10년간 딸 노릇 할만한 아이는 없었던 것 같다. 내가 귀국한 후 엄마는 점심을 같이 먹을 수 있는 상대가 생겼다고 무척 좋아하셨다. 대학교수인 아버지는 늘 바쁘시고 집에 안 계시기 때문에 하루종일 엄마 혼자 지내셨던 것 같다. 엄마와 나는 식사하는 도중에도 끊임없이 얘기를 나누었고, 식사를 마친 후에도 그냥 밥상머리에 눌러앉아 얘기 꽃을 피우기 일쑤였다. 둘이 웃다가 울다가 시간 가는 줄 모르고 얘기 하다 보면 창 밖에 노을이 비추는 것을 보고 엄마는 저녁을 준비해야 한다면서 일어나시곤 했다. 아버지 흉을 나열하기도 하고 아들들의 무심함을 한탄하기도 하며 엄마는 그렇게 할 애기가 많았다.

나는 집을 떠나 있는 동안 보고 느낄 수 없었던 우리집 일상의 굴곡들을 엄마의 애기를 재료로 상상으로나마 되살려 봄으로써 그 동안의 부재를 메꾸려고도 하는 양 깊은 호기심으로 거의 경외감을 가지고 엄마와의 '애기시간'을 무척 기다렸고 즐겼다. 오늘 점심에 한 애기는 어제 점심에 한 애기와 다른 각기 독립된 단편과 같았다. 주로 엄마자신의 내면에 쌓아두었던 것들이었다. 말로 다 표현할 수 없는 배신감, 분노, 억울함, 그리고 꼭꼭 묻어둬야 했던 슬픔들이 당신의 입으로 마치 남의 애기 하듯이 술술 씨줄날줄 베를 짜듯 짜여져 나왔다. 그 애기들은 딸인 내가 미처 짐작하기 어려운 당신만의 삶과 그 기억으로 모자이크된 하나의 독자적인 세계를 이루고 있다. 엄마의 애기를 들으면서 나는 엄마가 육친의 엄마 이상의 다른 모습 즉 한 여성으로 부각됨을 느낄 수 있었다. 십년간 우리가 서로 다른 삶을 사는 동안 모녀지간의 혈연관계가 같은 여성이라는 자아의식의 연대로 옮겨진 것이다.

엄마와 나를 여성으로 묶어주는 계기는 엄마의 꿈 애기였다. 첫 꿈 애기는 내가 태어나기 오래 전에 죽은 딸에 관한 것이고 다른 꿈 애기는 젊어서 죽은 숙모의 애기였다. 엄마의 현재의 삶은 엄마의 꿈속에서 되살아난 두 여성의 삶과 이어져서 하나의 역사를 이룬 것이다. 다음은 엄마의 꿈 애기를 풀어나가면서 여성의 자아상이 어떻게 정립돼 가는지 그 과정을 살펴보면서 엄마의 내면을 그려 보려고 한다.

엄마의 딸들

엄마는 육이오 동란 중에 첫딸을 잃었다. 그 이후 오랫동안 아주 잊었었는데 최근 들어 그러니까 작년부터 그 딸 꿈을 가끔 꾸었다. 그 꿈은 엄마가 아기를 업고 여기저기 헤매는 꿈이었다. 이런 꿈을 꾸고 나면 엄마는 꼭 몸이 아팠다. 어디 가서 점을 치니까 잃은 자식이 점괘에 나온다고 하며 그 자식을 위해 뭔가 해줘야 한다 했다. 엄마는 기독교인이었으므로 점쟁이가 제의한 어떤 것도 할 수 없는 형편이어서 그냥 왜 느닷없이 그 아이가 꿈에 나올까 의문만을 지닌 채 여지껏 지내온 터였다. 사실 이 꿈 얘기는 나에게 처음으로 밝힌다고 하셨다. 엄마는 전쟁 당시 다섯살이 된 딸이 있었다. 예쁘고 야무진 아이였다 한다. 그런데 소아마비로 오른쪽 팔을 못 썼던 것이 엄마에게 늘 가슴 아팠다. 엄마는 그 딸이 가여워 "더 크기 전에 죽어버리라"고 늘 말했다 한다. 그러면 그 아이는 나는 안 죽는다고 앙칼지게 대답하여서 엄마는 더 속을 앓았다. 그 딸 아래로 또 하나 딸이 더 있었는데 전쟁의 와중에서 태어났고 돌 전에 이름도 짓지 않은 채로 돌림병에 걸려 죽었다. 둘째 딸은 이름이 없어서인지 정이 안 들어서인지 꿈에 나타나지도 않고 생각나지도 않지만 첫째 딸은 다른가 보다고 엄마는 말했다. 전쟁 중에 아버지는 객지에 나가 계셔서 아이들을 친정에서 죽 데리고 있었는데 둘째 딸 죽은 다음 어느 눈 많이 오는 날, 큰 딸아이를 데리고 십여 리 길을 걸어 시댁에 가게 됐는데 당시에는 옷을 제대로 입지 않아서인지 그 아이는 동상을 입었고, 시댁에 도착하자마자 심한 열병을 앓았는데 약이 없어 그냥 죽게 내버려 둬야 했다. 죽기 싫다고 소리치며 큰 딸은 죽었다 한다. 엄마는 그 딸에 대한 기억이 생생하신지 내가 어렸을 때는 나의 모습이나 성정이 큰 언니 닮았다고 말씀하시곤 했다. 나 자신도 가끔 나의 운명과 내가 태어나기 전에 죽은 그 언니를 연결시켜 보기도 했다. 내가 제때에 결혼을 하지 못한 것, 몸이 아플 때, 이유도 없는 우울에 빠질 때 문득 죽은 언니를 생각하곤 했다. 언니가 시샘하여 여자로서의 내 인생이 순조롭지 못한지도 모른다고 상상하기도 했다. 미신

일는지 모르지만 엄마도 나의 상상을 아주 무시하지는 않으셨다. 어떻게 보면 나의 자아 인식과정에 있어서 그 죽은 언니의 혼령은 자아의 어두운, 감추어진 측면에 엄연한 자리를 차지하고 있었다 하겠다.

돌아온 딸

그런데 왜 엄마는 내가 10년의 외국생활에서 돌아올 즈음에 그 언니의 꿈을 꾸었을까? 엄마는 이 딸을 기다리면서 수십년 전 잃은 딸을 기억해 낸 것이다. 엄마에게 신병을 주고 가슴을 의혹의 먹구름으로 가리우면서 왜 죽은 딸의 영혼은 돌아왔을까? 혹시 엄마는 나의 오랜 부재를 죽은 것으로 인식하고 있지는 않았을까? 엄마의 내밀한 무의식 속에는 죽은 아이 산 아이 모두 살아 있는 것이다. 과거와 현재의 시간은 경계가 없이 엄마와 딸로 이어지는 여성의 삶이라는 우주 안에 뒤섞여 있다. 한 사람이 자기가 살아온 이야기를 말하는 가운데 과거의 사실은 연속적으로 현재의 시간에 투사된다.

그리하여 그 살아온 이야기는 그 사람이 어느 시대에 살고 있든 그 시점에서 자신이 지니고 있는 자아상을 형성하는 데 중요한 요소가 된다. 삶의 이야기는 하나의 픽션작품이며 상상력을 불러일으킨다. 엄마는 자신의 이야기를 하면서 소설을 써도 몇 권은 되고, 나 죽기 전에 녹음을 꼭 해둬야 한다고 말했다. 실제로 엄마는 자신의 얘기를 하면서 자서전 소설을 쓰고 계셨다. 이야기를 하는 과정에서 말하는 사람에게 의미 있는 정도에 따라 그 사람은 삶의 사건들을 재구성하여 자신이 주인공이 되는 하나의 완결된 신화를 만들어낸다.

엄마는 나에게 당신의 꿈 얘기를 하면서 자신이 만들어낸 신화의 주인공이 되고 또한 자신의 삶을 독자적으로 만들어 가는 것이다. 엄마의 삶의 픽션에는 자신의 낳은 세 딸 중 유일하게 살아 있는 나뿐 아니라 오래 전에 죽은 두 딸의 삶도 한 가지 여성의 삶에 용해되어 있다. 엄마는 죽은 딸의 이미지가 불러일으키는 전쟁 당시의 고통을 상기하면서, '엄마'로서의 자아를 재확인하고 현재 중년 여성으로서 자신이 처한 불안과 질병의 상황에 대하여 새로운 해석을 해본 것이다. 죽은 딸은 '엄마의 아이'로 기억된다. 아버지는 나에게 직접 죽은 언니 얘기를 한 적이 없고 물론 꿈을 꾸지도 않았을 것이다. 엄마와 딸로 이어지는 여성의 역사는 아버지의 존재 밖에서 독립적으로 이어진다.

엄마의 소리

엄마의 결혼은 구식이었다. 자손을 바라는 집안에 들어와 엄마가 첫딸을 낳자 할아버지는 물론 아버지도 첫아이를 반기지 않았다. 당시 아버지는 서울에서 대학을 다녔기 때문에 엄마는 친정에서 아기를 길렀다. 가끔 방학 때 처가집에 들른 아버지는 딸이라고 그리 이뻐하지도 않았다. 딸 셋을 엄마는 아버지 부재중에 낳았고 두 딸의 죽음을 외롭게 혼자 감당해야 했다. 셋째 딸인 내가 유일하게 생존했는데 두 딸을 일시에 잃고 허탈한 가운데 생긴 나를 엄마는 임신중에도 무척 소중하게 생각했다. 할아버지는 이제 다시 딸 낳으면 이혼시켜 새장가 들이겠다고 으름장을 놓는 불안한 상황이었다. 엄마는 내가 딸인 줄 알고 통곡했다. 할아버지는 미역도 내주지 않고 고모가 몰래 차려 놓은 삼신상을 홍두깨로 다 부숴 버렸다. 삼신을 위협하여 다음에는 아들을 내놓으라는 주술적 행위였으나, 그것은 즉시 효과가 있어서 내 밑으로 남자동생 셋을 보게 됐다. 엄마는 할아버지로부터 각별한 사랑을 받았다. 남편에게서 받는 애정이란 것도 '아들 낳은' 며느리가 받는 온정이었으리라. 남성지배사회에서 '아들 낳아준 며느리'가 이상적인 자아상이라 한다면, 꿈 얘기에서처럼 '딸아이의 엄마'로서의 자아상은 반사회적 자아상이다. 사회적으로 거부된 자아상은 엄마 주관성의 변두리에 그늘져 있다가 엄마가 사회적으로 소외당할 때, 탄탄하게 엄마의 존재를 받쳐주던 가부장제 위력의 무상함을 인식하게 되는 노후에 이르렀을 때 엄마 삶의 한가운데로 뛰쳐나와 엄마를 위로하는 것이다.

내가 대학 졸업 후 공부를 더 한다고 할 때나, 혼기에 유학을 떠나겠다고 했을 때도 엄마는 나를 만류하지 않았다. 지금도 나에게 구차하게 결혼하느니 혼자 사는 게 좋을 것 같다고 말씀하신다. 여기서 엄마는 진보적인 것 같지만 사실은 그렇지도 않다. 엄마는 한 여자가 남자 한 사람에게 기댈 수 있는 것도 엄연한 한계가 있음을 절실하게 깨닫고 계신다. 결혼에 대하여 초연하신 듯한 태도의 이면에는 결혼 생활에 대한 짙은 회의와 원망이 자리잡고 있다는 것을 뒤늦게 알게 됐다. 이쯤에서 엄마의 꿈 얘기 중 두번째 여성 얘기는 엄마의 또 다른 자아상을 나타내준다.

엄마의 아픔

내가 돌아왔을 때 엄마는 아버지와 각방을 쓰고 계셨다. 아버지는 안방에서 주무시길 원하지만 엄마가 내쫓다시피하여 따로 방을 쓰신다고 했다. 그 이유는 아버지가 코를 골기 때문에 잠을 잘 수가 없어서라고 하지만 아버지에 대한 증오에서 비롯된 것임을 나는 나중에 알았다. 두 분은 방을 따로 쓸뿐 아니라 모든 하루의 일과가 완전히 구분되어 있었다. 엄마는 세 끼 식사준비하고 집안정리, 빨래하는 주부의 일이 자신의 의무라고 생각하면서 독감으로 오랫동안 앓아 누워 있을 때도 당신의 일은 어김없이 해냈다. 식탁에 음식을 차려놓고 당신은 그냥 방에 들어간다든지 혼자 당신이 좋아하는 TV 프로그램을 본다든지 할 때 보이는 엄마의 저항의 몸짓이 어떤 연유에서인지 알 수 없었다.

엄마는 남모르는 고민이 있었다. 어느날 해질녘 거실에서 엄마가 나에게 해준 얘기는 정말 금시초문이었다. 늙으시면 두 분밖에 의지할 분이 없으니 합방하고 아버지를 불쌍하게 생각하여 부드럽게 대해 주라고 권고를 한 뒤였다. 엄마는 이제 너도 나이가 이만큼 들었으니 이 얘기를 너에게 할 수 있겠다 하시며 말문을 여셨다. "달리 아버지를 미워하는 것은 네 아버지는 여자를 모르기 때문이다. 여자를 무시한다. 젊어서 죽을 병을 앓으시면서 독한 약을 너무 많이 써서 성기능을 잃어버린 것 같다. 자식 생길 때 외에는 여자를 모른다. 젊었을 때는 혼자 많이 울었고 그 일로 아버지 닦달도 많이 했지만 무시했다." 이 이야기는 자식인 나의 입장에서 알 수도 없고 상상하기조차 어려운 엄마의 상황을 보여 줬다. 아버지가 엄마를 무시하는 태도를 보인 적은 있었으나 그것이 학력의 차이 때문이 아닌가 어렴풋이 짐작을 했을 뿐이다. "아버지는 한 요에서 자더라도 등을 딴 쪽으로 돌리면 다시는 이쪽으로 돌리지 않았다."고 말씀하시는 엄마의 처절한 성적 고독의 이야기는 나를 엄마와 더 깊은 연대에로 이끌었다.

엄마와의 연대

엄마의 거부된 성적 자아 얘기는 죽은 딸아이의 꿈 얘기에 이어 죽은 숙모의 꿈 얘기와 관련이 있다. 이 숙모에 관한 얘기는 30년 전 엄마에게 신병을 주며 괴롭혔던 여자원혼에 관한 것으로 늘 들어온 터였지만 이번에 다시 들을 때는 같은 여성의 이야기로 들었다. 엄마가 30대 중반을 넘어섰을 때다. 우리는 지방도시에서 살았는데 집 가까이 굿당이 있었고 자주 거기에 드나들던 기억이 있다. 엄마는 악몽에 시달렸는데 젊은 여자가 하얀 옷을 입고 울 밖에 서서 울고 있는 꿈이었다. 점을 쳐 보니 그 여자는 스물아홉에 죽은 엄마 친정의 작은 숙모였다. 그 숙모는 정신이 모자란 남편에게 시집와서 마음고생만 하다가 시름시름 병명도 모르는 병을 앓다가 약도 쓰지 못한 채 죽었다. 그 숙모는 어린 조카딸인 엄마를 유달리 아꼈는데 그 숙모의 가슴에 맺힌 한이 엄마에게 씌운 것이라고 한다. 엄마가 그 숙모의 꿈을 꾸면 꼭 몸에 신병이 생기고 마음이 무척 불안해졌다 한다. 엄마는 머리맡에 식칼을 묻어 두고 자기도 했고 숙모의 원혼을 달래기 위해 여러 번 굿도 했다. 그러나 굿은 효과를 못보고 계속 엄마는 배짝 말라갔다. 점쟁이가 일러준 대로 마지막 방법으로 숙모의 묘를 이장할 때 엄마도 일부러 시골에 내려가 숙모의 뼈를 만지며 그만 정 떼고 좋은 곳으로 가라고 빌어주고 나서야 악몽에서 헤어나고 건강도 되찾았다. 나는 여기서 왜 삼십대 중반에 들어선 엄마에게 오래 전에 죽은 숙모 영혼이 씌웠을까 의문을 갖게 됐다. 여자로서의 성적자아가 완숙되어가는 시기에 엄마는 더욱 골이 깊게 파이는 외로움을 삭였고 무의식에 각인된 숙모의 원혼 이미지와 당신의 이미지가 중복되면서 그런 악몽을 꾼 것이 아닐까. 남편의 온전한 사랑을 받지 못하고 가슴에 한을 품고 죽은 작은 숙모의 운명이 비슷한 외로움을 삭여야 했던 엄마에게 반복되는 것 같은 환상에 빠졌을 수도 있다. 엄마가 독방을 쓰면서 아버지를 거부하는 결단은 거의 복수에 가까운 감정이라고 볼 수 있다.

엄마가 작은 숙모의 뼈를 어루만지며 이제는 맺힌 한 풀려 가라고 애원하면서 이어진 한집안 내 여자들간의 유대는 요즈음 동년배 엄마친구들과의 끈끈한 우정관계로 바뀌어졌다. 집에 있을 때는 우울하고 가사일을 짜증내는 엄마는 친구들과 만나 담소하고 화투치며 노는 날에는 완전히 다른 사람같이 보인다. 한 달에 한 번 모이는 친목계가 세 개 있고, 그 외에 수시로 모여 시간을 같이 보내는데 아버지가 지방에 갈 때는 놀며 밤을 같이 지새는 때도 있다. 만나면 특별히 할 얘기는 없지만 웃고 장난하고 작은 화투판 치는 재미가 좋다고 하셨다. 밖에 나가서 친구들과 즐겁게 지내다가 집에 돌아와 아버지 얼굴을 보면 다시 가슴 답답해지는 증세가 도진다고도 하셨다. 가족관계나 친척의 의무 등을 떠나 잘난 체해도 이쁘게 봐주는 우애 어린 친구관계에서 엄마는 자율적인 자아상을 만들어가는 것이다. 그리고 엄마의 경우 그 자아상은 자신과 처지가 비슷한 모든 여자들에 대한 관심과 동정, 애정으로부터 발생하는 것을 볼 수 있다. 엄마는 TV프로그램 중에서도 멜로드라마와 주부들을 대상으로 한 프로그램을 즐겨 보는데 그 중 주부가요열창을 무엇보다 좋아하신다. 아마추어인 주부들이 열창하는 모습에서 엄마는 공감을 얻는가 보다. 《절반의 실패》와 같은 미니시리즈를 보며 여성의 문제에 같이 울고 웃고 하면서 한편 주부가요열창에 나오는 주부들의 열의에 찬사를 보내며 으뜸주부 뽑는 프로그램에서 소개되는 완벽한 주부상에도 감탄하는 그런 엄마이다. 엄마의 자아상은 남성지배문화 안에서 반드시 억압받은 양상을 띠고 있는 것은 아닌 것 같다. 오히려 독립적으로 엄마에서 딸, 그리고 여자친구로 이어지는 생활세계를 형성한다.

다시 풀어보면 엄마는 아들만이 사람으로서의 주체성을 갖는 우리 사회에서 딸과 엄마로 연결되는 여성의 주체성을 지켜왔고 위기에 봉착하거나 노년의 심적불안에 빠졌을 때 자신의 정체성을 되찾는 일을 의식적, 무의식적으로 해왔다고 볼 수 있다. 엄마는 자신의 성적욕구를 정당하게 인식하고 있으며 그것이 충족되기를 바라는 적극적인 의지를 가지고 있기 때문에 구조적으로 묵인된 아버지의 무능에 대하여 분노하고 남자의 성을 거부하기에 이른 것이다. 동년배 여성들과의 감정적인 연대는 순전히 여성들만의 세계인 것이다. 엄마 일생을 통하여 여자들로 엮어진 자아의식은 이렇게 각 단계마다 늘 새롭게 창조되어 왔다. 엄마의 자율적인 자아상은 '딸아이의 엄마'로서 그리고 '한 여성'으로서 엄마 스스로 창조해낸 것이다. 한편 나는 엄마의 생활세계에서 색다른 위치를 차지하고 있다. 나는 딸이긴 해도 사회활동상 엄마보다 아버지와 더 가깝기 때문에 엄마는 나에게도 아버지에 대해 가지신 저항을 보이신다. 엄마는 스스로 속았다고 느끼시는가 보다. 당신의 자아를 확대시켜 주길 기대했던 딸은 일단 그 기대를 성취시켜 주고는 배신한 것이다. 엄마가 차려준 밥상머리에서 종종 아버지와 나는 엄마가 알아듣지 못하는 언어를 섞어가며 시사토론을 벌일라치면 엄마는 소외됨에서 오는 고통의 표정과 아울러 그만 밥이나 먹으라고 우리들에게 핀잔을 줄 때도 있다. 딸이 엄마일 거들어 주지 않고 아침에 일어나 조간신문이나 펼쳐놓고 앉아 있다고 느닷없이 화를 벌컥 내시기도 했다. 나의 행동에 대한 엄마의 판단과 반항은 바로 엄마가 딸을 여성으로서의 연대의식으로 바라보기 때문일 것이다. 어쩌면 나로부터 동료와 같은 것을 기대하는 것이다. 엄마가 아버지하고 더 이상 같이 못살겠으니까 재산을 반으로 갈라 따로 나가 살겠다고 부부싸움을 하실 때 엄마는 꼭 나와 같이 나가 살겠다고 주장하신 적이 있다. 나는 종종 이런 일로 곤혹스러운 지경에 빠지지만 한 가지 사실은 분명하다. 엄마의 삶은 딸에서 엄마로 이어지는 역사를 가지고 있고 이러한 면에서 아버지의 삶에서 독립된 영역을 차지하고 있다는 것이다. 나는 자신이 중년에 접어들어가는 길목에서 엄마를 한 여성으로서 만나 내가 누구인지 되돌아 볼 수 있게 됐다. 엄마의 여성으로서의 자의식은 엄마와 딸, 엄마와 숙모, 그리고 여자 친구들로 구성된 여성집단을 통하여 처음부터 존재해 왔고 여자 일생의 과정을 통하여 새롭게 재창조되어 왔다. 외롭게 소외되어 죽은 딸의 죽음을 기억하며 완전한 사랑을 희구하며 소리없이 죽어간 작은 숙모의 원혼을 기억하며 엄마는 여성으로서의 자아를 재발견하고, 이 별다른 기억술로 엄마는 남성지배사회에서 자신의 위치를 늘 새롭게 확보해 나왔다고 하겠다. ■

원시채집 경제의 울창한 밀림 속을 헤매며
여자라는 과일맛이 다네, 떫네,
맥주를 마시는 구석기인들이다가
열 번 찍어도 안 넘어가는 나무에 악 받친 타제석검,
너무 쉽게 떨어지는 과일에 재미 잃은
참신한 과일이 그리운 돌도끼이다가
요즘 과일 중엔 사람이 되려는 과일이 있다고
계집도 해방되고 사내도 해방되어
똑같이 살아보자는
돼먹지 않은 과일이 있다고
불안한 과수원 주인이다가
처첩들 이 하늘 아래 싸움없이 살면
그게 평화고 평등이라는
이 노릇도 고달프다고 우기는 가부장이다가
—— 김경미, ‘1980년대 한국 여성관’ 중에서

악으로 버텨야 하나

구희숙*

일찌기 여성문제에 눈 뜨게 한 아버지와 어머니

　부농의 세째 아들이었던 아버지는 서울유학까지 한 엘리트였다. 큰아버지의 방탕이 할아버지의 노여움을 사는 바람에 학업을 마칠 수는 없었으나 분가해서 주조업으로 성공한 시골의 재벌이었다. 많은 농토도 소작을 주어 그 인근에서는 가장 알아주는 유지였으며 한량이었던 아버지는 얼마나 유명했는지 30년이 지난 지금도 고향에 가면 아버지 이야기가 많이 들린다. 섬진강에 배를 띄워 놓고 기생을 데리고 시조를 읊는 뱃놀이도 하였고 바둑은 명수인데다 또 퉁소를 얼마나 잘 불었는지 늦은 밤 온 집안을 감싸는 퉁소 소리가 아직도 귀에 생생하다.

　그러나 내 기억 속의 아버지는 자기 자신만을 위하여 사는 위인이셨다. 좋은 것 모두, 하고 싶은 것, 갖고 싶은 것은 다 차지하시고 가족에게는 인색한 그런 분이었기에 어린 나의 눈에도 어머니가 너무 불쌍하

---

* 1950년 출생으로 일찌기 가정 내의 여성억압과 불평등한 구조를 깨닫고 온 몸으로 항거하며 극복하려고 애썼다. 그러한 개인적인 노력이 주부아카데미 교육 후 사회적인 노력으로 전환되면서 요즈음은 공해추방운동연합의 여성위원으로 일하고 있다.

였다. 상당한 미인이셨고 손재주가 많았던 어머니는 그 큰 살림을 도맡아 잘도 해내셨다. 아버지는 어쩌다 감독만 하셨고 모든 힘든 일하며 사람 쓰는 일, 그 많은 제사, 명절, 설빔, 바느질 등……어머니는 철인처럼 빈틈없이 해내셨다. 게다가 우리 8남매를 출산하는 일도 전부 스스로 해결하셨다. 아무도 들어오지 못하게 하시고……나는 그런 어머니를 바라 보면서 어른이 되는 것을 두려워하게 되었다.

아버지는 순전히 권위만 갖고 있었지 실제적으로 우리 집은 전적으로 어머니의 힘으로 이끌어져 가고 있었다. 하지만 돈과 재산에 대해서는 어머니에게는 조그만한 권리도 주어지지 않았을 뿐 아니라 이기적이고 방탕한 아버지의 바람기 때문에 늘 마음이 편하지 않으셨다.

하루는 아버지를 따라 아버지의 작은 집에 간 적이 있다. 누군지 몰랐지만 나에게 매우 잘 해주어 기분이 좋았다. 집에 돌아와 어머니께 아무 생각 없이 이야기를 했는데 그때 어머니의 착잡한 표정에서 나는 어떤 느낌을 받았고 그 마음을 이해하며 그 아픔에 동감하기 시작했다. 이와 더불어 아버지에게 반발하게 되었다.

어머니는 아버지의 여자 문제로 마음병을 앓으면서 담배를 배우셨다. 잠이 오지 않는 밤을 지내기 위해 냉수를 마시면서 배우기 시작하였단다. 나는 어릴 때 담배가 없으면 안타까와 하시는 어머니를 위해 집안을 함께 뒤지며 어머니의 아픔을 같이 앓았다. 나는 같은 여자로서 어머니의 아픔을 참으로 예민하게 공감하면서 여자의 삶이나 여자에게 불평등한 가족구조에 빨리 눈뜨게 되었다. 우리 어머니처럼 사는 것이 여자의 길이라면 결코 결혼 같은 것은 하지 않겠다고 생각했다. 아니 차라리 여자이기를 포기하고 싶었다. 얼마나 힘들고 어렵고 희생만을 강요당하는 삶인가!

한편 나는 여자가 남자보다 못난 게 없다고 생각하며 자랐었다. 아마 부모님께서 우리를 키우실 때는 아들 딸 구별 않고 키우셨던 모양이다. 그런데 결혼만 하면 여자는 일방적으로 불리하게 된다고 느꼈던 것 같다.

홀로 서기

내 생애 중에 가장 경제적으로 윤택했던 어린 시절은 꿈 같은 고향을 떠나면서 끝이 났다. 내 고향은 지리산과 섬진강 사이에 위치한 아름다운 마을이었다. 갖가지 추억이 있어 나중에 삭막한 도시에서 생활할 때도 눈을 감으면 떠올라 절망할 때나 우울할 때 생의 활력소처럼 희망과 위안을 주는 그런 고향을 나는 갖고 있다.

도시로 이주하게 된 이유는 아버지의 사업전환이었다. 우리는 고향을 떠났다는 아픔 이외에도 사업실패로 경제적 빈곤까지 겹쳐 온 식구가 짐이 되어 어머니에게 더욱 큰 희생을 강요당하게 되었다. 아버지는 끝까지 재기하지 못하였고 끝내는 정신마저 혼미해져 자신을 추스리기에도 힘겨운 무력한 위인으로 변하였다. 남은 가족은 모두 어머니만 바라보게 되었지만 어머니 또한 체면과 사회성 부족으로 그 한계를 넘지 못하셨다. 그때는 누구나 할 것 없이 어려운 시절이라 돈을 벌기도 어려워 어머니는 삯바느질을 시작하셨다. 그때 얼마나 바느질을 많이 하셨던지 오른쪽 등이 왼쪽보다 더 많이 굽으셨다. 3년 터울의 줄줄이 8남매가 학교에 다녔으니 끼니도 잇기 어려운 형편이었지만 공부들을 잘한다는 이유로 겨우 학업을 유지해 나갔었다. 모두들 적응하기 어려웠지만 내색하지 않고 발버둥치며 열심히 노력하였으나 나만이 유일한 불씨였다. 한창 반항기의 나이이기도 했지만 나는 위선적이고 소극적이며 나약한 우리 집안의 생활방식이 싫었었다. 좀 잘 살았다는 옛 체면이 문제인가. 나는 생활에 대해 좀더 적극적이고 현실적인 대응이 아쉬웠고 불만이었다.

그 중 제일 미운 사람이 아버지였다. 아버지는 옛 모습을 영영 벗지 못하고 책임마저도 저버린 채 무위도식하는 한량에 머무르고 갈았다. 나는 아버지, 어머니, 오빠, 언니 모두에게 대들었고 하루도 편한 날이 없었다. 나에게는 학교만이 유일한 위안이었다. 학교에서는 우등생, 집에서는 열등생의 이중 생활 속에서 더욱더 염세적이고 부정적인 모습의 삶이 내게 다가오게 되었고 삶 자체가 짐스런 아픔으로 느껴졌다. 하지만 나는 좌절하지 않고 버티었고 끝내는 남의 아픔도 진심으로 함께 할 수 있게 되어 갔다.

나는 기독교 계통의 남녀공학 고등학교에 다녔다. 공부도 잘하고 예쁘장하게 생기다 보니 나에게 호감을 갖는 남학생이 꽤 많았다. 그러나 나는 칼날 같았고 얼음이었다. 일찍 어려움을 겪은 나로서는 그들이 모두 어려 보였고 사실 관심도 없었다. 아버지에 대한 반발이 남자에 대한 도전으로 변해 그들과 똑같이 경쟁해 이기는 데만 온 힘을 모았다. 실제로 공부는 흉내만 내었지 잡념이 많아 별 성과는 없었는데도 '남자보다 못하다' '여자니까 별 수 없다'라는 소리가 죽기보다 듣기 싫어 끝까지 버티는 데는 성공했다. 이런 갈등 속에 기독교에 관심을 갖게 되었지만 3년 동안 부정만 하였고 믿는 데는 오랜 시일이 걸렸다.

나는 '독립만이 내가 살 길이다'라고 결론을 내리고 진학에 관한 책을 사 구석구석 뒤져 제일 좋은 조건의 3년제 간호학교를 택했다. 온 집안과 학교에서 반대를 했고 병원은 정말 싫었지만 문제가 되지 않았다. 모두에게는 매력 없이 보일지 몰라도 나에게는 아무도 의지하지 않아도 되고 간섭받지 않고 스스로 공부할 수 있는 유일한 희망이었다. 그 간호학교에 합격했을 때 나는 뛸듯이 기뻤다.

짐을 꾸려 집을 떠나면서 식구들에게 앞으로 내 평생 스스로 책임지고 실망시키지 않을테니 일체의 걱정이나 간섭은 하지 말라고 못을 박았다. 얼마나 당돌하고 못된 모습이었을까.

간호학교에 들어와서는 그동안 괴로웠던 집의 일들을 잊을 수 있어 좋았다. 좁지만 나만의 공간이 있고 아쉬운 소리 안해도 의식주를 해결해 주는 그 학교가 나에게는 구원의 여신이었다. 단 하나 불만이 있었다면 나를 향수병으로 멍들게 한 삭막한 서울 한복판의 주위환경이었다. 그래도 의미 있는 서울 생활을 만들려고 신앙생활, 독서 서클, 등산 등에 열심을 내었다. 단 하나 연애만은 금기였다. '연애는 싹부터 잘라

라’ 하는 것이 내 신조였는데 졸업한 다음 외국에 나가리라 생각한 것
——일종의 도피였던 것 같다——과 남자에 대한 경쟁심리가 함께 작
용했던 것 같다. 모든 일에서 남자들과 경쟁하려 들었었다. 등산을 가도
남자보다는 앞서야 해서 이를 악물고 올라갔고 남자들의 전유물로 되어
있는 ‘술’에도 도전해 지지 않으려고 긴장한 채 무릎을 꼬집으며 마셔대
었다. 나에게 가장 치욕적인 소리는 여전히 ‘여자니까 별 수 없군’하는
소리여서 ‘주당’이라는 소리도 절대 불명예로 생각지 않으며 당당하게
끼어 들었으니 얼마나 악발이로 보였을지. 또한 남자들의 그 근엄한 표
정 뒤에 숨겨진 야비함을 내 눈으로 확인하고자 기회가 있을 때마다 여
자 있는 술집, 요정, 스트립쇼 하는 나이트 클럽 등 다 가 보았다. 이런
나였으니 어느 누가 감히 연애 상대로 생각할 수 있었을까.

　이렇게 괴팍하게 보낸 4년의 서울생활은 그런대로 만족스러웠다. 발
랄한 학교생활과 서클 활동 그리고 여행 등으로 분주하게 보내면서 더
이상 슬픔이나 아픔은 없는 듯했으니까.

　졸업 후에 배치된 곳은 수술실이었다. 거부감도 없진 않았으나 나는
주어진 여건에 순응하며 열심히 일해 인정을 받을 수 있었고 또 매력도
있었다. 수술실은 항상 긴장감이 감도는 곳, 늘 긴급함을 요하는 곳이어
서 정말 일에 열중할 수 있어 좋았고 하루하루 보람이 있었다. 또 나로
서는 전혀 기대하지 않았던 순수한 노동의 기쁨이 삶의 보너스인 양 희
열을 느끼게 해주었다.

　그러나 그곳에서 나는 엉뚱하게도 십년 연상의 외과의사를 짝사랑하
는 열병을 앓았다. 순전히 불가항력적인 경험이었다. 나는 몽유병에 걸
린 사람처럼 그 사람을 좋아했으며 소문은 이상하게 퍼져 있었다. 서로
갈 길이 달랐으므로 한 번의 언약이나 확인도 없이 속으로만 앓다가 그
사람은 결혼을 하였고 나는 한국을 떠났다. 나는 이미 그전부터 독일행
을 계획하고 있었었고 그 사람의 결혼이 내 결심을 굳히게 해주었다.

타국생활이 준 새로운 분노

독일행은 일종의 도피였다. 그때 내 나이 23세로 혼기의 시작이라고 모두들 말렸지만 나는 결혼하고픈 마음은 추호도 없었기에 미련없이 조국을 떠났다. 암울했고 상처 투성이인 고국에서 벗어나 전혀 다른 세계에서 새로운 삶을 시작하고 싶었다. 그러나 그곳은 과연 어떠했는가?

답은 '천만에, 아니올시다'였다.

1970년대 당시 국가시책으로 많은 간호원의 국외 취업이 권장되었고 큰 붐을 일으켰는데 나는 더 많은 곳을 여행할 수 있는 독일의 계약조건이 미국의 조건보다 좋아 독일을 택했다. 우리들은 미리 그룹으로 교육을 받고 마치 수학여행이라도 떠난 학생들처럼 전세 내다시피 한 비행기 여행의 즐거움도 만끽하며 꿈과 기대에 부풀어 있었다. 그 꿈은 잠깐, 비행기에서 내리자마자 우리의 고상한(?) 엘리트 의식은 팔려 온 이방인 노동자라는 딱지로 여지없이 격하되었다. 게르만족이라는 그들 특유의 우월감은 누렇고 조그만 동양의 이름조차 생소한 한국에서 온 우리들을 흑인보다도 못하게 평가하였다. 선망의 대상이었던 그곳은 순식간에 살벌한 싸움터로 변하는 듯했고 우리는 적응하려 온 힘을 다해 긴장하며 힘들여 열심히 일을 했지만 언어와 사고의 차이는 우리를 수많은 차별과 불이익 속으로 몰아 넣었다. 아마 한국에서 그렇게 열심히 일했으면 표창을 받았을 것이다.

내가 숱한 수모를 겪으며 5년 동안 일한 병원은 베를린 외곽지대(동독과의 경계선이 우리의 자전거 산책 코스였다)에 위치한 개신교 소속 병원이었다. 그 병원은 우리 나라에는 없는 종파의 개신교 수녀들이 운영하고 있었고 거의 모두가 전쟁을 경험한 60세 전후의 할머니들이었다. 가혹한 전쟁을 겪어서인지 오랜 독신생활 때문인지 모르겠지만 얼음처럼 차고 인간미 없는 사람이 많았다. 나도 기독교인이지만 그들에게서 기독교인의 사랑 따위는 기대하기 어려웠고 오히려 비기독교인들보다 더 혹독했다.

나를 가장 괴롭히는 것은 우리 나라를 미국의 꼭두각시고 독재국가라고 늘상 경멸하여 우리 민족적 자존심을 건드리는 그들의 비웃음이었다. 어디서 찍었는지 산동네와 오지벽촌만 찾아 그 당시 어려웠던 우리 형편을 구석구석 찍어 TV로 방영해 우리를 기죽게 했다.

매일매일이 지옥의 연속이었다. 숙소에 돌아와 전축을 크게 틀어 놓고 목놓아 울 때도 많았고 자존심을 버리고 일터에서 눈물을 보일 때도 많았다. 너무나 무지하고 순진하고 꿈 많은 처녀였던 우리들은 정신적 학대와 향수병 등 이중 삼중의 고초를 겪으며 견디어야만 했다. 그런 우리들의 눈물로 벌어들인 마르크가 당시 한국 경제의 발전에 큰 기여를 했음을 아무도 부정하지 못할 것이다.

외국에 나가면 모두 애국자가 된다는 소리를 우리는 온 몸으로 느꼈다. 우리는 조국을 사랑하는 마음으로 한국 상품을 소중히 여겼고 우리 나라가 잘 산다는 것과 좋은 소식은 정말 큰 힘이 되었다. 좋은 예로 한국의 피아니스트 정명훈이 베를린에 와서 베를린 필하모니와 협연을 한 일이 있었다. 많은 한국 간호원들은 성장을 하고 그 음악회에 참석해 두 손이 붓도록 울며 박수를 쳤다. 아마 그때의 감동과 감격은 다른 사람은 이해하지 못할 것이다.──야! 다들 봐라. 너희들이 무시하는 한국이 낳은 피아니스트가 너희가 가장 자랑하는 오케스트라와 협연을 한다. 너희들이 격찬하는 그가 바로 우리 한국인이다.──우리는 을면서 속으로 외치고 또 외쳤다.

이런 외적인 어려움 이외에도 많은 내적 갈등 때문에 자살하거나 정신병원에 간 간호원들이 많았다. 나와 함께 같은 병원에 배치된 한국 간호원은 8명이었다. 그 중 한 명은 애인의 변심으로 자포자기한 생활을 하며 방황하다 끝내 자살을 했고, 일찍 결혼해 군복무하는 남편 대신 시댁을 돕겠다는 안일한 생각으로 왔던 유복했던 성희는 23서 나이에 자궁암에 걸려 수술을 받았다. 많은 동생을 둔 맏딸로 동생들을 위해 전액 송금하고 있었던 통통하고 발랄하며 예뻤던 광희는 사관학교

출신의 장교인 남편과 사고의 차이로 헤어지고 독일인과 결혼을 하였다. 외로움 때문에 동성연애에 빠졌던 또 다른 성희, 나를 질투해 온갖 수단으로 독일인 수녀에게 아첨해 나를 어렵게 했던 귀자도 독일인과 결혼했다. 결국은 몇 명만이 귀국을 한 셈이다. 쌍둥이 동생들을 대학 보낼 때까지는 그곳에 남겠다던 어린 광희는——간호 고등학교를 졸업하고 그곳에 왔었다.——돌아왔을까? 열심히 벌어 아버지께 논도 많이 사드리고 동생들 선물도 많이 사서 돌아온 혜련이는 결혼을 했는지…….

우리들은 어려움을 함께 했기에 유달리 정이 돈독한데도 만나는 것은 그리 좋아하지 않는 것 같다. 그때의 상처들이 떠오르는 것을 싫어해서일까? 가족의 가난뿐 아니라 국가의 가난까지도 짊어지고 가족과 고국을 떠났던 수많은 간호원들. 그 중에는 결혼해서 큰 자식을 둔 중년여성들도 많았었다. 모두들 희생을 통해 구원을 받고자 했지만 끝내 해결되지 않는 문제들 때문에 돌아오기를 포기하고 그곳에 영주한 간호원도 상당히 있다. 영원한 이방인이 되어…….

나의 독일 생활 후반부는 한 곳(수술실)에 계속 있은 관계로 일에 대해서만은 최상의 인정을 받았으나 그러기 위해선 늘 그들보다 두세 배 더 뛰고 노력해야만 좋아했다. 나의 예민한 성격은 늘 완벽을 기하도록 했고 긴 수술 중 앉고 싶어 의자만 눈에 보이는 일이 없게 하기 위해서는 잠을 잘 자야 했는데 퉁퉁 부은 다리와 긴장 때문에 바륨(안정제)을 많이 복용하였고 나중에는 그것도 잘 듣지 않아 불면증으로 고생하였다.

그러나 몇 가지 위안이 있었다. 1달쯤 되는 긴 휴가기간 동안 세계 여러 나라를 여행하면서 만끽한 즐거움과 우물안 개구리를 벗어나 세계를 바라보는 새로운 시각을 갖게 된 것도 좋았었다. 병원의 기숙사가 숲으로 싸여 있어 주말에 자전거 하이킹이라도 할라치면 몇 시간이고 숲이 계속되고 간혹 멧돼지라도 만나면 도망치느라 혼줄이 나던 일, 끝없이 펼쳐진 호수와 주위의 숲이 어울린 한폭의 그림 위의 백조와 새들, 몰래 숨어 있다가 밤이면 나와 산책하는 사슴들…… 대도시로서는 상상을 초월하는 아름다운 자연의 추억들이다.

결혼을 결심

이 무렵 나는 중요한 생각의 변화를 겪게 되었다. 그때 내 나이 27세, 독일생활을 끝내고 한국에 돌아가려니 제일 염려되는 것이 결혼이었다. 그곳 독신녀(수녀)들의 인간미 없는 메마름에 환멸이 느껴져 독신에 대한 확신이 많이 허물어진데다가 간호원만으로의 내 삶의 한계가 느껴져 고민하기 시작했다. 귀국을 하기로 결정하고 준비하던 중 지금의 남편을 만났다. 공부하러 독일에 온 그는 오빠의 친구동생이어서 오빠의 소개로 몇 번 편지가 왔었으나 답장을 보내지 않고 있었다.

바로 그 즈음 평소에 이방인으로서 서로 격려하며 지내던 터어키 의사가 우리 나라 포항 근처에서 커다란 유전이 발견되었다는 기사가 독일 신문에 났다고 알려 주었다. 그 소식은 우리 나라의 가난이 끝난다는 최고의 소식으로 생각되어 기뻐서 가슴이 터질 것만 같았다. 무언가 해야지 가만히 있을 수가 없었고 그에게 답장을 썼다. 이게 인연이 되어 끝내 쏟아지지 않은 석유의 꿈은 내 운명만 바꾸어 놓았다.

우여곡절 끝에 우리는 결혼을 하였고 그의 직장이 있는 수원에서 신혼생활을 시작하였다. 남편은 말단 공무원이었으나 시댁에서 집을 마련해 주었고 나 또한 저축한 돈이 꽤 있어 우리의 출발은 순조로운 편이었다.

전혀 예상치 못한 난제들, 한심한 내 모습

그러나 이게 웬일? 시어머니와의 갈등, 임신, 출산, 육아.

오랜 외국생활과 가정에서 격리되어 살았기 때문에 전혀 준비가 없었던 나로서는 신혼의 단꿈은커녕 결혼 초부터 모든 문제들이 한꺼번에 들이닥쳤다. 돌이켜 생각해 보면 그때의 나는 우매하리만치 시집살이에 대해 예비지식이 없었다. 따라서 생활방식이나 고부관계 등에 전혀 여유 있게 대처하지 못해 시부모님의 기대에 미치기는커녕 미움의 대상이 되고 말았다. 나는 참담한 마음으로 사사건건 간섭으로 표현되는 시집의 입김에 하루도 평온한 마음을 가질 수 없었다. 이제 고국에 돌아와 독일 사람들의 시집살이에서 해방됨을 기뻐해 보려는 순간 나에게 들어닥친 동족이며 여성이며 한 가족인 시어머니의 시집살이는 날 절망하게 만들어 비참함을 떨쳐 버릴 수가 없었다. 수원이라는 낯선 고장, 덩그러니 커다란 2층집에 고립된 채 의논할 상대도 없어 남편만 바라보자니 모든 문제가 더 확대되어 느껴지곤 했다. 지금도 시어머니의 목소리만 들어도 가슴이 덜컹 내려 앉는 증세가 남아 있는 걸 보면 그 당시의 피해의식이 얼마나 컸는지 알 것 같다.

난 참 억울했다. 내가 그런 모습으로 시집 식구들에게 비인간적인 대접을 받으려고 그 어려운 삶을 승화시켜 가며 열심히 살아 왔단 말인가? 이런 생활이 나의 종점일 수 없다는 강한 반발이 일어났다. 결혼생활에는 어려서부터 아버지에게 느꼈던 '남성에 대한 여성문제'만이 문제가 아니라 여성간의 문제인 고부문제가 있다는 것을 예상치 못해 생긴 갈등은 나를 더욱 독한 여자로 만들어 갔다. 밟히면 더욱더 강해지는 내 근성으로 인해 나는 시어머니를 인내와 순종으로 대하지 못해 마찰이 잦을 수밖에 없었다. 하지만 십년쯤 지나니 자신의 틀이나 방식을 강요하지 못하고 마지 못해 인정해 주시는 정도가 되었다. 이러한 결혼생활이니 남편인들 마음이 편했겠는가? 그래도 남편이 중간역할을 잘해 주었고 늘 나의 아픔에 동조해 주어 큰 도움이 되었다.

그러나 남편 역시 독일에서와는 달리 점점 한국적인 권위적 남성으로 변해가는 것은 무척 섭섭한 일이었다. 처음에는 자신만이 사회생활을 하는 것을 미안해 하더니 점점 당당하게 주장하고 차츰 군림하려 하였다. 한국 사회가 다 그러니 어쩌겠느냐던 변명도 이젠 진리가 되었고 조금씩 협조하던 가사일에 대해서도 무관심해지기 시작하였다. 2년 터울로 두 아들을 두었는데 둘째 아이는 태어날 때부터 장이 나빴고 병치

레가 많아 너무 힘들었다. 큰 애는 거의 돌봐 줄 수 없었기에 정서도 불안한 상태였음에도 남편은 전혀 도움을 주지 않았다. 그 둘째 아이가 두 돌을 지낼 때까지 나는 그 아이를 간호하는 독간호원 엄마였다. 도와주는 사람 하나 없이 나는 외출도 못하고 아무런 문화생활도 없이 그저 두 아이에 묻혀 있었다. 이런 시간 동안 나는 또 한번 생을 사기당한 기분이었다. 그러는 동안 남편은 전형적인 한국 남편으로 변해 있었다. 귀가는 늦었고 늘 취해 있었다. 물론 남편은 남편대로 원하던 공부도 못하고 마음에 맞지 않는 직장생활이 힘들었다고 이해하려고 해도 여전히 밉고 섭섭했다.

하지만 결혼을 후회하지 않게 한 유일한 즐거움은 아이 키우는 것이어서 결혼 생활의 고비를 넘기게 해주었다. 둘째 아이는 힘들었던 만큼 정도 깊어 나에게 참 사랑을 깨닫게 해주었다. 사랑받지 못한 사람은 줄 줄 모른다는 통념을 깨뜨리며 종교적인 힘 이상으로 나에게 용기와 기쁨을 주었다. 나는 그 아이에게서 너무 큰 선물을 받아 이제 더 이상 받을 것이 없다는 생각이 든다.

우리는 아파트로 이사를 하게 되었고 아이들이 커 가면서 이웃과 왕래하게 되자 모든 문제는 나만의 문제가 아니라 우리 모두의 문제임을 알게 되었다. 우리 아버지 때와 변함없이 권위적인 남자, 그리고 그 남자 안에 안주하면서 길들여져 가고 있는 여자들을 보면서 자신의 삶을 살라고, 의존하면 안 된다고, 권리를 찾으라고 자극하면, 그들은 그 말을 듣는 것조차도 부담스러워 했다.

그들이 현명한 것일까? 결혼 초부터 주장하고 싸워 온 남녀평등이 남편에게 전혀 수용되지 않은 것 같은 회의가 들 때면 나도 가끔 그런 생각을 해 본다. 결혼 후 6~7년이 지나면서 나 또한 길들여졌는지 조금 여유 있어지는 시간을 집안 꾸미는 데 소일했고 가정에서 보람을 찾으려고 꽃도 많이 키웠다. 아이들이 커가니 교육에도 열을 올려 남 하는 대로 이것저것 시켜 보기도 했다. 남편은 점점 집안에서의 자기 자리를 굳혀 갔고 나한테서 존경까지 요구하며 내 불만을 물질적인 것으로 보상하려 했다.

남편이 능숙한 사회인이 된 만큼 나는 자신없고 초라한 여편네로 몰락해가고 있었다. 그는 나의 심정을 꿰뚫은 듯 여성 특히 주부의 사회참여의 부당성을 주장하면서 성차별은 당연한 것으로, 여자는 그저 집안에서 살림하며 아이 키우는 것이 최선이라고 주장하였다. 문제는 나도 차츰 여기에 동의하기 시작한 것이다. 외부와의 오랜 단절은 집 외의 어떤 곳에서도 위축되게 만들고 다른 곳에 나서는 것에 대해 공포증이 생기도록 만들었다. 이런 점에 대해서 나는 자신이 못나서 그런 것 같은 착각이 드는 반면 남편은 점점 위대해 보이게 되었고 나는 자꾸 위축되어 갔다.

그런 와중에서 더욱 사랑받는 아내이고 싶어 '사랑받는 아내 교실'도 참석해 보고 흉내도 내 보았지만 나는 어느 순간 깨달았다. 이건 아니라고…… 나는 동반자이길 원하지 보호받고 지배받는 아내이기는 싫다고.

울타리를 넘어서

나는 더 이상 말로 항변하는 것을 그만 두었다. 의사인 막내 이모부가 개업했을 때 모든 사람들의 만류에도 불구하고 출근하였다.

누가 원하느냐 원하지 않느냐도 따질 필요 없이 가정과 병원을 오가며 밤낮으로 미친 여자처럼 '수퍼우먼'이 되어 뛰었다. 어디서 그런 용기와 힘이 났을까? 내가 생각해 봐도 꼭 신들린 1년이었다. 육체적인 고달픔쯤은 아무것도 아니었다. 난 내가 좋아했던 일을 할 수 있어 좋았고 순간이나마 나만의 일을 만끽할 수 있어 잡다한 가정일을 잊을 수 있어서 좋았다. 그때 비로소 내가 왜 가정일에 만족할 수 없었는지, 나의 일에 미련을 버리지 못했는지 알았다. 그러나 그것은 오래 가지 않았다.

그 병원이 잘 되지 않아 지방으로 이전하게 되었고 우리 집 또한 아이들 문제가 심각했다. 밖으로만 돌며 집에 있기를 싫어하는 둘째 아이,

불장난을 한 큰 아이, 크게 흔들리는 모습들이었다. 그래도 병원이 잘 되었으면 아마도 계속하였을 것이다. 다시 돌아온 집안에서 이번에는 가정과 함께 지킬 수 있는 일감을 찾고 있다. ■

주부가 자유스럽고 당당해지기까지

김종미*

"지난 번 상담란에 실린 전업주부의 글을 읽고 참을 수 없어 이 글을 씁니다. 그 글을 쓴 이는 집안일과 직장일 양쪽으로 동분서주하는 우리 취업주부들을 허영과 이기심에 가득 찬 몹쓸 여자들이라고 매도했습니다. 직장을 가진 주부들을 단지 좀더 좋은 차를 타고자, 혹은 좀더 사치스런 물건을 갖기 위해 자신들의 분신이요 책임인 자녀들을 마치 헌 신짝 내동댕이치듯 출근길에 남의 손에 버려 놓고 뻔뻔스럽도록 이기적으로 사는 여자들로 몰았습니다. 그 글을 쓴 사람은 얼마나 많은 수의 일하는 주부들이 생활고에 시달려 일하지 않고는 살 수 없는 절실한 상황에서 직업전선에 뛰어든 것인지 알기나 하고 그런 소리를 마구 지껄였는지 의심스럽군요. 아이 기르는 문제만 해도 그래요. 하루종일 엄마 품에서 지지고 볶는, 그래서 때로는 자식들이 스트레스가 쌓인 엄마의 신경질을 다 받을 수밖에 없는 전업주부의 자녀양육 문제의 함정은 생각지 않고 무조건 엄마와 자식은 24시간 붙어 있는 것이 훌륭한 자녀양육의 기본조건인 양 떠들고 있군요. 되묻고 싶습니다. 당신들 전업주부야

<hr>

* 1959년 서울에서 태어났다. 연세대 지질학과 대학원을 졸업하고 미네소타주립대에서 석사 학위를 받았다. 지금 이스턴 미시간에서 여성학을 전공하고 있고 남편과 두 아이가 있다.

말로 남편의 월급봉투에 목을 매거나 저소득 가정에 주어지는 사회복지 금이나 앉아서 타 먹으려 드는 인간 쓰레기가 아니겠느냐고요."

가스 레인지에 올려 놓은 주전자에서 제법 상쾌한 소리가 난다. 팔팔 오래 끓여야 그래서 하얀 김이 오래도록 새어나온 뒤에 커피를 타야 제 맛이 난다던가? 유치원에 다니는 딸아이를 12시 반에 스쿨버스에 태워 보내고 한 살짜리 아들을 낮잠 재우고 난 다음 홀가분하게 주어지는 이 황금 같은 나만의 시간을 즐기기 위해 빠뜨릴 수 없는 것이 바로 이 차를 음미하며 생각에 잠기는 여유이다. 직업을 가진 것도 아니지만 그렇다고 전업주부도 아닌 어정쩡한 위치에 있는 나는 일주일에 몇 시간을 제하고는 줄곧 집안에 있다는 점에서 외형상의 생활패턴으로는 전업주부 쪽에 가까운지라 아무튼 이런 류의 여가를 만끽하는 편이다. 별다른 생각없이 누려왔던 소박한 이 만끽에 잠시 제동이 걸린 것은 얼마 전 일간신문의 "에바 게일에게 물어 보세요" 상담란에 실린 한 주부의 글을 읽고서였다. 만끽에 대한 제동이라기보다는 오히려 그 만끽의 의미를 확실하게 만드는 계기였다고 하는 편이 더 옳다.

그 글로 해서 씁쓸한 입맛을 되새김질하지 않을 수 없었던 것은 그들의 극단적인 공격 때문도 아니었고 그 공격은 자신의 위치에 대한 불안한 방어의 몸부림이라는 안타까운 생각이 들어서도 아니었다. 여성 문제를 놓고 여성들 스스로 서로 편을 가르고 있다는 사실이 나를 흔들었고 그 사실보다 더 참을 수 없는 것은 자신들로 하여금 편을 가르게 만드는 그 불안의 정체에 대해 인식조차 하지 못하고 있다는 점이었다. 그 배타적인 사고 태도란 것도 따지고 보면 모두 불안감의 한 표현인 셈이었다. 두 경우 모두 자신의 위치를 스스로 결정한 최선의 선택인 양 서로에게 배타적인 힐책을 철저하게 가하고 있었지만 실은 그들 모두 상대방에 대한 동경으로 한없이 흔들리고 있기 때문에 상대방에게서 약점을 찾음으로써 자신이 가진 불안감을 보상받으려고 애쓰고 있었다. 무엇이 그들을 그토록 의구심에 차게 하는지 그 억압의 정체에 대해 생각을 하기는커녕 억압받고 있는 그들 스스로 또 다른 억압을 가하고 있었다.

그들은 진정한 자유인으로서의 주부가 아니었다. 설령 그들이 진로선택시 누구의 간섭이나 외부제약으로부터 완전히 자유로왔다 할지라도 그 길을 걷는 도중에서 무의식적으로 또는 의식적으로 가해지는 끊임없는 제한과 억압의 부자유 속을 방황하고 있었음에 틀림이 없었다. 그러한 부자유는 여성에게 굴레를 씌우는 인식의 속박에서 나왔음은 말할 나위도 없다. 더우기 그들은 최고의 민주주의 국가라고 자처하고 여성의 권리를 위해 가장 소리높여 외치고 있는(물론 이 목소리의 높낮음과 실제 여성의 권익보장에 대한 결실이 반드시 비례하지 않는다는 것을 가장 잘 보여주는 나라이기도 한) 오늘날의 미국에 사는 여성들이다. 그럼에도 불구하고 그들은 인식의 속박에 대한 근원적인 투쟁이 아닌, 즉 진정한 자유인이라는 인간으로서의 존엄성 회복에 대한 노력없이, 단순한 감정싸움이거나 개인적인 자존심 놀이를 그것도 피해자들끼리 주고받고 있었다.

가정을 지키는 일만 가지고는 도저히 정신적 만족감을 충족시킬 수 없다면 이러한 여성들을 위해서 사회가 반드시 남녀균등한 기회를 제공함은 물론 가정과 직장의 병립에서 생기는 갈등을 최소화시킬 수 있는 제도를 이룩하지 않는 한, 또 가정을 지키는 일만으로도 충분히 만족하는 여성에게는 가사노동을 직·간접으로 비하시키는 개인적, 사회적 인식을 제거함으로써 전업주부의 사기를 높이기 전까지는, 여성들이 갖는 불안의 정체는 해결되지 않은 채 취업주부나 전업주부 모두 참다운 자유인이라기보다 가장 억압받는 피억압집단으로 남을 수밖에 없을 것이다.

이러한 여성의 부자유는 단지 취업주부와 전업주부 중 어느 편이 더 옳은 길인가를 따지는 이분법적인 논리의 우매성에서만 그 잔재를 찾을 수 있는 것은 물론 아니다. 사흘에 한 번꼴로 남편한테 구타당하면서도 늘상 남편을 신격화하여 떠받들어 살기를 슬픈 코메디처럼 반복해대고 또 반복할 수밖에 없는 무기력한 여인들에게, 가사노동과 육아는 재고의 여지없이 하찮고 의미없으며 행복도 가져다 줄 수 없으니 진정한 여성의 해방을 위해서는 하루 아침에 일제히 모든 여성들이 일터로 뛰어나가야만 될 것처럼 전업주부를 의기소침케 하는 힘이 너무 센 지도자적 여성들에게까지 그러한 부자유의 잔재는 너무도 많다. 너무 구기력하지도 않으며 너무 과격하지도 않은 평범한 주부인 나에게도 물론 그 부자유의 잔재는 마찬가지이다. 이러한 부자유의 잔재가 어떤 형태로 주부로서의 내 생활을 지배하고 있었는지 어설프게나마 공감하기 위해 이야기를 시작하려 한다.

처음 이 글을 부탁받았을 때 과연 내게도 그럴 자격이 있는가하고 자문했었다. 스스로 너무 평범하다고 생각하였기 때문이다. 그 평범이란 것이 잘나지도 못나지도 못한 이름 없는 한 주부로서의 주춤거림이라기보다는 스스로의 의식이 현실과 맞닥뜨리면서 끊임없이 깨지며 아파야만 했던 좌절로부터 완전한 탈피가 채 이루어지지 않은 상태에서 오는 당혹감에서였다. 어느 작가가 50이 다 되어 더 이상 작가로서의 모순을 견디기 힘들어 붓을 꺾었다는 기사를 접했을 때 구구절절이 동감할 수 있었던 것은 바로 나 자신이 명색이 여성학을 공부하고 있는 여성으로서 의식화된 의지와 현실생활의 조화가 한갖 모순덩어리로 다가올 수밖에 없어서였다. 그러나 그 모순으로부터의 좌절 또한 얼마나 어리석은 모순인가를 깨달았던 것도 바로 그 즈음이었다. 인생이란 것이 모순 한 가운데 살면서도 결코 좌절로만 일관할 수 없듯이, 부자유스럽고 불평등한 여성의 삶이 단순히 좌절이라는 단어로 방황만 거듭한다면 그 또한 얼마나 큰 모순인가. 해서 자신이 소유한 그릇의 크기대로 그 모순과 타협점을 찾을 수밖에 없었던 것이다. 그릇의 크기와 삶의 질이 반드시 비례할 필요는 없다고 스스로 위안하는 것도 잊지 않은 채.

남편과 나는 남녀공학대학의 같은 과 동급생으로 만났다. 그 나이의 푸릇한 생동감 넘치는 남녀관계가 다 그렇듯이 남학생과 여학생의 차이란 단지 치마를 입을 수 있다거나 혹은 장소를 가리지 않고 눈치 안 보며 담배를 피울 수 있다는 정도의 단편적인 범주에서 크게 벗어나지 않았다. 가끔씩 성적이 좋았던 여선배들이 취직하는데 어려움을 겪는다거나 혹은 남편될 사람이 직장 갖는 것을 원하지 않아 집에서 살림만 하기로 했다는 등의 이야기를 전혀 듣지 않았던 것은 아니지만 그것을 남녀불평등 관계로 보았다기보다는 사돈의 팔촌이 얼마 전 결혼했다는 소식 정도로 무감각하게 건조한 이야기로 흘려 버렸다. 그만큼 남녀가 얼마나 불평등한 관계에 있는지를 깨닫지 못한 채 나는 제도화된 인습의 굴레가 우리의 관계를 지배하지 않는 우리를 철저한 동료라고 생각했었다. 적어도 결혼 전까지는 그랬다.

그 인습의 굴레의 실체가 구체적인 그림자를 드리우기 시작한 것은 결혼을 앞두고 남편과 내가 각기 시댁과 처가가 될 양가를 드나들기 시작했을 즈음이었다. 시댁분들과의 상면은 그때까지 경험해 보지 못했던, 몹시 주눅이 드는 긴장감을 자아냈다. 무엇인가를 철저히 조사받고 있다는 느낌이 전해지고 잘 보이지 않으면 안 될 것 같은 강박관념으로 더욱 초라해지고 어색해지는 내 모습에 야릇한 배신감마저 느껴지는 얼토당토 않은 분위기였다. 반면 당당하고도 대접받는 유쾌한 손님으로서의 역할을 하고 있는 남편을 보면서 나는 내가 여자라는 사실과 함께 그것이 이 사회에서 얼마나 많은 억울함을 감수하여야 하는가를 어렴풋이 느낄 수 있었다. 말하자면 결혼이라는 인습의 굴레가 여자와 남자를 불평등으로 갈라놓는 구체적인 현실이라는 사실에 눈을 뜨기 시작했다고 할까.

결혼한 지 열흘만에 학업을 위해 남편과 함께 미국으로 떠나 온 나로서는 시부모님을 모시며 조심스럽게 산 것도 아니고 그렇다고 시댁 어른들이 유난히 까다로우신 분들은 더욱 아니었으므로 시댁과의 불협화음으로 정도 이상의 불이익을 감수한다거나, 견디기 힘든 고통을 겪어 본 경험도 없다. 그럼에도 불구하고 결혼 이래 이제껏 시댁 어른들의 뜻

196

을 거스르지도 않았지만 거슬러도 좋다고 생각해서는 안된다는 식의 예속적인 지배종속관계가 되지 않도록 스스로 옭아매어 오느라고 늘 부자유를 느껴왔던 것 또한 숨길 수 없는 사실이다. 그러나 정작 결혼생활에서 결정적으로 부자유를 내게 안겨준 것은 명쾌한 이론처럼 결론을 쉽게 내릴 수 없는 좀더 복잡한 요인들과 연결되어 있었다.

같은 분야의 박사과정을 함께 공부하는 동료로서의 남편과 나는 결혼생활의 초장을 나름대로 이상적으로 이끌고 있었다. 누구도 서로를 지배하지 않았음은 물론 지배당하지 않았다. 내가 먼저 요구하지 않았음에도 남편은 가사일 나누기에도 주저하거나 인색하지 않았다. 세탁장을 오르내리며 세탁기를 돌린다거나 진공청소기로 청소를 하는 등 그런 일들을 가사일이라는 명분 따위로 어색해하지도 않았거니와 나 역시 남편과 똑같은 양의 공부를 하면서 가사일 또한 철저히 혼자 다 해내고야 말겠다는 수퍼우먼 신드롬의 환자도 아니었다. 이러한 우리 둘의 관계는 주변에 적지 않은 반응을 불러일으켰다. "누구집 남편은 무엇을 얼마만큼 도와준다더라" 식의 가벼운 바가지로 남편의 긍정적인 협조를 쉽게 받아내는 경우도 있었지만 주로 "그 집 남편은 체면도 없나," 혹은 "그 집 여잔 왜 그 모양이야" 식의 부정적인 반응 또한 많았다. 그런 부정적인 반응을 보이는 사람들일수록 텔레비전을 보면서 설겆이하는 아내에게 재떨이 가져오라고 소리치는 권위의식을 잃지 않으려 애쓰는 이기심에 찬 남편들과, 그러한 불평등에 많은 불만을 가진 부인들이라는 사실은 퍽 재미있는 아이러니였다. 고마운 것은 그런 부정적인 반응을 접해도 남편은 조금도 흔들리지 않고 "내가 내 아내 아끼는 마음으로 도와주고 싶어 도와주는데 뭐가 잘못이냐"며 남의 이목에 조금도 동요되지 않았던 점이다.

이런 균형 있는 남편과의 관계는 첫아이를 갖게 되자 차츰 안정감을 잃게 되었다. 육아라는 막중한 과업이 돌연 주어지자 이제껏 누렸던 학업과 살림의 조화가 더이상 호기로울 수만은 없었다. 한참 박사과정의 바쁜 때였으므로 얼마간의 산후조리만 마치고 곧바로 학교로 돌아가야 되자, 아기는 자연 남의 손에 하루종일 맡겨지는 수밖에 없었다. 그 전에는 부모자식간의 애틋한 관계를 그린 영화나 드라마에서 보여주는 자식에 대한 부모의 엄청난 희생을 제대로 이해할 수 없었던 나였지만 막상 내 스스로 자식을 낳아보니 가슴이 애릿애릿하도록 소중함을 느끼던 터였으므로 아침마다 아기를 맡기는 순간 온갖 복잡한 감정을 한꺼번에 맛보아야만 했다. 그 복잡함 가운데 매우 결정적이고도 위험천만한 감정은 아기에 대해 갖는 죄책감에서 오는 내 자신에 대한 힐책이었다. 그 때까지만 해도 그러한 감정이란 모두 여성의 부자유로부터 나왔고 철저히 자신을 분석하고 통제하여야만 그 부자유로부터 탈피할 수 있다는 지금의 얼마간 정리된 결론이 전혀 세워진 상태가 아니었으므로 그 죄책감은 내 자신을 상당히 지배하고 있었다. 당시 남편은 지도교수와의 갈등이 심화되어 학교를 옮기는 것에 대해 심각하게 고려하고 있던 중이었으므로 그 죄책감은 남편과 나의 앞날에 대한 결정에 희한한 구실을 제공하고 있었다.

때마침 시부모님께서 우리가 원한다면 아기를 서울서 길러 주시겠노라는 제안을 해오시자 우리는 시부모님께 충분히 상의도 드리지 않은 채 경솔한 결론을 성급히 내리고 곧바로 시행에 들어갔다. 아기는 서울로 보내고 남편이 학교를 옮기게 되어도 나는 혼자 남아 서둘러 공부를 마치겠다는 것이 우리의 계획이었다. 왜냐하면 남편과는 반대로 나는 좋은 지도교수를 만났고 그는 서둘러 학위를 끝마쳐 주려고 애쓰고 있었기 때문이다. 당시 이 결정이 우리들의 단순한 생각으로는 당연한 것이라고 여겼으나 얼마 가지 않아 이것이 얼마나 경솔한 결정이었는가를 깨닫게 되었다.

남편이 육개월된 딸애를 데리고 서울로 나가 시부모님께 맡기며 그 계획을 말씀드리자 시부모님께서는 물론 모든 시댁분들이 크게 화를 내시며 반대를 했다. 공부를 계속하기 위해 남편, 자식 모두 흩어지게 한다는 것은 웬만큼 이기적이고 모진 여자가 아니면 상상할 수도 없는 일이라고 여기는 대부분의 사람들 중의 한 분들이셨던 것이다. 시댁 어른들께서 내리신 결정은 며느리에 대한 당연한 요구이자 권리로 당신들께서 여기신 것 못지 않게 나 자신 또한 한 치의 망설임 없이 마땅히 받아들여야 할 의무라고 믿었다. 순종은 물론이고 자책감까지 곁들이고 있었다.

서울에 나간 지 엿새만에 돌아온 남편이 계획에 차질이 생겼다고 데리고 갔던 아기를 흥정에 실패한 장사치가 물건을 다시 챙기듯 미국으로 다시 데리고 오지 못했음은 당연한 일이었다. 더우기 남편은 학교를 옮기는 쪽으로 거의 결정하고 준비를 하던 중이었으므로 한 순간의 잘못된 결정으로 모든 것이 잘못되어 가고 있다는 위기감은 갑자기 아기와 떨어진 허전한 감정과 함께 별달리 보상받을 길을 찾지 못하고 심하게 방황하고 있었다. 감정상의 혼탁된 상황은 철저히 이성을 가로막고 있었다. 그 가운데 내린 또 다른 결정이 남편이 학교를 옮김과 동시에 아기도 데려오고 내 학업을 완전히 포기하고 남편과 아기만을 돌보겠다는 것이었다.

그 결정은 곧바로 시행되었고 나름대로 다부지게 내린 전격적인 결심이었던 만큼 한동안 스스로 대견해 하기도 했다. 대학부터 나를 겨켜보고 어느 만큼 성취욕이 강하다는 것을 익히 보아온 한 선배는 몇 번이고 후회하지 않을 신중한 결정인가 하고 되물었지만 내 결단에 흠뻑 취해 있었던 터에 그런 충고가 귀에 들어올 리 만무였다.

일단 모든 갈등에서 벗어나고 집안일과 딸애만을 돌보는 것이 겸업이 되자 갑자기 날개라도 돋친 듯한 그 묘한 해방감은 한동안을 황홀감에 가까운 자잘한 생활의 의욕을 불러일으켰다. 며칠 내로 읽어야 할 몇 백 페이지 분량의 책도 없었으며 내일까지 풀지 않으면 안되는 수학문제에 시달릴 필요도 없었고 단지 오늘 저녁 반찬 걱정을 잠시 해보거나 누구집 아기 생일이 내일모레인데 선물을 무엇으로 해야 하나 정도의 가벼운 스트레스가 전부였다.

남편도 동료로서의 아내를 잃었다는 안타까움은 잊어버리고 집안에 완전히 들어선 전업주부 아내를 가진 남편으로서의 위치를 슬그머니 즐기기 시작하는 눈치였다. 동시에 남편의 일은 집안 최우선의 성역이 되었고 그 성역이 침범되지 않기 위해서는 그 어느 것도 희생되어야 한다는 묵계가 은연중 성립되어 가고 있었다. 남편은 식사와 잠을 자는 시간 외에는 새벽 한두시까지 학교에서 줄곧 지내는 것은 물론이고 그로 인해 집안의 잡다한 일은 모두 나 혼자 처리해야 했으나 서로 당연하게 여겼다. 희생하고 있다는 자족감에서의 희열이 말없이 쌓여가는 저변의 불만을 잘 포장해 주고 있던 시기였었다.

그러나 그 포장도 한계는 있었다. 가슴 속 깊은 곳에 잘 감추어졌던 의구심이 불쑥불쑥 고개를 이따금씩 내밀었다. 진정으로 내가 원하는 삶인가에 대한 근본적인 물음이었다. 정작 그 물음을 가능케 한 것은 가사일 자체에 대한 멸시에서 나왔다기보다는 잘 자제되었던 성취욕이 더이상 갈등을 이겨내지 못한 데 기인한 것이었다. 그러나 그 갈등이 현실과 연결되어 해소되는 데는 많은 어려움이 있었다. 딸애를 서울서 다시 데리고 올 때는 시부모님께 학업을 완전히 포기하겠노라고 선언했었던 터라 이제와서 손바닥 뒤짚듯 다시 공부하겠다고 나서는 것은 쉬운 일이 아니었다. 그러던 중에 둘째 아이를 갖게 되었고 뜻하지 않게 태어나자마자 호흡장애를 보이며 심장수술까지 받아야 할 만큼 몹시 허약한 아기였다. 나 자신에 대한 일말의 갈등은 당연히 자연스런 체념으로 변했고 큰 애에게 미안할 정도로 온통 관심은 아들아이의 건강으로 모아졌다.

나 자신을 완전히 잊고 생활하기를 몇 달, 내 정신건강에 적신호가 울리기 시작했다. 심히 우울해지는 것이 그것이었다. 도저히 통제할 수 없는 그런 우울함이었다. 보통 건강한 아기보다 몇 배 힘들게 돌보아야 하는 피곤함에서 온 것으로 처음에는 여겼으나 누그러질 기색이 전혀 보이지 않자 보다 못한 남편이 가까운 곳으로 며칠 여행을 데리고 갔다. 그곳에서 차분히 원인을 캐어 본 나는 어렵지 않게 결론을 내릴 수 있었다. 둘째 애의 나쁜 건강으로 내 자신에 대해 내려진 확실한 체념이 사실은 더욱 집요한 집착으로 변하는 계기가 되었고, 그 집착이 현실과는 동떨어진 막연한 일이라는 것을 잘 아는 만큼 나는 그동안 무의식적인 절망감을 키우고 있었던 것이다. 우울증은 바로 그 절망감의 한 표현이었던 셈이었다.

우울증의 자가치료의 방법으로 생각해 낸 것이 여성학 과목을 하나 신청해서 수강하는 일이었다. 같은 과의 동급생으로 어깨를 나란히 해 오다가 남자인 남편은 그 분야에서 결실과 발전으로의 길로 매진하는 반면, 여자인 나는 절망감으로 우울증에 시달린다는 사실은 자연스럽게 나로 하여금 여성학이라는 과목에 접하게 했던 것이다. 교수를 비롯해 같이 수강하는 대부분의 학생들이 여자이기 때문에 가져야 했던 답답한 상황을 진지하게 서로 주고받았고 이런 토로가 학문적으로 접근하면서 나로 하여금 많은 공감은 물론 체험을 바탕으로 하는 산 연구를 가능케 했다. 일주일에 하루 세 시간만 학교에 가면 되었기 때문에 성당교우에게 집에 와 아기를 돌보아 줄 것을 부탁하고 완전히 나 자신만을 위한 화려한(?) 세 시간의 외출이 허락되자 비록 한 과목이긴 하지만 읽어야 할 책의 분량도 많고 과제 또한 많았지만 조만간 우울증은 흔적도 없이 사라졌다.

아픈 애를 돌보며 살림 다하고 애들 모두 잠이 든 밤이 되어야 내 공부를 시작하는 고단하고도 매우 바쁜 생활이었지만 정신건강은 최상의 상태였다. 모든 것이 스트레스로 여겨지지 않음은 물론이고 아픈 아기의 간호조차 즐겁기만 했다. 주변의 사람들이 신기해 했다. 당연히 학교 일도 잘되어 그 과목 교수의 과찬으로 그 다음 학기에는 정식으로 여성학과 석사과정 대학원생이 되었다. 석사학위는 이미 가지고 있었기 때문에 애초에 우울증이나 해결해 보고자 시작했던 공부였지만 막상 교수의 분에 넘치는 인정과 함께 여성학에 깊게 매료되다 보니 파트타임이기는 하나 슬그머니 학생주부가 되어버린 것이다. 학생주부라고는 하지만 일주일에 단 몇 시간을 학교 수업으로 보낸다는 것이 다를 뿐 하루 종일 집에서 살림하는 전업주부의 모습으로 남아 있지 않으면 안 되었다. 이것은 이전에 전업주부로서의 내가 남편과 묵계로 형성해 놓은 불평등한 관계, 다시 말해 남편의 일은 집안 최우선의 성역으로 이를 위해서는 그 어느 것도 희생되어야 한다는 사실을 충실히 지속시키기 위함이었다.

그 충실한 이행은 내 자신이 수퍼우먼 신드롬의 확실한 증후를 보이면서 지속되었다. 공부는 아이들이 모두 잠이 든 후 과외로 한 것은 물론이고 살림에도 공부하는 주부의 티를 내지 않기 위해 전전긍긍했다. 남편의 점심은 악착같이 도시락을 싸서 들려 보내고 김치는 꼭 포기김치로 담구었다. 딸애를 위해서는 피아노, 스케이트, 수영 등 교육에도 한 치의 소홀함을 보이지 않기 위해 애씀은 물론이고 성경공부와 성당의 부인회 일에까지 적극 참여했다. 무슨 일이든 한 순간에 한 가지만 하고 있으면 공연히 불안해지는 증세도 이때 생겼는데, 성당 부인회 일을 상의하기 위해 전화기를 귀에 대고 동시에 요리나 설겆이를 했으며 딸애를 스케이트장이나 수영장에 데려다 주는 차 안에서는 연구과제를 구상하지 않으면 안되었다.

나의 이런 수퍼우먼 증후는 내가 여자라는 사실을 깊게 열등화시키는 데서 온 것이라는 자각이 일기 시작할 때까지 계속되었다. 그러니까 거의 최근까지 이런 증후는 계속되었었다. 공부는 마치 눈치보며 즐기는 취미생활인 양 가정일에 헛점을 드러내지 않기 위해 안간힘을 쓰고 있었으나 다시 생각하면 그것은 가사일이란 다른 일을 하면서도 얼마든지 완전하게 해낼 수 있다는 가사일에 대한 간접적인 비하의 표현이었던 셈이다. 그것은 전업주부에게 사기저하를 의미할 뿐 아니라, 남녀불평등으로 인한 여성의 부자유를 고수하기 위해 사투하는 꼴이기도 했다. 이러한 자각은 비단 내 개인적인 일상사의 개혁일 뿐 아니라 평소 무심히 고수해왔던 전업주부에 대한 편견에도 상당한 변화를 가져오게 했다.

전업주부는 남편과의 관계에서 항상 힘의 균형을 잃고 있으며 그 불균
형은 어떠한 형태로든 좋지 않은 정신건강 상태를 가져올 수밖에 없으
므로 대체적으로 전업주부는 취업주부에 비해 생활의 만족도가 낮을 것
이라는 것이 내 편견의 전제였다. 그 전제는 모든 주부가 가정 밖의 일
에 대해 똑같은 양의 성취욕과 동기를 갖고 있으며 동시에 가사일에도
모두 같은 능력과 호감도를 보인다고 여기는 전체주의적인 발상이었다.
그러나 어느 주부에게는 한 권의 책을 저술하는 것보다 김치 열 포기를
담그는 것에 더 보람을 느끼듯 또 다른 주부는 마루에 광택을 내고 남
편의 재떨이를 챙겨주는 대신 자신의 전문분야에 파묻혀 자신의 행복을
스스로 책임지고 싶어하기도 하는 것이 엄연한 현실이다. 중요한 것은
취업주부냐 전업주부냐 하는 것이 아니고 그 선택이 진정한 자신의 자
율과 연결된 행복을 보장하느냐일 것이다.

요즈음은 내가 여자라는 사실을 가능한 한 적게 생각하며 지내려고
노력하는 편이다. 그것은 여자와 남자의 구분을 하루아침에 없애고 남
자처럼 행세하겠다고 덤비는 것과는 조금 다르다. 피곤하고 귀찮은 아
침에는 내가 여자라는 사실에 구태여 얽매어 악착같이 남편의 도시락을
싸주는 대신 오늘은 내가 피곤하니 점심을 사먹으라고 당당하게 말하며
과제가 밀린 날은 반찬이 별로 없는 식탁에 너무 기죽지 않는다.
한 잔의 차를 집에서 혼자 여유롭게 음미하며 그 여유를 굳이 전업주
부로서의 무료함으로 치부하지 않고 그 여유를 선택된 자유로 즐기게
된 것도 중요한 변화이다. 말하자면 나 나름대로의 자유를 부분적이나
마 실천하는 주부가 되었다고나 할까. ■

키우며 싸우며 셋이 함께 자라며

김정희*

우리 부부는 결혼한 지 만 5년이 되었고 세살 난 딸이 있다. 이 시점에서 우리를 결혼생활의 정형으로 삼기에는 부족한 면이 많다. 그러나 5년이면 남편과 나 사이에 볼 것, 못볼 것 다 보았다고 할 만큼 서로 속속들이 알고, 결혼이 무엇인지 아는 데 충분한 시간이 아니었나 싶다.

1. 살림 나누어 하기

내가 28세, 남편이 29세로 둘 다 석사 3학기 중 학생부부로 출발했다. 당시 둘 다 학업과 사회활동을 하고 있었고, 따라서 살림의 분담은 결혼생활 최대의 쟁점이었다. 문제를 제기한 쪽은 나였다. 데이트 시절 가사노동을 반분할 수 있겠느냐는 질문에 남편은 너무도 쉽게 내 말문을 막아버리는 명답을 제시했다. "살림은 정확히 반분해야 한다는 것은 너무 얄팍한 발상이라고 생각합니다. 내가 돈을 두 배 더 벌어도 가사노동을 두 배 더 할 수 있는 것이고, 그쪽이 돈을 두 배 더 벌어도 내가

---

* 이화여대 사회학과를 졸업하고 이대 여성학과 대학원을 다녔다. 현재 시간 강사로 일하고 있으며 남편과 아이 하나가 있다.

일을 더 많이 하는 것이 아니라 반분할 수 있는 겁니다. 내 생각은 이렇기 때문에 반분할 수 있느냐는 질문에 그렇게 하겠다, 그렇게 하지 않겠다라고 답하기는 곤란합니다. 나는 스스로 자율적 인간이라고 생각하기 때문에, 이런 규율에 나를 속박하고 싶지 않습니다." 남편의 이런 답변은 은근히 나의 문제제기 자체의 '천박성'을 탓하고 있었다. 마음 한 구석에는 미심쩍은 점이 있었지만, 가사노동의 반분은 더이상 화제에 오르지 않았다. 더구나 남편은 당시 여성학과 동료들이 여성학과 학생의 남편으로서 자질을 평가해 보기 위해 마련한 술자리에서 A학점까지 받아서 사실 나는 은근한 자부심까지 품었다. 그러나 결혼하자마자 남편의 답변은 그럴 듯한 논리에 불과하다는 것이 곧 드러났다. 29년의 생활양식이 머리 속의 논리 하나로 날아가 버릴 성질의 것인가?

밥과 반찬 만들기는 내가, 설거지와 빨래, 걸레빨기 등은 남편이 하기로 했다. 그러나 모든 게 제대로 돌아가지 않았다. 저녁을 먹고 나면 설거지하라는 나의 잔소리는 10여 차례 이상 내뱉아졌다. 평소 무디고 덤덤하다는 소리를 듣는 내가 어느덧 잔소리꾼이 되어 있었다. 나의 잔소리에도 불구하고 남편은 "조금만 더 쉬고, 조금만 더 쉬고" 하다가는 내일 발제가 급하다는 등, 피곤해서 자리에 들어야겠다는 등 핑계를 대고 그냥 하루해를 넘기는 것이 한두 번이 아니었다. 아침에 일어나 식사준비를 하려면 물에 담겨 있는 그릇을 씻지 않으면 안되었고, 이렇게 해서 설거지는 내 몫이 되어 갔다. 잔소리 끝에 설거지를 할 경우도 내 손이 가야 했다. 냉장고 안에 반찬을 넣을 때는 뚜껑이나 비닐커버를 덮어야 한다고 가르쳐 주었지만 남편은 막무가내로 그냥 집어넣곤 했다.

남편이 빨래를 하기까지도 상당한 인내가 필요했다. 입을 옷이 없을 때까지 빨래감을 그냥 놔 두는 것이었다. 겨울에야 상관없지만 여름에는 쌓아둔 빨래감이 열흘, 때로는 그 이상 갈 때는 참기가 어려웠다. 설거지, 걸레빨기 등을 하라고 잔소리하는 나나 그 잔소리에 시달려야만 하는 남편, 둘 다 가사일을 둘러싸고 신경이 날카로와질 대로 날카로와졌으며, 신혼의 단꿈은 산산히 부서지고 심각한 갈등이 표면화되기에 이르렀다.

가사 분담을 둘러싼 우리의 갈등을 더욱 부채질한 것은 남편의 늦은 귀가이다. 남편은 새벽 1시 또는 2,3시가 되서 들어오는 때가 많다. 나는 12시까지는 다음날 식사준비와 책읽기 등으로 시간가는 줄 모르고 보냈다. 그러나 잘 때까지 안 들어오면 우선은 화가 치밀기 시작했다. 여기서 더 시간이 흐르면 무슨 사고가 난 건 아닌가라는 걱정으로 조바심이 났다. 이렇게 화와 조바심 속에서 깜박 잠이 들려 하면, 그때야 들어와 내 잠을 깨워 놓았다. 이렇게 해서 다음날 기상시간은 늦어지고, 당시 조교 일을 보던 연구소에 한시간씩 늦게 출근하는 일이 다반사였다.

시간이 꽤 흐르고 나서야 귀가로 인한 싸움은 나와 남편간의 사적인 싸움이 아니고 남성중심적 사회제도와의 싸움임을 깨달았다. 남성들은 자신의 오락, 친교, 직업활동(당시로는 학생의 임무) 외의 기타 사회생활을 위한 오후시간을 남겨 두고 있다. 남편의 왕성한 비공식적 활동은 남편의 사생활이며 건전한 시민생활을 대변해 주기 때문에 나는 그 활동을 충분히 이해하고 인정한다. 문제는 정도를 넘어선 비공식생활의 연장에 있다. 이 비공식생활에는 술이 동반된다. 비공식생활의 가장 큰 병리적 현상은 매개체로 등장한 술이 주(主)로 변한다는 데 있다. 신혼 초 남편은 결혼하고 나니 사람이 변했다는 소리가 듣기 싫어서 일부러 술자리에 끝까지 남아 있어야 했고, 오히려 술자리에 사람들을 잡아두는 역할을 자처했었노라고 고백한다. 지금은 바빠서 술 때문에 늦는 때는 상당히 줄어든 편이다.

남편의 바쁨에는 우리 식구의 생계를 위해(그리고 자기 자신을 위해) 20여 시간씩을 강의하러 다니는 것과 기타 사회활동이 포함된다. 그 바쁨은 학기 중에는 운이 좋아야 세 번 정도 같이 저녁식사를 할 수 있을 정도이다. 나는 나의 사회활동을 위해 남편의 오후 일정을 포기하라는 강력한 요구는 못하고 있다. 현 사회에서 가족을 위해 자신의 사회활동의 폭을 줄인다는 것은 곧 남편의 도태를 의미하기 때문이다. 수년간 손에 놓았던 시가 다시 쓰여지고 전화통을 한 시간씩 붙들고 있을 만큼, 열렬한 연애 끝에 한 결혼이고, 둘 사이에 싸움이란 있을 수 없고 모든 것이 대화에 의해 잘될 것이라는 낙관에 빠져 있던 남편이었지만, 우리 사이는 결혼과 동시에 걷잡을 수 없이 나빠졌다. 내가 아침과 저녁을 위해 3~4시간씩 소모해야 할 때, 남편은 10~20분이면 설거지와 걸레빨기를 끝낼 수 있고, 빨래는 일주일에 한 번만 하면 그만이었다. 나보다 훨씬 작은 분량의 일을 갖고 내 신경을 그토록 날카롭게 하는 남편이 그렇게 미울 수가 없고, 결혼한 것이 후회스럽다는 생각이 들었다. 또한 늦게 출근하게 된 나의 불성실도 따지고 보면 쪼가리난 잠, 즉 남편 탓이라는 생각도 남편에 대한 나의 불만을 증대시켰다.

남편은 남편대로 결혼에 대한 환상이 깨지면서 결혼생활에 대한 불만족을 노골적으로 드러내었다. 그러나 근 5년이란 세월은 우리 관계를 '우호적 안정기'라 칭할 수 있을 만큼 변모시켰다.

우선 나는 장기전의 자세에 돌입했다. 이상적 수준의 민주적 남편을 당장 기대하는 나의 야심과 의욕을 먼저 줄였다. 그러나 포기한 건 아니었다. 도저히 참을 수 없는 지경이 되면 싸움을 걸었다. 장문의 편지도 여러 번 썼고, 민주 시민의 자질을 들먹이며 원칙론을 전개한 적도 있다. 이런 주기적인 도전에 처음엔 진절머리칠 정도의 싫다는 반응을 보였으나, 점차로 진지하게 받아들였다. 대개 나는 남편의 자발적 협조가 이루어지지 않음으로써 내가 얼마나 육체적·정신적으로 힘든 상태에 있으며, 이 원칙론을 벗어난 상태가 내게는 혼인의 지속을 근본적으로 회의할 만큼 힘든 상태임을, 수필조로 또는 논설조로 써서 주거나 이야기했다. 남편도 나에 대한 불만을 논리적으로 털어 놓았다. 합리적인 싸움이 시작되었다. 이런 싸움을 하고 나면 한동안 남편은 내가 잔소리를 안해도 될만큼 집안일을 알아서 한다. 나 또한 남편의 불만 중 수긍이 가는 것은 수용했다. 그러나 이런 변화도 어느 시점에 이르면 또 참을 수 없는 상황이 되고 우린 다시 싸움에 돌입한다. 그러면서 더디긴 하나 남편이 변하는 것을 확인할 수 있었고, 남편의 기본적 성품에 믿음이 갔다. 한 번은 남편 친구들 모임에서였다. 화제가 가사분담으로 옮겨졌는데, 남편은 머리와 몸이 따로 노는 자신의 문제를 솔직하게 말했다. "너희들도 장가 가 봐라. 그게 쉽지 않대이. 머리로는 해야겠는데 이 놈의 몸이 죽어도 하기 싫은기라." 또 한 번은 남편의 교수 댁에 갔을 때였다. 내가 여성학을 하는 줄 아는 교수님이 은근히 떠보느라 "집안에 태양이 둘 있을 수 있는가?"라는 말씀을 건네오셨다. 남편은 말을 받아 조금도 주저함이 없이 "선생님, 우리는 쌍두마차입니다"라고 응답하였다.

2. 아이의 출생, 그리고 보다 심해진 역할분담

이렇게 위기를 넘긴 우리는 아기를 갖고, 이사를 하게 되었다. 언제나 빨래는 남편 일이었다. 남편은 일요일이면 세탁기를 돌리고, 다 된 빨래를 너는 일을 일년 가량 계속했다. 그러던 어느날 남편은 "이 간단한 조작을 아예 배우지조차 않다니! 해도 너무한다"면서 내게 마구 화를 냈다. 남편의 말에 답변이 궁색한 나는 세탁기를 돌려보기 시작했다. 그러자 상황은 뒤바뀌었다. 일요일에도 일정이 꽉 짜여 있던 남편은 바쁘다는 핑계로 휭 나가 버리고, 빨래는 내 일이 되었다. 이 상황에서 내가 할 수 있는 전략은, 남편이 집에 있을 때 서둘러 세탁기를 돌려, 남편이 빨래를 널게 하는 것이다. 아기가 있고부터 남편 없이 빨래 너는 것조차 쉽지 않았다. 딸아이는 밤잠을 안 자고 우는 형이었고, 말귀를 알아듣기 전까지 5분을 혼자서 못 놀고 엄마나 아빠가 꼭 상대해 주어야 했다. 남편은 허겁지겁 달려나갈 때가 많았고, 그런 날은 아침에 한 빨래를 아이가 잠든 밤중에 널게 되었다.

딸애는 밖에서 노는 것을 좋아해서 낮에 밖에서 실컷 놀고도 또 밖에 나가자고 졸라대곤 하였다. 한여름에다 섬머타임제로 8~9시가 될 때까지 환했고, 밖에서 애들 노는 소리가 왁자지껄 들려오니 무리도 아니었을 성싶다. 이런 지경에서 남편이 일찍 돌아온 날은 그래도 다행인 날이었다. 남편이 애를 데리고 나가고, 나는 저녁 식사 준비를 할 수 있으

니까. 하지만, 그렇지 않은 날은, 내가 라면이라도 끓여먹을 단 10분도
주지 않았다. 영 지쳐 저녁을 대충이라도 먹고 나가야 되겠다 싶은 날
은 아이의 고래고래 악 쓰는 울음을 나 몰라라 하며 후딱 밥을 먹어치
워야 했다. 또 어떤 날은 밥을 먹고 싶다가도 어린 것이 고래고래 악쓰
는 모습이 연상되면 아예 밥 먹기를 포기하고 그냥 애를 데리고 밖으로
향했다.

3. 가사노동의 산업화, 사회화, 분담

아이 때문에 밥 먹을 시간조차 내기 힘들고, 남편과의 가사분담도 미
덥지 못한 상황에서 나는 가사노동을 최소화하는 방안을 궁리하게 되었
다. 그것은 다른 사람의 눈에는 더럽게 사는 것으로 비칠 수도 있다. 사
실 야무지게 살지 못한다는 말은 친정어머니한테 늘 듣는 꾸지람이다.

아기 기저귀 빨래가 매일 나온 한 2년간 가사노동을 최소화하기 위한
첫번째 전략은 모든 빨래는 일요일에 세탁기로 한다는 것이었다. 따라
서 걸레도 5~6개 만들어 놓고 하루에 한 개씩 쓰고 모아 놓았다가 토
요일 저녁에 가루비누에 담가 놓은 다음 일요일에 한꺼번에 세탁기로
돌린다. 그러나 애를 데려와서부터 다음날 아침까지 나오는 4~5개의
기저귀는 아기의 위생을 생각해서 한 일년간은 매일 아침 비누질을 하
지 않고 삶아서 헹구었다. 그러나 작년 가을경부터는 2,3일에 한번씩 헹
구고, 삶는 것도 열흘이나 2주에 한번 정도로 했다. 퇴근하고 쉴 새 없
이 아주머니 댁으로 달려가서 아이를 데려와 아기가 잘 때까지 3~4시
간 놀아주고 나면 나는 완전히 파김치가 돼버렸다. 아이 옆에 누워 자
고 싶은 생각이 간절하지만, 방 치우고 때로는 못 먹은 밥까지 먹어야
하고, 아침준비를 해놓아야 하고 기저귀를 빨아야 하는 등, 일이 쌓여
있어 애를 재우고 어쩔 수 없이 다시 일어나야 했다.

이런 일들을 하고 나면 대개가 12시가 다 된다. 도저히 피곤해서 일
을 못하고 그냥 자는 날은 그 일들이 다음날 아침에 해야 하는 일로 다

가올 뿐이지 결코 없어지지는 않는다. 남편이 집에서 저녁을 먹는 날은 남편이 딸애와 논다. 이런 날은 일석이조의 효과를 보는 날이다. 우선 남편이 아이와 놀고 있는 모습을 보거나(부엌에서) 들으면, 참으로 마음이 흐뭇하다. 이런 땐 결혼의 행복이 이런 거구나 하는 감정도 샌긴다. 둘째로 이런 날은 남편이 아이와 놀아주기 때문에 집안일이 일찍 끝난다. 딸애가 잠들고 난 10시 경부터는 내 시간이 된다. 그 시간은 건날과 당일의 못 읽은 신문을 읽거나 다른 밀린 일을 할 수 있다. 그러나 남편은 사회활동이 무척이나 왕성한 젊은 사회철학도이고, 남편에게 대규모 시위가 있는 날의 시내는 생생한 학습의 장이 된다. 그러나 육아와 살림의 짐을 지고 있는 나는 신문을 상세히 읽고, 세상 돌아가는 것을 정확히 파악하는 것만으로 민주시민의 최소한의 의무를 다했다고 어정쩡하게 자족해야만 한다. 요즘의 내게는 신문을 거르지 않고 읽는 것만도 의지를 필요로 하는 일이다. 이러저러한 일로 전화를 해야 할 때도, 아이와의 싸움을 각오해야 한다. 아이는 내가 신문 보는 일을 제일 싫어해, 이럴 땐 온갖 훼방을 다 놓는다. 신문을 뺏고 전화를 내려 놓으라고 매달려 징징거린다. 집안에서의 비공식 업무도 내게는 쉽지가 않다.

내가 전략으로 쓰는 마지막 한 가지는 남편의 자질구레한 시중을 안한다는 것이다. 사실 해줄 여력이 없다. 남편이 자기 방을 한 달에 한 번 치우든, 전혀 마음 쓰지 않는다. 와이셔츠와 손수건도 탁탁 털어 널어, 구김살이 안 가게 말려서 다림질 않고 입게 한다. 아침에 옷, 양말 챙겨주는 일은 전혀 해본 적이 없다. 남편은 연탄 가는 일만 빼놓고는 아직까지 설거지, 빨래개기 등은 자기가 집에 있고 내가 출근하는 날만 하는 정도이고, 결혼 몇 개년 계획의 하나로 남편에게 반찬 만들기를 가르칠 것을 고려했던 나는 이 계획을 거의 포기한 상태다. 그러나 생각해 보면 남편이 '모범적' 전업주부인 여자들이 해주는 많은 역활을 기대하지 않고 이에 대해 별다른 불평이 없는 것만 해도, 남편이 나 같은 여자를 만나 변한 것이라고 할 수 있을 것 같다.

작년에 나는 지방대학 두 군데에 강의를 나갔고 이 이틀간은 저녁 8시

반이 돼서야 집에 도착했다. 공교롭게도 이틀 중 하루는 남편이 집에 있는 날이었고 다른 하루는 오전 강의만 있는 날이었다. 사실 학기 중에는 집이 잠자러 들어오는 하숙집인 줄 아느냐는 핀잔이 나올 만큼, 남편은 눈코 뜰 새 없이 바쁜 편이다. 하지만 남편은 이때만은 될 수 있는 한 오후 일정을 만들지 않으려 애썼고, 학기 중의 3분의 2 이상 남편이 아이를 데려와 돌보곤 했었다. 직접적인 양육에의 참여로 나타나는 부성은 내심 나를 기쁘게 하였다.

별로 강한 체질이 못되는 나로서는 집에 도착하면 심신이 완전히 뻗어버린 상태에서 밥을 하고 반찬을 한다는 것은 불가능이었다. 누구보다도 나의 약함을 잘 아는 남편이 내게 저녁을 대충 라면으로 때우자는 제안을 했다. 일주일에 두번씩 외식을 할 형편이 못 되는 우리로서는 라면으로 때운다는 것이 못마땅했으나 별 수 없었다. 그러면서 속으로는 "밥만 해놓으면 김치 한 가지로라도 밥을 먹을 수 있을 텐데"라는 아쉬움을 갖고 있었다. 그러나 남편에게 내 생각을 나타내지 않았다. 남편의 일로 생각했던 것들도 완전하게 되지 않는데, 밥 짓는 건 요구해 봤자라는 나의 지레 짐작 때문이었다.

그러던 어느날 집에 돌아온 나는 소스라치게 놀랐다. 남편이 밥을 해 놓은 것이 아닌가! 거기다 남편은 전기밥솥이 아닌 냄비에 딱 먹을 분량만 밥을 지으니 얼마나 맛있게 됐는지 모른다는 은근한 자랑까지 늘어 놓았다. 그때부터 남편은 내가 늦는 날 별다른 불평 없이 밥을 하고, 김을 굽고, 생선을 구워서 저녁을 해결한다. 우리 나름의 부부문화가 일정 유형으로 자리잡은 것이다. 나의 늦은 귀가날이 주 2번에 국한될 뿐이지만.

가사일의 양과 그 수행 방법은 아이의 성장에 따라 달라져 갔다. 딸애가 말을 알아듣게 된 지금, 나는 남편이 늦는 날도 아이와 놀면서 방도 치우고, 세탁기도 돌리고, 밥도 먹고, 모든 일을 할 수 있게 되었다. 내가 부엌에서 일하는 동안, 딸애도 부엌에 따라나와 걸레를 빨거나 부엌 비질을 하는 등, 내가 하는 일을 흉내내며 논다. 방걸레질을 하면 자

기도 걸레를 갖고 들어와 따라한다. 여아가 살림꾼으로 자라는 성별사
회화가 딸애에게도 자연스럽게 진행되고 있었다.

우리가 정식으로 돈을 벌기 시작한 뒤 한 일년간 남편이 지방대학에
출강해 받은 강사료는 차비와 남편의 용돈으로 다 들어가고 살림은 나
의 고정월급과 때때로의 아르바이트 수입으로 꾸려졌었다. 그러나 나의
현재 수입은 결혼초 수준을 크게 못 벗어나고 있지만 이제 남편의 수입
은 나의 몇 배가 된다. 어느새 우리 부부간에도 내가 가계수입에는 덜
기여하면서 양육과 살림의 분담을 더 지고 남편은 양육과 가사일은 부
차적으로 하면서 수입에 더 기여하는 성별 분업이 자리잡고 만 것이다.

이 분업이 나를 심하게 좌절시키는 이유는 집중하기에 무척 어려운
여건에 처하게 되었다는 데 있다. 그 예를 들어보자. 원고를 쓸 때, 반나
절은 대개 생각을 정리하느라고 지나간다. 막상 원고를 쓰기 시작해서
속도가 붙을라치면 아이 데려올 시간이 된다. 다음날 다시 책상에 앉으
면 다시 생각을 정리하는 데 일정 시간을 소모해야 한다. 이렇게 해서
내가 원고를 쓰는 데 걸리는 시간은 장애를 받지 않는 사람보다 훨씬
더 걸릴 것임은 분명하다. 도서관 자료를 찾으러 간 날은 어떤가? 자료
를 대충 찾고 나면 4~5시가 되고 만다. 이런 경우 그 때부터 본격적으
로 앉아 자료를 읽고 정리하는 게 정상적 단계인데 학교에서 늦어도 5
시에는 출발해야 아이를 데려올 시간에 맞출 수 있다. 결국 귀가에 구
애받지 않았던 처녀 때는 하루에 할 수 있었던 작업이 이제는 이틀 이
상씩 걸리는 작업이 된 셈이다.

결과적으로 나는 무계획적인 사람이 되어갔다. 2~3년 전부터 기획하
여 벌인 일들을 아직까지도 끝맺지 못하고 있는 것이다. 다른 일상적인
일들은 대충하고 살더라도 내가 골몰하는 일은 비교적 착오없이 해온
내 삶의 방식에 비추어 볼 때, 이런 지경은 정말 참을 수 없는 상태이지
만 이제는 여유 아닌 여유가 생겨 일이 늦어져도 속을 끓이지 않는다.
속상해 보았자 일이 더 빨리 진전되는 것도 아니고 스트레스만 더 쌓일
뿐이기 때문이다.

이러한 상황에서 나 스스로 여성학을 가르치면서도 가사노동의 사회화, 가사분담이라는 이상은 과연 실현가능한 것일까?라는 의문이 들 때가 있다. 이런 의문의 연장선상에서 바깥 일을 하는 여자가 나와 같은 삶을 반복하지 않으려면 어떤 조건을 갖춰야 할까를 생각해 본다. 우선 가사노동을 될 수 있는 한 줄이기 위해서 많은 가사노동이 자동화되어야 하는 것이 도움이 된다. 설거지는 기계가 하고, 청소는 소형로봇이 대신했으면 좋겠다. 또한 마음 놓고 사먹을 수 있는 김치가 저렴하게 생산되었으면 좋겠다. 나는 이런 생각이 쁘띠부르주아 여성의 사치스러운 꿈이라고 생각하지 않는다. 오히려 생명을 살상하는 무기, 또는 핵발전소에 엄청난 투자가 되고 있는 이 군사문화보다 여성을 가사노동에서 벗어날 수 있게 해주는 생활용품을 일차적 소비재로 생산할 수 있는 사회가 훨씬 건전한 사회가 아닌가? 어떤 이는 사회화를 완벽한 대안으로 생각할지 모르나 생물학적 가족이 유지되는 한 가사노동의 완벽한 사회화는 기대할 수 없다고 나는 생각한다. 따라서 가사노동 문제를 해결하기 위해서는 가사노동의 산업화, 사회화(예를 들면 탁아소와 공동체적 식당의 운영), 가사분담, 이 세 가지 모두가 중요한 변수로 고려되어야 한다. 이 세 가지가 균형있게 이루어지는 것은 물론, 우리 사회가 민주적으로 바뀌어야만 가능할 것이다. 그리고 이 세 가지를 균형있게 발전시켜 나가려면 결코 남자에게만 정치를 맡겨 두어서는 안 된다는 것은 두말할 나위가 없을 것이다.

4. 현재의 부부관계

남사스럽게 뭐하러 사적인 우리 이야기를 글로 쓰느냐는 남편의 반대에도 불구하고 나는 이 글을 썼다. 이 글이 왜 여성이 일상투쟁을 중단할 수 없는가를 남성들에게 인식시킴으로써 민주적 가족관계 형성에 뒤따를 수밖에 없는 남녀의 갈등을 줄일 수 있는 데 기여했으면 좋겠다. 내 스스로 '우호적 안정기'로 평가한 우리의 부부관계에 일상투쟁이 종식된 건 아니다. 다만 싸움을 걸어오는 나를 "내가 어쩌다 저런 우악스런 여자랑 결혼했을까? 못 살겠다. 못 살겠어"를 되뇌이던 남편이 "이크! 잔소리가 또 시작되는군. 피곤해서 신경 좀 안 썼더니. 자! 또 열심히 설거지하자"라고 되뇌이는 남편으로 바꾸어졌다. 고집이 센 나는 계속 남편과 싸워갈 거다. 그러나 더 이상 그 싸움이 서로에게 상처를 주지 않음을 알기 때문에 이 글에서 나는 여성학의 기본명제, "사적인 것은 사적인 문제가 아니라 우리 여성들의 공적인 문제이고, 정치적인 문제이다"에 충실했다. 즉 나의 문제를 객관화하여 맞벌이를 하고 있는, 또는 할 사람들이 부딪치는 문제, 부딪칠 문제를 함께 나누고 싶었다. 이와 같은 문제의 공유가 바로 문제해결의 출발점이라고 생각하기 때문이다. ■

잃은 것보다 얻은 것이 많은 결혼

오미연*

1. 우리의 만남

컴퓨터 클럽의 선후배였던 우리가 맨처음 특별한 관계를 맺게 된 것은 통계작업을 통해서였다. 우리 클럽은 이공계통이 많아 사회과학 쪽에서 주로 쓰는 SPSS를 가르쳐줄 선배를 찾기는 쉽지 않았다. 겨울방학 내내 일요일 오후 도서관 지하에서 수업이 계속되었다. 데이타 없는 실습이 한계에 부딪치자, '신입생 설문조사'를 좀더 체계적으로 하기로 하는 등, 여러 가지 일을 함께 하게 되었다. 이러한 창조적인 작업의 과정들을 같이하면서 서로 개인적인 고뇌와 상황들을 조금씩 알게 되었다.

그는 대학 1학년 때 전공이 맞지 않아 바꾸고 싶었으나, 부모님의 뜻이 워낙 엄해서 4학년까지 오긴 했으나, 학점 미달로 졸업이 안되는 상태였다. 처음 그런 사실을 알게 된 나는 무척 당황했고, '아직도 이런 엄한 부모가 있구나' 하는 생각에 놀라기도 했다. 당시 그는 휴학을 하고, 컴퓨터 회사 촉탁사원으로 일하면서, 자기 인생은 스스로 책임질 수밖

---

* 1964년 서울에서 태어나 천안에서 고등학교를 나왔다. 1986년 대학졸업 후 결혼하여 아이를 기르고 있다. 한 해 전부터 공부를 계속하려 준비하고 있다.

에 없다는 것을 절실히 느끼고 있던, 지금까지 삶 중에서 가장 어려운 시기였다. 나는 당시 가장 바쁜 3학년이었고, 그는 회사에 있을 때이니, 자연 우리 데이트는 내가 여가시간에 전화를 하면, 그가 학교 근처에 오거나, 가끔씩 회사 근처로 내가 가곤 하였다. 그에겐 무척 답답한 시절이었고, 나는 늘 학교를 벗어나고 싶어해서인지 주로 교외 데이트를 즐겼다. 그러나 클럽 선후배라는 관계가 연인 사이로 발전하는 데는 많은 장애가 있었다.

3학년 1학기가 되어서도 우리는 관계를 바꾼다는 것이 두려웠다. 특히 나는 책임져야 할 사람이 생긴다는 문제에서 도망치고 싶었다. 아직은 미루어도 되잖아, 이제 스무 살인데! 그 역시 진로 문제, 부모님과 문제 등으로 사실 새로운 사람을 받아들일 상황이 아니었다. 그러나 두 사람은 자꾸 가까와졌다.

일단 감정을 인정하고 나니, 나는 편안해졌다. 그러나 그는 뭔가 불안정했다. 나는 다른 남자친구에게 그에 관해 상담을 했다. 그러자 그 친구는 사랑의 ABC도 모르는 애가 무슨 사랑을 한다고 그러냐고 하면서, 그 남자와 키스해 본 적이 있느냐고 물었다. 나는 아무리 친구지만 남자에게 그런 질문을 받고 나니 금세 얼굴이 빨개졌다. 그리고 정말 육체관계에 대해 심각하게 생각해보기 시작했다. 우리는 젊은 남녀가 아닌가! 나는 사랑이니, 상대에 대한 책임이니 하는 추상적인 개념에만 매달려 가장 현실적인 문제에 대해 생각이 미치지 못했었다. 물톤 손을 잡는다든지, 팔짱을 끼었을 때, 그가 몹시 흥분해서 어쩔줄 몰라하는 것을 보며 나도 느꼈지만, 더이상 의미를 두지 않았다. 그 친구는 나의 남자친구가 두 사람의 육체관계가 없어서 불안할 거라는 말을 했다. 그 친구와 헤어져, 집으로 돌아와, 육체적인 관계에 대해 자신의 감정을 점검해 보니, 나 역시 그와 포옹을 한다든지 하면서 기쁨을 느끼고 있다는 것을 자각했다.

아빠가 일찍부터 안 계신 우리집은 이모네 식구, 외할머니와 같이 살았다. 사실 나는 사업을 하시느라고 외지로 다니는 때가 많은 엄마의 무남독녀 외딸로보다는 이모네 부부의 장녀로 자랐다. 내가 천안에 가서 자란 것도 이모네와 합치기 위한 것이었다. 엄마는 줄곧 서울에 계셨는데, 고2 때 사업에 실패를 하시고, 대학에 갈 때쯤 천안에 와 계셨다. 2학년이 되었을 때, 엄마의 사업도 많이 회복됐고, 독립적인 공간을 갖고 싶어하는 내 의견이 인정되어, 서울의 아파트에서 혼자 살고 있었다. 나는 늘 혼자 자 버릇했고, 한번도 누구와 같이 잔 적이 없었다. 주로 천안에 계셨던 엄마가 오셔도 나는 안방에서, 엄마는 건넌방에서 주무셨다. 친구들이 와도 그랬다. 그런데 3학년 겨울, 무척 추웠고, 둘 다 몹시 피곤한 날이었는데, 그가 자고 가겠다고 했다. 나는 피곤했고, 또 초저녁 잠이 많은 탓에 금방 잠들어 버렸다. 새벽녘에 잠자리가 불편해 깨보니, 몹시 충혈된 그를 볼 수 있었다. 나는 왜 그러냐고 물었다. 그는 내 옆에서 얌전히 잘 수 있을 거라고 생각했고, 결혼할 때까지 순결을 지켜주고 싶어서 괴로웠다고 했다.

순간적으로 별 것도 아닌 것 갖고 잠도 못자게 했나 싶어 짜증이 났다. 그러나 그의 입장에서는 '그럴 수도 있겠구나' 하는 생각도 들고, 전에 친구에게 들은 얘기도 있고, 내 생각을 솔직하게 밝히는 것이 좋을 것 같았다. 나는 정색을 하고, "'순결이란 무엇이냐?' 그것이 정신적 의미에서 남자를 한 번도 사랑하지 않은 여자를 의미한다면, 나는 이미 순결한 여자가 아니고, 육체적으로도 남자와 손도 잡고, 키스도 했는데, 도대체 내게 지켜주어야 할 순결이란 이미 없지 않느냐. 더구나 단순히 처녀막이 안 터진 것이 순결을 의미한다면, 나에겐 중요하지 않다. 나는 결혼할 한 남자를 위해서 처녀막이 터지지 않게 보호한 것도 아니고, 굳이 이유라면 그동안 내가 사랑하고, 함께 자고 싶었던 남자가 없었다는 것뿐이다."라고 내 생각을 밝혔다. 처녀막이 아무런 의미가 없다는 내 말에 그는 금방 수긍을 했지만, "나는 자기가 남자 경험이 많을 거라고 생각했다. 내가 다가갔을 때, 너는 전혀 거부하지 않고, 여자 특유의 방어자세를 보이지 않아서" 등등의 얘기를 한 것을 보면, 실제로 그가 내 가치관을 인정하는 것은 그리 간단한 일은 아니었을 성싶다.

어쨌든 그날 우리는 사랑의 행위를 하기로 합의했다. 우리는 누구에게도 배운 적이 없는 것을 둘이서 터득하지 않으면 안 되었다. 경험이 없었던 우리의 첫번째 관계가 성공할 수는 없었다. 더구나 그는 밤새도록 감정을 억제하느라고 자기자신과 싸워 온 후이고, 나 역시 머릿 속으로 해야겠다는 생각을 했을 뿐이지, 아무런 준비도 없었으니, 실패할 수밖에 없었다. 결국 우리는 진지하게 육체관계에 대해 토론을 벌이기 시작했다. 남자와 여자가 어떻게 다른지, 또 이에 따른 임신문제도 얘기하게 되었다. 우리는 책도 사서 보고, 임신, 피임에 대한 정보를 모아, 대충 지식을 얻었다. 토론을 통해서 그의 불안정함의 원인도 알 수가 있었다. 어설픈 순결론으로 판명된 그의 고민은, 나와 육체관계를 갖지 못해서 고민한 것은 아니었지만, 나를 만나면 계속 육체적인 문제 때문에 스스로 시달려야 했고, 자신도 그 문제로부터 벗어나고 싶었던 것이었다. 둘 다 몹시 원할 때, 다시 시도했고, 사전에 준비를 많이 했고, 서로 많은 부분에의 합의를 한 만큼 두번째 시도는 성공을 했다. 육체관계를 갖고 난 뒤의 소감은, 둘 다 뭔가로부터 해방된 것 같은 편안함이었다.

둘이서 지내는 데 점점 익숙해지면서, 삶의 많은 부분들이 유기적인 관계로 맺어지기 시작했다. 그는 아침에 자기집을 나와 내 아파트로 오면, 아침을 함께 먹고, 학교에 가고, 도서관에 가고, 저녁에 아파트로 와서 저녁을 먹고, 집으로 잠 자러 가는 생활이 계속되었다. 이때 그는 회사를 그만두고, 복학을 한 후였으므로, 나의 4학년은 늘 그와 함께하는 생활일 수밖에 없었다. 언제부터인지 그가 집에 가서 잠 자고 오는 시간이 불편해졌다. 우리는 합법적으로 함께 살 수 있는 방법을 찾았고, 미래에 대해 이야기하기 시작했다.

2. 결혼 후, 힘들었던 시절

결혼 후, 우리의 관계가 크게 달라져 갔다. 남편은 곧, 그리고 나 역시 뒤따라 유학을 떠날 상황이었다. 어떤 문제가 생겨도 ‘유학갈 때까지 내가 참지, 그냥 조금 지나면 서로 잘 안보고 지내게 될 텐데’라며 넘어갔다. 그러나 결혼은 생각보다 복잡한 굴레였다. 특히 시어머니는 최대한 나를 붙들어 두려고 했고, 한번씩 시어머니와 부딪치고 나면, 남편에게 분풀이를 해댔다. 남편은 나와 어머니 양쪽에서 듣기 싫은 소리만 들으니 죽을 지경이었다. 그러나 일은 엉뚱한 곳에서 터졌다.

결혼식 한 달쯤 후 시댁에 처음 갔다. 시댁이 지방에 있었고, 나는 당시 아르바이트 때문에 남편이 먼저 가고, 다음날 가게 되었다. 월급도 받고해서 시부모님께 뭔가 선물을 해야지 하면서 기분 좋게 내려갔다. 하룻밤 자고 나자, 어머니는 남편보고 친척집에 인사하러 가라고 내보내고는, 나를 부르셨다. 결혼식이니, 예단이니 맘에 안드셨던 점을 지적하며 경위를 물으셨다. 조용히 물으시길래, 나도 조목조목 말씀을 드렸다. “서로 풍습도 다르고, 이쪽집에서 불만이 있는 만큼 우리집도 불만이 있는 것 같습니다”는 식의 대답이었다. 어머니가 어느 정도 수긍을 하시고, 나도 하고 싶은 말 다했으니, 맘 편히 서울로 올라왔다.

이틀 밤인가 자고 나니, 동서가 제사가 있으니 오라는 전갈을 보내왔다. 일찍 가서 제사음식도 만들고, 함께 제사를 지냈다. 큰 시누이도 와 있었다. 사실 시누이와는 결혼 전에 예단 때문에 서로 감정이 상한 일이 있었다. 우리는 처음부터 예단이나 혼수를 최소한으로 줄이고, 유학비에 보태기로 양가가 모두 모였을 때 이야기를 했었다. 우리집은 당연히 그렇게 알고, 시아버지도 반지해 줄 돈도 학비에 보태주시겠노라고 약속까지 한 뒤였다. 그런데 시누이가 예단에 대해 딴말을 하기 시작해서, 나는 딱 잘라 말했다. 예단은 우리집에서 하는 것이니, 그에 대해 왈가왈부하지 마시라고. 시누이는 남편 보고, 결혼도 하기 전에 시누이될 사람에게 말대답한다고 야단을 했다. 남편은 나이 드신 분이고 자기가 제일 좋아하는 누나이니, 무조건 잘못했다고 빌어달라고 했다. “이치상 너의 말이 맞다고 해도, 사람은 감정의 동물이니, 니가 무조건 잘못했다고 빌면 만사 다 해결된다”고 나에게 사정을 했다. 편하게 살자고 생각하고, 잘못했다고 빌었다. 그러나 마음이 풀어질 리가 없었다.

이후 그날 처음 본 것이다. 인사를 하고, 막 저녁 식사를 하려 하는데 불쑥 어머니가 오셨다. 우리 부부를 제외하고는 모두가 어머니가 오실 것을 알고 있었다. 나는 이상했다. 오실려면 일찍 오셔서 제사를 함께 지내시지, 제사가 끝나고 나서 오시다니. 나는 어쩐 일로 오셨냐고 물었더니, 다짜고짜 "니를 만나러 왔다" 하시면서 예단을 모두 갖고 오셔서 절대로 안 입겠다고 하셨다. "갓 시집온 며느리가 어디 시어머니한테 말대답을 하느냐", "너를 서울로 보내놓고, 내가 홧병이 다 났다"고 하시면서, 아들을 보고도 "내가 이 꼴 보려고 아들 낳았는 줄 아느냐"며 야단이셨다. 처음엔 영문을 몰랐다. 한참 어머니가 우시면서 하는 말씀을 들으면서, 이상하게도 나와 상관없는 일처럼 느껴졌다. 속으로 화가 나서 하고 싶은 말 다 해버릴까 하면서, 가만히 있었다. 나는 시어머니와 결혼한 게 아니니까, 이혼을 해도 남편이랑 해야 한다고 생각하며 남편을 보았다. 그러자 남편이 어머니에게 똑바로 눈을 뜨고(이것은 굉장히 중요한 장면이었다. 나는 한번도 남편이 부모님에게 그런 표정 짓는 것을 본 일이 없었다) 뭔가 말을 하려고 했다. 그러자 당장 시누이가 어디 엄마를 똑바로 쳐다보느냐고 야단을 쳤다. 그러면서 어머니를 마루로 모시고 나갔다. 나는 무릎을 꿇고 앉은 다리가 몹시 저리던 차여 어머니가 나가자, 다리를 펴고 좀 쉬었다. 마루에서는 제2막의 연극이 상연되고 있었다. 동서 : "어머니 진지 잡수세요." 어머니 : "내 성질 모르냐? 내가 지금 밥 먹게 됐어!" 시누이 : "엄마 그래도 잡수셔야죠." '그렇게 한참 울면서 흥분하셨는데, 냉수나 한 컵 떠다드릴 일이지 밥은……' 나는 속으로 생각하였다. 정말 잘 계획된 연극이었다. 갑자기 배가 고파졌다. 사실 제사음식 만든다고 낮에 와서 밤 10시가 다 되도록 아무것도 못 먹었으니, 허기가 지는 것도 당연했다. 나는 부엌으로 가서 혼자 밥을 먹었다. 밥을 먹고 있으니까 시누이가 와서, "시어머니가 저러시는데 너는 무섭지도 않니?"한다. 나는 전혀 무섭지 않았다. 그냥 서로의 입장을 잘 밝히게 된 사건이라고 생각했다. 우리는 아파트로 돌아왔그, 어머니는 시골로 다시 내려가셨다. 동서는 남편에게 어머니가 예단을 놓고 가셨다고 말했다. 이 예단은 일 년이 넘도록 동서집 창고에 있다가, 어머니가 "니가 입으려고 갖고 있냐?" 소리를 들은 동서가 우리집으로 보내고, 다시 몇 달 묵었다가, 내가 시골에 갔을 때, "시부모가 잠깐 화가 나 그랬다 해도, 가져와 잘못을 빌 일이지, 잘됐다고 그렇게 둘 일이냐?"하면서 야단을 쳤다. 결국 작년 설에 서울에 오셨을 때, 가져다 드렸더니, 지금은 잘 입으신다.

그후 또 한 번의 연극이 있었다. 남편이 미국에 가기 전 시골에 한번 더 갔었다. 저녁에 "몇 시에 일어나 밥을 할까요?"하고 물었다. 어머니는 언짢은 표정을 지으시더니, 6시에 일어나면 된다고 마지못해 대답을 하셨다. 6시면 원래 내가 일어나는 시간보다 늦고 해서, 나는 맘 편하게 잤다. 새벽이 되자, 어머니께서 기척을 하셨다. 시계를 보니, 다섯시도 안 되었다. '6시에 일어나라고 했지'하는 생각을 하며, 그냥 누워 있었다. 다섯시 반쯤 되니까, 쌀 씻는 소리가 났다. 나가볼까 하다가 가만히 있었다. 6시에 일어나 밥하라고 하고선 다섯 시부터 일어나 신경쓰게 만들고, 쌀을 씻는 이유가 뭐람. 앞으로 내내 눈치보고, 신경 쓰면서 살고 싶지 않았다. 난 여섯 시에 일어났다. 아버님과 남편이 식사하러 나오자, "며느리가 시집에 왔으면, 일찍 일어나 아침이라도 지을 일이지"하시면서 야단을 치셨다. 내가 빙그레 웃자, 남편도, 아버님도 어제 저녁 이야기를 다 들었던 터라 그만 같이 웃고 말았다. 어머니만 주책이 되신 셈이다.

3. 달라진 시어머니, 그리고 나

남편은 먼저 미국으로 갔으나, 아이와 나의 미국행은 계속 지연되었고, 결국 서류상의 하자가 있다는 이유로 불가능하게 되었다. 남편은 학위 중간에 돌아왔다. 15개월만의 재결합이었다. 남편은 때마침 컴퓨터화의 바람을 타고 쉽게 취직이 되었고, 나 역시 2년여의 공백을 딛고 다시 내 일을 천천히 시작하게 되었다. 어머니는 다시 심한 참견을 시작하셨다. 우리가 이사한 아파트에 오시자 나를 붙들고 이 일 저 일 물으시면서 잔소리 반, 걱정반 늘어 놓으셨다. "니가 미국에 못 가도 니 남편 혼자라도 공부를 끝까지 할 수도 있는데, 얼마나 난리를 쳤으면 그냥 나왔겠느냐"부터 시작해서 "앞으로 어떻게 살 거냐" 등등 예의 잔소리를 늘어 놓기 시작하셨다. 나는 전과 같은 게임을 하고 싶지 않았다. 분명히 말씀을 드려 포기할 건 빨리 포기하도록 해야 했다. "우리가 벌어 아기 키우고, 잘 살 수 있습니다. 가까이 사시는 것도 아니고 가끔씩 한번 보는 부모자식간이고 특히 저는 이제 어머니와 함께 산지 얼마 되지 않으니 이런 식으로 서로에게 별로 도움이 되지 않는 말씀은 더 이상 안하는 것이 좋을 것 같습니다. 지나친 간섭은 더 이상 받지 않겠습니다." 등등의 말씀을 아무도 없는 나하고 둘이 있을 때 정확하게 말씀드렸다. 어머니는 상당히 당황하시면서 "느이가 날 싫어한다고 내가 할 소리 못할소냐"라고 하시면서도 말끝을 오그리셨다. 난 마음이 아팠다. 하지만 할 말은 해야 했다.

그것이 계기가 되었는지 모르지만 어머님이 변하기 시작했다. 가끔씩의 잔소리는 여전하셨지만 잔소리의 톤은 변해갔다. 전에 모든 것을 스스로 결정하셔야 한다는 듯이 하셨던 말씀과는 사뭇 다른 차원이셨다. 그렇게도 옭아 넣고 싶어 하셨던 가부장제(이것은 내 표현이다. 어머니는 '사람이, 아니 여자가 살 길'이라고 말씀하셨다)의 틀에 막내 며느리를 가두어 두고자 하는 노력을 더 이상 하지 않으셨다. 새로운 것을 인정하기 시작했다.

설날 먼저 가서 일을 못해도 "너희 사는 것이 더 중요하지 우리는 천천히 봐도 괜찮다"하시면서 이해해 주셨고, 우리집이 지저분해도 잔소리 하시기보다는 손수 치워 주시고, 설거지도 해주시고, 장도 담그어 보내 주시고, 또 손님 치를 때, 손수 김치를 담그어 보내 주시기도 하셨다. 나 역시 변해갔다. 전에 합리적이지 못해 보이는 어머니의 행동들이 가정의 위계질서 속에서 생존을 위한 전략이자, 철저한 교육이며, 그렇

게 하는 것이 시어머니의 며느리에 대한 마땅한 도리이지 절대 어머니
가 개인적으로 나에게 미운 마음이 있어 그런 것이 아니라는 것을 알게
된 것이다. "결혼초에 내가 너를 꼭 누지를려고 했다"고 당신이 말씀하
셨듯이 그것은 당연한 의무였다.

　세월이 지나면서 어머니를 좀더 알게 되었다. 너무도 가부장제적이지
못한 며느리를 보면서 몹시 불안해지셨고, 자신이 합리적이지 못한 행
동을 해서라도 바로 잡아 놓아야 된다는 생각을 하셨던 것이다. 그러나
곧, 여성 특유의 관계에 민감하신 분이니, 이런 방식으로 나아가다가는
며느리뿐 아니라 아들, 그밖의 모든 것이 위태해질 거라는 생각을 하시
게 되었다. 특히 어머님이 생각을 빨리 바꾸시게 된 데에는 남편의 분
명한 태도가 큰 역할을 했다. 나와 어머니가 적대관계로 보이던 시절
남편의 태도는 분명히 내 편이었으니까, 어머니께서는 보다 빨리, 스스
로 위기감을 느꼈을 것이다. 어머니도 스스로 그 상황을 극복해 내셨고,
나 역시 문제의 본질을 바로 보게 되었다. 어려운 세월을 말 없이 당신
의 권리를 희생하며 살아오신 분, 늙고 병들어 인생을 불안하게 생각하
시는 아버님 곁에서 그 분의 권위를 세워주며, 뭔가 중심을 잡아보려고
안간힘을 쓰시는 어머님, 그런 어머니를 보면서 전에 하셨던 말씀들이
새로운 차원으로 이해되었다.

　내가 임신했을 때의 일이다. 시골에 내려 갔는데, 당신 출산 때의 얘
기를 해주셨다. 그러니까 지금은 죽고 없는 남편의 4살 위 형님을 낳을
때 일이었다. 새벽녘에 산기가 있어 시아버님을 부르니, 주무시느라고
못 들으셨다. 당시만 해도 한방에서 애들 다 데리고 자던 시절이었다.
더 이상 부를 힘도 없고 해서, 옆에 있던 베개를 던지고, 또 던지고, 있
는 베개를 다 던져도 모르시고 주무시기만 했다. 어머니는 할수없이 혼
자서 아기를 낳아 탯줄을 끊었다고 하셨다. 당시 내가 곧 아기를 낳을
때이니만큼, 그 이야기가 너무 슬프게 들렸다. 출산이 여성의 특권이기
도 하지만, 남편 없이 아이를 낳는 내 상황은 '출산은 여성만의 고통'이
라는 느낌을 갖게 하고, 남편에 대한 약간의 피해의식도 있던 때였다.

224

그러니 자연 어머니의 상황과 동일시하면서, 눈물이 저절로 나왔다. 그래도 울면 안될 것 같아 애써 울음을 참고 있는데, 어머니는 "니 와 우노?"하셨다. 나는 더 이상 울음을 참을 수 없어 엉엉 울어버렸다. 어머니는 내가 왜 우는지조차 모르신다. 난 내 입장에서, 또 어머니 자신의 입장에서, 여자의 입장에서 너무나 슬펐다. 그리고 어머니의 이야기 의도가 다른 데 있는 것을 알기에 더욱 슬펐다. '난 그렇게 아이를 낳기도 했는데, 너는 호강하는 줄 알라'는 말씀이셨다. 어머니는 '자신'이 없이 늘 '희생'하며 살아오신 분이다. 그 상황이 자신의 희생을 극단적으로 보여 주었으니, 며느리인 나에게 교훈으로 주고 싶으셨던 것이다.

　인간으로서 자신이 없이 살아오셨던 어머니, 이것이 곧 우리네 여성의 삶이었다. 내 시어머니의 어머니는 부잣집 무남독녀로 시집올 때, 땅, 소 등등 혼수를 많이 해오셨다. 슬하에 7남매를 두셨는데, 더 이상 아이를 낳고 싶지 않아, 아이가 생기지 않는 비법이라고 누가 가르쳐 준 풀뿌리, 나무뿌리를 달여 잡수신 것이 화근이 되어, 우리 시어머니 여섯살 때 돌아가셨다. 그 이후, 맏이였던 외숙모님이 친정엄마처럼 우리 시어머니를 키우셨다고 한다. 결혼도 시키고, 아이 낳을 때도 와서 봐주시고, 또한 외숙모님 자신도 일찍 과부가 되셨고, 아들이 없어 사촌에게 양자 하나 얻으려고 재산도 다 바치고, 양자도 못 얻고, 고생만 하시면서 살아오셨다. 동병상련으로 두 분이서 모녀지간처럼 잘 지내오셨다고 한다.

　철저히 자기자신으로 살아 온 나는 여성의 한, 대물려 내려오는 슬픈 여성사를 시어머니를 통해 듣게 된 것이다. 반드시 자신의 입장어서 자신의 행동과 말을 정당화해야만 했던 나의 어린시절, 친정엄마는 늘 합리적으로 생각하고 판단해야 하며, 또 스스로 자기 일을 책임져야 한다고 가르쳤다. "니 인생은 니꺼. 스스로 알아서 선택하고, 필요하던 도움을 청해라" 늘 엄마가 내게 해주던 말씀이었다. 그런데 마치 조선시대 소설 속의 여주인공 같은 이야기가 바로 내 옆, 나의 시어머니, 그 어머니들의 얘기라는 데, 나는 지금까지 내가 바라 보았던 내 입장에서의 어머니 모습, 시각에 오해가 있었음을 인정하지 않을 수 없었다. 내가 자라면서 경험하지 않은 대다수 여자의 삶을 시어머니의 삶의 조각들을 통해 조금씩이나마 느끼게 되고, 여성의 삶, 한 그리고 왜곡되어 나타나는 모습들의 실상을 볼 수 있어졌다.

이런 생각을 하고 나니, 마음 속에서부터 어머니에게 잘해드리고 싶어졌다. 한번 마음 먹으니, 행동은 어렵지 않았다. 형식에서 벗어나니까 편하고, 자주 전화해서 요새 어떻게 지내시느냐고 묻고, 우리 얘기(사실은 가장 궁금해 하시는)를 한다. 아이의 재롱이 늘었다는 등, 어제 애비가 늦게 들어와서 무서웠다는 등, 어머님이 올라오시면 야단 좀 쳐달라는 등, 그런 어떻게 보면 쓸데없는 얘기들이지만, 나는 하게 되었다. 오히려 요새는 날더러 시외전화에 그런 소리 한다고 빨리 끊으라고 야단도 치신다. 나는 시어머니와의 그런 대화가 긴장감을 풀어주고 딱딱한 생활에 청량제 구실을 하는 것도 알게 되었다.

그러나 문제는 늘 있다. 어머님과 나의 경우, 워낙 어머님이 심혈을 기울여 나와 대결을 하셨으니까, 오히려 해결도 빨리 났다. 그러나 집안에 어머니와 나만 사는 것은 아니다. 어머님도 그냥 나 개인이 귀엽다는 차원, 또 막내이니까 허용한다는 차원이지 전체 구조를 본 것은 아니었다. 그러니 나에게 원래 돌아올 시집살이 몫이 맏동서인 형님에게로 돌려졌다. 가끔 나와 비교해가면서 형님을 괴롭히는 일거리를 더 만드셨다. 나는 형님과 비교당해도, 내가 못하는 것이 있어도 크게 마음 상하지 않는다. 그러나 형님은 다르다. 어머니의 한마디 한마디에 인생을 건 사람처럼 보인다. 형님도, 시누이도 마찬가지다. 당신 어머니의 삶보다 더 나아진 것에 안도하면서도 덜 희생적인 자기의 삶 때문에 가정 내 자신의 위치에 더 불안감을 갖고 있으면서, "엄마같이 살지 않겠다"는 말을 수없이 반복하지만, 도대체 엄마같지 않게 사는 게 무엇인지 열심히 찾지는 않는 것 같다. 희생이라는 이름 아래 미화된 남자의 그림자 인생에 아직도 연연하면서, 한편 뭔가 채워지지 않는 구석을 움켜쥐고 사는 시한폭탄 같다. 가끔씩 내게 말씀을 하시면서 울분을 풀려고 하지만 본격적으로 뛰어들어 해결할 생각은 하지 않는다. 결국 내게 맏동서로서 가부장제하의 권리를 주장하지도 못하고(스스로 이젠 세월이 변했으니 서로 편하게 살아야 한다고 말씀하신다), 그렇다고 시집살이는 여전하고, 이러지도 저러지도 못하는 형님을 보면서 개인적 차원에서 문제의 해결이란 결코 진정한 의미에서 문제를 해결하는 것이 아니라는 생각이 들었다.

4. 생활 속에서의 문제들

결혼이란 꼬리를 물고 일어나는 문제와 해결의 과정이라는 생각이 든다. 노력하여 제대로 풀면, 서로가 보다 성숙해지고 즐거운 삶을 살게 되고, 그렇지 못하면 서로에게 속박만 더하는 굴레가 된다. 우리는 서로 너무나 다른 환경에서 자라서, 서로 더욱 이끌렸겠지만, 결혼이 생활로 다가왔을 때, 집안일을 어떻게 나누어야 할지는 또 다른 사건들을 일으켰다. 우리는 이 문제를 수많은 토론, 토론 비슷한 싸움 속에서 해결해 왔다. 지금은 청소, 빨래, 설거지 등 딱 정해진 가사일은 주로 남편이 한다. 난 요리를 무척 즐기고 또 잘하는데, 맛있는 요리를 먹으려면 설거지는 요리 안 한 사람이 당연히 해야 한다는 것이 내 주장이다. 설거지 하다 보면 또 설거지거리 만들기 싫어 음식 안해먹는 경우가 많다. 나는 남편에게 설거지 안 하고, 맛있는 요리 안먹고 살거나, 설거지 하면서 날마다 맛있는 음식 먹으며 사는 것, 이것은 선택의 문제라는 것을 한 번씩 일깨워 준다.

우리집 가사 분담은 일로 나누는 방식이 아니다. 초기에 문제는 있었다. 처음에 남편은 집안일을 일로 생각하지 않았다. 내가 집에 없으면, 아무리 지저분해도, 배가 고파도, 아이가 더러워도 그냥 있는다. 자신의 일이 아니라 여기고, 그냥 기분이 안 좋은 채로 있는 것이다. 내가 들어와 "너는 쓰레기통 속에 생각도 하지 않고 멍청히 앉아 있느냐!"면서 고래고래 소리를 질러대면, "아차"하면서 막 치운다. 난 따라 다니면서 일거리를 만들어 준다. 설거지를 하면 식탁을 치워 설거지거리를 다 내주고, 냉장고를 뒤져 남은 음식들을 버리고, 남비를 비운다. 청소를 해도 책은 어디에 놓고, 다른 것은 어디로 등등 말은 내가 하고 실제 일은 주로 남편이 한다. 내 사촌동생의 말에 의하면 '남 부려먹는 데 천재'인 아내와 착한 남편이란다.

우리 부부는 이런 우리 가족구조가 불평등하다고 생각하지 않는다. 처음에 남편은 "왜 너는 일 안하고 나만 시키느냐"고 불평을 했다. 나는 "집에 간장이 떨어졌을 때, 너는 그것을 모르고, 사오는 적도 없지 않느냐? 니가 하는 단순한 노동이 집안일의 전부라고 생각하면 착각이다. 집안일이 어떻게 돌아가는지 모르고, 또 마누라 도와준다는 식으로 생각하니 스스로 체계를 잡아 처리하지도 못한다"는 불평을 했다. 그래서 서로 역할을 바꾸어보기도 했다. 나는 늘 집안일을 하면서 재미없어 했고, 그는 언제 돈을 내야할지, 장을 어떻게 봐야할지 등등으로 신경이 곤두서 자기일이 제대로 안될 지경이었다. 이 사건을 통해 우리는 서로의 특성과 장점을 스스로 확인했다.

이번에 조그만 아파트를 사서 수리를 했는데, 나는 우리한테 돈이 얼마나 있고, 얼마를 융자받아 사면 된다는 제안을 했다. 또 집 수리 계획안도 내놓는다. 그는 그렇게 했을 경우, 우리가 한달에 내야할 이자, 적금 등이 얼마이고, 우리가 감당할 능력이 있는지 점검한다. 막상 수리를 해도 도배지를 선택하고 인부에게 돈을 주고, 지시를 하는 것은 나이고, 남편은 모자라는 벽지를 차로 날라다 준다든지, 음료수를 사다주는 일을 한다. 은행 사람들은 내가 만나지만, 대출서류를 꼼꼼히 준비하는 것은 남편이다. 집안일의 경우도 마찬가지이다. 비디오가 고장났으니 고쳐야 한다는 말은 내가 한다. 고치러 가는 것은 남편이다. 빨래를 해야 한다고 말하는 것은 나고, 실제로 세탁기를 돌려 빨래를 너는 것은 남편이다. 요리는 내가 한다. 요새는 내가 좋은 일을 독점하는 것 같아 남편을 요리일에 끌어들인다. 요리도 즐거운 창작활동일 수 있다는 것을 강조한다. 요리나 집안일 자체가 힘들지만 힘든 만큼 보람도 있고, 밖에 나가 돈을 벌어오는 것 못지않게 가족을 행복하게 해줄 수 있다는 얘기를 한다. 이러한 집안에서의 일과생활을 새로운 즐거움으로, 바쁜 생활 속에서 함께 갖을 수 있는 공감대로 만들어 갔다.

남편은 다감한 사람이다. 집에 일꾼들이 와도 나는 사뭇 딱딱하고 사무적으로 대한다. 남편은 음료수를 준다든지, "수고하셨어요" 등의 인사를 한다. 그러면 아저씨들은 어쩔줄 몰라하는 당황함을 눈에 보인다. 전형적인 한국 가정에서 자란 남편이 처음부터 그렇게 한 것은 아니다. 그를 점차 알게 되면서, 생일을 기억하고 꽃을 사온다든지, 화장품, 속옷 등을 사오면서 행복해하는 그의 모습을 보면서, 처음엔 여자를 그런 식으로 생각하느냐고 항의도 했지만, 함께 살면서, 그 안에 상당히 여성적인 면이 있다는 것을 알게 됐다. 따뜻하고 다감한 여성성이 원래 많은 사람이 불쌍하게 남자로 태어나서, 억누르고 아닌 척하며 살아야 했던 것이다. "울어도 괜찮아", "강하지 않아도 돼", "당신은 당신의 성품대로 살 권리가 있어" 이런 나의 말들은 그가 원래 자신의 모습을 찾는 데 도움이 되었다. 그는 내가 아프면, 묽은 죽을 끓여온다. 죽을 앉혀 놓고, 걱정을 하느라고 열심히 저어댔기 때문이다. 그냥 내가 아프다는 자체 때문에 어쩔줄 몰라 당황해 있는 것이다. 난 죽을 앉혀 놓고, 다른 일을 하다 끓으면 가져온다. 난 그가 아파도 그 자체를 하나의 일로 생각하고, 어떻게 처리할까를 생각한다. 그런 면에서 두 사람의 행위양식은, 그는 여성적, 나는 남성적 방식을 전형적으로 갖고 있는 셈이다. 처음엔 사회가 주는 압력을 받으며, 불편도 많았고, 싸움도 많았다. 서로의 특성을 인정해 주는 과정을 지나면서, 이제 둘 다 누구에게도 위축되지 않고, 각자 자신의 원래 모습대로 당당하게 산다. 늘상 논리적이고, 앞뒤가 꼭 맞아야하고, 합리적으로 일이 처리되지 않으면 불같이 화를 나는 나, 늘 자신의 입장보다 다른 사람을 먼저 생각하는 데 익숙한 남편, 그러다보니, 내 영역으로 그를 너무 많이 끌어들이는 경향도 없지 않다. 늘 혼자 자기 위주로 살았던 내가 그와 함께 '더불어 사는 삶'을 배워간다. 가부장적인 아버지와 사회가 원하는 기대 속으로 밀어대는 엄마 밑에서 자기자신이기보다는 '사회적 남자'의 틀에 끼워지면서 살아온 그는, 나와 함께 살면서, 자기를 찾아 감추어진 감성의 세계를 찾아간다. 우리는 적어도 지금까지는 잃은 것보다 얻은 것이 많다. ■

여자가 하나 되는 세상을 위하여

이야기 여성사 6

고정희*

―― 여자란 결혼한 여자와
결혼 안한 여자가 있을 뿐이다?

1. 어느 정실부인과 독신녀 이야기

겨울이 끝나가는 어느 날이었습니다
제삼세계 여자인권과 정의-평화 문제를 논하는 자리에
독신녀 두어 명이 끼어 있었습니다
공식회의가 끝나기가 무섭게
회의를 이끌던 어느 정실부인께서, 돌연
한 독신녀에게 화살을 돌렸습니다
이봐요, 결혼은 저엉말 안할 거예요?
내 당신을 사랑해서 하는 말인데,

---

* 1948년 해남에서 태어났다. 한국신학대학을 졸업했으며 교사, 잡지사 기자, 여성신문 주간 등을 거쳐 현재 가족법개정운동사 편찬 실장으로 일하고 있다. 시집으로 《누가 홀로 술틀을 밟고 있는가》《실락원 기행》《초혼제》《이 시대의 아벨》《눈물꽃》《지리산의 봄》《저 무덤 위에 푸른 잔디》들이 있다.

그 능력 그 재능이 결혼하면 얼마나 빛날까……안타까워 하는 말
  인데,
제발 시집 좀 가
저엉 안되면 남자하고 연애라도 해, 으응?
까짓거 여자로 태어나서
혼인하고 아이 낳고 엄마노릇하는 거
이것보다 더 소중한 게 뭐 있어요
기쁠 때나 슬플 때나 기댈 등이 있다는 거
출산하고 젖물리며 느끼는 충만감
생명의 소중함을 만끽하는 거,
이거 여자만의 특권 아닙니까?
그 풍부한 삶에 등돌리고 살다니,
독신녀를 보면 도대체
남의 일 같지 않아요
지혼자 먹기 위해 밥상 준비하는 거
이거 슬픈 일입니다
여자 혼자 아파 몸져 누워 있는 거
이거 처량한 노릇입니다
막말로 아, 나 혼자 출세하고 호의호식하면 뭐해?
내 말이 틀렸어요?

싸잡아 궁지에 몰린 듯한 한 독신녀가
진담반 농담반 말을 받았습니다
선생님, 독신도 출세에 속하나요?
독신이란 지혼자 호의호식하나요?
화살은 다른 데 있는 것 같은데요……

내 솔직히 말하리다

결혼한 여자가 흐르는 물이라면
독신녀는 고여 있는 물이야요
흐르는 물은 날마다 새롭게 변화하기 마련이지만
고여 있는 물은 썩기 십상이야요
기혼녀는 가정이라는 울타리를 통해
자기를 나눠주는 형태를 갖게 되고
굉장한 진실을 발견한다 이거예요
때로 얽히고설킨 혈육관계 속에서
피할 수 없는 갈등을 겪지만
그 모든 희생을 더 나은 삶으로 바꾸는 길이 있어요
혼자서는 도저히 맛볼 수 없는,
차원이 다른 세계가 있어요
이거 얼마나 소중합니까
이것을 모르는 독신 여성은
십중팔구 자기중심적이 되고
너무 매말라 있는가 하면
나이하고 관계 없이 어른이 안돼요
급기야는 감정의 폭이 좁아져서
편견과 아집으로 똘똘 뭉치게 되고
정신적으로 내향성을 띠거나
관심사가 지극히 축소되어
종래는 일대일의 남자를 만나도
원만한 관계를 이끌지 못해요
이거 얼마나 위험천만입니까
(나는 심리학을 했으니까)
심리학자 에릭슨이 말한 대로
사람은 모름지기 여덟 단계 과정을 거쳐야
원만한 성숙을 가져온다 믿어요

그런데 그게 가정에 있거든요
지극히 모성적인 것,
이것이 성숙의 핵심이야요
모성에 대한 경험을 가진 여성은
뼈를 깎는 외로움이 있을 수 없지만
삶의 무의미가 있을 틈이 없어요
체험하지 않고서는 절대 모르는 세계가
생명을 창조하는 일이다, 이거야요
남자 하나 제대로 사랑 못하면서
어떻게 세계를 사랑할 수 있어요!
인간은 뭐니뭐니 해도 사랑의 체험이 제일 아닙니까
그런데 사랑은 하늘에 있는 것이 아니라
살을 부딪는 가정 속에 있거든요
저엉 싫으면 남자 하나 골라서
아이만 하나 낳아 기르든가(아이 낳고 싶지 않아요?)
그것도 아니라면 최소한
입양이라도 하는 게 어떨까……
이것이 솔직한 내 심정입니다

이야기가 여기까지 이르러
울까 웃을까 난감한 표정으로
다시 독신녀가 말을 받았습니다
그런데 선생님,
그렇게 독신녀를 들볶지만 마시고
그토록 불쌍한(?) 독신녀를 위해서
쥐구멍에 볕들날 좀 마련해 주시지요

아 물론 있지요

여자가 하나 되는 세상을 위하여 —— 235

내 남편하고 가끔 그대 걱정하는데,
이 사람은 이래서 안되고
저 사람은 저래서 안되고 하다가
내 남편 왈,
"정 안되면 내가 다 데리고 살게" 하더라구요(하하)
(누가 살아준대요?)

이렇게 일장연설은 끝났습니다
독신녀에 대한 성토대회(?)가 끝난 후
참으로 아무 일도 없었던 듯
서로 손을 흔들며 뒤돌아서
제각기 바쁜 길을 재촉했지만
우리가 헤어진 등 뒤에
뭔가 슬픈 그림자가 어른거렸습니다
평행선을 질주하는 두 목마름처럼
자꾸만 목젖에 뜨거운 기운이 북받쳐 올랐습니다

2. 무엇이 그대와 나를 갈라놓았는가

비정하게 저무는 낯선 거리에서
그대는 저쪽으로 나는 이쪽으로
운명을 수락하듯
우리는 서로 다른 길을 향해 갑니다
당신을 사랑해, 라고 말하고 싶을 때조차
왜 우리는 단순하게 손잡지 못할까요
왜 우리는 질투하는 두 짐승처럼
함께 가는 길에 퉤퉤 소금을 뿌리는 것일까요

때로 나는 내 자신 속에서
그대와 나를 갈라놓은 내 적을 발견합니다

  너는 검은색이고 나는 흰색이야

당신을 향하여 금을 긋는 순간
나는 내 자신의 적을 봅니다

  시 한편 없이도 살만 찌는 주제에
  하하 인생의 깊이와 넓이?

당신을 향하여 거드름을 떠는 순간
나는 내 자신의 적을 봅니다

  여보세요, 사랑장사를 말로만 하시나요 외로움 같은 거 아시기는
  아시나요 마음 좀 어루만질 시간은 있으세요 구닥다리 소외감
  알아보시겠어요 빈 의자 하나쯤 건사는 하시나요

당신의 사랑법에 찬물을 끼얹는 순간 나는 내 자신의 적을 봅니다.

  아암 째째한 인생은 당당하므로 나는 하품하는 여자를 좋아합니
  다 나는 지루하고 지루한 여자를 좋아합니다 나는 게으르고 인
  색한 여자를 좋아합니다 나는 삭막하고 황량한 여자를 좋아합니
  다 나는 단물이 다 빠진 여자를 좋아합니다 나는 머리 속에 오
  직 남자밖에 든 게 없는 여자를 좋아합니다(좋아하려고 목하 노력
  합니다)

당신의 행복론에 돌을 던지는 순간

나는 내 자신의 적을 봅니다

    그토록 자부하는 풍요의 식탁에는 여자민중이란 메뉴도 있나요?
    해방의 만찬이란 식단도 있나요? 통일 민주 염원이란 조찬도 있
    나요? 장백산 횡단이란 특식도 있나요? 보수대연합분쇄라는 주
    문식단도 있나요?(있으면 어디가 덧나나요?)

당신의 인생론에 칼을 들이대는 순간 나는 내 자신의 적을 봅니다

그러나 때로 나는 당신 속에서
그대와 나를 갈라놓은 당신의 적을 만납니다
당신과 다정하게 마주앉지만
내 품속에서 슬몃 얼음이 만져질 때
해를 거듭하며 만나고 또 만나도
당신에 대하여 아는 게 없을 때
아무리 코를 쿵쿵거려도 들풀 냄새가 안날 때
나는 당신에게서 당신의 적을 만납니다

나는 사랑받는 여자예요, 얼굴에 써붙이고 다니는 사이
앉자마자 나 바빠, 허둥대는 사이
나는 현모양처예요, 십분간격으로 집에 전화하는 사이
나는 수퍼우먼이야요, 잠시도 시선이 안정되지 않는 사이
여자의 본분은 희생봉사 아니예요, 중간에서 남의 말 뚝뚝 자르는
  사이
나는 당신에게서 당신의 적을 만납니다

요즘 왜들 불그죽죽 물드는지 모르겠어요
과격한 행동은 곤란하잖아요

민중여성 어쩌고보다 기층여성,
생존권투쟁 어쩌고보다 소외계층 생계 대책, 하면 부드럽잖아요
광주항쟁보다는 광주사태, 하면 거부감이 덜하잖아요
시국혼란 오면 무사할 수 있어요?
십리 밖에서부터 정실당리당략 울타리를 치는 동안
나는 당신에게서 당신의 적을 발견합니다

아아 그러나 때때로
나는 당신 속에서 동지를 만납니다
좌절의 밭고랑에 토악질하는 등 두드리는 손끝에서
나는 동지의 순정을 만납니다

야금야금 시시하고 데데해진 사람끼리
어둔 밤길 동행하는 든든함 속에서
나는 동지의 따뜻함을 만납니다

슬픔의 한자락 붙드는 모습에서
간간이 주눅드는 인간 냄새에서
두 눈에 가득 고이는 상처에서
나는 동지의 그리움을 만납니다

이 땅이 뉘 땅인데······ 외치는 함성에서
혜영이를 살려내라······ 탁아입법 운동에서
공해 없는 금수강산······ 살림운동 행진에서
핵무기 결사반대······ 빛 안나는 싸움에서
성폭력 파쇼 척결······ 당당한 시위에서
참교육 평등사회······ 학부모 단결에서
민주방송 힘내세요······ 이어지는 격려에서

나는 동지의 믿음을 만납니다

우리 할머니와 어머니가 걸어갔고
우리 이모와 고모가 걸어갔고
오늘은 우리가 걸어가는 이 길,
내일은 우리 딸들이 가야 할 이 길,
이 길에 울연한 그대 모습 마주하여
우리 서로 한 순간의 포옹 속에서
억압 끝, 해방무한 동지를 만납니다

3. 해방전선 여자들 일어설 때입니다

이제는 우리가
우리의 삶과 운명을 결정하기 위하여
해방전선 여자들 일어설 때입니다
이제는 우리가
우리의 자유와 평등을 결정하기 위하여
부엌데기 여자들 일어설 때입니다

베를린 장벽이 와르르 무너지듯
내 속의 적을 무너뜨리고
그대 속의 적을 무너뜨리고
여자와 여자 사이 적을 무너뜨리고
가족과 가족 사이의 적을 무너뜨리고
남자와 여자 사이 적을 무너뜨리고
딸과 아들 사이 적을 무너뜨리고
며느리와 시어머니 사이
올케와 시누 사이 적을 무너뜨리고

부엌과 정치 사이 적을 무너뜨리고
남편과 아내 사이 적을 무너뜨리고
자본과 노동 사이 적을 무너뜨리고
이제는 우리가
우리의 평화와 해방의 주인이기 위하여
살림의 여자들 일어설 때입니다

분단이라는 벽을 넘어
지역이라는 벽을 넘어
계층이라는 갈등의 벽
신분이라는 우열의 벽을 넘어
지연이라는 분열의 벽
학연이라는 자만의 벽을 넘어
혈연이라는 종속의 벽을 넘어
이제는 우리가
우리의 땅과 흙에 씨뿌리기 위하여
대지의 여자들 일어설 때입니다

죽음의 밥상을 거부하기 위하여
증오와 차별을 끝장내기 위하여
핵무기의 위협과 전쟁의 공포를 몰아내기 위하여
인신매매와 강간의 세월을 박살내기 위하여
복종과 침묵의 말뚝을 뿌리뽑기 위하여
아아 그리고
서로 다른 상처를 싸매주기 위하여
서로 다른 고통에 입맞추기 위하여
서로 다른 눈물을 닦아주기 위하여
서로 다른 체험을 나누고

서로 다른 희망이 하나 되기 위하여
생명의 여자들 일어설 때입니다

억울한 여자들 일어설 때입니다
귀머거리 여자들 일어설 때입니다
벙어리 여자들 일어설 때입니다
눈뜬 장님 여자들 일어설 때입니다
서러운 여자들 일어설 때입니다
버림받은 여자들 일어설 때입니다
낙인찍힌 여자들 일어설 때입니다
해방전선 여자들 일어설 때입니다

이제는 우리가
우리의 길이고 하늘이기 위하여
이제는 우리가
우리의 사랑이고 등불이기 위하여

4. 여자가 뭉치면 새 세상 된다네

남자가 모여서 지배를 낳고
지배가 모여서 전쟁을 낳고
전쟁이 모여서 억압세상 낳았지

여자가 뭉치면 무엇이 되나?
여자가 뭉치면 사랑을 낳는다네

모든 여자는 생명을 낳네
모든 생명은 자유를 낳네

모든 자유는 해방을 낳네
모든 해방은 평화를 낳네
모든 평화는 살림을 낳네
모든 살림은 평등을 낳네
모든 평등은 행복을 낳는다네

여자가 뭉치면 무엇이 되나?
여자가 뭉치면 새 세상 된다네

5. 새벽이 오기 전에 우리 가야 하리

가야 하리
새벽이 오기 전에 우리 가야 하리
장미꽃은 더 이상 장미가 아니다
슬픔은 더 이상 슬픔이 아니다
어둠과 함께 어둠 속으로
폭풍과 함께 폭풍 속으로
성의 사슬 싹둑 끊어버리고
여자다움의 족쇄 불구덩에 던져,
가야 하리
새벽이 오기 전에 우리 가야 하리
여벌 신발이나 전대도 없이
출발을 서두르는 벗들이여,
종횡무진 덮쳐오는 장애물을 헤치고
수퍼 우먼이 아닌,
현모양처가 아닌,
효부열녀가 아닌,
직장의 꽃이 아닌,

순종의 미덕이 아닌,
건강하고 당당한 여자
노동의 팔뚝에 넘치는 힘으로
가야 하리
새벽이 오기 전에 우리 가야 하리
철벽에 금이 가고
말문이 트일 거야
끝내는 그 땅에서 낟가리를 쌓을 거야
혼자가 아닌,
파당이 아닌,
헤게모니가 아닌,
제잘난 맛은 더욱 아닌,
제못난 탓은 더더욱 아닌,
함께 사는 세상의 기쁨과 믿음으로
가야 하리
새벽이 오기 전에 우리 가야 하리 ■

세상의 딸들은 무희처럼
창공을 박차는
새의 날개를 가졌으나
세상의 여자들은 아무도 날지 못하는구나,
세상의 어머니는 모두 착하신데
세상의 여자들은 아무도
행복하지 않구나……
──김승희, '엄마의 발' 중에서

매맞는 아내의 분노

조주현 *

1. 사랑의 공간, 폭력의 공간

아내 구타 현상에 대한 사회학적 관심은 비교적 최근에 일어난 일이다. 미국의 경우, 가정폭력 현상은 1960년대에 여성운동이 발전, 전개됨에 따라 여성의 소외된 경험의 대표적인 예로서 운동차원에서 부각되기 시작했다. 그리고 이것은 곧 학문적 주제로서 집중적으로 다루어지기 시작하였고, 이 문제를 사회 여론화와 정책 입안 등을 통해 개선해 보려는 여성운동에 이론적인 뒷받침이 되어져 왔다.

아내 구타 현상을 사회학적으로 접근할 때 연구자의 관심은 크게 둘로 나뉘어질 수 있다. 하나는 '왜 아내 구타 현상이 생기는 것일까?'의 질문이고, 다른 하나는 '어떻게 아내 구타 현상이 진행되는 것일까?'이다. 거의 대다수의 연구들이 이 첫번째 질문의 해답을 찾아서 진행되었다. 아내 구타 현상의 원인을 가부장제적 사회구조와의 관련 속에서 설명하는 연구들의 논지는, 남편으로부터의 구타는, 남편이라는 매개체를

---

* 1957년 서울에서 태어나 이대 사회학과 졸업 후 일리노이 대학에서 사회학을 공부했다. 지금 시간 강사로 일하고 있으며, 남편과 아이 둘이 있다.

통해 드러나는 그 사회구조의 성중심적인 문화의 표현이라는 것으로 요약될 수 있다. '남성에 대한 여성의 종속'이라는 일반적인 가부장제 사회구조의 첨예한 한 표현으로서 아내 구타 현상이 존재한다고 보는 것이다. 따라서 이러한 시각에서는, 아내 구타 현상을 해결하기 위해서는 거시적으로는 가부장제 사회구조의 변혁이 있어야 하고, 미시적으로는 아내 구타 현상을 둘러싸고 있는 법, 경찰, 사회사업기관, 의료진, 가족관계 등 제도화된 차원에서 변화가 일어나야 한다고 주장하게 된다. 미시적으로는 댓가와 보상에 따른 교환 관계의 틀로 설명하기도 한다. 이 교환이론에 따르면 부부는 서로의 관계에서 될수록 댓가를 최소한으로 줄이고 보상을 극대화하는 방향으로 행동한다. 즉 아내와 남편의 서로에 대한 일련의 행동들은 그것이 보상보다는 댓가가 큰 것이라고 생각되기 때문에 그러한 행동을 한다는 것이다. 여기서 폭력은 사회적 지위나 교육정도, 경제적 능력, 개인적 매력 등과 같이 개인에게 힘을 줄 수 있는 여러 자원 중의 하나이며 언제든지 동원 가능한 것으로 인지된다. 따라서 만일 아내를 구타하는 것에 따른 댓가가 아내 구타를 통한 일시적 만족감이라는 보상에 비해 대단치 않은 것이라면, 그리고 아내 구타를 할 수 있다는 자원 외에는 동원할 다른 자원이 별로 없다면, 남편은 아내가 교환등가 방식을 지키지 않는다고 생각할 때 쉽게 구타를 선택하게 된다고 설명한다.

미국의 경우처럼, 전국에 걸친 표본 조사는 아니지만 우리 사회에서도 아내 구타현상의 전반적 파악을 위한 설문조사가 1984년에 있었다.[1] 서울에서 708명의 가정주부를 대상으로 조사한 바에 따르면 지난 한 해 동안에 구타 당한 경험이 있는 아내는 전체의 14%에 이르며, 전체의 42.2%가 결혼 후 적어도 한 번 맞은 경험이 있다고 보고하였다.[2] 이 수

---

1) 1983년 겨울 서울에 '여성의 전화'가 개통된 후 아내 구타 현상이 처음으로 사회에 '소개'되었다. 그리고 여성의 전화 사업이 활성화되어 가면서 이에 맞춰 이 문제를 학문적으로 다뤄 보려는 연구도 병행되어 가고 있다.

2) 서울에서의 설문 조사에서 사용된 종목은 다음과 같다.

치는 1970년대 이후 아내 구타 문제를 사회화하여, 매맞는 아내를 도와 줄 수 있는 갖가지 사회적 기재를 마련하고 있는 미국의 경우보다 4배 나 높은 수치이다. 폭력은 우리가 가장 평화로운 공간이라고 상정하고 있는 가정내에서 일상적으로 행해지고 있다는 것을 분명히 보여 주고 있는 것이다.

아내 구타 현상이 이렇게 우리 사회에 널리 퍼져 있음에도 불구하고, 우리 사회는 여전히 우리의 가정이 사랑의 공간일 뿐 아니라 폭력의 공 간일 수도 있다는 인식의 전환을 거부하고 있다. 아내 구타 현상은 몇 몇 팔자 사나운 여자들에게만 국한된 약간의 그늘진 가족들만의 이야기 가 아니라 사회 각 계층에 매우 일반적으로 퍼져 있는 현상임을 인정하 려 들지 않는 것이다. 그것은 아내 구타 현상의 사회적 인식은 우리 사 회구조의 핵을 이루고 있는 가족주의 전통과 정면으로 상충되는 논의를 내포하고 있기 때문인 것으로 보인다. 즉 아내 구타 현상의 사회적 인 식은 필연적으로 가족에 대한 국가의 중재가 요청되는 것인데 이것은 가족의 구성원으로보다는 개인으로서의 권리가 우선임을 전제해야 하기 때문이다.[3]

---

1) 몸을 맞는다.

2) 주로 얼굴을 맞는다.

3) 몸을 발로 맞는다.

4) 방망이나 기타의 도구로 몰매를 맞는다.

5) 옷을 벗긴 후 몰매를 맞는다.

6) 담뱃불로 지진다.

7) 기타(여성의 전화, 1984 《개원 일주년 기념 보고서》)

3) 1983년 여름 두 명의 가정주부가 각자의 남편을 폭행혐의로 경찰에 고발하였 다. 이 두 사건은 신문 사회면에 크게 보도되었다. 검사는 이 사건을 둘다 기각 시켰는데 그 이유는 "아내 구타는 가정문제이고, 가정문제는 가족내에서 해결 되어야 한다"는 것이었다(동아일보, 1983. 7. 17). 더구나 여론은 주장하기를 "아내 구타는 대부분 아내가 자극하여 구타로 이어지는 경우"이며, "아내는 현 명하게 처신하여 남편을 잘 길들여서 얻어맞지 않도록 해야 할 것이다"라고 결

그러나 "왜 아내 구타 현상이 일어나는가"의 질문은 이 현상을 사회문제화시키는 데는 많은 도움이 되지만 아내 구타의 본질이 무엇이며 매맞는 아내와 때리는 남편이 어떻게 폭력가정의 삶을 살아내는지에 대한 질문으로는 빈약하다. 더우기 폭력적인 세계에 안주하며 복수의 상상 속에서 자신의 분노를 다스리고 있는 매맞는 아내의 해석구조에 대한 이해로서는 부족한 접근 방법이다.

어떻게 사랑과 평화가 깃든 가정을 이룰 것을 희망하고 결혼한 두 남녀의 관계가 폭력이 끼어드는 관계로 발전하여 분노와 두려움과 증오, 그리고 절망이 가득찬 가정으로 변하게 되는가? 폭력가정에 머무르는 매맞는 아내는 어떻게 자신의 삶을 재구성하는가? 이 글에서는 폭력가정으로의 변화를 부정적 상호작용의 시각에서 해석하도록 하며, 특히 폭력가정에 머물러 있는 매맞는 아내의 분노에 대해서 사례중심으로 논의해 보도록 한다.

2. 왜 매맞는 아내가 가정을 떠나지 않는가?

매맞는 아내가 가정을 떠나지 않는 이유는 매맞는 아내와 때리는 남편간에 부정적 상호작용(negative symbolic interaction)이 형성되는 점과 관련이 깊다. 이는 베이트슨(Bateson, 1972:68—69)이 개인간의 상호작용이 지속, 축적됨에 따라 각 개인은 행동에 있어 규범의 분화를 이루게 된다고 지적한 분열에 해당된다.

분열은 두 가지의 유형으로 나타나는데, '대칭적 분열'과 '보완적 분열'이 그것이다. '대칭적 분열'은 개인간에 반응이 같은 방식으로 나타나

___

론 지었다(조선일보 사설, 1983. 7. 17.)

아내를 구타하는 남편을 형사 처벌할 수 있는 법이 우리 사회에는 없다. '신성한' 가정에서 구타당하는 아내를 공적 영역에서 인정하고 중재에 나설 수 있는 유일한 법이란 민법 친족법 840조 3호의 '혼인을 계속하기 어려운 중대한 사유' 하나로서 이혼을 할 수 있게 도와주는 것뿐이다(심영희, 1989).

는 것을 말한다. 즉 나의 공격적 태도가 상대방의 나에 대한 공격적 태도를 낳고 그것은 또다시 나의 상대방에 대한 더 심한 강도의 공격적 태도를 낳음으로써 결국에는 관계가 분열되는 것을 말한다. 반면에 '보완적 분열'은 개인간의 관계가 지속되면서, 서로간에 각기 근본적으로 다른 행동방식과 기대를 갖게 되는 것을 말한다. 예를 들면 나의 강압적인 태도는 상대방의 복종적인 태도로 보완되고, 관계가 지속되면서 더욱 심한 강압과 복종의 순환으로 심화되다가 결국에는 관계가 분열되는 것이다.

베이트슨의 분열의 발생에 대한 논의는 아내 구타 현상을 설명하는 데 많은 도움이 된다. 아내 구타 현상에 나타나는 부부간의 부정적 상호작용의 심화과정이 곧 그의 '보완적 분열'에 대한 논의에서 나타나기 때문이다. 일단 이러한 분열이 부부간의 관계에 자리잡기 시작하면, 남편과 아내의 행동은 이제 한 방향으로 계속 왜곡되게 된다. 남편은 아내에 대해 더욱더 강압적이고 폭력적이게 되며 반면에 아내는 그러한 남편에 대해 더욱더 복종적이고 인내하게 된다. 남편의 폭력은 아내의 인종을 낳고, 아내의 인종은 다시 남편의 더욱 심화된 폭력을 낳게 된다. 부정적 상호작용이 심화됨에 따라 부부간에는 어떠한 말도 서로에게 그 자체로서 받아들여지지 않으며, 지난 기간 동안 쌓여 온 서로에 대한 인식의 연결선상에서 서로의 행동을 해석하게 된다. 가정폭력의 공간에서 10년, 20년 동안 관계를 유지해 온 부부간의 상호작용은 이제 그들만의 부정적인 상호작용의 한 방식으로 굳어져서, 제3자가 보기에는 이해할 수 없는 기괴한 방식으로 나타나게 되는 것이다.

폭력적 세계에 갇혀서, 남편은 아내의 몸에 상처와 고통이 남겨지는 걸 보면서도 때리기를 멈추지 않고, 매맞는 아내는 고통을 당하면서도 그러한 관계를 끊지 못한다. 그것은 서로에게, 그리고 학대 자체에 몰두되어 있기 때문이다. 즉 아내를 집에 묶어 두고 있는 것은 때리는 남편이 아니라 그들의 관계이며 상호작용체계이다.

폭력 가정에서의 부정적 상호작용은 대략 7단계를 거치는데, 이 과정에서 남편과 아내의 자아는 점차적으로 왜곡되게 된다. 아래에서는 그 일곱 단계를 사례를 통해 묘사하고자 한다. 여기서는 한 부부가 이 일곱단계를 거쳐가는 과정을 그리는 것이 가장 이상적일 것이나, 자료의 한계상 각 단계의 특징을 가장 잘 드러내는 사례를 선택하여 제시하였다. 이 7단계는 하나의 이념형적 모형으로서 부부의 '부정적 상호작용' 과정을 서술하고 분석하는 데 도움이 되는 '개념'임에 유의해 주기 바란다. 구체적 개별사례에서는 상황과 인적 구성에 따라 어떤 단계가 더 과장되거나 생략되는 등 변이를 보인다. 폭력가정의 상호작용이 구정되고 전개되어지는 양상은 근본적으로 위의 개념화에 상당히 근접해 있다는 점이며, 이 심층적 관계 차원에서 볼 때 우리는 비로소 매맞는 아내가 집은 떠나지 않고 지옥 같은 생활을 지속하는 이유를 알게 된다.

단계1:폭력에 대한 부인

일상생활에서의 상호작용은 각자가 보통의 기분에 있다는 가정하에서 진행된다. 남편의 구타는 아내가 가정하고 있는 바로 이러한 일상세계와 일상적 자아를 산산히 부숴 버린다. 그래서 매맞는 아내는 일상세계에 대해 갖고 있는 자신의 태도를 유보하게 된다. 폭력은 아내로 하여금 자신과 남편과의 관계에 대해 자신이 일상적으로 가정했던 모든 것에 대해 괄호를 치게 하는 것이다. 매맞는 아내는 의례껏, "내가 매를 맞은 것이 정말 폭력인가?" 하고 자신에게 질문하게 된다.

매맞는 아내는 말한다.[4]

남편이 자꾸 때리고 그래서 살 맞이 안나서 그러는데요. 몇달 전브터 그랬는데… 술을 먹고 들어와 가지고요. 목욕탕에서 목욕하면서 막 때리고… 들어오라고 그래가지고… 술을 먹고 오면 꼭 그래요… 일주일에 두, 세번 맞아요… 한 석달 됐어요… 그냥 막 주먹으로 휘둘러서 멍이 나곤 했는데…

---

4) 이 글에서의 자료는 필자가 1984년 여름 '여성의 전화'에서 일하면서 얻은 것이다.

어느 날은 들어와 가지고, "너랑 같이 살기 싫다"고 그러면서 뭐 때리고 그런, 그런 일이 한번 있었어요.(그래서 아주머니는 뭐라고 하셨어요?) 가만 있었죠 뭐… 울지요… 엄마는 모르고 있어요. 친정에서는 모르고 있어요… 어떻게 해야 되죠? 고민하다가, 죽고 싶은 때가 한두 번이 아니죠 뭐… 어떻게 하면 좋을까요?… 화목할 땐 또 화목하지만 또 그케 안 그럴 때도 있어요. 그래가지고… 응, 무슨 병이래도 또 걸리지 않았나, 이상해 가지고… 다른 여자라도 사귀고 있는지… 같이 병원에 한번 가봐야 되겠나요? 자꾸 그러고 그러니까 정신의 이상이 있나 그렇게 생각하는 거죠… 남편이 쪼끔, 음… 생활이 안 좋았거든요. 결혼하기 전에요(경제적으로) 우리집은 괜찮게 살았어요. 그래가지고 뭐 돈이 있으면 다냐고 그러고, 우리 오빠들은 다 괜찮게 살거든요. 그래가지고 친정애기도 끄낼 때도 있고… 제가 살림은 충실히 하는 편인데요. 남편이, 응, (나한테) 싫증을 느끼지 않았나 그렇게 생각하는데… 같이 사는 거에 대해서요. 제가 왜 그러느냐고(왜 때리느냐고) 그러죠. 그러믄 뭐 욕을 하고… 니 친정에 가서 살라고… 자다가도 근데 이상하게, 저기, 잠꼬대 같은 것도 하는 것 같은데… 뭐라고 중얼중얼 하는데… 가끔(남편이) 외박을 해요… 그까(제가) 시부모님한테 좀 잘못하는 것 같기도 하고…

매맞는 아내는 맨 처음 남편으로부터 구타당하는 때에 그것을 부정하게 된다. 구타당했다고 인정하는 것은, 지금까지 그녀가 당연한 것으로 여겨왔던 일상세계를 부정해야 하는 것을 의미하므로 구타 인정은 용이하지 않다. 그 대신 그녀는 다른 적당한 이유를 찾아 내려고 한다. 회사 일에 문제가 있나? 내가 시부모에게 못해서 그럴까? 다른 여자가 생긴 걸까? 피곤해서 그런가?…… 남편이 다시는 그러지 않겠다는 화해를 신청하면 아내는 구타 사건을 "내가 맞은 것은 폭력이다"라는 인정 대신에 "내가 맞은 것이 폭력인가?" 하고 자신에게 질문함으로써 폭력을 직시하려고 하지 않는다. 그러나 일련의 구타의 경험을 통해서 아내는 일상의 세계를 괄호쳐야 하고 그런 아내는 "죽고 싶은 때가 한두 번이 아니죠"라고 말하면서 혼돈과 좌절감 속에 놓이게 된다.

단계2: 폭력을 통한 쾌락

아내 구타를 통해 남편은 쾌락을 느끼게 된다. 구타하는 순간, 남편은 아내를 자기 뜻대로 할 수 있다는 느낌을 가지면서 소외되지 않은 진정한 자아를 느끼게 된다. 그러나 남편의 손아귀에 있는 것은 아내의 몸이지 아내의 자아는 아닌 것이다. 결국 폭력은 필히 소외된 상황으로 연결되면서 다시 폭력을 부르게 된다. 한편 아내는 폭력이 반복되면서 구타 현상을 인정하게 되고, 이제 부정적 상호작용이 두 사람간의 관계에 자리잡게 된다. 그리고 구타가 때리는 남편과 맞는 아내 모드에게 폭력으로 의도된 확실한 사실이라는 것을 남편과 아내뿐만 아니라 가족 모두가 받아들이게 된다.

내가 저번에도 한 한달 전에두요 심히 때려갖구 저기 옆구리 같은 데 그런 데를 지금도 못 쓰고요. 조금만 일하며는 그 어깻죽지 있는 데 거기가 그렇게 아프거든요. 또 며칠 전에도 그렇게 때렸어요.
(언제부터 맞기 시작했어요?)
그러니까 한 3년 전부터 그런 것 같애요… 아니 인제 쪼끔만 자기가 죄의식이라든가 뭐 그런 잘못한 일이 있는데 내가 추궁을 하고(그러면 떠려요) … 지금 말도 않고, 말하구 어떻구하며는, 때릴까 싶어서, 지금 다른 방 쓰고 있거든요. (집을)나가고 그러며는 시댁에서 또 그런 것으로 해서 또 그럴까봐서 저기 꼼짝 않고 있거든요…

나가란, 아니 나가란 소리를 그렇게 잘해요. 나가라구 응. 그렇게 뭣하며는 나가라구. 그럭하구, 아휴 한가지라도 내 말 들어준 게 있어야지. 다른 건 다 이해하고 돈 없이 사는 것은 제가 아무렇지 않은데 여자가 기다리는 것 좀 생각해 봐갖구 전화 한 통화 하구나서 술을 먹든지 손님을 만나든지 하면 괜찮지 않냐구 그랬더니 그런 걸루두 많이 때리구요.

하여튼 굉장히, 하여튼 때려두요 우악스럽게 때려요. 발로 저기두 머리를 치구. 전번에 한달 전에두 맞았는데요. 벽에다가 머리를 어떻게 쳐갖구 전에도 여기 어깨 있는 데가 상처까지 짝 났거든요. 멍이 그냥 저녁에 바로 들어버렸거든요. 어떻게 쎄게 때려서요. 화분 같은 거도 던져버리고, 사진 같은 거도 붙어 있지 않아요… 이제 때리고는 내가 끙끙거리니까는 내가 나를 응하지 않게 해주니까는 막 억지로 그 힘 다하는 대로 나를 펴놓고 물파스 발라주고 하여튼 다 그랬어요.

또 우리 친정한테 어떻게 욕을 하던지 우리 친정도 그 사업 시작할 때 돈 오백만 원 꿔줬거든요. 꺼뜩하면 우리 아버지를 욕하지요. 우리 오빠 들썩 이죠… 우리 친정갖고 들썩들썩하니까는 아주 내가 죽겠어. 그래서 우리 친 정에다 전화를 했어요. 이렇게 얻어맞고 내 그랬더니 우리 오빠가 이제껏 나 두드려 맞았다 해두 네가 참구 살아라하고 암말도 안했거든요. 근데 우 리 오빠가 인제 죽어도 너 살지 말라구… 이제 이혼하라구… 우리 친정에 서도 그래요. 인제 우리 언니들도 그러구요.

내가 그 사람을 좋아할 때도요. 안 싸우구 잘할 때도 내가 과연 이 사람을 사랑하는가. 사랑이란 하나 없고 정도 없고요. 그러구 인제 부부간에 있는 게 육체적인 것도 있잖아요. 그런 것도 하나도 이제까지 살아왔지만 만족이 란 게 한 번도 없었어요. 아주 내가 조금 뭐 틀어졌거나 있으며는 아주 보 기도 싫어요. 그러구 평상시에도 아휴, 차라리 내가 이렇게 화나 있을 때나 안 건드리고 그러니까는. 서로 떨어져 있고 말도 안하고 이럴 때가 편하고 그런 것으로 봐서도 그렇구. 자기는 맨날 그래요. 술먹고 올 때만 그러거든 요. 뭐 나를 사랑한다 어쩐다 그러지마는, 사랑하는 사람으로 봐서는 그럴 수가 없어요. 나한테 행동하는 게…

(아저씨의 아주머니에 대한 불만은 뭔 것 같아요?)
그런 건 다 잘한데요. 내가 99%를 만족인데 바가지를 안 긁었으면 쓰는데, 근데 그 바가지가 뭔지 아세요? 인제 그 생활비를 몇일, 오늘 줘야 되는데 물론 나도 쌀, 전기, 우유값도 주고 해야 되잖아요, 말일 되며는. 근데 그걸 안주고 그 사람들이 조금만 참아 달라는데 우리가 더 나은 사람들이 줘야 되지 않겠어요… 약속을 안 지켜요. 그걸 좀 주라고 하면 그게 바가지고요. 또 술 먹고 늦게 오며는 전화 안 주냐구 이런 게 그런 게 불만이예요. 그거한가지 딱 불만이래요. 반찬두 잘하구 뭐 다 잘하는데 그게 한가지 불만이 래요… 그니까 전번엔 하두 바가지를 긁고 어쩐다 그래서도 인제 술 먹고 오면 내버려 뒀어요. 나도 내 일보러 나가구 그랬더니 그날 저녁에 들어와 서 그러는 거예요. 차라리 바가지를 긁으라구. 내가 이렇게 무관심하구 응 나한테 무관심하구 나 마음대로 하구 다니구… 응 그런 건 더 못 참는다구 자기 말로도 그래요. 그래갖구 그전에 또 그렇게 때리구 그때 그렇게 때렸 어요… 이래 저래도 안돼요. 그래도 때리지 뭐. 내가 바가지 긁는다고 해도 때리지…

(아저씨가 그렇게 욕한 때는 아주머니는 뭐라고 하세요?)
뭐, 뭐, 쌍년, 뭐 뭣 같은 년, 욕하구, 아휴, 너 같은 년 필요없다구 나가라 구 그러지요 뭐. 그러면 내가 왜 나가냐구. 전에는 내가 나갔었는데 나가라 해서 나가는데 시어머니가 그렇게 난리를 치고… 이제는 나 나갈 수 없다 구… 자기는 그렇게 뭣하면서 나 쫓아내고 뭐 문쪽으로 나(를) 질곁 끌고 내보내면 그래도 내가 안 나갔어요… 안 나간다구 내가 왜 나가냐구 지금 까지 델고 살아서 응 정말 뭐 다 빼먹고 인제 내가 뭐 어째서 나가라 그러 냐구…

내가 그렇게 싸워도 반찬을 해줬어요. 꼭꼭 나는 반찬 같은 것을 내가 아무 리 싸워도 돈이 내 수중에 없으며는 가게에서 내일 준다고 하고 해서 반찬 을 해줬었거든요. 근데 이번에는 도저히 하기도 싫고, 돈도 안 줬지만 사기 가 싫어서 김치 있는 거 갈치 있는 거 그것만 떨어지면 제가 반찬 안해 주 려니 내가 안 주려니 하고 줘요 밥을. 밥을 줘야 내가 큰소리친다 하구서 하두 주기 싫고 미웁고 그래도 줘요… 인제 인제 보기도 싫어요. 그래서 내 가 정말 이렇게까지는 말 않고 지내오고 얼굴도 안보고 밥상 차려주고 나 할 일 들어가죠. 방에 들어가 버리고 나 할 일 하고 저녁에도 인제 밥 먹고 술 먹고 늦게 들어오며는 얼굴도 보기 싫어요. 밥 먹었겠지 먹었겠지. 밥 안 먹으며는 자기가 일부러 부엌에 가서 쿵텅대고 차려 먹을라 그래요. 그 러면 제가 차려 주죠. 그런데 자기가 밥 먹었으면 그런 짓 안하거든요. 그 래 엊저녁에도 그라 않더라고요.

이서방 불러놓고 이야기하셨는가 봐요… 내 딸만 갖구 내가 항상 그렇구 저렇구 했는데 이제 자네도 한소리 들어보소 이렇게 얘기를 나누고 왔나봐요… 우리 시댁은 풍족하죠… 근데 십 만원을 주면 그걸 너들 써라 너들 써라 그러는 게 아니라 꼭 받으세요. 우리 시어머니가 그렇게 하시고 전번에 나 저기 다툴 때 싸울 때 시어머님이 우리 아버지한테 전화를 하셔갖구요. 우리 (친정)아버님은 사둔간에 남자끼리 이야기를 했으며는 이런 억울한 일이 없겠다고 그러는데 안사람이 나한테 전화해 갖구 우리 친정식구가 그렇게 오지도 않거든요. 내가 그렇게 오라고 그래도 우리집을 안 와요… 그러는데 다 쌀이 우리 식구들이 다 먹는데요. 그런 소리를 우리 친정아버지한테 그렇게 하세요. 그러니까는 우리 아버지가 그때부터 풍이 얼굴, 눈에 풍이 들어 버렸어요. 그 그 충격적인 말을 듣고요… 나도 그것 때문에 이번에 싸운 일도 우리 새언니한테만 말하구 오빠한테 해갖구 오빠한테 이런 일이 없도록 좀 해주라구. 나만 이렇게 얻어맞구 사냐구 했더니 우리 오빠가 하여튼 그놈의 자식을 만나며는 내가 이 성질에 그놈 죽여뿐다고요…

아내와 남편에게 구타가 폭력으로 확실히 인식될 때 이제 그들의 부정적 상호작용에는 시댁과 친정의 구성원들도 포함되게 된다. 폭력적 상황에 놓여 있을 때 그들은 자신의 부모와 형제들도 그 상황에 놓여지도록 하는 것이다. 폭력적 상황 앞에서 남편은 자신의 남동생을 데리고 옴으로써 폭력에 대한 자신의 가족의 지지를 드러낸다. 그리고 그러한 상황 한가운데에서 아내는 오빠에게 전화하여 남편이 지금 폭력을 휘두르고 있다고 하소연함으로써 친정 오빠를 폭력적 상황에 포함시키는 것이다. 이제 아내 구타는 남편과 아내의 문제가 아니라 시댁과 친정의 갈등으로 확대된다. 남편과 아내 사이에는 남편의 외도와 아내의 반발, 그리고 남편의 아내에 대한 성적 질투가 갈등의 원인을 이루었었다. 그러나 시댁과 친정 식구들이 포함되면서 이제 갈등은 돈 문제로 비약되고 두 가족간의 갈등으로 심화된다.

폭력적인 남편은 때때로 아내에게 사랑한다고 말함으로써 자신의 구타를 폭력으로 인식하지 않게 하려고 한다. 그러나 아내는 말한다. "사랑하는 사람은 그럴 수가 없어요!" 아내는 폭력을 폭력으로 인식하고 있는 것이다. 그러나 아내는 떠나지 않는다. 그러나 그녀가 떠나지 않는 것은 남편이 아니라 '집'이다. 폭력이 계속되어도 아내는 자신이 생각하는 '아내로서의 의무'에 더욱더 몰입한다. 남편이 돌아올 때까지 기다리며 매맞은 다음날에도 남편의 음식을 준비한다. 아내는 자신의 지위는 단지 집을 지킴으로써만 보장된다는 것을 알고 있는 것이다. 따라서 남편은 폭력을 사용할 때마다 집을 나가라고 아내에게 소리친다. 매맞는 아내가 외치는, "지금까지 델고 살아서 뭐 다 빼먹고 인제 내가 뭐 어째서 나가라 그러냐", 외침은 그녀의 현 상황에 대한 인식을 극명하게 보여 준다.

단계3:미움의 축적

부부간에 그리고 시댁과 친정 식구들 간에 서로 미움과 갈등이 쌓이게 된다. 아내 구타의 현상은 이제 가족 대 가족의 갈등 구조로 번지게 된다. 매맞는 아내는 그러나 집을 떠나지는 않는다. 그 대신 그녀는 집에서 생존할 수 있는 방법을 모색하게 된다. 그것은 재산을 자기 몫으로 만드는 작업일 수도 있고, 힘 있는 어머니가 되기 위하여 자식들에게 헌신하는 경우도 될 수 있고, 충실한 효부가 되려고 하는 경우도 있으며, 혹은 종교를 열렬히 믿는 것으로 나타날 수도 있다.

항상 여자가 있었어요… 나는 인제 시집에서 부모하고 2년 살고 그 사람은 2년 동안 군인생활 했죠. 그러다 인제 군인 제대하고 직장 잡아서 오니까 한달 딱 됐는데(여자 만나갖고) 시계를 풀러주고 왔드라고요. 그래서 거기서 시작해서 계속 뭐 계속 그런 생활만 해요. 나는 어차피 애는 그 동안에 2년 동안에 둘이 생겼으니까 애들하고 이혼할 수도 없고 내가 또 능력이 없죠. 돈벌이도 못하고. 그러니까 돈이나 벌어오믄 지독스럽게 살아야 되겠다 해서 월급 타다 주면 완전히 남편이 믿게끄롬 막 안 쓰고 푼푼이 절약을 많이 했어요. 그래서 네가 돈을 함부로 쓰면 내가 은행에서 돈을 안 갖다 준다하고 그 다음부터 다 갖다주데요. 완전히 믿구. 완전히 내게다 믿고서 집도 샀는데 내 앞으로 하나 해달라고 인제 살살 꼬셔가면서 인제 완전히 그 사람의 신임을 얻게 했죠. 집은 내 앞으로 있어요. 처음에는 쪼끄만 집이 남편 앞으로 있길래 한 채 그 다음에 사는 건 내 앞으로 해달라고 했어요. 근데 인제 남편 앞으로 된 건 팔았어요… 그래서 이제 돈이 없죠. 자기 손에.

지금 그 여자하고… 4년 전부터 주인을 만났다고 하는데(그 여자가) 이혼한 지는 1년6개월 됐죠. 그러니까 이혼했으니까 인제 터놓고 뭐 인제 내가 알겠다 터놓고 사는 거죠… (남편이) 저렇게 인제 잔인하게 때리기까지 하고 (돈 안 주면) 뭐 태워죽인다 뭐 별소리 다혀서… 그러지 말고 응 좋게 하자 그러구 전화를 하면 그년은 나한테 할 소리가 없으니깐 무조건 욕만 하는 거야. "너 같은 년 남편한테 당하고 산다 뭐 네 이년 이혼해 줘라"… (그전에 사귀던) 다른 여자들한테는 나는 이년 저년 그런 소리도 않고 즈들이 오히려 나보고 만나면 사모님 미안하다고 한 직장에 있는 여자들은 사모님이라고 하니까 미안타고 막 사모님 볼 면목이 없다고 이러고 울고 눈물짓고 하는데 뭐라고 하겠어요. 하는데 이 여자는 뭐 너무 양심이 없는 여자야…

지금 이 남자가 완전히 이성을 잃은 사람 같아요. 뭐 어떨 때 보면 때릴 때 보면, 생전 안 때리든 사람이 이 여자 만나갖고 이렇게 헌 뒤로 한 서너 번 때리는데 순 머리만 때리고요. 차에다 실고 가서 저기 산 밑에 끌고 가서 음 죽인다고 막 한 번은 그냥, 내가 아파트로 갔었어요. 그러고 나서 내가 소란 한 번도 안피우고 그냥 살짝 가서 전화하고 나 왔으니까 가자고 해서 (남편을) 데리고 오고 두번 했거든요. 세번째는 가서 들어가지도 않고 바깥에서 전화했어요. 나오더니 차를 타라고 해서 탔더니 그냥 어디 저 산 밑으로 끌고가서 그냥 두드려 패드라고요. 그래 갖고 집으로 데리고 오니깐 내가 못 일어나니깐 병원에 가서 입원허자고 하더니…

이혼하고 그 여자하고 살겠다. 엄마보다 뭐 가문도 좋고 학벌도 좋다. 말

같은 소릴 다 하는 거야. 딸보고 응 학벌도 좋고, 가문도 좋고, 무슨 대학 나오고 뭐 무슨 대학 수간호원이고 종합병원 수간호원이고 막 이런 소릴 자식보고 다하고… 사춘기에 열여덟살 먹은 아들 있고 열아홉살 먹은 딸 있는데 얘들이 (아빠를) 굉장히 싫어해요. 싫어하는데, 그렇게 자기가 보여주고서 지금 와서는 이제 나보고 엄마가 자꾸 저기 남편을 아빠를 나쁘게 생각하게 해서 애들이 아빠한테 덤빈다는 거죠.

매맞는 아내는 결혼초에 이미 남편의 외도가 습관적이라는 걸 알게 된다. 그리고 자신을 그러한 상황에서 보호하기 위해서는 자기 몫의 돈을 마련해야 한다고 생각한다. 20년의 결혼생활이 지난 지금, 남편은 여전히 다른 여자와 만나고 있다. 단지 차이점은 남편의 수중에 돈이 없다는 것이다. 남편은 아내의 동의 없이는 이혼을 할 수 없음을 안다. 더구나 아내가 자발적으로 주지 않는 한 남편은 경제적으로도 무기력한 상태이다. 이때 남편은 아내와 이혼하려는 자신의 목적을 성취하기 위해 자식들을 이용하려고 한다. 그러나 이것은 아이들에게 아버지와 '그 여자'에 대한 혐오감을 증대시킬 뿐이다. '그 여자'의 조건이 무엇이든 '그 여자'는 그들에 속하는 것이고, 그들이 '우리'를 위협하는 한 '그 여자'는 경계해야 할 사람인 것이다.

단계4:오해의 축적과 자아의 노출

오해의 축적이 폭력의 원인이 된다. 서로간의 미움이 쌓이면서 가족 구성원 각자는 서로의 일거수 일투족에 매우 민감하게 된다. 폭력가정에서는 자아가 더이상 보호받을 수 없다. 각자는 서로 다른 가족 구성원으로부터 끊임없이 관찰 당하게 된다. 따라서 의도되었든지 혹은 의도되지 않았든지간에 가족 구성원간에 오해는 싹트게 된다.

시동생이 직업이 없고 나이가 많아요… 기도원에 보냈었는데 거기서 도망나왔어요… 고등학교 이후 계속이니까… 시동생이 혼자 이렇게 살다가…

신랑이 결혼하고부터, 근데 그때 저는(시동생에 대해) 몰랐죠. 시어머니가
이삼일씩 있다 오며는 고다음에 신랑이 가서 한 이틀 자고 오고요… 나중
에는 시어머니 첫번날 생일날 시누들이 다 왔는데 부엌에서 이래요. 시누
하나가… 나중에 시동생이 같이 살꺼니까 우리 계라도 하나 들어둬야겠다
고. 그런 얘기를 하는 걸 듣고서 나한테 직접대고 그런 말을 안했기 때문에
속으로 아 이건 같이 살게 돼있었구나 그렇게 생각을 해서, 아 결혼하고서
부터 처음부터(동생한테 갔다오며는 기분이 안 좋아요.) 이 사람이요. 그리
고 시어머니도 그렇고, 언제든지 갔다오면 괜히 신경질을 내고 그러드라고
요. 그라고서 그렇다며는 이왕 그런 건데, 가고 오고 그렇게 저기하니까는
그냥 우리 살자고…

모든 것을 자기네가 (남편과 시어머니) 시키는 대로 하라고 그래요. 그래서
그러라고 그러고서는 같이 왔어요. 그리고 내가 한달 동안은 같이 살면서
밥도 해주고서는 같이 빨래도 하고서는, 하래는 대로… 그렇게 했는데 한
한달 정도 되니까는 (시동생이) 밥을 안 먹는다고 그래요. 그래서 왜 그러
느냐고 그랬더니 아 날마다 먹든 거, 밥을 먹어도 같이 안 먹고 신랑하고
둘이 차려주고 나는 이제 따로 먹고… 근데 그러는 거예요. 냉장고에 들어
간 반찬이라고 한번 먹던 반찬은 안 먹는다고. 이렇게 사는데 사사건건이
신경질을 부리고요. 그리고 밤에, 밤에 이렇게 잠을 자다보면 문을 확 열고
서는…

시동생하고 저하고 트러불이 생겼어요. 그래서 왜 다 나한테 참으라고 그러
니까는, 아무말도 안하고 지나가고 한번은 막 뭐라고 그래서 가만있지를 못
하고 뭐라고 그랬어요. 그랬더니 이 신랑되는 사람이 나를 갖다가 확 떠밀
었어요. 그래가지고 내가 현관에 가서 떨어졌거든요? 그래가지고 혼수상태
에서 병원에 가서 사진을 찍었는데 병원에서는 아무 이상이 없다고, 아무
이상이 없다고 그러는데 그때 실신하게 되고 온 몸이 뒤틀리고 그러데요.
그후로는 그냥, 이렇게 무슨 하여튼 저기만 허며는 막 몸이 부들부들 떨리
는 게 그냥 저기 마비가 되는 거예요.

시동생은 외부 사람하고는 일체 말을 안하고요. 나가지를 않고 하루종일 집

에 있죠. 돈관리는 모두 남편이 하는데 저는 아무것도 모르죠… 그런데 시동생이 내가 남편하고 같이 나가는 걸 못봐요. 같이 나가는 걸 눈을 뜨고 못봐요. 어디 간다고 하면 한 사람은 먼저 나가고 한 사람은 나중에 나가요. 나하고 부부싸움을 하면 남편이 시동생방으로 가서는 같이 얘기들 하고 … 시동생한테 보고하고 다니고, 나한텐 얘기 안해도 시동생한테는 방에 들어가서는 왔다 그러고 갔다 그러고 그러거든요.

언젠가는 혼자 있는데, (시동생이) 방문을 확 열면서 옷을 벗고 있었는데, 내가 막 뭐라고 그랬어요. 그랬더니 병신 나가래요. 애 없다고, 애 못 낳는다고.

시댁 가족들이 모여 있는데 또 애 낳는 얘기를 하는 거예요. 그래서 제가 문을 확 열고, 셋이(나, 남편, 시어머니) 다 함께 병원에 가자, 병원에 가서 가부를 밝히자. 내가 만약에 나한테 이상이 있다면 내가 물러서겠다. 그대신, 나한테 아무 이상이 없다고 그러면 너 알아서 해라. 그랬더니 신랑되는 사람이 뭐라고 그러냐 하면 "동네에서 챙피해졌다"고… 시어머니는 가끔 오면 하는 소리가 응 내가 너한테 얘기할 것도 못하는 건 자기 아들이 이런 자식이 있기 때문에 (너한테) 얘기할 것도 안하고 있는 거다 이런 식으로 가끔 얘기를 하는 거예요. 그래서 내가 큰소리 난 김에 "나 어머니한테 잘못한 것 없습니다. 내 애기 없는 것뿐이 여태까지 나 잘못한 거 있으면 대라고" 툭하면 너 빨래 안하니깐 얼마나 편하냐고 그런 식으로 얘기하고. 내 자식 그래서 너한테 할 말 못한다고 그런 식으로 얘기를 하는데 얘기를 하라고 나 도저히 못살겠으니까 단칸방이라도 나가서 사는 게 편하다고. 그랬더니 이 집 짓는 데 빚 있고 너 줄 돈 없다는 거예요.

매맞는 아내는 자신과 남편의 부정적 상호작용의 원인은 시동생에게 있다고 생각한다. 그래서 시어머니에게 따로 살게 해달라고 한다. 그러나 시어머니는 그녀가 아이 못 낳는 것도 정신병을 앓고 있는 동생을 봐주는 댓가로 가만히 있는 것이라고 반박한다. 매맞는 아내는 자신이 아이를 낳지 못하는 며느리로서 시댁에 빚을 지고 있다는 것을 안다.

따라서 시댁식구들이 모여서 그녀에 대해 얘기할 때, 그녀는 자신이 아이를 못 낳는 것에 대해서 얘기하고 있는 것이라고 상상한다. 그녀는 자신의 자아가 완전히 노출되었다고 느낀다. 그래서 그녀는 문을 열고 외친다, "셋이 다 함께 병원에 가자. 가서 가부를 밝히자!"

그러나 아이가 없는 것의 '허물'을 시동생을 돌보는 것으로 보완하는 것은 매맞는 아내에게 놓여진 덫일 뿐이다. 어느 쪽이든, 아내는 남편과의 폭력적인 관계를 피할 수 없다. 아내가 시동생과 함께 계속 산다면 그녀는 남편과의 관계를 방해하는 시동생을 참아내야만 한다. 그렇지 않으면 남편의 폭력을 부를 뿐이다. 반면에 만일 시동생을 돌보지 않으면 아이를 낳지 못하는 며느리에 대한 비난이 공공연해질 것이다. 남편을 포함한 시댁의 구성원들은 아내가 며느리의 의무를 게을리하고 있다고 생각한다. 반면에 아내는 시댁식구들에게 착취당하고 있다고 생각한다. 이제 서로간의 오해와 증오는 깊어져 간다.

단계5:성적인 질투

질투, 특별히 성적인 질투와 폭력은 더욱 증가하게 된다. 이제 부부간에 부정적 상호작용은 완전히 자리를 잡았으며, 이때 성적인 질투가 중요한 주제로 부상하는데, 그것은 남편의 외도와 남편—나—시어머니의 삼각관계의 갈등의 심화로 나타난다. 자신의 외도로, 아내로부터 끝없이 공격을 당했던 남편은 이제 폭력과 함께 아내 쪽에 성적인 부정의 증거를 찾아내려고 함으로써 복수하려고 한다. 따라서 두 사람의 관계는 성적인 의심과 질투심으로 만연되게 된다.

근데 이 사람이 언제부터 그랬냐며는 한 5,6년 전서부터 그 외도가 있기 시작을 했거든요… 그랬는데 그 동안에 그 외도가 잦아가지고요. 제가 인제 병을 옮구 그래가지구 무척 싸웠어요… 외도를 하고 와 가지고 자기가 병원에 다니면서 너무 철면피같이 나오는 거예요. 당연한 것같이 그러니 어쩌라는 식으로 그러면서… 이혼하자구 그랬어요. 이혼은 하되 이 집에서 빨개

벗고 알몸뚱이로 나가라고 그러드라구요. 그래 가지고 너무 말이 안돼 가지고 제가 나가버렸어요. 집을, 그 밤중에… 저기 친척집에 가 있었구, 두 번째 나갔을 때는 친척 소개로 남의 집에 가 있었어요… 얘네 아버지가… 그 집엘 왔어요. 그래 가지구 식칼을 가지구와 나를 죽인다고 그냥 난리를 쳐 가지고 그 집들이 다 혼비백산을 하고 그래 가지고 또 뭐야 붙잡혀 왔죠… 어제까지 있던 일은 다 무효로 하고, 없었던 걸로 하고 살자구 또 그러드라 구요.

지금 문제가 뭐냐면… 좌우지간 이 밖에 출입을 전혀 못하게 하고… 저녁 때 시장엘 좀 가도 몇 시에 갔느냐 무엇을 어떻게 했느냐… 왜 여적까지 안 왔느냐… 교회만 가면 그 말을 할 수 없는 욕을 퍼대가면서 불을 질러 버린다느니… 또 집에 들어와서 허구헌 날 1시, 2시, 3시까지 술먹고 와가 지고는… 그리고 집에 오며는 그 성행위를 하루에 두세 번을 할려고 드니 … 성생활을 신성시 하는 게 아니라 완전히 그 흉한 행동 그렇게 해가지고 감당하기도 어렵지… 매사에 완전히 대화는 단절된 지가 오래고… 내가 말 대답을 하면 때리니까 아예 입을 다물어 버려요. 그래서… 사는 게 너무너 무 지겹고… 이거는 뭐 참고 산다는 게 어디까지를 참아야 되는 건지…

부부간에 믿음이라는 게 없어졌죠… 그걸 믿구 자시구간에 그냥… 내가 지난 번에 (집)나갔던 게 인제 집안에도 알려졌지… 내 자신이 사실은 그런 것도 수치고… 이 마당에 믿음이니 신뢰니… 사랑이니 무슨 이미 그건 떠 났다고 제가 생각을 해요. 그나마 이 애미가 그래도 집에 있는 게 자식들 한테 괜찮을 거 같애서… 저 애들을 내가 없으면 누가 거둘까 그게 생각이 되서… (그런데) 원청 속 상하고 그러며는 아유! 넘들도 다 애미 없이도 살고 그러는데 이젠 젖먹이도 아닌데 하는 생각이…

위의 사례의 매맞는 아내는 성만이 자신과 남편을 연결해 주는 유일한 경험구조가 되고 있다. 그 외의 경우는 남편과 아내 둘 다 각자의 자아에 침잠해 버린다. 그들은 서로 이야기하지 않고 서로를 믿지도 않는다. 그러나 그들을 이어주는 단 하나의 경험구조인 성은 남편의 성적 질투와 욕망, 폭력, 그리고 아내의 성을 통제하려는 것들로 가득차 있다. 남편은 자신과 아내가 한때 가졌던 이상적 관계를 성행위를 통해 되찾기를 원한다. 왜냐하면 그 자신이 성관계가 유일하게 자신과 아내를 연결해 주는 길이라는 것을 알기 때문이다. 그러나 그 욕구는 충족되지 않는다. 그의 뜻대로 아내의 몸을 움켜쥐는 방법으로서 이상적 관계를 복원하려 하기 때문이다. 남편은 아내의 몸을 잡았지만 아내의 주체성은 통제하지 못했다. 그 대신 아내는 더욱더 남편을 증오하게 된다. 남편으로서는 자신의 욕구를 실현시키고 싶은 바로 그 과정 자체가 아내에게는 그 욕구를 죽이는 과정이 된 것이다.

단계6:부정적인 상호작용의 종식—이혼

베이트슨에 따르면, 분열의 발생은, 그 단계에 대한 외부의 중재가 있지 않는 한 결국에는 관계 자체가 종식되게 되어 있다. 현재 우리 사회에서 아내 구타 때문에 이혼하게 되는 경우가 폭력가정의 몇 퍼센트를 차지하는지에 대한 조사는 없지만, 사례자료와 사회 구조적인 배경을 생각해 볼 때, 우리 사회의 매맞는 대다수 아내들은 아직 극도로 폭력적인 상황을 인내하고 있는 것으로 보인다.

단계7:폭력이 일상화된 가정

폭력의 실질적 빈도수는 드물지만 폭력의 가능성이 가정의 일상사가 된 경우로서 폭력가정으로 10년, 20년의 세월을 보낸 집에 주로 보이는 현상이다. 이제 폭력은 하나의 가능성으로서 항상 가족관계의 중심을 차지하고 있다. 직접적으로 구타가 최근에 있었는지와는 관계 없이 폭력가정의 구성원들은 언제나 그 경험의 장에서 벗어날 수 없게 된다. 이 경험의 장은 식구들을 항상 억누르고, 그리고 언제나 거기에 있으면서 구성원간의 관계에 스며든다. 폭력은 이제 그들 밖에서 가끔씩의 구타 현상으로 나타나는 것이 아니고, 그들 속에서 항상 내재해 있게 된다. 그들 자신이 폭력의 일부가 된 것이다.

결혼

약혼을 했는데, 약혼하고 한 한달쯤 있으니까는… 여자가 인제 있었더요. 인제… 그 여자 말로는 5년을 살았다는데… 기가 막혀가지고 약혼사진을 다 찢어버리고 포기를 완전히 하고 파혼을 해야지 생각을 하고 있으니까… 지금 우리 아빠 형님이 얼마나 찾아와서 빌고, 우리 아빠 형님이 어떻기 그런 여자를, 술집여잔데 어떻게 그런 여자 말을 다 믿냐고… 그 뒤로 파혼을 할려고 결정을 다 했는데, 동네 사람들도 그렇고, 우리 이모도 그렇고 그렇게까지 비는 것을 보면 남자 한때 그러는 것도 있는 거지 그걸, 또 그 여자 말을 믿냐고. 그래서 인제, 막 이제 여자가 한번 약혼을 했다하면 아무일 없어도 그 좋지 않게 보니까는 여러 가지로 지장이 있느니 뭐니, 다들 어른들이 하도 그러니까, 그 집에서는 매일같이 찾아와서 울고 빌고 난리예요. 인제. 시어머니도 그러고. 그래서 인제 내가 그랬지. 본인 얘기를 먼저 들어봐야 하니까, 아빠 맨날 쫓아와 가지고 얘길 다 해준거지… 결혼을 하고 나니까, 이 사람이 딱 말을 안해요… 그래 이상하다고 너무 말을 안하니가 참 어렵고 말도 잘 못하겠고… 나보고 참 명랑해 보이니까 연애해봤나 보다고. 연애한 것 있음은 얘기해 보라고. 어떠냐고 지나간 일인데. 그래서 진짜 어수룩해가지고 만약에 그런 일이 있었음은 이야기 했을지도 몰라요…

첫번째 구타

애기 낳고 나서 두 돌 지나고 나서 하는 소리가 그때 그 얘기를 하는 거예요… 그, 그 여자랑 살긴 살은 거예요. 한 3년간 살았나봐요. 동거 생활을 했나봐… 그러면서 하는 소리가, 그 술집 기집앤데… 그 여자는 너므너무 내가 많이 때려서 골병이 들어서 어디가서 살지도 못할꺼라고. 오래 살지도 못할꺼라고 그래. 그러면서 당신은 절대 내가 손을 안댄다고. 내가 (생각하기를) 내가 그 여자를 봤거던. 그 술집여자를. 한번 싸우는데 보니까 나는 해결을 지을려고. 한번 의심을 하고 또 만나는가 하고 한번 찾아갔더니. 보니까는 여관사람하고 막 싸워요… 그 여자가 막 쌍욕을 해요. 남자한테. 그래서 내가 (남편한테서) 그 소리를 들을 때(그 여자의 그 욕하는 거 생각이 나가지고) 남자들한테 맞을 땐 여자가 성질났을 때 덤비고 그렇게 욕을 하고 그러니까. 그 정도 했으니까 때렸나보다 이런 생각으로…

우리 딸 한 4살 나가지고, 지금 고등학교 이학년인데… (남편이) 누구를 꼭 데리고 있는 성질이 있어요… 그래가지고 후배라나… 총각을 데리고 있으면서 밥을 꼭 같이 해줬어요… 시내에 볼 일이 있는데 같이 나가자고… 그러니까 아빠가 잘됐다고 같이 가라고, 그래서 아침에… 11시쯤 되서 나가가지고 두시쯤 돼서 들어왔거든요. 너무 안 나가다 나가니까 애가 피곤해서 더위만 먹고 그냥 잠잤어요. 하고 4시 반 쯤해서 일어나 가지고 치우면서 밥하려고 나가니까… 안 집에서 처녀애가 아줌마 아까 어떤 남자한테 전화 왔는데 사무실이라고 그러더라고. 그래서 사무실로 전화해 봤더니 어디 갔다 돌아다니다가 이제 들어왔냐고 전화를 딱 끊어 버려요. 화가 나서 내가 (남편)오면 얘기해야지… 저녁에 남편이 김을 한톳 사가지고 와서 그걸 받으려고 들어가니까 그걸로 머리를 한대, 처음으로 그런 거지, 머리를 한대 때려서 두통이 나가지고 부엌에 나와서 가만히, 세상에 알아보지도 않고 느닷없이 때리나 해가지고, 가만히 있었어요. 생각을 하고 있는데, (남편이 방에) 들어오래. 한번 얘기 좀 들어보고 때리지 그랬더니, 조금 있더니 들어오라 그러길래, 나는 얘기좀 해보고 자기도 미안해서 그러는 줄 알고 얼른 들어갔더니, 말 할 기회도 안 주고 사정없이 때리는 거예요 그냥. 내 얘기 좀 들어보고 때리라고, 남 그만해라 해도 피를 볼 정도로, 그냥 피가 그렇게 나오고 9시까지 때리고 있어요. 처음으로 맞은 거지. 처음 맞으면서 그래가지고, 나중에 기절을 해버렸어요… 병원에 갈 수가 없어 의사가 왕진 다녔지…

이혼 시도와 재결합

…살지 말아야 되겠다… 안 살아야지 마음을 먹고도… 그때도(남편이) 외박하고 나서 내가 뭐라고 그랬더니 오히려 말을 안해요. 자기가 딴방 쓰고 있는 거예요… 하도 정이 떨어져서 안 살려고 마음 먹었었지. 그랬더니 제가 완전히 돌아선 것을 알고 그날부터 안 들어온 거예요, 육개월 동안, 생활비도 안 주고… 매일같이 이혼하자고 그랬는데, 이혼을 그렇게 안해 줘요. 그러면 왜 생활비도 안 주냐고 그랬더니 그 집에 살 땐 생활비를 안 준대요. 이사 가야 준대. 그래 이사 가야 되겠다고 집을 내놨더니, 나중에 딴 사람 시켜가지고 다 이삿짐 날라줘요… 이사 가서 살고 있는데 한, 한달쯤 한 보름 정도 됐는데, 우연히 형님네집에서, 자기네 형집이요. 거기를 갔다

오다가 우연히 거리에서 만났어요. 자기는 하숙하고 있는 거예요… 난 애들 데리고, 애 하나는 업고, (하나는) 걸려갔고 오다가 (남편을) 만났어요. 말을 할까말까 하다가 내가 집으로 그냥, 딱 보더니 애를 쳐다보고 애를 손을 만지길래, (당신 집엔) 안 들어올 꺼냐고, 들어오라고 그랬더니, 그러지 말고 들어오라고… 내일 들어간다고 알았다고 그러고 왔어요… 그 후로도 자주는 안 그러지만 일년에 한 두세 번 정도씩 때리면 아주 피를 볼 정도로 때리니까… (지금은) 나는 너무 사지가 떨려가지고, 뭐 조금 틀어진 것 같으면 문 열어주고 저 지하실로 미리 도망가요. 인상 보느라고 성질 났으면 안 나타날려고, 미리 도망가요. 그런 식으로 사는데…

외도

결혼하고 여자관계도 줄곧 복잡하고… 한번 사귀며는 정신을 못차리고 다니고 그래서, 그때는 나이도 젊고 그러니까는 막 찾아봐 가지고… 머리끄대기 잡고 되게 해봤어요… 그래야 떨어지지… 한번은 처녀가, 나도 그때 나이가 어렸는데, 처녀가 찾아와 가지고 눈치가 수상해서… 살펴보니까, 그것이(그 처녀가 남편을) 좋아가지고 집적거리고 그러는 거지… (내가 그 여자의) 직장을 찾아갈려고… 집에도 되게 분란이 났었지… 지금은 술집여자하고 사귀는 거예요… 친구 하는 소리가 가만있지 말라고. 집도 사주고 굉장히 그러나 보다고… 설마 그렇게까지 하겠냐고 그러니까 이상해가지고… 거기(술집여자가 사는 곳) 가 봤어요… 방 하나 얻어서 사는데… 찌그러진 집… 방 하나 부엌 하나 해가지고… 그거를 보니까, 나는 마음을 한시름 놨어요. 왜 그러냐 하면 집 사줬네, 가게를 얻어줬네, 애기가 있네 그런 소리들을 때보다는 나는 마음을 놓고… 아빠 친구 부인이 얘기해 주는데… (친구 남편이 그 술집여자에게 말하기를) 너, 너, 빨리 끊어야지. 그 부인이 얼마나 사나운지 아냐고 겁을 줬대요. 사나우니까 너 걸리면 죽으니까 얼른 끊으라고 그렇게까지 얘기했다는데, 내가 그래도 나이가 먹어서 그런가… 그냥 놔 줬어요… 친구들과 사냥 간다고 하고… 여행사에서 전화가 와가지고 비행기표가 잘못됐다고… 내가 자꾸 혼자 의심을 할께 아니고 한번 확인을 해봐야겠다… 그 시간 맞춰 비행장에 가 봤어요. 그래 둘이 있는 거예요… 둘이 팔짱끼고 딱 나오더라고, 가방 하나씩 들고… 좋을 때 같으면 내가 들고 일어서도 괜찮은데 좀 안 좋을 때는 내가 뭐라면 그것을 미끼 삼아가지고 할말 없으니까 사정없이 때릴 꺼 아니예요…

종교

피정갔다 왔거든요… 친정에 간다고 하고… 그랬더니 그날 저녁에 와가지고 잘 놀다 왔냐고, 그래가지고 싸움이 나… 언제 내가 놀러가면서 성당 핑계 댔냐고… 작년부터는 나이도 먹고 그러니까… 웬만하면 말 안 할려고 그러고… 내가 좀 열심히 (신앙생활) 한 것 같으니까, 더 그러고, 신앙생활 약점을 잡고 그런데다 무슨 한마디만 하면, 뭐 교회 나가지를 말라는 등, 그런 식으로… 그러더니 인제 솔직히 잠자리도 안하려고 그래요… (내가) 성질이 나면… 기도원에… 갈 데가 없으니까는… 거기 가서 이렇게 있었거던요…

현재

그래 말 안하고 맨날 인상쓰고 다니니까 불안해서 죽겠어요. 그래서 하루는 (남편이) 문을 꽉 잠그고 (내가) 들어오고 그러면 벼개를 들어 내버리고… 한번(은) 안들어 오길래, 몰래… 요를 두 개 펴놓고, 옆에도 못오게 하니까 그랬더니, 대문도, 대문을 잠궜더니 대문을 따러가는 그 사이를 못참아 가지고 성질이, 안 들어오는 거 들어와서 문 잠궜냐고 막 이러길래, 숫제 문 안 잠그고 살아요. 그래갖고 제가 깜빡 잠들으니까 깜빡하는 동안에 왔길래 조금 있어 봤어. 그랬더니 나를 딱 일으키면서, 일으키면서 옷도 안 벗고 발길로 인제 머리통을 한대 차는 거예요. 내가 밖으로 (뛰쳐) 나와가지고, 내가 왜 그러냐고 그랬더니, 우리 딸이 겁이 나니까 이층에서 불을 켜고 공부해요. 아빠가 꺼져 있으면 들어와보니까 지가 안자는 척 할려고… 내가 모르는 척해서 잠에 취한 척하고 대체 왜 그러냐고, 속으로 겁이 나지만, 도망갈려고 마음먹으면 더할 것 같애서 잠에 취한 척 하고 피는 나지만 꾹 참고 도대체 왜 그러냐고 말을 하지. 이층을 얼른, 우리 딸애가 내려올까봐 이층을 얼른 쳐다보더니만, 그냥 안방으로 들어가요. 그래 그런가보다 하고 있었더니, 싹 나가요. 난 이층에 가 가지고, 술 또 더 먹고와서 그럴라나보다, 겁이 나 가지고 이층에 가서 가만히 있었더니 안 들어와요. 1시에 나가갖고 안들어와서 벼르고 있었지… 내가 (그 여자 집에) 찾아 갈까… 막 그러고 있는데 7시 돼갖고 벨을 누르고 이층에서 들으니 나야 하는 소리가 들어와, 내려와 가지고, 우리 딸 보고는 나 아빠하고 싸울테니, 싸우면 와서 말리라고 그러고… 방에 들어와가지고 뭐냐고… 내가 무슨 죄를 졌다고 툭 하면 사람을 패는 거냐고. 지금 폭력을 쓰면 나한테만 쓰는 게 아니라고. 애들한테도 애들도 벌벌 떨고 무서워하고 그러는데…

19년간의 결혼 생활 동안 매맞는 아내와 그의 가족은 폭력가정을 구축해 왔다. 이제 이 가정은 가족 구성원 모두에게 폭력의 경험이라는 장을 마련한다. 실제적으로 폭력이 행해지던 않던, 가족 구성원들은 이제 항상 폭력의 가능성에 둘러싸여 있게 되는 것이다. 지난 시간 동안의 폭력의 경험과 앞으로 또 그런 일이 일어날 것이라는 예감은 지금 현재의 상황을 살아내고 있는 가족구성원 모두의 삶을 구성하고 있다. 위 사례의 매맞는 아내는 매일 밤 오늘 매를 맞을지도 모른다는 추측을 하게 된다. 현재를 살고 있는 그녀의 순간 순간은 결코 과거로부터의 경험과 앞으로도 그러한 경험의 연속일 것이라는 가정에서 벗어나지 못하는 것이다. 매맞는 아내는 이러한 폭력의 장에 갇혀 있고, 그녀 자신이 또한 끊임없이 그러한 장을 만들어낸다.

이 폭력가정의 구성원들은, 각기 마음속에 상처를 지닌 채, 서로를 피하려고 한다. 그리하여 폭력 가정의 가족들은 서로를 피할 수 있는 각기 자신만의 은신처를 마련한다. 매맞는 아내는 매를 맞을지도 모른다는 두려움에 지하실로 도망가거나, 남편이 자식들 앞에서만은 폭력을 휘두르지 않는다는 것을 알고 아이들이 있는 이층에서 머문다. 그리고 이러한 것들로 충분하지 않을 때, 집을 떠나 기도원으로 간다. 그리고 열다섯살의 딸은 폭력적인 아버지를 피하기 위하여 언제나 자신의 방에 불을 켜 놓는다. 아버지가 실지로 집에 있던 없던 딸의 경험의 장에는 언제나 폭력을 휘두르는 아버지가 있는 것이고 딸은 그러한 아버지를 피해야만 하는 것이다. 딸은 그래서 언제나 방에 불을 켜 놓는다. 방에 불을 켜 놓는 한, 공부하는 것으로 알고 아버지가 방에 들어오지 않을 것을 알기 때문이다. 그리고 폭력적인 아버지는 가족들이 아무도 같은

공간에 자신과 함께 있으려고 하지 않는다는 것을 구실로 '그 여자'의
집으로 간다. 그리하여 매맞는 아내의 집은 텅 빈, 공허한 장소가 된다.

3. 매맞는 아내의 분노와 복수의 꿈

분노는 미움과 증오, 복수심, 질투와 같은 감정을 계속 억누를 때 발
생하는 태도를 말한다. 그러한 일련의 감정들의 원인이 되는 개인이나
집단에 대해 자신의 감정들을 솔직히 표현하지 못하는 상황에서는 무기
력감이 생기게 된다. 그리고 이러한 무기력감이 반복적으로 경험될 때
분노가 생기게 된다. 분노를 마음 속에 지니고 있는 사람의 특징은, 겉
으로는 자신이 진실로 바라는 것과 그것을 지닌 사람을 별것 아닌 것으
로 평가절하시키는 데 있다. 그러나 비밀리에 그녀는 자신이 공공연하
게 헐뜯는 그 가치를 갈망한다.

반복되는 폭력을 통하여 매맞는 아내는 점차 분노로 가득찬 아내로
변하게 된다. 그 변하는 과정을 몇 단계로 살펴보면 다음과 같다.

1) 부부간의 이상적인 사랑을 꿈꾼다.

2) 폭력과 외도를 통해서 남편은 이상적 사랑의 꿈을 제거한다.

3) 증오가 싹트고 복수심이 생긴다.

4) 복수심을 억제하여 분노로 가득찬 아내가 된다.

5) 내밀히는 계속 복수를 꿈꾼다.

아내와 남편간에 부정적 상호작용이 심화되면서 매맞는 아내는 남편
에 대한 증오심과 함께 복수를 꿈꾸게 된다. 아내는 남편의 끊임없는
외도가 자신의 성을 부정하는 것이라고 느낀다.

남편이 카바레 출입을 하거든요… 오래 같이 살다보니까 자기는 뭐 안 갔
다왔다 해도… 표정만 봐도 제가 알 정도… 근데 그런 얘기를 하면 들기
싫으니까 말을 할 수 없으니까 인제 우선 때리는 것부터 시작하는 거예요.
먼저 때리는 거예요… 친구 만나서 술을 마셨다든가… 하며는 그럴 때는

당연하게 얘기를 하는데 그럴 때는 또 물을 필요도 없고, 좀 이상할 때는 물어 보거든요. 어디를 갔다왔냐 그러면, 인제 말을 잘 못해요… 뭘 카물으려고 그러냐고 팬다고요… 갔다온 표적을 아주 더러더러 옷에 루즈가 찍혀서도 오고 화운데이션이 묻어가지고도 오고 그래요… 그러니까 술을 안 먹고 늦게 들어올 때는 카바레를 가더라구요. 제가 살면서 보니까. 근데 인제 그럴 때마다 그냥 말을 못하게 때리는 거예요… 말로, 말로 다 형용할 수가 없을 정도로요. 뭐, 뭐 화분도 던지고, 칼도 부엌에 가서 가져오고 그러지요. 칼은 뭐도 없이 들었다 놨다, 찔른다고 목에다 댔다가 그러지요.

그러니까 옛날에는 그냥 늦게 다니면 술 먹고 늦게 들어오나 보다 그냥 이 정도로 그쳤는데, 지금은 늦게만 들어오면, 이 온 머리가 이게 또 어떤 여자하고 춤을 추면서 또 무슨 짓을 하고 있나 이 생각이 12시면 12시, 1시면 1시까지 잠이 안 오는 거예요. 못 자는 거예요… 한마디로 인간 같지도 않아요. 그런데 출입해가지고 기집애나 사귀고 다니니까 난 인간 같지도 않아요… 결혼 시초부터 매로 시작한 거니까 그냥 불만만 쌓여가지고, 그냥 신경만 날카로와져가지고 이제는 신경이 극도로 날카로와져 있고, 또 이제 뭐라고 한번 건들기나 때리기나 하면, 옛날부터 이렇게 이렇게 때린 것 그게 전부 다 생각이 나가지고 그냥, 그냥 어떻게 당장이라도 죽이고 싶을 정도로 그렇게 미운 것 있죠…

이렇게 결혼하기 전에 춤을 추기 시작해서 결혼하면서 춤추고 하여튼 지금까지 계속 밤 12시예요. 밤 12시 아주 지겨워요 지겨워. 어저께는 제가 그랬어요. 내가 당신 같은 인간한테 정이 있어서 사는 줄 아느냐고 그랬어요. 세상에 그렇게 자기 몸뚱아리 하나만 알고, 자기 위주로 살아놓고는 툭하면 패기는 왜 패냐고 말이야… 남의 아빠는 일찍 들어와서 그렇게 오손도손 저녁도 같이 먹고 그러는데, 그래 울기도 많이 울었어요. 그게 그래 부럽더라구요… (늦게 들어오면) 딴데 가서 딴 것을 해도 거기 가서 춤을 추는 것 같고 아주 여자를 붙들고 빙빙 돌아가는 게 내가 아주 머리에 떠올르고 막 이런다구요. 아주 이게 노이로제예요.

남편을 향한 복수와 분노의 감정에 매맞는 아내는 싸여 있다. 남편이 실제로 다른 여자와 관계를 맺고 있는지의 여부와는 상관없이 아내는 이미 폭력의 세계에 갇혀 있는 것이다. 아내에게 있어 남편과의 상호작용은 자신이 만들어 놓은 폭력의 세계에서만이 가능하다.

> 우리 아빠는 성질나면 때려요. 결혼 초부터 그래요. 엊그제는 그게 별것도 아닌데 때리고 머리 끄뎅이를 끄들러대니. 뭐, 뭐야 포큰가 뭘로 찌른다고 그러더라구요. 찌른다고 그러더니 가죽 혁띠로 탁탁 치는 거 있죠. 가죽 혁띠로 때린 것 참 괘씸하데요… 감히 어떻게 부인인데, 잘못도 없이 머리채를 때리고 흔들고 때리고 포크로 찌른다고 위협을 하며 가죽띠는 노예나 이런 말 같은 거나 치는 가죽띠인데, 어떻게 그 혁대를 빼 가지고 가죽 띠로 사람을 치느냐. (울음) 내가 당신한테 종살이 온 건 아니지 않느냐…

그러나 증오심과 복수심은 다양한 이유에서 억제되어진다. 무엇보다도, 문화적으로 아내의 여성성은 수동적이며 오직 남편을 위해 보존되어져 있는 것으로 규정되어 왔다…… 이러한 문화 안에서 남편의 '자잘한' 외도는 아내가 묵인하고 넘어가야 하는 종목이 된다. 그 대신 아내의 분노는 남편이 가까이하고 있는 '그 여자'에게 쏟아지게 된다.

증오심의 억제는 다양한 방법으로 표출된다. 경제권을 쥔 엄마로써, 효성이 지극한 며느리로서, 열렬한 신자로서, 경제적으로 보장된 아내라는 자위로서, 매맞는 아내는 자신의 증오심을 억제한다. 그러나 이러한 가치전도는 그 자체로 추구되는 것이 아니기 때문에 일종의 환상일 뿐이다. 이것은 매맞는 아내의 분노의 표현인 것이다.

이러한 가치 전도의 환상 속에서, 매맞는 아내는 남편의 폭력의 이유가 되는 것을 찾으려 한다. 그래서 남편의 정부와 남편의 '나쁜' 습관이 그 이유가 된다고 말하기도 한다. 매맞는 아내는 남편이 그 정부와 헤어지기만 한다면, 남편이 그 '나쁜' 습관을 버리기만 한다면, 남편과의 이상적인 관계를 다시 만들 수 있는 듯이 행동한다.

모든 남녀의 불륜의 관계가 거기서(카바레에서) 다 이루어지더라구요. 제가 알기로는 거의 70%, 80% 내지 90%는 다 뭔가 불만이 있고 불만족스럽고 오히려 뭔가 채울려고 그런 데를 가더라구요… 카바레 갔다 온 걸 알고 나면 제가 아주 손발이 떨리고 다른 여자하고 손을 잡고 춤을 췄다는 거를 생각하면 소름이 끼치고 그래요.

동생들 있는데서 엄마가 술 그만 먹으라고 뭐라고 했나봐요. 제수 있고 매부 있고 그런데서, 여자들 있는데서. 근데 우리 아빠는 자존심은 있으니까, 엄마한테 인제 동생 있고 제수들 있는데, 인제 매제 있고 제수 있는데, 망신줬다고 뭐라고 막 화를 냈나보지. 술 먹은 김에, 술김에. 그래 시누가 전화를 했더라구요, 나한테. 그래 지금 우리 형편이 어렵잖아요. 근데 지금 오빠한테 할 걸 나한테 풀어오는 거지. 오빠가 뭐 할 일 했다고. 뭐 좋술 것 해다 줬다고 와서 술주정이냐고 나한테 막 그래요. 그래 남 싸울 땐 둘이 싸워도 시누가 그러는 건 듣기 싫죠. 그래서 내가 큰오빠 아직 죽지 않았으니까 돈 벌으면 할 일 할 때가 있을 거다. 우리도 고모만치 살으면 고모만치 못하겠냐고 속이 상해서 그랬지요.

'정부'를 탓하고 '더러운 춤'을 탓하고 시댁으로부터의 업신여김을 탓함으로서, 매맞는 아내는 결코 때리는 남편의 의식의 흐름에 속해 있는 남편의 감정적 자아를 응시하지 않는다.[5] 그대신 아내는 자신을 향한 남편의 자아 이외의 다른 대상에 대해 복수심을 품는다. 그렇게 함으로써 매맞는 아내는 자신의 상처받은 자아와 감정을 복원하려고 한다. 이것이 바로 매맞는 아내의 그릇된 믿음이 실제적 상황을 부인하는 것이

---

5) 현상학적 의식의 흐름(the phenomenological stream of consciousness)이란 내가 나 자신과 혹은 타인과 상호작용할 때 그 상호작용의 내적인 부분을 말한다. 나의 나자신에 대한 태도, 상대방에 대한 태도, 그리고 나에 대한 상대방의 태도에 대한 추측이 현상학적 의식의 흐름 속에서 진행된다. 감정적 자아란(emotional self—feelings) 일련의 감정적 경험들로써, 그 안에는 자신의 자아에 대한 감정, 그 감정에 대한 감정, 그리고 이러한 감정을 통해 나에게 드러나는 나의 윤리적 자아가 포함된다.

다. 폭력가정을 벗어나기 어려운 현재의 상황에서, 매맞는 아내는 폭력의 원인을 남편의 폭력적 자아가 아닌 다른 것에서 찾으려고 노력한다. 그녀는 남편의 자아를 직면하는 것을 피하고 있는 것이다.

그러나 남편을 향한 복수심이 멈춘 것은 아니다. 매맞는 아내의 복수심은 그녀의 폭력적 감정의 세계에서 실행되고 충족된다. 다만 매맞는 아내의 복수심은 항상 '정상적' 가정으로 돌아가고 싶은 욕망을 동반하는 데 그 특색이 있다. 즉 그녀의 복수심은 '정상적' 가정으로 가고자 하는 욕망의 변형된 표현이라고 할 수 있다. 복수의 상상 속에서 매맞는 아내는 그녀가 겉으로 멸시하는 바로 그것—남편과의 재결합—을 이뤄 낸다.

> …그러니까 오빠가 고소를 하래요. 그러니까 제가 상담하고 싶은 거는 그런 방법이 버릇을 고치는 데 효과가 있을까요. 제가 지금 막 멍이 들고 입술 찢어지고 그랬거든요.

> (혼인을 계속하기 어려운 중대한 사유로 이혼의 이유가 될 수 있습니다.) 아니, 예를 들어서 안 살고 갈라서도 재결합해서 사는 사람도 있잖아요. 그러니까 저는 제 생각에 그러고 싶어요. 지금 고소를 해서 강력하게 이거를 밀고 나가도, 이 사람은 돌아서면 할 수 없는 거고. 애들 때문이라도 자기가 나한테 애원을 할 거란 말예요… 왜냐, 자기가 계모 밑에서 자랐어요. 그래서 가정을 굉장히 끔찍히 알고, 그거를 철칙으로 생각하고, 신조드라고 그 사람 신조. 그래서 제가 그 약점을 알고 있거든요…

이렇게 매맞는 아내의 분노는 폭력세계의 상상 속에서 폭발하고 충족되는 것이다.

> 남편이 지금 사귀고 있는 그 여직원을 만났어요… 그 여자한테 이렇게 각기 살림할 거 없이… 그러면 돈만 이중으로 들고… 우리 집으로 들어와 같이 살자고 그랬어요…

(아이들은 어떡하구요? 한 집에 두 엄마가 있다면 아이들이 어떻게 생각하
겠어요?)
아녜요, 아녜요, 그게 제 진짜 뜻이 아니구요… 그 여자가 우리 집에서 같
이 산다면, 우리 아이들이 그 여자도 그렇고 집을 이렇게 만들어 놓은 지들
아버지를 얼마나 싫어하고 경멸하겠어요? 나는 그걸 보고 즐기고 싶어요.
그렇게 해서 애들 아빠한테 복수하고 싶어요. 그리고 그 여자는 애들 등쌀
에 못 견디고 결국에는 남편과 헤어질 거예요…

위의 매맞는 아내의 남편은 결혼 초부터 끊이지 않고 외도를 해왔다.
그리고 같은 맥락에서, 남편의 외도에 대한 '잔소리'를 이유로 아내는 남
편으로부터 끊임없이 구타당해 왔다. 남편의 폭력으로 아내의 눈에는
영원히 상처가 남겨져 있다. 남편은 정확히 3년 전부터 아내에게 폭력
을 휘두르는 것을 멈췄다. 왜냐하면 남편은 아내에게 '약점을 잡혔기 때
문'이다. 정확히 3년 전에 자신의 집에서 남편이 남편의 조카를 강간하
는 것을 아내는 목격한다. 아내는 이 근친상간의 이야기를 아무에게도
말하지 않는다. 그 대신 이 사건은 바로 매맞는 아내 자신을 보호하는
데에 사용되어진다.
그리고 이제 아내는 남편이 공장의 여직원을 사귀고 있는 것을 발견
한다. 그러나 매맞는 아내가 15년의 결혼생활을 통해서 쌓아온 남편에
대한 증오심은 결코 남편과의 관계를 끊는 것을 목적으로 하지는 않는
다. 매맞는 아내의 분노는 남편에게 복수하면서 다시 일상의 가정으로
돌아가는 욕망으로 표현되는 것이다. 이러한 상상 속에서 매맞는 아내
의 분노는 완성된다.

4. 닫혀진 대문 저 안쪽에 맴돌고 있는 분노와 절망

폭력과 의심, 공포, 힘든 감정상태, 속임수, 상처받은 몸과 자아가 자
리잡고 있는 관계의 세계에 묶여서, 그릇된 믿음의 구조 속에서 매맞는

아내들은, 그리고 그들의 가족들은 자기 자신을 파괴하는 것 외에는 선택의 여지가 없는 삶을 살아가고 있다. 더구나 집을 벗어나기가 힘든 우리의 사회구조 속에서는 더욱 그러한 것으로 보인다.

폭력의 세계에 묶여 있으면서, 매맞는 아내는 조금씩 조금씩 정신적으로 그리고 육체적으로 시들어 가게 된다. 정신 분열 증세로서 환청, 환상, 불면, 대화소통의 불가능 등을 보이기도 하고, 구타의 후유증으로 평생 두통, 요통, 상처의 흔적, 멍, 그리고 우울증에 시달리기도 한다. 매맞는 아내는 필사적으로, 남편에 대한 복수를 하면서, 동시에 일상의 세계로 돌아가려고 한다. 그러나 자신에게 일어나는 일에 대한 객관적 인식이 없을 때 매맞는 아내는 번번이 그녀 자신이 세운 계획의 희생물이 되고 만다. 그리하여 매맞는 아내의 신음소리는 감추고 싶은 집안의 비밀로 남으면서 닫혀진 대문 저 안쪽에서 분노와 절망으로 맴돌게 되는 것이다.

후기:맞을 짓이란 없다

그런데 여기서 우리는 아내가 말만 걸어도 손이 올라가는 남자를 본다. 말로 풀어야 할 문제가 휘두르는 폭력으로 더욱 악화되고 관계는 긴장된다. 차마 폭력을 인정하기에는 자신이 너무 비참하여 아내는 폭력을 인정하기보다는 일상적 상식에 괄호를 하고 산다. 그리고 과대망상과 승산 없는 저항을 아내는 끊임없이 시도한다. 이 부부가 형성한 부정적 상호작용은 아이들과 그 친척들을 긴장과 공포 속에 몰아넣는 결과를 낳는다.

이 세상에 폭력이 정당화될 수 있는 '맞을 짓'은 없음에도 불구하고 흔히 '맞을만한 짓했다'는 말이 무의식 중에라도 튀어나온다. 폭력은 감정적 분풀이로서 관계가 연결된 근본적 문제에 대한 합리적 해결 방식을 회피한다.

　가정의 폭력, 때리는 남편은 자라나는 아이들을 똑같은 가해자와 피해자로 재생산해낸다는 사실을 기억해야 한다. 폭력 근절은 가해자, 피해자가 모두 노력해야 할 과제이다. ■

참고문헌
심영희, 1989 「성폭력의 실태와 법적 통제」《한국 여성학》제5집.
여성의 전화(편집), 1984 《개원 일주년 기념 보고서》.

아줌마, 힘 내세요!

언어를 통해 본 저소득 취업주부의 생활세계

남상희*

만남

지난해 여름 서울 외곽지역의 무허가정착지에 사는 아줌마들과 만날 기회가 있었다. 넉달이라는 짧은 기간의 만남이었지만 나로서는 집안어른으로부터 지난 시절의 회고담을 듣거나, 지면을 통해 빈민의 상황을 극도로 비참하게 나열하거나 또는 그들의 의식세계를 지나치게 미화(美化)한 글을 읽은 게 대부분인 터에, '있는 그대로'의 모습을 가까이에서 살펴볼 수 있는 계기가 되었다.

얼핏 보기에도 이 지역 아줌마들의 활약상은 대단한 것이었다. 가정에서는 마누라·엄마·며느리이며, 일터에서는 노동자이고, 시장에서는 소비자인, 이처럼 다양한 역할들을 조정해 나가는 이들의 모습이야말로 가히 '수퍼우먼'(super-woman)이라고 부를 수 있을 정도였다. 그러나 이들을 '수퍼우먼'이라고 부르는 사람은 없다. 다만 얼핏 스치다 쉽게 "아

---

* 1962년 경기도 수원에서 태어났다. 연세대 사회학과 대학원을 졸업했고 지금은 직장 생활을 하고 있다. 이 글은 석사학위논문 "권력, 성 그리고 노동 —'뚝방동네 아줌마들'의 삶을 중심으로"(연세대 사회학과, 1989)의 일부분을 골라서 고쳐 쓴 것이다.

줌마!"라고 불러세울 수 있는, 감퇴된 성적 매력과 억척스러움과 수다스러움을 대표하는 '젖가슴이 처지고, 엉덩이가 펑퍼짐하며, 천박한 말투로 다가오는' 일군의 여자들이 있을 뿐이다. 이 글은 가정과 일터라는 틈새를 오가며 삶을 연출해내는 그들 아줌마들, 이제는 더 이상 희생과 헌신, 은근과 끈기라는 전통적인 사고의 굴레로는 묶어둘 수 없는,── 이것은 이제 당위의 문제가 아닌 현실의 문제이다── 그리하여 자기자신의 목소리를 찾으려고 꿈틀거리는 그들의 이야기이다. 물론 언젠가는 나 자신의 이야기가 되어 우리들의 이야기라고 말할 수도 있을 것이다.

말

이 지역의 사람들은 흔히 혼인 적령기에 있는 여자를 '아가씨', 결혼한 여자를 '아줌마'라고 부른다. 물론 그 사이에 아직 아기가 없는 주부를 '새댁'이라 하지만 이 기간은 짧고, '××엄마' 또는 '아줌마'가 일상적인 표현이다. 이러한 말의 쓰임을 보면, 결혼은 곧 출산(出産)과 동일시되며 이때에만 의미가 있음을 알 수 있다. 이들 아줌마들의 삶을 말을 통해 살펴보는 방법은 매우 유용하다. 왜냐하면 사람들 사이에 만남이 이루어질 때, 말하는 사람은 의식적이든 무의식적이든 언어 속에 자신의 의식세계를 반영하며, 듣는 사람은 나름대로 그 표현을 해석하고, 이에 대해 또다시 상대방이 반응을 보이는 일련의 의사소통의 맥락을 형성하고 있기 때문이다.

아줌마들이 말을 할 때에는 몇 가지 특징이 있다. 첫째, 글(文語體)보다는 말(口語體)을 통한 의사소통에 훨씬 능란하다. 책에 투자할 시간과 금전이 없다는 점, 그리고 공식적인 접촉에 익숙치 않다는 점 등이 이유일 수 있다. 그러나 이 때문에 아줌마들의 사회－정치의식이 낮다고 평가하기에는 아직 이르다. 글에 대한 기피증을 사실 이상으로 확대시킬 때 그것은 자칫 글자문화에 익숙한 교육수혜층의 편견일 수 있다. 둘째, 말을 나누는 대상이 대개 여자들이다. 간단한 일상회화를 넘어서서 이웃집아저씨와 친밀하게 하는 대화는 동네사람들의 구설수에 오르기 일쑤이다. 따라서 아줌마들은 미리 알아서 대화의 차단벽을 설치한다. 그 결과 아줌마들의 정보교환과 대화의 폭이 좁아지기도 하지만 다른 한편으로는 그들 고유의 문화를 형성하는 데에 기여하기도 한다. 셋째, 아줌마들의 대화는 일상적이고 구체적인 내용이 대부분이다(이에 관해서는 뒷부분에서 살펴볼 것이다). 넷째, 아줌마들의 대화는 상황에 따라 기복이 심하다. 집안일 할 때, 자녀를 윽박지를 때, 학교선생님을 만날 때, 아줌마들끼리 수다떨 때, 작업장의 고용주를 대할 때, 시장에서 물건을 살 때, 그리고 어쩌다가 호감이 가는 낯선 남자와 맞닥뜨리게 될 때, 말의 높낮이와 어투, 제스처가 각기 달라진다. 상황에 따라 아줌마들의 변신과 적응력은 놀랄 만하며, 이는 분명 생활에서 우러나온 현실적인 계산의 결과인 동시에 수퍼우먼인 아줌마들에게 던져지는 사회적 기대치의 다양함을 반영한다.

이 글에서는 위와 같은 특징을 토대로 하여, 이들이 가정과 일터라는 상이한 상황을 넘나들며 나름대로 삶을 합리화, 조직화하는 방식에 주목할 것이다. 그리하여 겉으로 보기에는 단절되어 있는 각기 다른 자아상이 어떻게 하나의 모습으로 집약되며, 이런 자아상이 지닌 사회적 의미, 담화 행위의 한계와 그 가능성을 간단히 언급하겠다.

가정

이 지역은 20여년 전 이재민을 이주시키기 위해 서울시에서 건설한 곳으로서, 뚝방을 따라 약 이백 미터쯤 3~4평 또는 6~7평 되는 집들이 늘어서 있는 무허가정착지이다. 서울시에서는 최초의 이주민에게 한 가구당 집 한칸씩을 공짜로 주고 불하증을 발급하였으며, 공중수도, 공중변소, 전기시설 등도 주민의 갹출과 구청의 협조 아래 이루어졌다고 하나, 복덕방에 가보면 행정구역상 번지 없는 무허가정착지로 분류되어 있다. 남자들은 인근 택시회사나 버스회사의 기사이거나 불완전고용상태에 있으며, 여자들은 대부분 생계비의 부족 때문에 현금을 손에 쥘 수 있는 부업거리를 하고 있다. 따라서 이곳에서 저소득취업주부의 전형(典型)이 나타난다.

누가 뭐래도 아줌마들은 자신의 본연의 의무는 가정에 속해 있다고 믿고 있다. 이 지역은 보통 3~4명이 동거하는 핵가족형태인데, 엄마는 아빠와 자녀의 중간에 서서 가정을 결속시키려 한다.

“전 아빠를 닮았대요. 아빠가 그렇게 아침잠이 많았다고 하면서 엄마가 전 아빠를 꼭 빼닮았대요.”
“동생은 엄마를 꼭 뺐어요. 걘 어디 나가길 싫어해요. 집에 그대로 꼭 틀어박혀 있구요. 붙임성이 없어서 친한 사람이 아니면 말도 안 붙여요. 엄마도 그랬대요, 처녀 때”
“걘 나 닮아서 숫기가 없어.”
“아이들이 아빠 닮아 꼬장꼬장해서……”

일상대화 속에서 무수히 들을 수 있던 위와 같은 이야기는, 부모의 유전적 특성과 일상적 습관을 되풀이하여 다음 세대에 학습시키는 결과가 된다. 물론 이것은 이 지역만의 특징은 아니다. 즉 잘 살든 못 살든 주부가 한 가정내에서 맡은 역할에는 공통점이 있다. 이곳에서는 보통 방 한두 칸을 한 가족이 사용하기 때문에 가족구성원들은 상대방의 기대와 가치를 보다 가까이에서 보다 빨리 터득하고 내면화한다. 특히 만족스럽지 못한 소득을 올리는 남편의 음주벽 등과 학교에 다니는 자녀들의 가정(가난한 상태)에 대한 부정적 태도가 부딪힐 경우, 주부들은 그 틈바구니에서 분열과 대립을 해소시키기 위해 안간힘을 쓴다. 그러나 중재자의 역할수행은 남편의 권위를 인정하고 자녀를 ‘달래는’ 식으로 이루어지며, 결코 자신의 입장에서 잘잘못을 가려내어 판단하는 데에까지 이르지 않는다. 아래는 대학입시를 두 달 앞둔 아들에 관해서 그의 엄마가 조사자에게 하는 말이다.

"걔는 어느 학과 가겠다구 말 안해. 우리도 묻지 않구. 솔직히 말하면 애 아빠도 걔가 어느 학과 가겠다면 뭐 알겠어? 그러니 피차 묻지 않는 거야. 가끔 내가 살살 물어보면 얘기를 하고, 내가 아빠한테 얘기해 주기도 하지. 그이는 집에서는 별로 얘기도 안해. 옛날부터 그랬어. 밖에 나가서는 말도 잘하고 성격도 소탈하다고 하던데……."

아빠는 엄마를 통해 여과된 자녀의 의견과 요구사항을 전달받고 지시하며, 자녀들도 엄마를 통해 자신의 요구가 무리한 건지 부모가 어떤 반응을 보이는지를 살핀다. 이따금 엄마는 일상적 통제로 더 이상 막을 수 없는 자녀의 요구를 아빠의 위압적인 이미지에 기대어 막아보려고 "아빠한테 물어보고 결정하겠다"는 식으로 넘긴다. 이는 엄마 스스로 만들어내는 이미지 창조의 일부라고 볼 수 있다.

가정에서 아줌마들이 하는 말은 '잔소리'와 '바가지'로 대표된다. 물론 이 말에는 경멸하고 조롱하는 의미가 담겨 있다. 그러나 들여다 보면, 잔소리는 누구나 들으면 "그 얘기가 그 얘기"라며 고개를 설레설레 흔드는 데도 불구하고 광범위한 가정관리를 위해 필요불가결한 것임을 알 수 있다. "방안 흐트러뜨리지 말아라" "방 청소해라" "손이랑 발 깨끗이 씻어라" 등의 공간과 일신상의 청결은, 좁은 공간에서 여러 명이 생활하기 때문에 한 사람의 행동 여파가 다른 사람에게까지 쉽게 옮겨져서 필요 이상으로 강조하는 경향이 있다. 교육에 대한 기대도 커서 "숙제해라" "공부해라"라고 되풀이하지만, 부모가 학습지도를 할 수 있는 처지도 아니고 단칸방이라 보통 책상이 없으며 이따금 어른들이 TV를 보고 있는 상태에서 공부할 수밖에 없어서 실제적인 효과는 기대할 수 없다. 또한 공간이 좁아서 함께 다른 작업을 하는 게 무척 힘들어서, "아빠가 오시기 전에 빨리 숙제해라, 귀찮아 하시잖아" "아빠가 주무시는데 조용히 해라" 등으로 남편 위주의 공간질서를 확립한다. 통로겸 부엌으로 사용하는 공간은 아들에게는 "남자가 부엌에 들어오면 고추 떨어진다"며 극구만류하고 딸에게는 부엌의 허드렛일을 전담케 한다. 이처럼 아줌마들은 성차를 통해 남성의 권위를 인정해서 가계(家系)질서를 유지하려 하지만, 이것이 남편에게 항상 달가운 것은 아니다.

아내가 가정주부의 현금가치 없는 업(業)으로서 가계질서를 유지하는 대신, 남편은 집밖에 나가서 돈을 벌어와야 한다. '바가지'는 개인적으로나 사회적으로 묵약(默約)되고 있는 가장(家長)의 경제적 책임을 독촉하는 신호이다. "반찬값 좀 줘요" "쌀이 떨어졌어요" "친척집에 가야 하는데 돈이 없어요" 등으로 아내는 바가지를 긁어서 남편에게 가정의 살림 규모가 어떤 상태에 있는가를 알려 주고, 살림이 절대적으로 궁핍하지는 않더라고 경제적 절약을 주기적으로 환기시켜 노동에 해이해지지 않도록 경각심을 일깨운다. 이 지역은 특히 주거공간이 좁아서 가족들의 일거수일투족이 한눈에 뜨이므로 바가지와 잔소리가 잦으며 이 때문에 심심찮게 부부싸움이 일어난다. 아줌마들에게 싸운 원인을 물어보면 고개를 갸우뚱하며 술, 돈, 고집, 바가지 등의 '그저 사소한 문제'로 싸웠다고 말할 정도로 부부갈등이 만성화된 데에는, 저소득의 불완전 고용상태에 있는 이 지역 남자들의 특수한 상황이 결부되어 있다. 남편은 아내의 도움이 없으면 자녀와의 의사소통도 원활하지 못하고 집안일에도 무기력하기 때문에, 대외적인 공식모임과 행사에 많은 시간과 노력을 투여하면서 거기서 받는 사회적 위신과 명예에 더욱 더 집착하게 된다. 그러나 이 지역 남성들은 자신의 무력감을 대외적으로 보상받을 만한 사회경제적 위치에 있지 않다. 따라서 자신의 영향력이 자녀나 아내의 저항에 부딪히면 고함을 지르거나, 물건을 부수거나, 술을 마셔서 해소해 버린다. 이러한 만성적인 부부갈등에 식상한 아줌마들은 이제 "말해서 무얼 하나? 말해도 소용 없는데, 내가 참고 말지"라는 체념에 도달하고, 이는 침묵의 언어(silent language)로써 상대방에게 항의하는 행위라고 해석할 수 있다.

위와 같이 아줌마들이 가정내 결속을 다지고 집안과 집밖의 역할분리를 통해 질서를 유지하려는 모습은 일반적인 중산층 주부의 모습과 크게 다르지 않을 것이다. 그러나 문제는 '가난'의 압력 때문에 가정내 결속은 대개 불안정한 상태에 있고, 더 많은 수입원을 찾아서 주부의 취업이 불가피하다는 사실에 있다. 그리하여 아줌마들은 성역할분리를 통해 가정을 유지, 관리하려는 노력 자체가 실제적으로는 무의미해지는 상황에 부딪힌다. 이제 아줌마들은 '가난'이라는 족쇄를 풀어가는 데에 기존의 성차란 비현실적인 고정관념에 불과하다는 점, 그리고 오랫동안 그래왔다는 점을 직시할 필요가 있다. 결국 이들의 '침묵의 언어'는 미처 소화하지 못한 모순적인 상황을 이해하고 정당한 말을 찾기 위한, 목소리를 가다듬는 과정이 되어야 할 것이다.

일터

아줌마들이 가사노동 외에 돈을 벌기 위해 하는 일은 파출부, 봉조(바느질), 공장의 허드렛일, 백화점 야간청소, 노점상 등이다. 이런 일들은 가사노동과 비슷해서 특별한 기술훈련이 필요하지 않고, 파트타임제라서 집안일과 병행할 수 있다는 점에서, 저임금에도 불구하고 생계비의 압박을 받는 가정주부들을 끌어모으는 힘이 있다. 아래에서는 봉조집을 중심으로 일터에서 나타나는 아줌마들의 삶의 모습을 살펴보겠다.

지역 부근에는 보세 스웨터공장이 여럿 있어서 기계공정이 가능한 부분을 제외하고 목둘레마무리, 간단한 자수놓기, 아랫단마무리, 단추달기, 심지어는 잘못 꿰맨 스웨터의 보수작업까지 값 싸고 임시휴업이 가능한 빈민기혼여성의 부업에 맡긴다. 이들은 봉고차에 스웨터를 싣고 와서 인근 빈민지역내에 있는 가내부업장(이를 '봉조집' 또는 '스웨터집'이라 한다)을 여기저기 옮겨다니면서 공정을 끝내고 세팅(setting) 직전의 스웨터상태로 다시 보세공장으로 운반해 간다. 이 지역에도 봉조집이 두세 곳 있다. 그러나 이 일을 모든 아줌마들이 할 수 있는 것은 아니다. 이러한 일감을 정기적으로 받아서 부수입을 올릴 수 있는 것만 해도 행운이며, 행운은 봉조집 주인아줌마(공장과의 연락담당)와의 친분, 집안사정(남편의 허락, 자녀를 돌볼 친척이 있거나 다 컸을 때), 바느질 능력(보통 30

대 초, 중반의 아줌마들이 가능하다)에 달려 있다. 이 글에서 다루는 봉조집의 주인은, 전에 부업으로 봉조를 하다가 방 한 칸을 세내어 직접 봉조집을 운영하는 유×엄마이며, 30대 초반의 아줌마들이 고정적으로 안에서 일하고, 유×엄마는 부분적으로 집에서 봉조하는 아줌마들에게 일감을 나누어 준다.

이 봉조집에 일감을 가져오는 보세공장은 서너 곳 되는데 일감을 배달하는 운전기사와 함께 공장의 부장 또는 공장장이 동승하는 수도 있으나 봉조하는 아줌마들과는 전혀 공식적인 계약관계로 만나지 않으며 철저하게 중간관리인인 유×엄마를 통한다. 아줌마들은 스웨터를 가져오면 "이거 ×부장 꺼" "이건 ××씨네 꺼"라고 부르며, "××씨는 니 애인이니까 니가 해라, 얘" "오늘은 ×부장껄 잡아볼까"하는 식으로 고용주 쪽을 남성화시켜 농담을 나눈다(아래에서 살펴보겠지만 봉조집의 상황을 마치 집처럼 생각하고 행위하는 모습은 흔히 나타난다.) 특히 봉즈하는 노동과정을 빗대어 성관계를 말할 때 일터와 가정은 마치 동일한 원리를 지닌 장(場)처럼 느껴진다. 즉 "(바늘을) 꽂는다" "(바늘을) 뺀다" "(스웨터단을) 깔고 앉는다"는 말처럼 노동 과정 중에 자연스럽게 틔어나올 수 있는 상황을 성관계를 묘사하는 것으로 상호 오해(?)하면서 낄낄거린다. 또한 집에 가서 쉬는 것을 "나, 지금 집에 가서 깔려 버릴 껴"라고 표현한다. 이러한 말의 쓰임은 의식적으로 자기역할의 동일성을 유지하려는 상징기제라고 볼 수 있다.

봉조집에는 공식적인 노동통제수단이 거의 없고 모든 것이 봉조집주인이자 중간관리인인 유×엄마의 손에 달려 있다. 유×엄마는 "대인관계 조정이 가장 어렵다"고 고충을 토로하며, 일하는 아줌마들은 "우리야 돈 벌려고 일하지만 사실은 유×엄마 좋으라고 하는 짓이지 뭐"라며 서로의 지위차를 인정하는 동시에, "이런 봉조집이 많이 있지만 일하는 아줌마들의 숫자를 고정적으로 유지하지 못해서 일을 빵꾸 내고 문을 닫아버리는 수가 많다"고 자신들이 유×엄마의 이익에 기여하는 바를 은근히 강조한다. 따라서 그녀는 일의 완급을 조정할 때도 "××엄마 이

거 빨리 끝내야 하는데 어떡하지?" "우리 이거 다 하고나서 돼지갈비 먹으러 가자" "××엄마, 지금 뭐 해? 남편이랑 재미 보나?" 등 지극히 사적(私的)이며 비공식적인 방식을 쓰고, 농담과 여흥에 끼어들어서 관리인이 아닌 함께 일하는 아줌마라는 인상을 주려고 애쓴다.

임금은 그날그날 꿰맨 스웨터의 갯수를 자기 손으로 월급장부에 적어 넣고 월말에 총액을 계산해서 유×엄마로부터 지급받는 갯수임금제(piece-wage)이다. 자기 혼자 숫자를 기억하며 바느질하기 때문에 혼돈이 많을 것 같지만 실제로는 "××엄마, 몇 장 했어? 나는 ××장쨌데" "이것만 다하면 백 장 하는 거야" 등의 대화로 상호견제를 하기 때문에 별다른 마찰이 없다. 노동시간 또한 이처럼 형식적으로 희미하지만 실제로는 융통성 있게 운영되고 있다. 봉조집에는 일정한 출퇴근시간이 없고 각기 자기집의 생활리듬에 맞춘다. 따라서 밥 먹는 때가 곧 휴식시간이다 : 남편이 출근하고 자녀들이 학교 가는 아침 : 자녀들이 귀가하여 함께 먹는 점심 : 남편의 퇴근으로 하루가 마감하는 저녁. 또한 "매달 말일은 월급 타는 날"이며 "한 달에 한 번쯤은 단가 높은 일감이 들어오고" "아침에" "저녁때" "밤에" 일감이 올 것 같다는 막연한 시간감각을 지니고 일한다. 이는 집안사정과 공장사정에 따라서 유동적인 노동시간을 나타내며 아줌마들 스스로 자기 노동력의 가치를 낮추는 하나의 요인이 될 수 있다.

봉조집 아줌마들은 "돈 벌려면 봉조하지 말아요. 봉조해선 돈 못 벌어요"하며 자신의 노동에 경제적인 기대를 하지 않는데, 실제로 한달 소득은 10~12만 원 정도이다(물론 바느질 속도, 노동시간, 일감 수급상태에 따라 다르긴 하지만, 평균 하루 8시간씩 20여일 동안 일해서 버는 액수이다.) 또한 자신의 수입은 '옷값'이나 '과자부스러기' '애들 군것질' '반찬값' 정도의 하찮은 용도에 쓰고 정작 '방세' '쌀값' '연탄값' 등의 주요생활비는 남편의 수입으로 충당한다고 공공연히 말한다.

"결혼하면 경제권은 모두 남편에게 맡겨야 돼. 그래야 남자가 책임지고 일을 하려고 그러지. ××아빠 봐. ××엄마가 회사 다니면서 먹고 살 만큼 벌어 오니까 일 안하려고 그러잖아? 아침에 출근하라고 깨우면 오히려 왜 깨우느냐고 화를 낸댄다, 글쎄"

"여자가 돈을 벌면 남자가 놀려고 한다."든지 "여자가 똑똑하면 남자가 바보가 된다"라는 말을 당연하게 받아들이면서, 남편이 경제적 책임을 방기할까봐 두려워 아줌마들은 월급 액수도 절반 정도로 낮추어 4~5만 원 벌었다고 말한다. 그러잖아도 아내가 집밖으로 나도는 게 눈에 거슬리는 터인지라, 남편은 "그런 푼돈 벌려면 집에서 애나 봐라. 내가 하루 일해도 니가 한달 버는 건 벌 수 있다"라며 부정적인 인식을 강화한다. 따라서 아줌마들이 저녁 먹고 나서 봉조집에 오려면 '남편 몰래' '남편 눈치 보이지 않게 재주껏' 빠져 나와야 하는 기현상이 벌어지는 것이다. 자의든 타의든 우리의 수퍼우먼이 겪는 고초는, 집안일을 다해 놓고도 마치 죄짓는 듯이 돈 벌러 가야 하는 기괴한 모습만이 아니다. 아래는 아내의 취업이 엉뚱하게 불똥이 튀어버린 부부싸움의 전말이다.

남편(40대)은 회사택시를 운전하는데 몇 년전 차사고가 나서 생활이 쪼들릴 때에 아내(30대 후반)가 파출부 일을 시작하였다. 그때부터 남편이 의처증세를 보였다고 한다. 어느날 이들 부부가 집밖에서 만날 약속을 했다가 장소가 엇갈려 만나보지 못하고 따로따로 귀가하였다.

남편 : 그 사이에 어디 가서 어느 놈이랑 놀구 왔어? 춤추고 왔지?
아내 : (어처구니가 없다는 듯이) 어디 가긴 거기서 기다렸는데.
남편 : 거짓말 말어, 이년아. 어디에다 거짓말을 하려구 그래? 누굴 속이려구.
아내 : 자기가 장소를 잘못 말해 놓고……내가 거길 어떻게 알어?
남편 : 이 쌍년이 누구에게 대들려구 그래? 니가 나한테 이기겠다는 거야? 이 쌍년아! 나가, 빨리 나가!

(남편은 방문을 잠그고 나서 동네어귀의 술집에 가고, 아내는 바로 옆집인 조사자의 방에 숨었다.)

　　아내 : (조사자에게) 오늘 저녁에 들어가면 한바탕 할꺼야. 내가 왜 참어, 아무 잘못한 것도 없는데, 저렇게 어거지로 고집 부릴 땐 아무도 못 말려. 그럼 싸워야지 뭐. 집을 나가라구? 왜 내가 나가? 난 한번도 집을 나간 적은 없어. 나가려면 도장찍고 나가야지. 내가 정말 춤이라도 추고 와서 그런다면 말을 않겠다. 정말 그런데 라도 다녀봤으면 …… (중략) …… 에이, 일이나 나갈껄 괜히 집에 있어 갖구.

　　(조사자의 방에 드러누워 잠을 청한다)

수다

　　아줌마들의 말에는 '바가지 긁는다' '잔소리 한다' '주책 떤다' '수다 떤다'는 등 거의 예외없이 조롱조의 낙인이 붙는다. 대표적인 것이 '수다'이다. 아줌마들은 보통 집앞 골목에서 나물을 다듬으며, 가게 앞에 놓인 툇마루에 앉아서 봉조하면서, 어쩌다 남편과 자녀가 없는 자유로운 공간인 빈 방이 생기면 본격적으로 수다를 떤다. 수다는 가까이 살고, 나이가 비슷하며, 부업을 함께 한다든가, 남편이 동일 직업에 종사할 경우 쉽게 이루어지지만, 저변에 흐르는 친밀감은 아줌마들이 겪고 있는 고유(固有)한 생애체험에서 나오는 것이다. 곧 공공연한 성관계, 임신 출산의 경험, 남편 자녀와의 일상관계에서 생기는 갈등 등이 함께 수다를 떨 수 있는 기본적인 자격요건이다. 아래에서는 몇 가지 보기를 제시하면서 수다의 내용, 그리고 그 의미를 살펴보겠다.

"어제는 너무 더워서 냉면을 해먹으니까 맛있더라."

"마늘을 사둘 때가 되었다."
"내일 비가 온다던데……"
"큰길에 새로 은행이 생겼는데 오늘이 개업날이라구 쟁반 하나씩 주
더라. 나도 받아봤는데 너도 가봐."
"애가 그렇게 아프면 약 먹이고 방 뜨듯하게 불 때서 푹 재워. 우리
애도 그래서 싹 낫던데."

너무나 사소해 보이고 어쩌면 뻔한 이야기가 공식적인 정보를 접할
기회가 적은 아줌마들에게는 주요한 정보원(源)이 되어, 앞으로 할일을
계획하고 물품을 구입하며 동네에서 벌어지는 사건에 접하는 계기가 된
다. 이따금 이러한 정보는 현대식 장비로 무장한 과학적 진단과 병행하
면서 현실 속에 존재하는 비밀스런 민간과학이라고 할 수 있다.

"아가씨 때야 무얼 못해? 나도 아가씨 때는 꿈이 많았지."
"(개도) 시집가 보면 알지. 자기 마음대로 다할 수 없다는 걸. 신랑 있
지 시집식구 있지. 누구 처녀 때 꿈 없던 사람 있나? 하지만 시집 와
서 그 꿈 다 사라지고 그냥 그렇게 사는 거지 뭐"

아가씨 때의 무용담(?)과 회고담은, 신세타령, 하소연, 신세한탄과 함
께 묻혀 들어와 현재의 상황을 잠시나마 심리적으로 보상하여 위로하는
역할을 한다. 고향, 첫사랑 등의 화제는 결혼해서 한 남자만 상대해야
하는 아줌마들이 나누는 음모의 성격마저 띠고 있다. 따라서 과거의 공
동체험을 토대로 현재의 상황에 반란을 일으킬 소지도 충분히 있지만
그런 일은 벌어지지 않는다. 다만 그 좋았던 시절을 청산하고 결혼한
이유를 "나이가 들어서" "남들이 하니까"라고 쉽게 흘려버릴 뿐이다.

조사자 : 결혼을 안하면 어떨까요?
아줌마 : 여자들은 젊고 미혼일 때야 자유롭고 좋지만 늙으면 외로워

서 못살아. 그때를 위해서 결혼하는 거지.

조사자 : 그러면 늙어서 결혼하지요.

아줌마 : 에이, 늙으면 누가 데려가나? 여자는 꽃과 같아서 시들면 그
만이야. 결혼 안하면 좋기야 하지만 늙으면 외롭고 초라해지지. 남편
도 자식도 없으니 보기에도 안 좋고.

위와 같은 대화는, 아가씨 때의 성적 매력과 노후보상이 결국 아줌마
들이 현재의 억압상황에 대해서 반란을 일으키지 않고 내밀한 음모 속
에서만 머물도록 만드는 효과적인 기제임을 드러내 준다. 그러나 음모
는 단순히 과거회상만으로 끝나지 않는다. 아줌마들은 자신이 상실한
육체적 심리적 처녀성(virginity)을 성관계에 관한 적극적인 관심과 노골
적인 농담으로 풀어버린다.

"옆집 ××엄마네 어제밤 싸우드라. ××엄마가 옛날 애인 만나다
가 들켰대 글쎄."

"그 집은 둘 다 대학생이었을 때 눈이 맞아, 여자가 학교도 그만두고
남자를 따라와 살던거랜다. 집도 몰래. 그런데 며칠 전 여자집에서 여
자를 끌고 갔어."

"쌀집 옆에 사는 홀아비 있잖아? 처제랑 자더래, 이층방에서. ××
엄마가 봤대."

"××씨랑 어제 술 먹고 캬바레 갔었어. 남편이 지방에 갔거든. 거기
좋더라, 애."

"내 남편은 내가 꼬셔야 일주일에 한 번(성관계를) 할까말까야, 으휴."

이런 얘기들 중에는 여러 우회경로를 거쳐온 것이 많아서 정보의 정
확성은 없지만 전달과정에서 첨삭되면서 흥미도가 높아가는 경향이 있
다. 그럴수록 이야기는 음담패설에 가까워지며, 일종의 묵계(默契)처럼
되어 있는 기밀보장을 빌미로 하여 성관계의 횟수, 정도 또는 바람끼까

지도 화제에 올린다. 이는 남편의 성적 무기력을 비꼬고 남편으로부터의 해방감을 만끽하는 데에까지 발전하는 수도 있다. 아래는 더운 여름날 봉조집에서 자연스럽게 벌어진 수다의 한 보기이다.

갑 : (갑자기 침묵을 깨고) 어휴, 저 노래가 느리니까 바늘도 따라서 느리네. 좀 신나는 노래 없어? 왜 오늘은 모두들 입에 자꾸를 올렸나, 이렇게 입 꽉 다물고 있어?

을 : 냅 둬!(봉조집 밖을 내다보더니) 오늘은 우리 동네 남자들 땡칠이 탕 해먹으려나 봐.

갑 : 우리 시골에서는 개도 참 많이 잡아 먹었는데, 닭도 말야.

을 : 그래, 낮에 우는 바보 같은 닭 많이 잡아 먹었지.

병 : 아니, 닭이 낮에만 우나? 아무때나 울지.

을 : 닭은 아침에만 우는 거여.

갑 : 낮에도 울고 아침에도 울어.

을 : 낮에 우는 닭은 미친 닭이야. 미친 닭!

병 : 뭐라고? 내가 미친 닭이라구?

(모두들 박장대소를 하며 웃는다.)

병 : 그래, 나는 미친 닭이다. 꼬꼬댁 꼬꼬꼬꼬, 너 알 까라.

('갑'이 '정'의 등에 올라앉아 교미(?)하는 시늉을 하고 모두들 크게 웃는다.)

을 : 지금부터 우리 알 까면 꼬꼬댁 꼬꼬꼬꼬하기다. 어디 누가 알 까나 보자.

(결국 위와 같은 행위를 몇 번 더 하고 나서야 아줌마들은 화제를 바꾸었다.)

위의 보기는 고도로 풍자된 음담패설에 속한다. 그리고 자세히 살펴보면 과거회상 성관계묘사와 더불어 '알을 낳는 암탉'으로서의 자기규정이 녹아 있다. 다시 말해서 아가씨 때의 에로티시즘과 아줌마 때의 출산행위가 기묘하게 혼합되어, 일상의 무료함과 짜증을 덜어내 준다. 그러나 아줌마들은 자기네들끼리 신명나서 수다떨다가도 이방인이나 남자들 또는 남편이나 자녀가 귀가하면 곧장 이야기를 멈추고 만다. 그리하여 흔히 높은 웃음소리가 동반하는 수다는 내부에서는 대담성과 공격성마저도 비치지만, 외부에 대해서는 배타적이어서 특히 남자들이 접근하면 아줌마들의 수다 소리는 급격하게 침묵속으로 잦아들어간다.

그리고……

이제까지 아줌마들이 가정과 일터에서 보여주는 담화행위를 토대로 하여 이 둘의 상동성(相同性)을 밝히고 또 여기에서 내면화된 억압상황이 어떻게 그들 고유의 문화라고 할 수 있는 수다 속에 긴밀히 배어들어 있는가를 살펴보았다. 이 지역 사람들이 공통적으로 당면하고 있는 경제적 궁핍은 아줌마들을 공적(公的)영역으로 내몰고, 이로 말미암아 아줌마들의 가정내 발언권과 경제적 주도권이 증대될 수 있는 잠재적 가능성이 생긴다. 그러나 아줌마들은 자신들이 일터에 나가서 보수노동을 함으로써 얻게 되는 수입을, 가정내에서 과중한 노동부담과 생활시공간의 제약을 깨뜨리고 평등한 관계를 이끌어 내기 위한 자원으로 충분히 활용하지 못한다. "남자가 돈을 벌고 여자는 집을 지켜야 한다"는 의식이 깊숙이 자리잡고 있어서 오히려 기존의 성차별을 유지시키려는 데에 증대된 지위와 역할을 짜맞추는 것이다. 이와 함께 이들에게 과도한 노동과 저임금을 지급하는 사회경제구조 또한 아줌마들이 스스로의 힘을 자각하지 못하게 하는 데에 한몫을 담당하여, 결국 이 지역의 가난과 성차별은 재생산된다.

수다가 아줌마들만의 고유한 하위문화를 형성하고 있는가 또 이것이 대항문화(counter-culture)로 성장할 가능성이 있는가 하는 문제는 보다 조심스럽게 접근해야 한다. 왜냐하면 아줌마들의 담화행위는 공식문화와는 상당히 다르고 그러니만큼, 앞에서 살펴본 대로, 사회적으로 경멸과 조롱거리가 되어 온 것이 사실이기 때문이다. 그러나 만약 앞으로 아줌마들이 자신들이 확보한 물적 토대를 바탕으로 하여, 억압상황을 바로잡고 남녀 모두 평등한 사회의 건설을 위해 이 힘을 이용하려 한다면, '수다 떠는' 상황에서 한 걸음 나아가서 내용을 확장하고 내부적인 결속을 다지는 골목의 정치, 방안의 정치 또는 일터의 정치로 발전시켜야 한다. 이 사회의 어느 개인이나 어느 집단이든지, 자신의 힘을 올바로 인식하고 이를 올바르게 사용하기 위해서는 이에 대해 충분히 대화를 나눠 공감대를 형성할 수 있는 장(場)이 필요하기 때문이다. 수다문화에는 탁상공론에 머물러 있지 않고 구체적인 현실을 거론하며 이의 해결을 공동으로 도모하는 민주적 토론의 싹이 잠재해 있다.

바야흐로 이 시대의 '수퍼우먼'이 진정 자신의 힘을 자각하고, 전통의 굴레를 스스로 뒤집어쓰고 허덕이기보다는, 이 힘을 올바로 사용하기 위해 과감히 일어서야 할 때가 된 것 같다. 그것은 자신들의 목소리를 찾아 더듬거리지 않고, 쑥스러워하지 않고, 주눅들지 말고, 자신 있고 당당하게 말의 물꼬를 터서 스스로의 언로(言路)를 확보하는 데에서 출발한다. 이러한 꿈틀거림은, 다행히도 이들이 반동적인 조류에 휩쓸리지 아니하고 지배하는 권력자의 생리에 물들지 아니한다면, 불평등이 덜한, 나아가서 평등한 사회를 만드는 데 큰 힘이 될 수 있다.

아줌마, 힘 내세요! ■

여성과 종교

개신교 교회 주부 신도를 중심으로

최영애*

1. 들어가는 말

주일날 낮에 교회에 가보면 여성신도들이 대부분임을 보게 된다. 그리고 평일 낮 시간에 목사처럼 보이는 남자와 중년 부인들이 심방다니는 모습은 우리 사회에서 매우 낯익은 광경이다. 교회 하면 여성이 떠오를 정도로 우리 주변에서 교회 다니는 여성을 쉽게 접할 수 있다. 중년 여성 대여섯 이상 모이면 그 중에 교회 다니는 여성이 적어도 한 명 이상은 있게 마련이다. 그리고 그들은 오늘은 구역 예배가 있다거나 심방날이라든지 혹은 여신도회 모임이 있다든지 등으로 항상 교회일로 바빠한다.

여성들의 교회활동 정도는 개개인의 상황과 교회 안에서의 직분에 따라 어느 정도 차이를 보이지만 대체로 교회는 여성들의 정신적 삶뿐 아니라 일상생활의 측면에서도 매우 중요한 비중을 차지한다.

남성이 가정과 사회라는 두 영역을 중심으로 살아가듯이 여성은 가정

---

* 1951년 부산에서 태어났다. 이대 기독교학과 대학원을 졸업하고 여성학과에서 석사 공부를 했다. 결혼해서 아이가 셋 있다.

과 교회라는 두 영역을 중심으로 살아간다. 목회 성공 여부는 여신도를 어떻게 활용하느냐에 달렸다고 할 정도로 여성들은 교회에서 숫적으로 보나 열성으로 보나 매우 중요하다.

이러한 여성 신도수의 우위 현상이나 몰입 현상은 개신교 교회 뿐 아니라 타종교에서도 일반적인 현상이다.[1] 이러한 현상에 대해 종교학자나 민속학자들은 대체로 여성들은 본성적으로 정적이며 비합리적, 의존적 성품을 갖고 있어 남성에 비해 보다 종교적 성향을 갖기 때문이라고 설명한다. 그리고 남성과 여성의 종교 행태를 분명하게 분리해 낼 수는 없으나 한국 여성의 종교 의식 구조는 여성들의 이러한 심성적 특성에 의해 종교와 상관 없이 가족의 안녕과 복을 비는 무속 신앙에 기반한 맹목적 기복 신앙 형태를 띤다고 한다.[2]

그러나 나는 오랜 교회 생활과 여성 신도들을 통해서 얻은 직·간접 체험에 의해 이와는 다른 견해를 갖게 되었다. 그리고 다음과 같은 문제들을 구체적으로 밝혀보고 싶었다.

여성들은 정말 본성적 특성에 의해 종교 활동에 몰입하며 기독적, 맹신적 신앙 특성을 갖는가? 여성들에게 종교란 어떠한 의미를 갖는가? 그리고 종교가 여성의 의식이나 삶에 미치는 영향은 무엇인가?

물론 이러한 문제들은 각 종교의 특성이나 여성신도들의 성향에 따라 다르겠으나 여기서는 개신교 교회 여성, 특히 주부 신도들의 신앙 동기와 신앙 형태를 통해서 알아보고자 한다. 그 이유는 현재 종교 인구 중 기독교 신도수가 가장 많으며 그 중 63%가 여성이고 대개 주부라는 점, 그리고 바로 그들의 신앙 형태가 논란거리가 되고 있다는 점을 감안한 것이다.

이 글은 나의 교회 생활을 통해서 얻은 체험을 바탕으로 여섯 명의 남자목사와 30여 명의 여신도들과의 인터뷰 그리고 한국 교회 성격을 분

---

1) 문화공보부, 《한국종교편람》, 1982.
2) 유동식, 《한국종교와 기독교》, 대한기독교서회, 1965. 1984년 재판.

석한 글들을 토대로 분석, 정리해 보았다.

물론 교회 여성만을 대상으로 해서 얻은 결과를 타종교 여성 신도들에게 그대로 적용시키는 데는 무리가 있겠으나 그럼에도 불구하고 이를 통해 여성 신도들의 종교적 성향이나 신앙 특성이 어디에 기인하는지 인식하는 데 도움이 되었으면 한다.

2. 여성의 종교심은 본성인가?

이 문제는 먼저 교회와 관련한 주부 신도들의 활동 내용 및 활동 시간을 통해서 살펴본 다음 그들이 교회에 나가는 동기와 관련시켜 살펴보기로 한다.

1. 여성들의 교회 활동 내용

교인이 2000여명 정도 되는 교회에 나가는 H권사를 일주일 동안 따라가 보기로 하자.

⟨표 1⟩ H권사의 일과

요일	모임 및 행사
월	특별 심방(장례, 생일 등)
화	교회 경건 예배 참석, 결석자 심방(10시~17시)
수	심방(약 5시간), 수요 예배(1시간), 예배 후 기도회(약 2시간)
목	심방, 나라와 민족을 위한 기도회(오후 2시~5시)
금	성경 공부(10시 30~12시), 금요구역예배(1시~4시), 철야기도회 (밤10시~1시)
토	주일 점심준비, 특별심방(장례, 혼인, 생일 등)
일	새벽기도(1시간), 낮예배(1시간), 밤예배(1시간), 제직회, 여신도회 각 월 1회 참석(각 2시간 정도)

1개월 : 장례식(약 월3회), 결혼식(약 월3회)

1년 행사 : 부활절, 성탄절, 추수감사절 행사, 하기수련회(2박 3일), 동
　　　　　 계수련회(2박 3일), 제직수련회(1박 2일), 1년총결산 여전도
　　　　　 회, 1년총결산 제직회

위 표에 의하면 월요일이나 토요일에도 특별 심방을 가야 하며 한달
에 거의 세 번 정도의 장례식과 결혼식에도 참석해야 하는 H권사의 생
활은 거의 교회일로 차 있다.

교회에 따라 조금씩 차이가 있지만 대부분의 권사들의 일과는 이와
비슷하다. 권사가 되면 우선적으로 듣게 되는 인사가 "축하합니다. 이제
바쁘시겠군요"이다. 실제로 권사들과 낮 시간에 전화 통화하기란 매우
어렵다. 집사나 권찰들도 권사들보다는 시간적으로 자유로운 편이지만
여신도회 관련 사업들인 양로원, 고아원 방문, 바자회 등 수시로 요구되
는 교회내 여러 가지 일로 인해 여전히 많은 시간을 교회일에 할애한
다. 교회에서 직분을 맡지 않은 일반 여성 신도들의 경우에도 주일예배,
수요예배, 구역예배, 평신도 성경공부에 참석해야 하므로 교회 여성들의
일상생활에서 교회 활동은 시간적으로 상당한 비중을 차지한다고 할 수
있다. 그리고 입시생을 둔 주부 신도일 경우 입시생을 위한 월요일 정
기 기도회, 새벽 기도회 등이 더 추가된다.

여기서 주목해야 할 점은 1주일 단위로 일상적으로 행해지는 교회 모
임이나 활동은 크게 심방과 성경 공부, 구역 예배, 기도회로 이루어져
있으며 낮시간에 행해지는 이러한 활동들은 대체로 여성들이 그 활동들
의 대상이자 주체라는 사실이다.

이렇게 보면 보편적으로 민속학자나 종교학자들이 말하듯이 여성이
보다 종교적 성향이 강해 종교적 활동에 열중한다기보다는 먼저 사회
구조적 측면에서 그 요인을 찾아야 할 것이다. 즉 여성=가정, 남성=사
회라는 이분화된 사회 구조에서 여성들은 대부분 전업주부로 사적 영역
에 남아 있게 되기 때문에 남성들보다 평일 낮 시간을 훨씬 자유로이
낼 수 있으므로 여성들이 교회 활동의 주 대상이 되거나 주체가 될 수

있는 근거를 마련하기 때문이다.

2. 여성의 삶과 교회

여성들이 교회를 나가게 된 동기, 교회에서 그들이 얻고자 하는 내용 및 신앙형태를 살펴보면 이러한 사실은 더욱 분명해진다.

여성이 교회를 나가게 되는 동기와 의미는 크게 세 가지 유형으로 나눌 수 있다. 그밖에 '모태신앙' 혹은 '성령의 인도'로 나간다는 여성 신도들도 있으나 이들이 지속적으로 교회에 다니는 이유는 대체로 아래의 세 가지로 나뉜다.

1) '탈출구'로서의 교회

여성들이 교회에 나가는 중요한 동기 중 하나는 교회를 통해 자신의 존재 의미를 부여받고자 하는 것이다. 여성들은 구조적으로 사회모순의 문제를 자신의 삶 속에서 개인적 책임으로 떠 안게 되어 있다. 예컨대 사회구조적 모순에 의한 실업자 증대의 문제는 좌절한 남편의 아내 구타 문제로, 잘못된 입시 제도는 어머니의 절대적인 헌신적 뒷바라지를 요구하고 낙방은 어머니의 정성 부족으로 낙착됨으로써 여성은 항상 크고 작은 모순과 갈등적 상황에 노출되는데 이러한 상황에 놓여진 여성들은 교회에서 그 어려운 현실(그 현실은 빈곤, 병, 가족간의 갈등, 자식 문제, 남편 문제, 자기의 삶에 대한 회의 등 그 어떤 것일 수도 있다)을 잊거나 참아내는 힘을 얻을 수 있다고 믿는다.

현재 남편이 사업에 실패하여 경제적 어려움을 겪고 있는데다 3수생의 아들을 둔 L집사는 교회에 가지 않았다면 자신은 아마 지금의 생활을 견뎌내지 못했을 거라고 한다. 적어도 예배 시간에는 모든 것을 잊게 되고, 그리고 '하나님이 나를 불쌍하게 보시겠지, 그래서 언젠가는 나에게 빛을 주시겠지'하는 믿음으로 위로 받으며 교회를 나간다.

이러한 모순과 갈등 속에서 아무런 대비책도 수단도 갖지 못하고 항상 먼저 참아야 하고 양보해야 하며 끊임없이 용서와 화해를 청해야 하는 고달픈 여성들. 그들에게 이 땅의 삶은 잠깐이며 예수만 잘 믿으면

298

근심과 걱정이 없는 참으로 편안하고 즐거운 영생의 나라로 갈 수 있다는 기독교의 내세관은 참으로 매력적인 탈출구가 된다. 또한 끊임없이 희생과 헌신의 삶임에도 불구하고 가정이나 사회로부터 그 희생의 가치가 제대로 인정되지 못하고 무가치하거나 당연시하는 데서 오는 억울함과 서러움 등을 갖고 있는 여성들에게 교회는 그러한 희생과 헌신이 바로 천국으로 인도하는 중요한 길이며 "예수님이 그 모든 것을 아신다"는 메시지를 강조함으로써 여성들이 자신의 현재의 삶의 어려움과 희생에 대한 보람과 가치를 스스로 느끼며 위로를 받는다. 바로 이러한 측면이 많은 여성들로 하여금 교회로 나가게 만든다.

현재 급증하고 있는 기도원 수[3]는 여성신도들의 이러한 욕구가 얼마나 큰가를 말해 준다. 인터뷰한 여신도들도 대부분 한 달에 한 번 정도는 기도원에 간다고 말한다. 기도원에 가는 이유로는 성령을 받기 위해서 또는 병을 고치기 위해서이기도 하지만, 그보다도 기도원에 가면 우선 마음이 시원하고 편안해지기 때문에, 그리고 답답할 때 소리를 내어 기도하고 실컷 울고나면 마음이 가벼워지고 심리적 해방감을 맛볼 수 있기 때문이라고 답하는 경우가 대부분이었다. 내가 알고 있는 H산 기도원 원장은 신체적 질병도 결국 심리적 질병 즉 우울증에서 오는 것이므로 스트레스가 쌓이기 쉬운 주부들은 기도원에라도 와서 속에 쌓인 한을 한번씩 맘껏 풀어야 한다고 하며 기도원은 그러한 의미에서 기성 교회가 줄 수 없는 큰 역할을 한다고 자부심을 가지고 말한다. 기도원은 실제로 여성들에게 일상적 고통과 갈등에서 잠정적으로나마 해방시켜 주고 밀착된 가족 관계에서 벗어나 자신만의 시간을 갖게 해줌으로써 일상으로부터의 커다란 탈출구의 기능을 한다. 특히 여성들의 외박이 금기시되는 한국 사회에서 남편이나 가족으로부터 그리고 사회적으

---

3) 국제종교문제 연구소 전국 기도원 통계표, 1982. 1945년에 2개였던 기도원 수는 사회적 격동기였던 1966~1975년 사이에 급증하여, 현재 300여 개에 달하고 있다.

로 유일하게 외박이 허용되는 곳이 기도원이기 때문에 기도원은 여성신
도들의 현실탈출의 욕구를 충족시켜 주는 장소가 되고 있다.

  2) 축복보장의 장으로서의 교회

  여성들이 교회를 다니는 또 다른 주된 이유는 교회를 다니면 모든 일
이 잘되고 복을 받을 수 있다고 믿기 때문이다. "교회 다니세요. 그러면
복을 받을 수 있어요." 혹은 "교회를 안 나가니까 그렇죠." 등의 말은
전도할 때 흔히 쓰는 말이다. O 집사는 다음과 같이 말한다. "내가 교회
를 나가게 된 것은 아이 셋 낳고 남편과 시집 식구들과 함께 셋방살이
를 할 때였다. 그땐 참말로 어려워서 매일 밀가루를 먹었는데, 주인집
여자가 자꾸 교회를 나가 보라고 해서 따라 갔더니 목사가 교회를 나가
면 복을 받아 잘살게 된다고 했다. 그 말이 마음에 쑥 들어서 다니기 시
작했다. 정말 이제는 자식들도 잘 크고 형편도 나아져서 큰 걱정은 안
하고 산다. 다 하나님 덕이다. 더 복을 받기 위해 교회도 더 열심히 나
가고 십일조도 가능하면 꼭 하려고 한다. 목사님이 십일조를 내면 하나
님이 더 큰 복을 주신다고 했다." 이러한 사고는 계층이나 학력과는 별
반 상관이 없는 것처럼 보인다. 현재 강남에서 조그만 빌딩을 갖고 있
는 S교회 K집사는 '가난 마귀' 물리치고 복 받으려면 열심히 교회에 나
가고 헌금을 잘해야 한다고 한다. 중하류층 여성들이 현재 상태에서 벗
어나려는 열망에서 교회를 다닌다면 중상류층 여성들은 현재의 안락과
부를 지속적으로 누리거나 더 보장 받고 싶어서 열심히 다닌다. 그들은
가정의 번영과 안녕은 전적으로 기도를 얼마나 열심히 하느냐에 달려
있다고 믿는다.

  물론 누구나 이렇게 기복 신앙을 갖고 있는 것은 아니나 대체로 이러
한 맥락에서 교회 봉사나 십일조가 이해되고 또 교회에서 강조되는 것
이 한국교회의 현실이다. 때문에 대심방이 시작되면 담임 목사가 어느
집을 제일 먼저 심방 가느냐가 논란거리가 되고(제일 먼저 축복을 해주는
집이 가장 복을 많이 받을 것이라고 믿기 때문이다) 교회 신도가 사업을 시
작하면 개업 첫날에 가서 축도를 해주고 그 후로도 정기적 심방을 통해

축복을 빌어 주며, 새로 이사간 집의 앞날을 빌어 주는 일 등은 목사들의 중요한 역할로 되어가고 있다. 입시철이 되면 교회는 입시생을 위한 특별 새벽기도회를 열기도 한다. 미국에 있는 어느 한인 교회의 경우, 그 교회 목사는 교회 신도가 경영하는 레스토랑에 아침마다 가서 개점하기 전 축도를 해주고 감사 헌금을 받는다고도 한다.

이러한 교회 여성들의 기복 신앙은 한국 여성들이 오랫동안 젖어 왔던 무속적 신앙형태와 별반 다를 바 없다. 가족의 안녕과 존속 유지의 책임은 지고 있으나 사회적 수단이나 대안은 갖지 못해 초월적 힘에 정성들여 비는 일밖에 할 수 없었던 전통적 여성의 사회적 지위가 오늘날까지도 크게 달라지지 않았기 때문이다. 또한 이러한 여성의 신앙형태가 교회에서 계속 유지, 강화되는 것은 기독교를 한국교회 선교 당시의 선교사들의 부유함과 선교국인 서구의 부유함과 연관시켜 생각하고 6·25를 거치면서 그 숱한 구호물자의 공급처가 교회였다는 사실 등에 의해 교회를 나가면 그렇게 부유해지는 것으로 인식하게 되었다는 점과 특히 1970년대에 성행한 소위 '삼박자 축복'을 강조하는 심령 부흥 운동에 기인하고 있다고 생각할 수 있다. 삼박자 축복이란 '네 영혼이 잘됨 같이 네가 범사에 잘되고 강건하기를 바라노라'(요한 3서 2절)는 성경 구절로 예수를 잘 믿으면 영혼도 육신도 건강해지고 이 세상에서 하는 모든 일도 다 잘될 것이라고 하는 매우 현실적이고 현세적인 해석의 메시지로서 이는 여성들의 현세적 신앙의 요구와 꼭 맞아 떨어진다.

3) 사회적 역할 부여의 장으로서의 교회

여성들이 교회에 나가는 주요한 세번째는 교회가 여성들에게 다양한 사회적 역할의 기회를 제공하기 때문이다. 교회는 유년 주일학교 교사, 찬양대원, 구역장, 그리고 대중 앞에 서서 이야기하는 간증, 기도, 설교의 기회를 제공할 뿐 아니라 각종 행사와 사회적 봉사의 기회(양로원, 고아원 등 방문, 바자회)를 갖게 한다. 즉 여성들은 교회라는 새로운 공동체에 참여함으로서 가족과 친족 집단의 테두리를 벗어나 사회 단체로서 참여를 경험하게 되는 것이다.

다른 사회조직에서와는 달리 교회는 여성들의 활동을 적극 권장하고 활용하여, 여성들이 스스로가 주체가 되어 여신도회 사업계획을 세우고 실행해 나가면서 직접적 성취의 기쁨을 맛보게 한다. 교회는 여성들에게 사회적 역할 담당의 기회를 부여해 주는 커다란 장이 되어 여성들의 중요한 사회적 망을 구성하게 만든다. 교회 친구들이 다른 동창이나 이웃보다 더 가까운 친구로 받아들여지고 정신적으로 혹은 실제적으로 교회 신도에게서 도움을 받는 경우가 많다.

30대의 L집사는 자신의 가정문제나 돈문제 같은 것을 동창에겐 자존심이 상해서, 친정 엄마에게는 마음 상해할까 봐 말하지 않고 교회에서 친하게 지내는 집사님에겐 모든 것을 다 털어 놓고 말한다고 하면서 그 집사님은 자신의 일처럼 가슴 아파해 주고 또 자기를 위해 기도도 해주기 때문에 마음이 편하고 든든하다고 한다.

실제로 교회여성들은 교회 야유회, 부활절, 하기 수양회 등의 행사 준비를 함께 하면서 다른 친척, 지연들보다 더 많은 시간을 함께 보내고 있다. 그리고 결혼식, 장례식, 회갑 등이 있으면 내 일처럼 도와 주며 교인들 간의 중매도 흔히 이루어지고 있다. 교회를 한 3~5년 다니면 교인 30여 명 정도의 이름을 외우게 되고 서로의 가정 사정도 훤하게 되어 친밀한 관계를 형성하게 된다. 이렇게 교회는 고립된 가정 속에 갇혀 있는 여성들에게 사회인으로서의 다양한 욕구를 실현시킬 수 있는 장을 제공하여 여성들간의 사회적 망을 구성하게 해주어 여성들로 하여금 교회 참여의 중요한 계기를 제공한다.

3. 교회가 여성의 의식과 삶에 미치는 영향

그렇다면 여성들은 교회에서 어떠한 영향을 받는가? 자율적이고 주체적인 여성으로서 남성과 더불어 해방된 삶을 지향하는 여성해방적 관점에서 볼 때 교회가 여성에게 주는 영향은 부정적 측면과 긍정적 측면이라는 양면성을 지닌다.

1. 남성 우월적 성역할 고정관념

한국 교회는 대체적으로 교단에 상관없이 근본주의 신학과 경건주의 신앙을 바탕으로 한다고 할 수 있다. 이것은 한국에 처음으로 기독교를 전파했던 선교사들이 성서무오설에 입각한 근본주의 신학을 갖고 있었던 사실에 기인한다. 근본주의 신학에서는 창세기의 창조설을 가부장적 해석으로 여성을 남성의 갈비뼈로 만든 남성의 보조자로 이해하며 바울 서신의 남녀 관계에 대한 구절을 선택적으로 인용, 해석한다. 말하자면 '여자는 교회에서 잠잠하라'(고린도 전서 14 : 33~31)는 구절이나 '각 남자의 머리는 그리스도요, 여자의 머리는 남자요, 그리스도의 머리는 하나님이다'(고린도 전서 11 : 2~16)라는 구절을 강조하여 순종하고 복종하는 아내, 열등한 여성으로 만든다. 이러한 관점은 남존여비 사상, 부창부수 등의 유교적 여성관과 쉽게 접목되어 한국 교회에서 더욱 강화되어 대부분의 교단이 여성들에게 목사나 장로의 직분을 금하며 봉사차원에서의 역할을 주로 맡긴다.

현재 한국 교회의 남녀 목사 비율은 98 : 2(11312명 : 270명)이며 58개 교단 중 여성에게 목사 및 평신도의 대표인 장로를 허용하는 교단은 8개 교단뿐이다.[4] 교회 여성은 남자 목사와 남자 장로를 도와 교회 주부로서의 역할만 잘 감당하면 된다고 본다. 이로 인해 가정에서 주부인 교회 여성은 또다시 교회의 주부로서의 역할과 위치를 갖는다. 교회 조직의 거의 모든 부서의 장은 남성이 맡고 있고 봉사부장의 경우에만 간혹 여성이 장을 하는 현상은 이러한 맥락에서 이해될 수 있다. 교회는 형식상으로는 모든 일을 민주적 절차와 방식으로 처리하는 것으로 되어 있으나 실제로는 대다수의 교회가 목사를 정점으로 하는 권위주의적 체계를 갖고 있다. 또한 한국 교회는 오랜 유교 문화에 의해 목사를 하나님의 대리자이자 가부장적 아버지로 동일시하는 경향이 있다. 이러한

---

4) 문화공보부,《한국종교편람》, 1982.

교회제도와 구조는 교회 여성들로 하여금 남존여비 사상에서 탈피하는 것을 어렵게 만들며 도리어 강화시키는 기능을 하고 있다. 내가 만난 여섯 교회 여신도회 회장들은 한결같이 목사는 남자이어야 한다고 하였다. 그 이유로 "목사는 권위가 있어야 하는데 여성은 없다"거나, "여성은 내조자로 적합하지 지도자로는 적합하지 않다" 혹은 "이제까지 남자들이 해오던 역할이고 아무래도 여자들은 행정력이 없는 것 같다"는 것을 들었다. 한 여신도회장은 "명확한 이유가 있다기보다 심정적으로 남자목사가 보다 더 든든해서 좋다"고도 했다.

　서울 지역에서 꽤 이름 있는 한 교회에서는 다른 교회에서 보편적으로 여성들에게 맡기고 있는 구역장조차 남자들에게 맡기고 있으며 교회 내에서 가능한 한 여성들에게 직분을 주지 않으려 하고 있다. 그 이유는 여성은 남성의 보조자이기 때문에 보조자로 남아 있을 때 남녀관계는 조화롭고 보다 평화롭다는 것이다. 이 교회에는 전문직 여성도 많고 여교수들도 많지만 직분을 안 주고 있으며, 목사의 생각을 여성들도 좋아하고 있다고 목사는 자랑스러워 했다.

　이렇게 교회가 남성 하나님, 남성 예수, 남성 목사의 이미지를 정형화시키고 목사의 권한을 절대시함으로써 여성신도들은 일반여성보다 더 남성우월적 성역할 고정관념을 갖게 되고 보수적이 되는 경향이 있다.

2. 탈사회적인 교회중심적 가족이기주의

　한국 교회는 교회여성들이 자신의 삶을 바로 인식하지 못하게 하고 가족이기주의적 기복신앙을 극복하지 못하게 한다. 하나님의 축복을 현세적 축복과 연결시켜 강조하며, 그 복을 받을 수 있는 방법으로 열성적인 예배 참석과 헌금을 강조하는 반면, 사회구원의 문제는 간과하고 개인 영혼 구원과 무조건적 신앙을 요구하는 축복중심의 성령부흥운동이나 설교는 물질적 세속주의와 결탁시킨다. 따라서 여성들의 기복적 탈사회적 신앙형태를 더 강화, 왜곡시켜 가족이기주의를 벗어나기 힘들게 한다. 또한 우리 사회에서 성행하는 심령 부흥회에서는 성령을 이 세상, 저 세상 모두에 필요한 만사형통의 약처럼 인식시켜 성령만 받으면 개인적 문제, 사회적 문제를 다 구원받을 수 있다고 강조함으로써 부흥회의 주 참석자인 여성들은 탈정치적, 탈사회적 성격을 띤 교회중심적, 이기주의 신앙을 갖게 되기 쉽다. 그래서 교회 다니는 사람만 이웃으로 인식하고 그 외 안 믿는 사람과 타 종교인에 대해서는 매우 배타적인 태도를 갖는다.

또한 사회적 모순에 의한 문제를 부족한 믿음의 탓으로 돌려 회개, 교회에의 열심으로 풀 수 있는 문제로 만든다. 여성의 무조건적 신앙, 무조건적 희생을 강조하는 많은 한국 교회 목회자들의 이러한 브수적 사회관과 여성관은 여성의 갈등적 상황을 사회 구조적 측면에서 보지 못하게 하고 개인적 차원에서 용서와 인내로 수용하도록 만든다. 그렇기 때문에 여성의 갈등적 상황은 근본적으로 극복되지 못하게 되어 교회나 기도원을 갔다 오면 괜찮아졌던 마음이 다시 어두워지고 견딜 수 없어져 또다시 찾아가야 하는 습관적 회귀성 신앙형태를 갖게 한다. 초월적 신의 힘에 의지해서 모든 것을 의타적으로 해결하려는 이러한 신앙 형태는 교회 여성들로 하여금 여성 문제의 본질을 파악하고 극복하지 못하게 만든다.

3. 민주적 역량과 평등사상

교회는 한편으로는 여성들이 갖고 있는 잠재력과 그 역량을 키워 주며 가정이라는 사적 조직에서 개별적 존재로 남아 있던 여성들에게 교회 안에서 다양한 사회적 역할을 수행하는 기회는 마련해 주고 여성들만의 조직과 연결망을 갖게 하여 교회여성들은 지도자로서의 능력과 민주적 역량을 키우게 된다. 그러나 다른 한편으로 교회여성들은 남성중심적인 교회 제도와 구조, 가부장적 신학 등에 의해 남성우월적 성역할 고정관념을 견지하게 만든다. 그러나 또 한편으로는 "하나님 앞에서 모든 인간은 동등하다"는 만인 평등 사상과 민주 의식을 갖게 된다.

이러한 두 가지 요소는 교회여성들로 하여금 교회 안에서 언제까지나

잠잠한 민중으로, 권리와 책임은 없이 희생과 헌신만을 수행하는 자리에 머물지 않게 한다. 현재 가부장적 남성중심의 제도와 구조에 의해 가장 첨예하게 그 모순 구조에 처해 있는 여교역자 협의회나 여신학자 협의회 등에서는 한국 교회의 가부장적 신학 이해에 반기를 들고 새롭게 여성중심적 시각에서 창조설과 바울의 성차별적 서신을 재해석하고 있다.

성서의 창조설은 1장과 2장에서 다르게 묘사되고 있는데 남성 신학자들이 여성을 남성의 갈비뼈로 만들었다는 2장만을 강조하였다고 반박한다. 여성이 남성의 갈비뼈로 만들어졌기 때문에 남성의 부속물 혹은 종속물이라면 흙으로 빚어진 남성은 흙의 부속물이나 흙에 종속되어 있다는 말인가라며 반박, 재해석한다. 바울 서신에서 문제되고 있는 구절들, '남성은 여성의 머리'라는 구절과 '여자는 교회에서 잠잠하라'는 구절도 새롭게 해석한다. 그리스도의 머리는 하나님인데 하나님과 그리스도의 관계는 우열적 관계가 아니라는 것이며 교회에서 잠잠하라고 했던 것은 바울 서신이 씌어졌던 특수한 상황을 반영한 것일 뿐이라고 본다. 이러한 여성 신학의 입장은 여평신도들에게도 공감대를 형성하고 있다. 현재 여자목사 안수제도를 통과시키려는 노력은 초교파적으로 합심하여 이루어지고 있다. 그리고 교회 주부로만 머물며 봉사차원에서의 활동만을 하던 여평신도들이 아직은 소수이지만 빈민지역 탁아소 문제, 공해 문제, 반핵운동 등으로 그 관심의 영역을 넓혀가고 있다.

이렇게 교회여성들은 교회가 예상하지 않았던 결과들(교회여성들의 민주적 지도적 역량의 성숙, 여성들만의 조직력의 증대 그리고 사회에서의 여성해방의식과 더불어 대두된 여성신학 등)에 의해 일반 여성들보다 여성해방운동으로 나아갈 수 있는 더 많은 계기를 마련하고 있다.

4. 맺는 말

나는 이 글에서 왜 보편적으로 모든 종교에서 숫적으로 여성의 우위

현상이 나타나며 여성은 맹신적 기복적 신앙특성을 띠게 되는지를 개신
교 교회 여성 중 주부신도들의 신앙 동기와 형태를 통해 살펴 브고자
하였다.

여기서는 그 원인을 여성이 본성적으로 종교적 성향을 갖거나 티지성
적인 신앙구조를 갖기 때문이 아니라 여성의 제한적 삶과 낮은 사회적
지위 때문이라고 보았다.

또한 남성중심적 제도와 구조 그리고 가부장적 신학을 갖고 있는 한
국 교회와 목회자들에 의해 교회여성들은 보수적 여성관과 탈사회적 신
앙을 갖게 되어 반여성해방적 성향을 띠게 되기도 하지만, 교회생활을
통해 민주적 역량, 평등사상, 민주의식을 배우게 되어 일반 여성들보다
여성해방운동으로 나아갈 수 있는 더 많은 가능성을 갖고 있음도 보았
다.

만일 교회 여성들이 이제까지의 수동적인 자세, 그리고 교회 주부로
서의 자리에만 머무는 것이 아니라 진정으로 능동적인 종교적 자세를
갖추고 교회 안에서 남녀평등한 자리찾기를 시작한다면 여성들으 가족
이기주의적인 기복신앙형태를 극복하고 왜곡되어 가는 기독교의 본질을
바로 세우리라 본다. ■

주부 운동

소비자 협동조합 활동을 중심으로

이숭선 외*

살림합시다

주부운동의 구호(?)다.

그러면 "언제는 살림 안 했나? 지겹게 하고 있는데 무슨 소리야?"가 첫번째 반응이고 두번째는 "살림 하면 나지. 얼마나 알뜰하게 하는지 말해 볼까? 우리집에 와 보라구. 깨끗하고 반짝반짝하지. 또 요리솜씨는 어떻구. 저축? 그건 옛말이지 투기로 벌어들인 솜씨까지 보태져야 요즘 살림 잘한다 소리 듣는 거 모르세요? 또 있어요. 애들 공부도 엄마 살림 실력의 평가라구요."

세번째도 들어보면

"그건 나보다는 한 수 아래인 것 같군요. 그 구질구질한 살림을 왜 내가 해요? 나야 전문직 여성 아닙니까? 사회적 명예와 경제적 자립을 실현했다구요. 살림은—파출부라 부르지 마세요.—살림전문직 여성에게 맡기고 있어요. 애들 교육은—과외라고 하지 마세요.—교육전문가에게 맡

---

* 이 글은 원래 민우회 소협의 일을 하는 서혜란 씨가 쓴 것을 이숭선 씨가 보완하여 정리한 것이다.

기죠. 나야말로 살림 잘하는 겁니다."

하여간 대답도 가지가지이다.

우리는 살림을 하고 있는 것이 아니라 죽임을 하고 있는 셈입니다

주부운동을 하는 사람의 설명이다.

"각종 농산물은 어떻습니까? 농약(農毒이라 함이 옳겠지요)과 성장촉진제에 범벅이 된 채, 심지어는 제초제를 탄 물에 목욕 시킨 것도 있지 않습니까? 인스턴트식품은 어떻습니까? 식품첨가물로 허용된 화학물질이 380가지가 넘고 보통 성인이 자기도 모르는 사이에 먹는 첨가물의 종류가 하루 평균 80가지 정도라는데 어디에 무엇이 첨가되어 있는지 알고 잡숫고 계십니까? 허가된 건데 어떠냐고 하시겠지만 아직 인체 실험이 끝나지 않았음은 분명합니다. 우리 세대가 그 실험 대상인 셈입니다."

"세제는 어떻습니까? 내 것을 깨끗이 하자는 일이 하천을 오염시키고 그 오염된 물과 물고기를 도로 우리가 먹고 있습니다."

"자녀 교육은 어떻습니까? 내 자식만 출세시키면 된다는 생각에 좀 처지는 다른 집자식을 마구 딛고 일어서고 있고 그 순환에 다시 내 자식도 멍들고 있습니다."

"투기는 어떻습니까? 내 집값 올랐다고 좋아하는 동안 우리 모두 함께 불안한 사회, 부정적인 경제관을 가지게 되었으니 그 값은 누가 치릅니까?"

끝도 없는 대답이 뒤를 잇는다.

이기주의에서 공동체운동으로

"그렇다고 나만 무농약 농산물 사 먹고 생수 사 마시고 투기 안 하고 돈 봉투 안 주고 한다고 해결될까요? 그것이 아님은 더욱 분명합니다. 농업용수가 오염되고 산성비가 내리고 하천과 바다 온 지구가 오염되어

가는 마당에 사실 무공해라는 말은 지구상에 없습니다.”

“이 모두의 원인은 무조건 쉽게 빨리 많이 좋은 상품 만들기에 급급한 산업사회의 결과입니다.”

“그 바탕은 이기주의입니다. 이제 그동안 역사의 주역의 자리에서 밀려나 지켜보고만 있던 여성들이 나서야 합니다. 특별히 생명을 잉태하고 낳아 키우며 사랑함을 익혀온 한 인간으로서 말입니다.”

“이제 눈길을 우리 이웃으로 돌려봅시다. 높은 담을 헐고 함께 사는 사람의 삶을 찾읍시다. 그리고 제대로 된 살림을 해 봅시다.”

이상은 한 주부운동단체의 취지문을 발췌한 것이다.

이처럼 주부운동 안에는 소비자문제뿐 아니라 농촌, 교육, 경제, 환경 및 여성문제를 포함한 인간화의 문제까지 모두 함께 녹아 있다.

그러나 아직은 모든 단체가 초창기이고 괄목할 만한 업적을 지니고 있지는 못하다. 이 글에서는 주부운동을 대변하기에는 부족하지만 제법 큰 조직으로 성장하고 있고 농산물 직거래를 주업무로 하며 주체자가 전업주부들로 구성된 단체를 중심으로 살펴 보려고 한다.

현재 활동중인 단체로는 가장 많은 회원과 활발히 홍보되고 있는 ‘한살림 소협’과 생산자 조직으로 가장 오랜 역사를 지닌 정농회(正農會)를 후원하고 있는 ‘정농회 소비자 협의회’, 또 여성운동의 대모로 알려지고 있는 민우회를 기반으로 출발한 민우회의 ‘함께 가는 생활 소비자협동조합’의 세 단체가 있다.

여기서는 이 세 단체를 중심으로 주부들의 현재와 그 변하는 모습과 앞으로의 과제 및 가능성에 대해 생각해 보기로 한다.

아래서는 이들의 긴 이름을 줄여 한살림, 민우회, 정농회라 부르겠다.

특징 있는 출발들

우선 소협이 되려면 다른 상거래와 마찬가지로 생산자, 소비자, 유통의 셋이 구성되어야 한다. 그러나 그 거래가 처음 어디에서 출발하였는가를 살펴 보는 것은 지금의 그 단체가 가지고 있는 장점이나 고민 등을 이해하는 데 많은 도움을 줄 것이다.

　한살림은 '유통'이 시작이 된 셈이다. 농민 문제에 관심이 있고 농긴운동에도 경험이 있던 몇 사람에 의해서 유통을 구상하게 되었고 농산물 제값 받기 운동의 일환으로 처음에는 도농 직거래로 출발하였으나 무농약농사의 농민이 가세되면서 더욱 활성화되기에 이르렀다. 1년여에 걸친 준비기간 후에 소협의 형식을 도입하게 되었고 전업주부로 이루어진 이사진으로 멋진 출발을 하였다. 평범한 주부라고 쉽게 평가되었던 주부들은 이사의 역할을 수행하면서 매우 빠른 속도로 소협의 운동방향과 참뜻을 이해하고 박진력 있게 대응하며 성장했다. 이러한 운동으로서의 출발은 조합원 뿐 아니라 유통실무자의 의식성장도 함께 가져와 조합의 발전에 많은 성장을 가져왔다. 그러나 처음 출발의 입김은 지금도 소협 곳곳에 남아 있어 때로는 강점으로 때로는 약점으로 조직의 성격을 결정 짓고 있다.

　정농회는 이름 그대로 '생산자' 중심의 출발과 운영으로 이어져 왔다. 정농회라는 단체는 이미 15년 전부터 농민 주도의 정농운동 즉, 생태계 파괴와 인류의 위기에 대해 절감하고 시작한 바른 농사 짓기 운동을 해 왔다. 여기서는 구체적으로 무농약농사를 원칙으로 무 제초제, 무 화학 비료를 실현하고자 일본의 애농회와 상호 교류하며 병해충의 자연 퇴치를 위해 각종 연구와 실험을 하고 퇴비의 효율적인 생산에도 주력하는 등 가히 한국농업의 고집스런 원칙 고수자의 집단을 형성하고 있다.
　15년간 정농회의 연수와 회의를 거쳐간 농민이 500명에 이르고 현재 150명의 회원으로 이루어져 있다. 이곳에서 풀무원 식품을 탄생시키기도 하였으나 자체적인 유통센터를 갖기까지는 너무도 험난한 길을 걸어야 했다. 소비자를 찾아서 다니는 일이 가장 힘들었다. 기독교 농민들이 주축을 이루고 있는 관계로 교회여성연합회의 도움도 기대해 보고 기타 개인적인 노력을 기울였으나 그 효과는 너무도 미미했다. 유통센터를 개점한 후에도 적자를 면키 어려웠으니 이는 생산자 혼자의 깨달음의 파급효과의 한계를 말해 준 것이었다.

무농약 농사를 가장 오래 가장 성실히 앞서 행해 왔음에도 불구하고 현재까지도 가장 미비한 소비자 조직을 가지고 있는 것은, 바로 생산자 중심이 그 이유의 하나이고 또 하나는 정농회의 정신이 무농약, 무제초제, 무화학비료로 공해추방 및 인류구원의 정신운동이지 경제적인 욕구를 충족시키자는 뜻이 배제되었기 때문이라고도 할 수 있다.

정농회 소비자 협의회는 아직 소비자 협동조합이라는 소비자 주체의 틀을 못 갖추고 있는 단체이지만 특수한 상황 하에서 일체의 전문인을 배제한 채 순수한 주부들로만 구성되었다는 점에서 그 의의가 크다고 보겠다. 생산자들의 운영 미숙과 그 진심이 전해져 소비자들도 어떤 다른 단체보다 헌신적이다. 이런 소비자들의 헌신적 참여는 이제 스스로 소협을 결성할 것을 제안하기에 이르고 있다.

민우회는 주부운동이라는 말이 가장 걸맞을 만큼 명실공히 주부들의 힘으로, 의견으로 추진되었다. 소비자도 없고 생산자도 모르고 유통이라고는 감히 생각할 수조차 없는 상황에서 오직 주부운동만이 민주화도 여성문제도 해결할 수 있다는 믿음에서 출발한 것이다. 여기에는 이미 빈민문제 여성노동자문제 등의 소외계층문제를 비롯해 교육문제에도 주부의 참여를 시도했던 민주화운동에 경험이 있는 열성 주부들이 있었기 때문에 소협운동에의 접목이 비교적 쉬웠다고도 볼 수 있다.

민주화운동의 영역이 좀더 넓혀져야겠다는 요구와 지역사회운동에 그 뿌리를 두고 있는 소협운동은 물고기가 물을 만난 듯이 걸맞는 짝이었다.

그러나 유통면에서 보면 가장 악조건이었다. 그럼에도 불구하고 두 달 사이에 무려 400가구의 신장률을 보인 것은 일반 유통의 상식을 뒤엎은 것이었고 주부들이 주체적으로 나설 때 그 힘이 놀랍다는 사실을 깨닫게 해준 것이다.

인간화 민주화 협동화를 향하여

소협의 목표를 민우회의 서혜란 씨는 '인간화' '민주화' '협동화'라고 명쾌하게 말한다. 소협의 강화는 산업사회의 방향을 전환시키기 우하여 인간화와 생태계 보존을 목표로 이기적 경쟁이 아닌 협동의 원리와 철저한 민주주의의 원칙을 토대로 해야 할 것이기에 소극적으로 보이지만 모든 운동의 첫걸음이 된다고 감히 말할 수 있겠다.

우선 소협은 스스로 주체적인 사고의 확립을 위해 기업의 오도된 정보로부터 독립하여 새로운 판단 기준을 설정하여야 한다. 해당물품의 가격과 질이 정당한가 뿐만 아니라 생산과정과 소비과정에서 환경 파괴 요소는 없는가? 어느 한 국가나 업자에게만 유리하도록 비인간적인 질서에 의해 운영되고 있지 않은가?도 감시하고 평가해야 할 것이다.

방법은 집단적 항의, 입법 활동, 소비자 주관의 검사기관이나 시설운영 등이 있을 수 있겠으나 우리가 굳이 공동구입, 공동분배라는 복잡하고 지속적이며 비효과적이라고 비판받을 여지가 있는 소비자 협동조합 운동에 의의를 두는 것은 이 운동이 우리의 목표를 추구함에 있어 가장 근본적이고 어려운 사고의 전환과 실제 생활현장에서의 적용이 이 일을 통해 이루어진다고 믿기 때문이다. 번거롭지만 매일의 삶의 현장에서 부딪치므로 그 효과가 직접 느껴지며 꾸준한 도전을 통해 서서히 의식의 변화가 이루어지는 것을 볼 수 있는 것이다.

주체적인 삶

소협운동을 통하여 모두가 단순한 이용자나 구매자가 아니라 자발적 참여의 경험으로 스스로 모든 행위의 주체임을 깨닫게 된다.

그러므로 소협운동은 생산자의 입장에서의 건강한 생산을 가능케 하고 건강한 생산자를 통해 건강한 소비자를 만들어 나가는 일이 된다. 그 중에서도 농산물이 우선이 되는 이유는 그 체험이 당사자 손 끝에서 매일 직접 일어나며 효과도 즉시 느낄 수 있기 때문이다.

또한 중요한 소협의 원칙은 소비자가 주체가 되기 위해서 출자도 전액 조합원에 의해 되어야 하지만 운영의 민주화를 위해 어느 비율 이상의 출자는 제한할 뿐 아니라 이익도 조합원에게 돌아가도록 하는 것이다.

우리의 생활을 가만히 들여다 보면 모든 것이 상혼에 유도된 채 소비에 치중하고 있다. 웃어른께나 아이들에게나 은사에게나 친구에게나 모든 관계가 돈과 선물공세 내지는 밖에서 먹어치우기로 일관되어 있다.

소협운동의 앞으로의 구상은 하나하나의 지역 모임이 지역협동 운동을 실천해 나가도록 하는 것이다. 공동 탁아소 운영, 유아원, 도서관, 공동휴게소 등의 복지시설을 설치하고자 하는 것도 바로 그런 의도에서이다.

또한 새로운 문화 창조의 선구자로서 어린이날 행사를 지역 자체 내에서 치르는 경험을 통해 값싼 상혼에 끌려다니지 않고 진정한 이웃과의 만남과 놀이의 참 의미를 깨닫게 하여 지역 주민끼리의 유대를 도우며 개인적으로는 어려운 돈 봉투 안 주기나 스승의 날 등의 잘못 흘러가는 풍조를 교육적인 해결과 대책으로 함께 뭉쳐 대응해 나갈 수 있도록 하는 것이다.

주부가 주체적으로 나서기까지

민우회측의 소협이라는 주제와 방법을 이야기하려면 이미 한살림소협에서 산모역을 맡았던 서혜란 씨의 얘기를 빼 놓을 수 없다.

농촌 출신으로 서울에 유학을 했던 서씨는 신협에서 쌓은 경험과 애정을 소협운동에 쏟은 사람이다. 또 하나의 문화 편집동인들은 이 글을 처음에 서혜란 씨에게 부탁했었다. 그러나 그가 자신의 얘기를 쏙 빼놓

앉기 때문에 글이 너무 이론적으로 흐르는 결과를 낳았다. 결국 내가 이 글을 맡게 된 불상사가 발생한 것이다. 서혜란 씨는 전업주부이면서 역곡에서 전철을 타고 출퇴근하는 현재에도 생산자나 소비자를 직접 가서 만나는 것을 자신의 수칙 1호로 하는 철저한 여성이다.

그러므로 민우회 소협이 탄생하는 데는 서혜란 씨의 힘이 큰 역할을 했다는데 많은 이들이 동의하고 있다. 또한 민우회에는 본 회에 오래 몸담고 함께 일해온 주부 8명이 소협조직에 참가한 것이 기폭제가 되었다. 이들은 이미 교육문제를 함께 연구하고 운동을 펴 나가면서 과외금지 공청회와 전교조 교사들의 문제 심포지움 등을 통해 교육실현 학부모 모임을 주도해온 경력자들이었다. 또한 그들은 공추연 교육을 통해 공해문제에 대한 기초를 다져왔다.

민우회는 이들 회원을 중심으로 일단 소비자공동체를 구성하고 이들은 소협뿐 아니라 생산자공동체도 이루어야 한다는 목표 아래 생산자를 찾아나섰다. 그 결과 전북 임실의 왕궁 신용협동조합을 만났다. 그들은 척박하고 협소한 환경임에도 불구하고 유정란을 성공적으로 생산한 농민들이다. 생산지 조합원들은 삶의 동기가 경제와 이윤 추구가 아니라 나눔과 협동으로 삶의 질을 높이는 데 있다는 전제 하에 협동생산 협동관리를 통해 사료 제작에서 판매에 이르기까지 능률적으로 대처해 악조건을 극복해낸 이들이다.

소비자들은 이들을 만나자 용기가 솟았다. 이렇게 의식 있는 생산자가 있으면 의식 있는 소비자가 함께 자란다. 이 관계는 또한 역으로도 성립한다.

소비자의 경우 소협운동은 공동주문·공동분배를 원칙으로 하기 때문에 자연스럽게 지역운동이 되었다. 처음에는 대부분 가족의 건강을 지킨다는 이기적 동기에서 출발하나 공동구입·공동분배의 과정에서 스스로 그 한계를 뛰어넘는 것을 볼 수 있다. 물론 그것이 장애가 되어 참여를 기피하는 것이 대다수이긴 하다.

북가좌동의 한 아파트에서는 성공적인 한 사례가 탄생했다. 각자 문을 걸어 잠그고 지내던 이웃들이 이제는 초인종도 누르지 않고 "생협 조합원은 한 식구예요."하며 지내게 되었다. 혼자 사는 삶에서 함께 사는 삶이 가능하게 된 귀한 경험이다.

이렇게 되어 생산자와 소비자 사이의 연대감이 생기게 되었다. 공동구입의 확산이 유기농업확산을 촉진시킬 수 있다는 인식과 더불어 생산자의 입장을 적극 이해하게 된 것이다. 지난 해 가을 김장배추 공급 때 배추 산지에서 사고가 나 가외비용이 25만원이나 들었다고 알려지자 어느 지역 조합원들은 그 비용을 소비자도 함께 부담하여야 하지 않겠느냐고 제의해 왔다. 요즘 세태에서 보기 드문 예였다.

그 다음으로 온 변화는 소비자 운동에 적극 참여하게 되는 것이다. 수질오염에 대해 공부를 한 다음에는 개인 실천과제로 세제 대신 밀가루나 생콩가루를 사용할 것을 결정, 실천하게 되었고 나아가 정책적인 시정을 요구해야 하지 않겠느냐는 의견에까지 다다랐다.

처음에는 극소수의 조합원에 의해 이루어지던 학습활동 즉 공해문제·교육문제 등이 조합원을 확산시키는 데 기여하고 있다. 북가좌동 아파트의 경우 640세대 중 46세대가 조합에 가입하였는데 이는 불과 두 달 동안의 일이었다.

한살림에서는 몇 지역이 활성화되면서 지소가 두 곳으로 늘어났다. 현재 2천 세대를 넘어 3천 세대를 바라보고 있다. 지역사회에서 몇몇 공동체가 성공하면 그 지역 전체에 삽시간에 빠르게 파급된다. 단순히 무농약의 매력 때문에 이끌리지 않게끔 지역모임을 갖고 함께 공부하며 실천한다. 한살림 조합원들은 공해방지에 앞장서기 위해 밀가루로 설겆이를 하거나 빨래비누로 빨래를 하는 등 동네에서 소문이 나다 보니 때로는 "힘도 좋수"하는 빈정거림을 듣기도 하지만 대부분의 경우 이웃 사람들의 신뢰를 받고 있다.

과천지역에서는 30개의 공동체가 활성화되어 웬만한 소협 규모를 능가하고 있다. 이 지역은 지역 특성 때문에 더욱 단결이 잘 되고 있다.

과천지역의 가장 큰 숙제인 교육문제 등에 뜻이 합할 수 있어 더욱 쉽게 결속되었고 각 공동체 대표로 구성된 대표자회의에서는 그 지역 현안 문제에 의견을 모아 곧 당국자와 대책 논의에 들어갈 준비도 서두르고 있다.

한살림의 경우는 매스콤을 통한 홍보도 활발하고 교육용 비디오 테입을 개발하는 등 주부들로서는 극복하기 어려운 한계를 도와 주는 사람들이 있어 처음에 비해 여건이 좋아졌으나 오히려 처음에는 예상하지 못했던 경영상의 어려움들이 속출하고 있어 앞서가는 단체의 어려움을 실감하고 있다.

정농회는 생산자 주도에서 소비자 주도로 가는 과정이 자연스럽게 이루어지고 있는 특이한 예이다. 정농회 생산자들에 의해 문 연 유통센터 개점 후 1년 반만인 1989년 6월에 소비자 협의회가 구성되었다. 뿔뿔이 흩어져 있던 소비자들 중 도움을 주리라고 센터측에 의해 추천된 소비자들을 한자리에 모으니 이들 사이에는 공통점이 있었다. 주부아카데미 교육을 받았다는 사실이 그것이었는데 그들끼리는 서로가 정농회 소비자인 줄을 모르는 경우도 있었다.

이런 유대감을 기초로 소비자협의회는 급속도로 단합되고 회원확보도 쉬이 진행되었다. 공해문제, 여성문제, 소비자문제, 공동체 회복문제에 대해 이미 교육 받은 이들은 기존 교육 이수생을 중심으로 회원 확보에 들어갔다.

두 번의 생산지 견학과 회보 발행 등, 유통센터에서는 엄두도 못내던 일들을 전업주부인 임원들이 맡아 해내기 시작했다. 유통센터는 생산자와 그 가족들이 봉사하고 소비자 확대업무는 소비자 스스로가 부담하는 데서 온 유통 전문인 부재라는 조건은 엉뚱한 실수를 속출시켰다. 그런 와중에서 한때는 유통센터마저도 소비자 자원봉사자들이 주1회 근무로 해결해 나가는 일도 있었다.

그럼에도 불구하고 소협으로 전환시키지 않는 이유는 생산자인 정농

회의 발전에 집중 지원하려는 배려와 또 하나는 소협을 할 경우의 전문
인 물색의 어려움 때문이었는데 현재는 소협이라는 형태로 제한되기보
다 더욱 바람직한 틀을 모색하고 있다. 생산자와 소비자가 함께 주인이
되고 출자도 하며 신협형식에서 한 단계 발전한 정농금고도 계획중에
있다.

지금 정농회 소비자협의회가 갖고 있는 가장 큰 고민은 전문인을 배
제한 주부들만의 자원 봉사활동이 얼마나 어려운가 하는 점이다.

지금은 전화 주문시 소비자들과 대화를 통해 각 지역 공동체 대표나
개인회원과 공동체적 유대감을 형성하려 노력하는 데 그치고 있으나 각
지역간의 활성화를 지원할 교육프로그램을 진행시킬 계획으로 있다. 정
농회의 소비자들은 크게 둘로 나누어지는데 정농회 농산물의 오랜 신뢰
가 바탕이 되어 꾸준히 이용하는 소비자와 주부아카데미교육을 이수했
거나 그 친구들로서 정농 정신을 귀히 사 협조하는 사람이다. 아직까지
는 공동체가 잘 이루어지지 않고 있다. 공동체를 강조하기보다는 생산
자들의 농산물을 하나라도 더 유통시켜 주려는 마음이 앞섰는데 이것이
오히려 소비자 확대에 장애가 되고 있다는 것을 알게 되었다. 이웃과
나누려 하지 않고 자기 혼자 먹으려 하는 이기주의가 바탕이 되는 한
아무리 좋은 먹거리를 가지고도 좋은 파급효과를 가지기 어렵다는 귀한
깨달음이다.

소협운동의 전망

나는 소협운동의 전망이 매우 밝다고 생각한다. 이미 이웃나라 일본
에서 시행착오 끝에 성공적인 사례를 낳았고 짧은 시일에 비해 대단한
성과를 보고 있다는 낙관론이 그 하나이다. 반면에 우리 나라의 지나친
서울 편중의 문화를 비롯한 중앙집권적 사고는 도농 직거래의 장애요인
이 되고 있는 점이 비관론을 제기하고 있다.

또한 개인이나 가족이기주의에서 벗어나도록 하는 일이 과연 쉽게 이

루어지겠느냐 하는 점이 난제로 남아 있다.

또한 이러한 전망 이전에 시급히 풀어야 할 문제들이 너무 많다.

첫째는 조합원의 확산이다. 각 단체마다 방법은 다소 다르더라도 교육을 가장 중요한 방법과 목표로 동일시하고 있다. 기존 단체에서 하고 있는 교육에서 탈피해야 하고 지역 중심이어야 하기 때문에 문제는 끝없이 많다.

둘째는 운동의 방향에 대한 끊임없는 성찰이다. 운동의 성패에 따라 경영의 성패가 달린다는 확신이 기초가 되어야 하고 늘 정체함 없는 전진과 변화에 대해 능동적으로 대처하는 자세를 점검해야 한다.

셋째는 지도자 개발이다. 이 운동은 각 지역이 독자적으로 해결할 문제를 늘 안고 있기 때문에 수많은 지도자를 필요로 한다.

넷째는 기존 지역모임과의 긴밀한 유대관계이다.

다섯째는 다른 운동단체와의 유대관계이다.

무엇보다도 가장 중요한 점은 주부들이 새롭게 태어나는 일이다. 전통적인 현모양처의 허상에서 벗어나 사회인으로서의 자각과 함께 가족 이기주의에서 공동체 이타주의로 한 단계 성장하는 일이다.

인간은 하나씩 떨어져 있으면 미약하기 짝이 없는 존재이다. 그러나 그것이 조직으로 뭉치고 더구나 그 조직의 힘이 정의로울 때는 더욱 인간을 위대하게 만든다.

아직까지 주부의 조직화에 성공한 예는 거의 없는 것으로 안다. 한갓 사교를 위해서거나 종교단체 내에서 이루어진 적은 있으나 그 힘이 사회에 정의롭게 실현된 예는 없다고 봐도 무리가 없을 것이다.

이제 소협 운동은 그런 의미에서 귀하게 평가되어야 한다고 믿는다.

주부운동으로 평가받기에는 '중산층에 국한되었다, 농민의 경우도 중농은 되어야 하는 것이 아니냐?' 하는 비판의 화살을 받고 있지만 우리가 살펴 본 바로는 조합원의 분포가 중산층에 많은 것은 사실이나 이 운동의 뜻에 동참하고 안 하고의 기준은 생활 정도에 있다기보다 그 사람의 가치관과 심성에 좌우된다고 본다.

이 운동이 우리 사회의 모든 문제를 해결할 수 있다고 생각하면 망상일지 모르지만 그 씨앗이 되리라는 것은 합당하다고 본다.

소협에서 활동하고 있는 많은 주부들은 이미 많은 다른 주부운동 단체에서도 활약하고 있었다. 그것은 우연이 아니다. 주부가 가정내에서 느끼고 수행하는 일이 그만큼 사회적이고 정치적이고 세계적인 것이다. 한 가지를 깨달은 주부는 연쇄적으로 모든 것을 깨닫고 동참하게 되는 것이다.

자신감 있는 주부가 밥상에서 먹거리를 통해 사회정의를 바르게 느끼고 표현할 수 있다면 그것은 모든 것을 살릴 수 있는 생명의 씨앗을 잉태한 것이다. 이 씨앗이 결실을 맺을 때가 언제인지, 그 날은 자연도 제 모습을 되찾고 우리들 모두 인간다운 삶을 누리는 날이다. ■

가족 이기주의에서 벗어나고 있는 어머니들

학부모 교육운동을 중심으로

홍정연*

1. 들어가는 말

우리에게 어머니라는 단어는 단순한 의미로서가 아니라 무수한 문화
적인 상징들을 함축한 것으로 다가온다. 전통적으로 여성의 지위가 천
시되었던 것에 비해 어머니는 강력한 힘을 지닌, 여성이 아닌 중성적인
무엇으로 그 존재가 우상화, 신비화 되어 왔다. 한국의 어머니들은 사회
적인 혼란기를 거치며 더욱 고되게 일하고, 가족에게 필요하다면 어떤
희생이든 감수하면서 살아왔다. 생존 자체가 목적이 되는 혼란한 시기
속에서 비워진 남정네들의 몫까지 맡아 실질적으로 생활을 꾸리는 것도
어머니의 역할이었다. 산업화가 진행되어 일과 가정이 분리된 현대에는
핵가족으로 가족규모가 축소되고 현대적 의미의 가정주부가 출현했지만
역사를 통해 만들어지고 전해온 '어머니'가 가지는 복합적 의미는 크게
달라지지 않고 있다. 어머니는 우리 사회의 핵심적인 가치 가운데 하나
인 가족주의로 말미암아 자기 삶을 가장 크게 희생한 가족 구성원이며,

---

* 1966년 서울에서 태어났다. 올해 연세대 사회학과를 졸업하고 또하나의 문화 편
  집일을 함께 하고 있다.

가정을 실질적으로 유지시켜 온 담당자였다.

사회의 구성단위는 개인이 아니라 가족집단이며 가족집단은 어느 사회집단보다 우선시된다는 가족주의는 산업화과정에서 빠른 속도의 경제성장을 가능하게 하고 급격하게 진행된 사회변화의 충격을 완화시켜 주는 등 긍정적인 기능도 있다. 그러나 가족집단 중심의 가치는 사회의식이 가족을 넘어선 보다 큰 공동체로 뻗어가는 데 결정적인 장애가 되었고 가족집단의 안정과 번영만을 추구함으로써 가족이 우리 사회의 또 다른, 가장 보수적인 집단으로 기능하게 했다.

이러한 보수성이 일시적이나마 허물어지는 것은 가족의 생존권 자체가 위협받는 시기였는데 주로 재개발 과정에서 이루어지는 철거에 항의하여 공권력에 대항하는 경우였다. 그러나 87년 민주화 시위 이후 각 부문 운동에서 가족의 참가는 두드러지게 늘어났다. 가족의 보수적인 성격이 변화하는 것과 관련지어 특히 어머니들의 변화에 주목하고 싶다. 가족주의가 주는 억압의 가장 큰 피해자인 동시에 가족이란 굳은 울타리를 지켜가는 주인공이기도 한 어머니들이 가족의 울타리를 넘어 조직을 통해 목소리를 내기 시작했다. 어머니들이 하는 운동이라고 표현한 것은 가족 내에서 어머니라는 위치를 매개로 운동을 전개하고 있기 때문이다.

각 부문운동에서 나타나는 어머니들의 참여를 보면 식구들을 위한 행동대원의 성격이 강하다. 철거 현장에서, 농촌의 소몰이 싸움에서 누구보다 과격한 모습으로 대항하는 어머니들은 '애들 아빠가 다치는 것보다 내가 나서는 게 나을 것 같아서', '남자가 상하는 것보다 내가 나서면 뭐 큰 일이 있겠어?' 등의 말을 흔히 한다. 부녀자의 희생을 바탕으로 집안을 구한다는 전통적인 의식이 어머니들이 사회적인 세력으로 힘을 발휘하는 데 가장 큰 매개로 작용하고 있는 것이다. 근대적인 교육을 받고 민주의식이 강한 중산층의 젊은 어머니 층에서 시민운동의 성격을 갖는 사회 운동에 참가하는 동기도 가정의 평화와 자녀들의 건강한 삶을 추구하는 역할을 하다 보면 필연적으로 부딪치게 되는 공해나 교육의 문제점을 풀어보려는 데서 출발하고 있는 경우가 많다. 아직 사회적으로 강한 영향력을 가지지는 못했지만 꾸준히 발전하고 있는 소비자운동, 살림공동체 운동의 주체가 바로 그들이고 공해 방지를 비롯한 사회운동에도 주부의 참여가 계속 늘고 있다.

국민적 공감대를 불러일으켜 전국적으로 모든 계층의 사람이 참여하는 성공적인 시민운동으로 평가하는 KBS TV 시청료 거부운동의 경우, 이 운동을 조직적인 면에서 전개한 것은 여러 사회세력이지만 실질적으로 이 운동을 일선에서 담당한 사람들은 바로 주부들이다. 시청료 징수원과 상대를 하는 것은 대부분 주부이고 징수원들로부터 직접적인 피해를 입는 사람들 역시 주부였다. 운동본부에 보내온 편지나 신문기사화된 사례는 대부분 주부들이 겪은 것이었다.

시청료 징수 거부운동에서 보이는 것과 같이 주부는 우리 생활의 비민주적인 부분에 대항해 가는 운동의 주인이 될 수 있다. 가정을 꾸려오던 여성의 의식이 사회로 확대될 때, 앞으로 지향해야 할 해방된 공동체를 만들어 가는 주인이 될 수 있을 것이다. 이 글에서는 요즘 확산되고 있는 학부모 교육 운동에 촛점을 맞춰 민주화실천 가족운동협의회와 참교육 실천을 위한 전국 학부모회, 인간교육실현 학부모연대의 활동을 살펴보면서 어머니들이 가정을 넘어선 공동체를 조직하고 참여하는 과정과 이런 활동을 통한 변화에 대해 살펴보려고 했다. 이계 시작된 지 얼마 되지 않은 움직임에 대해 '가족집단주의를 벗어나고 있는 어머니들'이라는 시각을 가지고 바라보는 것이 성급하다는 비판도 있을 것이다. 그러나 가족과 개인의 문제라는 수준에서 제기되어 온 많은 문제들, 그래서 그 안에서 해결해야 한다고 전전긍긍해온 문제들이 사실은 모두 사회 전체적인 테두리에서의 문제였다는 인식이 깊어지기 시작했고 가족을 넘어선 범위의 실천을 시작했다는 것은 주목할 가치가 있는 시작이다. 참여하게 된 계기, 활동 과정의 변화, 조직활동을 하는 모습 등의 관찰을 통해서 일부에서 시작되고 있는 이 움직임이 성공적으로 확산될 수 있기를 바라면서 앞의 세 단체의 움직임을 관찰하고 분석해 보았다.

2. 어머니 운동

1) 민가협의 어머니들

민가협은 1985년 8월 서울 미문화원 점거 농성 사건 이후 급증하기 시작한 구속학생들의 학부모가 그해 8월 구속 학생 학부모 협의회를 구성한 것을 출발로 하여 그해 12월에 구속 노동자 가족 협의회, 장기수 가족 협의회, 청년 민주인사 가족 협의회, 유가족 협의회의 4개 분과가 더 모여 '민주화 실천 가족운동 협의회'의 창립식을 가졌다. 주요사업은 양심수의 석방과 의문사 규명, 행형법 개정 등의 '인권문제'로 요약할 수 있는 것들인데 평소에는 각 분과별로 독자적인 활동을 하고 필요한 경우에는 공동의 투쟁을 전개한다. 그러나 민가협의 활동이 사회적으로 부각된 것은 이러한 고유사업을 전개해 가는 과정에서라기보다 다양한 지원활동을 통해 보여준 어머니들의 행동력 때문이다. '석방을 애걸하기보다는 자식들이 바라는 세상을 만들기 위해 함께 투쟁'해야 한다는 생각이 어머니들로 하여금 그런 싸움이 있는 곳이라면 어디든지 달려가게 했기 때문이다. 1989년 총회에서 공동의장단이 한 인사말을 보면 '청와대, 민정당, 검찰청, 법원, 교도소 등 비민주와 악법이 자행되는 곳이면 찾아가 항의하고 힘껏 싸웠습니다……민주 열사 10여 명의 마지막가는 길을 눈물을 흘리며 떠나 보내면서,……통일로 달려가는 학생들을 따라 나서기도,……광주학살과 5공비리 주범을 처단하기 위하여 백담사로 달려 갔습니다'와 같이 한 페이지가 채 안되는 속에 다양한 지원 활동이 열거되어 있다.

구속 학생 학부모 협의회는 대외적으로 가장 활발한 활동을 전개하는 편이다. 보름 단위의 활동 계획서는 법정 싸움으로 불리우는 양심수 재판 방청, 각 학교 내의 민주화 싸움 지지, 민주인사 장례식, 농성지지, 항의 방문 등으로 가득차 있었다. 다른 분과에 비해 자식을 대학에 보

내고 있는 비교적 안정된 사회적 위치를 가지는 어머니들이다. 경제적
으로나 교육정도가 비교적 높은 수준이지만 학생의 계급적 분포가 다양
한 만큼 어머니들의 사회적 위치도 다양하다. 당장 내일의 끼니도 없이
농성을 같이 하는 어머니가 있는가 하면 대기업 중역 부인으로 인구의
1%를 점하는 상층 자본가 계급에 속하는 어머니도 있다고 한다. 연령
은 50대, 60대가 주류를 이루지만 40대 후반도 소수 있다. 민가협의 회
원수는 정국과 밀접한 관계를 갖는다. 구속자 수가 폭발적으로 늘어난
1987년까지 300여 명에 달하던 회원은 1987년 6월의 6·29를 비롯한 개
량국면으로 100여명 정도로 줄었다. 여러 어머니들과 이야기를 나누고
그 어머니들의 모임에 같이 참여하면서 '독재 정권이 가장 만만히 보던
아낙네'들이 1989년 여름 정부에서 작성한 '좌경 용공 548단체' 목록 앞
쪽에 올랐다고 어이없는 표정을 지으면서도 흐뭇해 하는 투쟁적인 어머
니로 변화하는 과정을 살펴 보았다.

　민가협의 어머니들은 자식의 구속을 통해 운동에 뛰어든다. 이전까지
는 정치적인 문제에 무관심하거나 심하게는 '운동하는 애들은 모두 다
빨간 물이 들은 것들'이라고 생각하는 어머니도 있었다. 비판적인 정치
의식을 가졌다고 해도 민주화를 적극적으로 요구하며 지금과 같은 운동
을 하는 어머니는 없었다. 흔히 실종의 형태로 나타나곤 하는 자식의
구속과 고문, 수감 생활 중의 비인간적인 대우에 분노해가면서 '금쪽 같
은 내 자식'이 무슨 잘못을 했는가라는 회의가 들고 그 과정에서 부딪
히는, 항의할 통로조차 없는 지배세력의 경직성과 폭력성 앞에서 '우선
우리 아이를 보호해야 한다'는 생각이 행동의 변화를 가져오곤 한다. 혼
자 힘보다는 여럿이 의지도 되고 비슷한 답답함을 가진 사람들끼리 모
여 있는 그 속에서, 옳은 건 우리 아이들이고 너희가 틀렸으며 아이가
석방된다고 하더라도 독재가 무너지지 않는 한은 언제 다시 감옥에 갈
지 알 수 없고 더우기 언제 어떻게 죽을는지도 모른다는 생각을 갖게
된다.

　운동엘리트들의 부모로서 자식의 생명의 위협을 느끼고 형사의 수색

등을 통해 직접적인 폭력성과 부딪혀 보고 민가협 활동을 통해서 자신들이 직접 피해를 입다 보니 어머니들이 지배세력에 대해 갖는 적개심은 무척 강한 것이다. 같은 목표를 갖고 함께 싸우는 사람에 대해서는 '우리 편'이라는 생각이 그만큼 크지만 그렇지 않은 사람들에 대해서는 배타적이기까지 해서 길거리에서 시위하는 학생들을 보고 욕을 하다가 이 어머니들에게 봉변을 당하는 사람들도 있었다고 한다. 최루탄, 전경들의 폭력, 울화 때문에 심장을 비롯해 몸에 골병들지 않은 사람이 없을 정도인데도 계속 터지는 시국 사건을 가능한 대로 다 쫓아가 앞장서서 몸으로 막아주는 민가협 어머니들의 전투력은 창립식 봉쇄에 맞서 연좌를 하다 전원 연행될 때부터 유명한 것이다. '우리 애들이 있는 현장은 어디든 가서 보호해 주는' 어머니들은 숱한 지원활동을 하고 또 아쉬울 때 가장 많이 지원을 부탁받는다. 요즘은 부문 운동이 활성화되어 좀 나아졌지만 서로 지원할 만한 조직이 많지 않았을 때 민가협에 '어머니, 도와 주세요' 하고 전화를 걸면 어머니들은 '사람들이 우리만 보면 힘을 얻는다'고 뿌듯해 하며 고된 몸싸움을 마다않고 달려간다. 다양한 지원활동으로 말미암아 가장 관심이 많으면서 또한 고유의 영역이기도 한 '인권과 행형법'을 개선하는 문제에는 힘을 모으지 못하고 있다. 1988년 부분적이나마 양심수가 석방되고 민주세력에 대한 탄압이 좀 수그러들며 대대적인 국민운동을 계획했었는데 1989년 여름부터 삼엄한 공안국면으로 전환하면서 이루지 못한 것 같다.

민가협 어머니들의 다양한 사회적 배경에도 불구하고 이분들에게 일반적으로 보이는 경향이 있다. 운동의 논리를 이해하지 못하는 부모에 대한 자식의 배타성에 민감하여 이 어머니들은 지식욕이 대단하다. 또 구속된 자식과 어머니와의 관계가 '효자 아닌 자식 없고 극성맞지 않은 어머니가 없다'고 할만큼 밀접해서 많은 경우에 자식은 무엇보다 절대적인 가치로 자리잡고 있다. 이 대가 센 어머니들은 상대적으로 남편과의 관계를 그다지 중요하게 여기지 않아 '부부간에 다정해 보이면 눈에 뜨인다'고 한다. 1930년을 전후로 태어나 혼란스러운 사회를 살아온 이

어머니들은 생활력이 강하면서도 집안 살림도 똑 떨어지게 해야 하고 이것저것 잘해야 하는 욕심 많은 어머니들이다. '내가 만난 시대가 이렇지 않다면 이렇게 살지는 않았을 것'이라는 아쉬움을 가지는 어머니도 많다고 이 어머니들과 오랫동안 밀접한 관계를 가져온 2,30대의 간사들은 얘기한다.

운동이 스스로를 해방시키는 운동이 아니라 지원의 성격을 갖는다면 아무리 열성적인 어머니들이라고 할지라도 무척 부담스러운 일일 것이다. 민가협측에서도 자식에 대한 석방운동과 그 연장선 위에서의 지원이 아니라 어머니들 개개인이 자신의 정치의식을 토대로 민주화투쟁을 해갈 수 있어야 한다고 생각하고 있다. '이제는 자식 때문에라는 생각에서 벗어나 운동의 주인이 되는 것, 이는 개인의 역사라는 면에서보다 조직의 역사, 성장이라는 면에서 한국변혁운동의 측면에서 반드시 이루어야 할 작업이다. 또한 어머니들 내에서 모범을 세우고 확산시켜가는 데 가장 중요한 작업이다.' 그러나 어머니들 자신에게나 다른 운동세력에게나 부지불식간에 어머니들은 집안에서 어머니가 그랬듯이 '필요할 때 있어 주는 존재'로 인식되고 있는 경향이 강하다. 지원이 필요할 때 도움을 청해 놓고 그 도움에 대해 제대로 인사도 안하는 무신경학에 민가협 간사는 흥분하곤 했다. 간사가 어머니들한테 '제발 오라는 대로 다 가지 마세요. 우리 힘도 부족한데'라고 만류해도 어머니들은 자신들을 필요로 하는 곳이라는 생각이 들면 쫓아가신다고 했다. 민가협에서 활발하게 활동하던 어머니들이 오랫동안 안 나와서 사정을 알아브면 '나도 나가고 싶어 죽겠는데 아들이랑 며느리가 운동을 하기 때문에 손자 보느라 못 나간다' 하시는 경우도 간혹 있다고 한다. 정기 집회 같은 때는 손자를 데리고 오시는 경우도 가끔 보았다. 아쉬운 부분을 덧가없이 맡아주는 존재라는 인식은 민주화 운동을 전개하는 세력에서도 별다른 반성 없이 지속되고 있는 것이다.

사회주의 문학에서 어머니들이 자식에 의해서거나 혹은 독자적으로 정치화되어 가는 모습이 나타나는 것은 혁명을 전후한 시기로 1930년대 정도이다. 우리 나라 대학생들의 필독서가 되어 있는 막심 고리끼의 대표작인 어머니가 그 대표적 작품이고 북한의 3대 혁명가극 중 하나인 피바다에서 어머니는 일제의 포악성과 지주의 착취에 대응하여 독자적이고 창의적인 조직생활을 하는 것으로 그려진다. 사회주의 사회에서 그려내는 어머니의 전형에 비해 우리 문학작품 속에 나타나는 어머니들의 전형을 보면 어머니는 '가슴에 말뚝을 박고' '그 징글징글한 기억'을 묻어둔 채 피하고 있거나 진보주의가 용납되지 않는 사회 풍토 속에서 자신의 신념에 따른 정의로운 행동을 하기 위해선 '어머니의 간절한 소원을 위하여' '불효자가 되어 저 참혹한 싸움터로 울며불며 당신 곁을 떠나갑니다'는 노래를 바쳐야 하는 대상이다. 민가협의 어머니들이 주는 힘의 원천은 바로 여기 있다고 생각된다. '어미와 새끼'의 관계에 비유되는 맹목적인 사랑의 연계를 잘라야 한다는 무거운 부담을 이젠 우리 사회 속에서도 함께 갈 수 있는 어머니들의 전형을 볼 수 있게 됨으로써 덜게 된 것이다. 부패하고 타성에 젖은 관료조직의 성격을 직시하고 원색적인 힘으로 당당히 맞서는 어머니들의 힘이 효과가 있는 것도 사실이지만 보다 큰 힘의 원천은 이 어머니의 말에 나타난다. '애들이 우리만 보면 힘이 난다는데, 뭐 우리가 힘이 있어 그렇겠어. 말 그대로 보면 힘이 나는 거지.'

여기 참가하고 있는 어머니들의 연령과 그 분들이 교육받은 배경 등을 감안한다면 어머니들이 운동에서 보이고 있는 제약이 무리가 아니라고 할 수도 있을 것이다. 그러나 건강한 사회라면 존재해서는 안될 성격의 단체인 민가협이 필요 없는 사회를 빨리 만들기 위해서라도 어머니들과 운동가들은 이 운동을 효율적으로 확산시키는 것을 생각해야 할 것 같다. 민가협은 뜻을 같이 하는 시민을 위한 공간으로 후원회를 만들어 놓고 있는데 그곳의 전화번호는 763-2606이다.

2) 참교육을 위한 서울지역 학부모회

참교육 학부모회는 오늘의 교육현실에 대한 불만과 근본적으로 잘못된 교육을 바로잡기 위해서는 학부모들의 각성이 필요하고 교육의 한 주체로 자주적 단체를 결성해야 한다는 문제의식 아래 전국 조직으로 이루어졌다. 집중적으로 조사했던 서울지역의 경우는 ‘교육이 이래서는 안 되겠다’고 공감하는 30대의 여자대학 동창들의 모임에서 전교조 사건을 겪으며 다른 기존 민주 운동 단체의 사람들과 연결이 되고 홍보가 되면서 커다란 조직이 되었다. 전국적인 결성과정 역시 ‘서로 간에 조직적인 연락이나 정보 교환 없이 3월부터 시작하여 전국 각지에서 앞서거니 뒤서거니’하면서 생겨나 전국적인 조직을 구성할 때도 ‘말 그대로 순전히 자생적으로 생겨나다 보니 서로의 존재를 확인하는 작업도 힘들었다’고 한다.

교육의 일주체인 학부모가 그 동안은 학교에 아이들을 인질로 잡혀 말도 제대로 못했지만 잃어버린 교육적 권리를 되찾고 아이들에게 민족 민주 인간화의 참교육을 받게 하자고 주장하며 범국민 교육운동을 전개하는 것을 목표로 한다. 전교조에 대한 지지는 그런 맥락에서 참교육을 할 수 있는 교사들을 보호하자는 것이고 학부모회의 목적이 전교조 지지에 있는 것은 아니라고 밝히고 있다. 서울 지역에 지금 730명의 회원이 있는데 어머니에 비하면 적은 수지만 아버지들도 참가하고 있다. 연령은 30대가 대부분이고 남편의 수입으로 생활이 가능한 전업주부가 대부분이지만 전·현직 교사, 직업인들도 포함되어 있고 이들은 대부분 대학 졸업 정도의 높은 학력을 가지고 있다.

1983년에 이남영씨가 한 ‘민주주의에 관한 8개 항목 요인 분석’에 따르면 교육 정도와 도시거주, 연령층이 주요변수로 등장한다. 교육 정도가 높고 도시에 거주하는 10대 후반, 20대, 30대 초반의 민주의식이 높다는 결론이다. 학부모회에 주도적으로 참가하는 어머니들은 대개 이 조건에 부합되는 사람들이다. 지금 속해 있는 계층과 별로 다르지 않은 환경에서 성장한 이들은 대개 특별한 경제적 어려움을 겪지 않고 교육을 받았다. 자신이 받은 교육에 대해 지나치게 관념적인 교육이라든가 하는 문제의식을 느끼긴 했지만 심각한 문제제기를 하기보다는 교육에 의해 사회계층이 형성되고 거기에 뒤떨어지고 싶지 않다는 생각에 열심히 공부하는 학창 시절을 보냈다. 졸업하고 결혼하여 전업주부 생활을 하거나 직업을 가졌다가 아이를 낳으면서 그만 둔 주부가 많다.

기존의 부문운동에 참가하고 있던 어머니도 있지만 대부분은 아이를 키우면서 아이와 자신이 사회로부터 억압받고 있음을 인식하지만 대안을 발견하지 못해 답답해 하고 있던 어머니들이다. 기존의 여성단체의 교육 분과나 대학 동창들 사이에서 교육문제를 같이 토론하는 자리를 마련했던 사람들도 있다. 그러나 개별적으로 대응해 보다가 결국은 무력감을 느끼고 제도교육에 끌려가는 것이 싫으면서도 대안이 없어 따를 수밖에 없었다는 게 운동에 참가하기 이전의 모습일 것이다. 졸속하고 가혹한 전교조탄압은 다른 대안을 생각하지 못하고 있던 학부모들에게 '도저히 이럴 수는 없다'는 분노를 불러일으켜, 짧은 시간 동안 많은 회원이 동원되어 자생적인 학부모 단체가 만들어질 수 있었다.

이 땅의 교육현실이 이 지경까지 온 데에는 '어리석게도 가족 이기주의에 눈이 멀어 우리 스스로가 교육황폐화를 재촉'했다고 스스로를 비판하며 '교육의 근본적인 문제는 교육자의 자질'이라는 일반적으로 통용되는 말이 '개인적 차원의 양심은 사회의 구조적 모순 앞에서 전혀 아무런 힘을 발휘할 수 없다'는 것을 지적한다. '양심을 집단화하고 객관화해야 정당성과 힘을 얻을 수 있다'고 주장하며 학부모의 참여를 요구하고 있다.

학부모회의 활동에서 가장 두드러져 보이는 것은 주체적이고 조직적인 운동 전개이다. 시기적으로 전교조와 밀접한 관계를 가지지만 '언젠가 전교조가 실체를 인정받았을 때 만일 자신들의 이익만을 무리하게 추구하려 한다면 우리의 학부모회지가 전교조를 왜곡하는 가정통신문보다 훨씬 더 무서운 존재가 될 수도 있는' 전격적인 지지라고 전교조에 대한 입장을 밝힌다. 조직, 교육, 홍보, 문화, 상담활동의 분과를 나누어 가장 많은 학부모를 의식화하고 참여의 기회를 확장하려는 사업들을 전개하고 있다. 육성회비 반환 청구소송, 돈봉투 없애기 운동 등이 요즘의 주력 사업인데 언론을 통한 지속적인 홍보를 통해 여론을 형성하고 각 지회, 분과활동을 통해 학부모의 참가공간을 넓히고 있다. 목표는 각 학교 단위의 학부모회를 조직하여 학부모의 정상적인 권리 행사가 가능할 수 있게 한다는 것인데 광주의 일부 학교에서는 이미 이루어지고 있고, 서울에서는 우선 집중적으로 몇 학교에 만들려고 애쓰고 있다. 범국민적 교육운동이라는 대중성과 교육에 대한 국민의 높은 관심이 맞물려 학부모회가 확산되는 속도는 이제까지의 어느 시민 운동보다 빠른 것이었다.

여기서 활동하고 있는 어머니들은 사회의 요구가 잘못된 것이라고 해도 무시할 수 없다 보니 아이를 대하는 데 일관성이 결여될 때가 많고 제도교육에서 하지 못하는 걸 가정에서 메꿔주는 일이 힘겹다고 어려움을 말한다. 또 주변의 어머니들에게 이야기하면 필요한 일이라고 좋아하면서도 혹시 자기 아이에게 피해가 갈까봐, 집에서 나와 다른 일을 선뜻 하게 되지 않는다는 등의 이유로 활동하기를 꺼린다고 한다. 회원들 중에서도 정작 열심히 활동하는 사람은 그리 많지 않아 적은 수의 사람이 매일 나와 일하다시피 하니 일이 힘들기도 하고 집안 식구들에게 미안하기도 하다고 이야기한다. 아무래도 전과 같이 집안 일을 완벽하게 해낼 수는 없다 보니 활동하는 데 남편의 이해는 절대적이다. 그러나 꼭 필요한 일을 한다는 생각에 느끼는 보람은 크다. 이제까지는 꺼려 왔던 어머니회에 들어가 기존 제도의 체질을 바꾸겠다는 계획을 하는 등 자진해서 일을 벌리고 결혼 이후 멀어졌던 사무적인 일을 비롯한 자기의 능력을 필요로 하는 사회적인 일들을 하며 즐거워하기도 한다.

앞으로도 지금까지처럼 순조롭게 확산시킬 수 있느냐 하는 것이 문제로 남아 있고 참교육을 통해 이루어 갈 사회란 어떤 것인가에 대한 전망의 제시가 부족한데 이것은 요즘 다양하게 활성화되고 있는 교육에 대한 논의 속에서 계속 모색될 것으로 본다. 영등포구 당산동에 전국 학부모회 사무실이 있고 15개 도시에 지회가 있는데 전화 번호는 675−

9068, 634-6508이다. 보다 많은 학부모가 양심을 함께 집단화, 객관화
할수록 그 힘은 보다 크고 정당한 것이 될 수 있을 것이다.

3) 인간교육 실현 학부모 연대

인간교육 실현 학부모연대는(이하 학부모연대)는 88년 봄 '중등교육 정
상화를 위한 대화 모임'(크리스찬 아카데미 주최)에 참석했던 학부모들이
교육문제 해결에 학부모의 힘을 모아야 한다는 데 뜻을 같이 하고 비공
식적 모임을 통해 학부모 모임을 계속 해오다가 두 번의 학부모 워크숍
을 거쳐서 1989년 7월부터 준비위원회를 구성하고 활동을 시작했다.
1989년 10월 1차 디딤마당을 가지면서 학부모 연대가 정식으로 출발하
려면 발기인 대회가 필요하다는 데 뜻을 모아 꾸준히 정기회의를 가지
면서 창립준비를 하는 한편 '학부모 연대 논단', '대학입시 개선안에 관
한 간담회', '대학입시 개선안에 관한 심포지움-1993년 대학입시제도
개선안을 중심으로' 등의 교육문제와 관련된 문제들을 중심으로 한 연
구와 의견교환의 장을 마련하고 있다. 3월 3일 발기인 대회를 가졌고 4
월 28일 창립대회를 가질 예정으로 있다.

인간교육 실현 학부모 연대는 우리 나라 교육의 산적한 문제를 해결
하는 데 학부모들의 힘이 큰 역할을 할 수 있다는 믿음을 가지고 아이
들이 '비교육적인 교육'이 아닌 인간교육과 민주적인 공동체를 지향하는
교육을 받을 수 있는 풍토를 만들어가자는 취지 아래 모인 학부모들의
조직이다. 교육문제가 한 개인이나 가정에 한정된 문제가 아닌 사회와
민족 차원의 문제임을 인식하여 학부모들은 자녀의 양육자일 뿐 아니라
사회의 성원이라는 책임을 가지고 보다 인간적이고 새로운 사회를 지향
하는 문화 운동을 추구해갈 것이라고 운동의 방향을 밝히고 있다. 여기
에 필요한 학부모들의 의지를 실천하기 위해서는 학부모가 교육정책 결
정 과정에 정당하게 참여할 수 있는 범국민적 교육기구를 제도화하고
학부모 단체의 법적 권한과 지위를 확보하는 일을 구체화시켜 갈 목적
을 가지고 있다. 교육의 한 주체로서의 학부모의 권리를 찾아 민주적이

고 공동체적인 인간으로 교육한다는 목표는 참교육 학부모회의 그것과 공통된다고 할 수 있는데 모태가 된 모임이 중등교육 정상화를 위한 대화모임이었기 때문인지 중고등학생에게 가해지는 입시의 압박이 너무 크고 대학 진학 외의 다른 대안이 마련되어 있지 않은 사회풍토의 개선에 우선하여 구체적인 실천사항을 설정하고 있다. 아무리 모두가 열심히 공부를 해도 구조적으로 3/4은 낙오자가 된다는 쓰라림을 안을 수밖에 없고 교육과정 전반을 입시를 위한 점수 따는 연습으로 왜곡시키는 현재의 입시제도의 피해가 너무나 크다는 문제의식에서 우선적으로 입시위주교육의 추방과 비진학, 미취업청소년에 대한 교육대책을 세우고 교육재정의 효율적 운영을 요구하는 일 등을 실천 목표로 삼고 있다.

비공식적인 교육모임을 오랜 시간 계속하며 준비해왔기 때문인지 장기적인 운동의 방향성이 잡혀 있고 조직구조가 안정되어 있다. 발기인 대회를 하기 전에 이미 554명의 발기인을 모았고 꾸준히 연구와 의견교환의 장을 마련하고 있다. 운동에 주동적으로 참가하고 있는 사람들을 보면 중고등학교를 다니는 자녀를 가진 교육, 언론을 비롯한 전문직 종사자의 비율이 높고 '시민운동으로서의 합법적인 교육 운동의 전개'라는 방향성을 뚜렷이 제시하면서 국민학생 이상 학부모를 비롯한 취지를 같이 하는 많은 사람의 참여를 유도하고 있다.

이제까지의 조직적인 준비처럼 앞으로의 운동도 효율적으로 전개해 갈 수 있을 것인가는 앞으로 지켜보아야 할 문제이다. 아울러 많은 학부모에게 공감대를 형성할 수 있는가와 합법적인 시민운동과 교육민주화의 주장을 같이 추구해 가는 것도 쉽지 않은 과제로 남아 있다.

학부모연대의 사무실 전화번호는 278-2942이다.

4) 비교

민가협과 참교육 학부모회, 학부모연대의 어머니들이 학부모의 위치에서 운동을 하고 있다는 것과 평등한 민주사회를 지향하고 있다는 것은 공통의 사실이지만 대조되는 면도 많다. 이런 차이가 민가협 어머니들과 교육 운동을 하는 어머니들 사이에 더 두드러지는 것은 당연한 일이다. 먼저 운동의 지향성이라는 면에서 볼 때 참교육 학부모회와 학부모연대는 범국민적 교육운동, 즉 시민운동의 전개를 목표로 하는 만큼 대중성의 확보를 일차적으로 생각한다. 참교육 학부모회도 대중들에게 거부감을 주지 않고 참여를 쉽게 하여 가장 넓은 공감대를 형성하는 것을 우선적으로 중요시하지만 아직 본격적인 활동을 전개하지 않은 학부모연대는 합법적인 학부모운동을 지향하여 어느 특별한 정파나 단체로부터 독립적으로 보다 다양한 정치적인 입장을 가진 학부모가 참여하는 시민운동을 전개한다는 취지를 강조하는 것을 볼 수 있다.

반면 민가협은 인권문제라는 기본권의 확보가 구체적인 목적이지만 실천의 영역은 일반시민의 공감을 얻기보다는 '민주화투쟁의 실천 부대'로 급진적이고 과격한 운동의 전개에 있다. 실종, 고문, 죽음 등의 강도 높은 위협이 첨예한 대립의 현장에서 자식들을 보호하고 자식과 동일시되는 민주 세력을 지원하는 격렬한 싸움을 우선시하게 하는 듯하다. 행여 우리 애에게 불이익이 갈까봐 말 한마디 못하고 지내왔는데 대구지역 참교육 학부모회 대회에 경찰의 집회 원천 봉쇄가 있었던 날, 담을 넘고 전경들과 맞서면서 '아무것도 두려워하지 않게' 되는 경험을 했다는 한 어머니의 글을 비롯해서 이제까지 실천에 정당성이 부여됐을 경우 행동의 변화는 상황에 따라 어렵지 않게 오는 경우를 흔히 보아왔다. 의문사 문제와 같은 정권의 부도덕성을 송두리째 드러내게 하는 인권의 문제는 사실 가장 광범위한 국민 운동의 매개가 될 수 있는 여지가 있는 것이다. 민주화를 요구하는 한 지역민의 시위가 몇 안 되는 지배엘리트의 정권욕 앞에서 폭도들의 반란으로 매도당해 많은 인명이 살상당하고도 아직까지 책임추궁조차 제대로 할 수 없고, 군대에서는 자살로 처리되는 원인이 불분명한 죽음에 대한 의문을 풀지 못하는 것이 1년에도 여러 건 있고, 불심검문을 거부하다 불구가 되도록 맞고도 합의를 종용받는 일이 새삼스러울 것도 없이 일어나고 있는데, 시청료 거부 운동과 같이 우리의 기본권을 찾자는 운동을 폭넓게 확산시켜 갈 수 있다면 민주화의 토대를 구축하는 가장 튼튼한 토대가 될 수 있을 것이다.

참교육 학부모회가 대중성을 통해 확보하고 있는 회원은 강도가 강한 탄압이 있다면 견디기 어려운 회원도 많겠지만 시민단체의 활동을 통한 민주적인 제도의 경험과 정치 의식의 확산은 새로운 자원으로 우리 사회에 자리잡게 될 것이다. 시민운동을 목적의식적으로 추진하고 있는 학부모연대의 경우 현 사회구조의 대폭적인 수정 없이는 사실상 이루기 힘든 운동의 구체적인 목적들을 합법적인 운동을 통해 이루어 가려고 하는데 성공적으로 달성해 갈 수 있을지는 아직 의문일 수밖에 없다. 참교육학부모회와 학부모연대가 이제까지와 같은 조직적이고 효율적인 운동을 계속 해나갈 수 있다면 우리 사회는 학부모운동을 통해 시민운동의 새로운 성과를 경험할 수 있을 것이다. 그러기 위해서는 서로의 차이를 강조하기보다는 구체적인 현장에서 의지를 관철시킬 수 있는 힘을 모으는 일이 중요할 것이다.

민가협의 어머니들과 교육운동을 하는 어머니들 사이에 정확히 한 세대의 차이가 나는 것을 생각하면 운동을 전개하는 양상과 가치관의 차이는 오히려 자연스럽다. 민가협의 어머니들은 자신의 세대에서 비교적 교육 수준이 높은 계층이고 안정된 경제적 배경을 갖고 있다. 비슷한 계층에 속해 있다 해도 한 세대의 차이가 나는 이 두 집단의 어거니가 받은 교육의 내용과 사회적인 자극은 다른 수준의 정치의식을 갖게 한다. 민가협의 어머니들은 대부분 자식의 구속 이전에는 사회가 개인에게 주는 억압을 깊이 인식하지 않고 있다가 자식의 구속 이후 일련의 사태를 겪으며 급격한 의식의 변화를 겪는다. 반면 참교육 학부모회나 학부모연대의 어머니들은 사회의 구조적 억압을 느끼고 대응과 참여에의 욕구를 표출하지 못하고 있다가 강도 높은 사회적 자극을 계기로 조직적 대응을 통해 해결을 모색하면서 성숙한 사회인으로서 자기실현의 보람도 찾는 경우가 많다. 이들이 갖는 문화적 자원의 차이는 자식과의 동일시 정도에서도 단적으로 나타난다. 민가협의 경우 어머니들은 자식이 다른 모든 관계와 남편에 앞서는 가장 소중한 존재이다. 그러나 참교육 학부모회 어머니들의 경우는 평생을 함께 하는 것은 남편이고 아이는 성장한 후에 자유롭게 자신의 삶을 살아갈 것이므로 아이에게 최선의 교육을 받게 해주고 싶지만 결국 아이의 삶은 아이의 것이라고 생각하고 있었다.

운동의 독자성이 차이가 나는 이유도 어느 정도는 여기서 찾을 수 있을 것이다. 참교육 학부모회는 전교조를 지지하지만 학부모의 고유한 권리를 찾는 가운데에서 전교조를 지지하고 있고 사업계획과 실제 조직의 운영 모두가 학부모에 의해 이루어지면서 전교조 교사들로부터 사무적인 일의 도움을 받기도 한다. 학부모연대는 합법적인 학부모운동으로 다른 모든 세력으로부터 독립되어 있음을 강조하면서 운동을 시작하고 있다. 그러나 민가협의 경우 구속자 학부모의 입장에서 독자적인 사업을 계획하기보다는 민주화 투쟁을 가족의 위치에서 지원하는 성격을 더 많이 갖고 있다. 민가협 안에서도 '어머니의 동원'이 아니라 '한 분 한 분이 민주투사가 되어 자신의 민주화 의지에 토대한 운동을 전개할 수 있도록' 하는 노력을 계속하고 있지만 본질적으로 '왜곡된 사회구조 속에서 피해받는 어머니'로서의 의식이 아니라 '어머니가, 왜곡된 구조 속에서 피해받는 자식들을 위해서' 싸우는 지원 운동의 성격을 탈피하지 못하고 있다. 양 집단의 연령 차이에서 유추할 수 있는 여러 가지 차이에서 원인을 찾을 수 있겠지만 우리 사회에 제시할 함께 갈 수 있는 어머니의 전형이 어떤 것이 되어야 할까를 생각한다면 운동은 그 주체의 해방이 함께 있어야 한다는 원칙적인 문제를 피하지 말아야 할 것이다. 우리의 용감한 어머니들에게 자꾸 받으려고만 하지 말고 그 분들 스스로 더욱 해방된 개체로 서실 수 있도록 도우려는 노력들이 아쉽다.

3. 맺음말

사회 혼란기에 이어 관료적 권위주의 사회 속에서 억압받으며 가족

단위의 안정과 복리를 추구해 온 우리 사회의 가족 집단주의적 성격에 일어나고 있는 변화는 이제 시작에 불과한 것이라도 큰 의미를 지닌 것이라고 생각한다. 가족이 절대의 단위가 아니라 '우리 애 하나 잘 키우려면, 우리 애 하나 잘 살려면 사회가 바뀌어야 한다'는 어머니 운동의 동력이 되고 있는 깨달음은 사회 구조와 분리될 수 없는 생활의 정치성을 인식해 가는 출발이다. 그리고 이 인식은 집단적이고 조직적인 실천 속에서 시민단체가 갖는 민주적 기능을 체험하게 한다. 가족이었던 집단이 약간 확장되었을 뿐 성격은 대부분 지속되는 가족 집단주의에 불과하다는 지적도 있을 수 있겠지만 '이제 진실을 알았고 진실을 안 이상 나는 물러서기 싫다'라며 기존의 제도 앞에 당당히 맞서는 가정주부를 보면 인식의 출발과 실천의 경험이 갖는 의미는 많은 가능성을 가진 것이라는 생각이 든다. 정치적인 배제로부터 차츰 정치 의식을 갖고 민주적 권리를 요구하는 사회 전반의 움직임은 진정한 의미의 시민단체가 부재했던 우리 사회에 가족집단을 넘어서는 공동체적 지향을 열어 놓았다.

민가협과 참교육 학부모회, 학부모연대의 운동을 통해 가족집단주의의 극복이라는 측면을 중심으로 어머니 운동의 특성을 살펴 보았다. 차별받는 성이자 가족주의의 주인공으로서의 어머니가 가족집단주의에서 해방되는 것은 다른 가족 구성원의 해방보다 복합적인 의미를 갖는다. 그러나 어머니운동은 아직 운동 주체가 갖는 특수한 억압에 대해서는 별다른 의미를 부여하지 않아 어머니는 '가족을 위한 행동대원'의 성격이 여전히 강하다. 어머니들이 활동하는 모습을 관찰하는 과정어서 세대가 다른 어머니들이 갖는 성격이 다르지만 기존의 조직들과는 다르게 문제를 풀어가고 실천하는 모습이 인상적이었다. 민가협 어머니들의 넉넉한 마음과 두려운 게 없는 행동력, 갈등이 생겼을 경우 누군가 수선스럽게 중재하고 풀어가는 모습을 보며 감탄했고 참교육 학부모회 사무실에서는 각자가 가진 다양한 능력과 잠재력을 자연스럽게 발휘하여 토론을 통해 일해나가는 모습에서 이제까지 남성 위주의 조직 사회 속에

서 거의 가려져 있던, 여성이 가진 생산력의 어렴풋한 모습을 보는 듯
했다. 앞으로 어머니 운동은 운동 주체가 가진 고유한 가능성과 생산성
을 최대한 살리는 방향으로 이루어져야 할 것이다. 기존의 운동틀 속에
서 헌신적인 지원활동으로 머물지 말고 운동주체의 특수한 억압을 극복
하고 고유의 자원을 살려나가는 운동을 전개한다면 우리 사회에 현존하
는 억압을 극복해 가는 더 윤택한 자원이 될 수 있을 것이다. 어머니들
의 노력과 아울러 어머니들이 쉽게 인식하기 어려운 어머니들이 받아온
억압과 어머니들이 지닌 고유의 생산력을 일깨우는 여성학 차원의 지원
이 필요하다. 그리고 그 과정은 어머니들이 사회에 대해 정치적인 의식
을 가지게 되었던 것처럼 설득력 있는 매개를 통해서만 이루어질 수 있
을 것이다. ■

혼자면 들리지 않는 목소리

기자가 본 주부

김미경*

"김영숙씨 계세요?"

"네, 전데요."

"저……신문산데요, 전교조 문제에 대해 주부입장에서 한 말씀 부탁드립니다."

"글쎄요. 제가 뭘 아나요. 그래도 전교조 교사들이 애들을 열심히 가르치는 건 분명한 것 같던데요. 아유, 제가 뭘 아나요. 저보다 훨씬 잘 아는 사람이 많을 텐데."

"아닙니다. 그런 이야기가 중요합니다. 주부의 입장을 제대로 전달해야 문교부도 학부모들의 의견을 제대로 수렴해서 정책을 시행할 수 있잖습니까?"

"제가 뭐 아나요. 똑똑한 사람들이 많은데……."

기자생활 3년째에 접어드는 '여성'담당기자로서 나에게 주부는 가장 곤혹스러운 취재원이다. 신문사에 들어오기 전만 해도 왜 각 신문들의 여성면이 사회통념상 중상층 주부들의 관심거리라고 말하는 패션·요리

______

* 1960년 대구에서 태어나, 서강대 국문과 및 이대 대학원 여성학과를 다녔다. 한 때 교사일을 하다가 지금은 한겨레신문 생활환경부 기자로 있다.

·주부 취미활동 등을 주로 다루는지 이해하지 못했었다. 그러나 신문사에 들어온 후, 각 신문사들이 얼마나 광고수입에 의존하고 있는지 알게 되면서, 그리고 각 가정에서 신문구독을 결정하고 구독료를 내는 층이 주부라는 사실에 대해 신문사를 비롯하여 대기업·광고회사들이 얼마나 크게 신경쓰고 있나를 알게 되면서 겨우 그 이유를 이해할 수 있게 되었다.

주부…… 각 신문사, 대기업 광고주들까지 크게 신경쓰며 두려워하기까지 하는 '주부'라는 거대한 집단. 그러나 기자로서 내가 만난 개개인 주부들한테서는 두려워할 만큼의 커다란 힘을 쉽게 느낄 수 없었다. 연초에 '새 여성세대가 오고 있다' 시리즈를 취재할 때였다. 여성단체에서 열심히 활동하는 한 주부를 소개받아 취재를 약속했다. 오후 3시에 만나기로 했는데, 출발하기 직전 사진기자에게서 갑자기 연락이 왔다. 미리 사진을 찍으려고 그 주부에게 전화를 했더니, "취재에 응하지 못하겠다"고 답하더라는 것이다. 내가 깜짝 놀라 전화 했더니, "남편이 절대 반대해요. 가뜩이나 시집과 어려운 상황인데 신문에 나가면 완전히 찍힐텐데. 아유, 어떡하면 좋겠어요? 남편이, 기사는 몰라도 사진 나가는 건 절대 안된다는군요." 어처구니가 없었다. 나는 화가 머리끝까지 나, "아니, 저한테 미리 전화도 안하고, 지금 와서 그런 식으로 이야기하면 어떡합니까? 지금 출발하려는 참인데."하고 짜증을 부렸다. 속에서 욕이 터져 나오는 걸 참으며, "스스로 결정하셔야죠. 남편이 하지 말란다고 못하십니까?" "80, 90%는 못할 것 같은데요. 전 하는 일도 별로 없고 내세울 만한 게 없습니다. 어쩌죠. 미안해서……." 나는 분을 꾹꾹 삭이면서 "본인이 못하겠다면 할 수 없죠."하고 전화를 소리나게 탁 끊었다. 결국 그 취재는 못하고 말았다.

사실 아침 일찍 출근해 밤 늦게 지쳐서야 집으로 돌아가는 나에게 각 동네 시장에서 매일매일 판매된 오이·파 그리고 고추의 가격, 싸게 물건을 구입할 수 있는 각종 시장, 동네에서 일어나는 일, 시사문제에 대해 동네주부들이 이야기 나누는 내용 등은 힘들여 취재하지 않으면 알기 힘든 정보다. 우리 사회에서 의식주와 관련된 일차적인 정보를 주부만큼 잘 알고 있는 층은 없기 때문이다. 경제기획원이나 물가협회도 주부가 생생하게 경험으로 체득하고 있는 일차적인 정보를 알지 못한다. 이렇게 중요한 정보를 갖고 있는 주부들이, 대기업까지도 두려워하는 듯이 보이는 주부들이 왜 이렇게 개개인으로는 자신이 없어 하는지 정말 답답한 노릇이다.

우리 신문사에는 각 사업장 노동조합이나 그밖의 단체들이 자신들의 요구를 주장하기 위해 집단적으로 찾아오는 경우가 많다. 대열에 맞추어 구호를 외치기도 하고 노래도 부르거나 성명서를 낭독한다. 준비한 프로그램이 끝나면, 대개 대표가 자신들의 주장을 담당자에게 일목요연하게 설명한다. 그런데 주부들이 집단으로 찾아올 때는 상황이 다르다. 주부들의 목소리가 지나치게 커진다. 신문사 입구부터 왁자지껄 한바탕 소동이 벌어진다. 몸으로 밀고 들어 와서 제각기 한마디씩 마구 떠들어 무슨 말인지 알 수 없다. 편집국은 갑자기 벌집 쑤셔논 분위기가 되어 버린다. 대표가 나와 정식으로 이야기하라고 하면, 대개는 남자이기 일쑤인 대표가 나선다. 한데 뭉쳐서는 그렇게 큰 소리를 치다가 막상 일대 일로 자신들의 주장을 당당하게 펴는 주부의 모습은 별로 볼 수 없다. 개개인으로 만날 때는 주부들에게서 전혀 느낄 수 없는 당당함이 이렇게 나타날 때, 나는 당혹감을 느끼지 않을 수 없었다. 남자기자들이 한마디씩 내뱉는 "아유, 여자들이란" 소리가 듣기 싫으면서도 기자로서 나 역시 그 말에 동감하지 않을 수 없는 부분이 다분히 있다.

주부들의 또 다른 특성은 이야기하는 방식이 내가 만나는 다른 취재원들과 상당히 다르다는 것이다.

한 이야기에 여러 가지 주제를 뒤섞거나, 앞뒤가 서로 다른 이야기들을 한꺼번에 묶어서 말한다.

"아이들 문제가 제일 힘들지요. 도시락 싸는 것 좀 해결됐으면 좋겠어요. 급식은 좀 안 되나? 그런데 애들 아빠한테 집에서 도와달라고 요구하는 것도 무리죠, 파김치가 돼서 돌아오는데."

현재 가장 큰 고민이 뭐냐는 질문에 대한 대부분 주부들의 답변이다.
"딸애는 꼭 직업을 갖도록 해주고 싶어요. 무슨 직업이냐구요? 그냥
학교 공부 잘 하다보면 뭐든 할 수 있겠죠. 아유, 그래도 몰라. 뭐니뭐니
해도 시집 잘 가는 게 최고지. 여자는 결혼 못하면 평생 고생이야. 걱정
이에요." "가장 큰 고민이 뭐냐? 딸애가 정말 무엇이 되기를 바라느
냐?"고 되물으면 "글쎄 어디 세상일이 그렇게 똑 부러지는 게 있습니
까?" 하고 얼버무려 버리는 모습을 자주 보게 된다.

일전에 아파트단지 관리사무소 취재를 간 적이 있었다. 낮에 아파트
에 남아 집을 지키거나 부녀회·어머니회 등을 통해 아파트단지 내 궂
은 일을 도맡아 하는 이들은 주부이다. 그런데 취재원으로 아파트단지
관리사무소를 찾았을 때, 내가 만날 수 있는 사람은 모두 남자였다. 관
리소장도, 노동조합위원장도, 입주자대표회의 회장도 모두 남자였다. 이
들과 한참 이야기를 나누는 동안 주부에 대한 의아심의 실마리가 풀리
기 시작했다. 아파트관리에 대한 예산, 결산을 심의 결정하고, 전체 아파
트 제반사정을 파악하고 있는 아파트 입주자대표회의에 여자들·주부들
은 한 명도 들어 있지 않다는 사실을 알게 된 것이다. "세대주여야만 대
표자가 될 수 있습니다. 주부가 세대주가 되어 있는 경우는 극히 드물
지요. 남편에게서 위임받아 회의에 참석할 수는 있지만 결정권·투표권
은 가질 수 없습니다." 관리소장의 자상한 설명이었다. 주부들이 온통
누비고, 쓸고, 닦으며 사는 아파트지만, 집집마다 경제권은 전부 주부가
쥐고 있다고 남편들은 입을 모아 이야기하지만, 아파트입주자대표자도
될 수 없는 것이 현실이었다. 사실 "명분 뿐인 대표자가 뭐 그리 대단하
다고 야단이냐, 실세는 다 주부들한테 있는데" 하고 반박하는 사람들도
많을 것이다. 일견 수긍이 가는 면도 있다. 그러나 어떤 집단의 문제에
접근할 때 그들의 노동이 법적·경제적으로 어떻게 보장되어 있느냐 하
는 문제는 일차적으로 고려되어야 할 가장 중요한 요인이라고 생각한
다. 결국 주부문제에 있어서도 주부의 노동이 우리 사회에서 어떤 법적
인 보장을 받으며, 경제적 대가를 지불하고, 평가를 받고 있는가를 먼저

따져본 후에 다른 요인들을 감안해야 할 것이다.

아파트를 사기까지 남편봉급을 쪼개 살림하면서 이리저리 돈을 굴리고 몸으로 때우면서 가계경비를 절감한 주부들의 노동은 아파트 소유주가 주부가 아님으로써 법적인 보상을 받지 못한다. 법적인 보장이 안됨으로써 주부노동의 경제적인 대가는 어디에서도 찾을 수 없다.

내가 만난 주부들이 공식적인 자리에서 당당하게 의사표현을 잘 못하는 이유가 결국 우리 사회가 주부에게 부여한 법적·경제적 대우와 무관하지만은 않다는 생각을 하게 됐다. 주부는 분명 엄청난 일을 매일 하고 있지만 공식적인 직업인·경제활동인으로 대우받지 못한다. 따라서 주부는 가족 외에는 공적인 배경이 전혀 없다. 공적인 후견인을 가질 수 없는 주부는 결국 공적인 목소리를 크게 가질 수 없는 것이다. 마음대로 돈을 쓴다고는 하지만 그 돈의 공식적 출처가 남편인 이상 공식적으로 당당하지 못한 존재일 수밖에……

늘 여러 가지 이야기를 함께 하는 주부…… 주부라는 직업 자체가 밥하다, 아기 돌보다, 전화 받다, 여러 가지 일을 함께 해야 하는데서 비롯된 것이기도 하지만 결국은 ‘주부’라는 직업이 갖는 애매모호함을 지적하지 않을 수 없다. 분명히 생활보호대상자는 아니고, 쓸 돈도 있고 열심히 일하는데, 직업인으로 인정받지 못한다는 것——여기에 주부 문제의 실마리가 있는 것이 아닐까.

경상남도 진양에서 여성농민을 취재할 때 들은 이야기이다. 시어머니와 며느리의 갈등이 예전에는 누가 집안관리를 하느냐에 있었지만, 최근에 와서는 누가 밭에 나가느냐로 바뀌었다는 것이다. 조금이라도 젊은 시어머니는 밭에 나가는 일을 계속하고 싶어한다. 며느리를 밭에 못 나가게 하는 것은 아니지만, 밭일의 주도권을 며느리에게 뺏기지 않으려고 노력한다. 집안일은 며느리에게 맡기고 시어머니는 힘이 되는 때까지 계속 밭에 나간다. 집안일은 해도 생색도 안나고, ‘돈’이 생기는 일이 아니지만, 밭일은 바로 ‘돈’과 직접 연결되기 때문이다. 즉, 경제적으로 보상되는 일을 중심으로 새로운 형태의 고부갈등이 시작되었다는 것이다.

주부들끼리 사적으로 모인 자리에 슬쩍 끼어 엿들어 보면 그렇게 당당하게 이야기들을 잘 할 수가 없다. 정치상황이나 경제문제에 대해 모두들 일가견이 있고, 목청 높여 성토하기도 한다. 그런데 내가 단순히 듣는 입장에서 벗어나 공적인 취재자가 되어 질문을 하면, 갑자기 자신 있게 말을 못한다. "그냥 그렇다는 거죠. 뭐 그게 취재거리가 됩니까?"

나도 데스크로부터 주부가 관심을 가지고 볼 기사, 주부가 재미있어 할 기사를 쓰라는 요구를 자주 듣는다. 그때마다 정말 주부가 바라는 것이 무엇이라고 알고 있는지 되묻고 싶어진다. 사실 주부가 바라는 것을 쓰라는 요구 속에는 '주부는 심각하고 딱딱한 기사는 싫어하니까 흥미위주의 부드러운 기사' 또는 '광고가 붙을 수 있는 기사'를 쓰라는 요구가 암암리에 깔려 있다. 결국 신문사나 대기업 등에서는 주부를 사사로운 일에나 관심을 가지고 광고로 쉽게 끌어들일 수 있는 소비대행인 쯤으로 생각하고 있다는 것이다.

진정 주부집단을 생각하는 신문사라면 주부의 경제적 법적 지위가 어디인가를 찾고, 보장되지 않는 부분을 찾는 일, 대기업 속셈에 맞게 주부를 몰아가는 것이 아니라 주부 스스로 잘못된 소비시장을 바꿀 수 있도록 힘을 모으는 일 등에 노력해야 할 것이다. 무엇보다도 주부들 자신이 '개인적으로'가 아니라 '공식적으로' 당당해져야 한다. 그래서 '으뜸 주부 선발대회' 정도는 기획조차 못하게 주부들이 당당하게 목소리를 높이고, 그런 프로그램이 기획되면 주부집단이 앞장서서 반대할 수 있어야 할 것이다.

한 주부는, 주부들이 "제가 뭘 아나요"라고 답변하는 것은 진짜 몰라서가 아니라 시집·남편·자식 등과의 관계를 원만히 해 나가려다 보니 자연스럽게 갖게 된 '겸손한 태도'라고 말했다. 사실 주부집단의 노동과 소비가 없다면 이 사회는 유지될 수 없다. 노동을 함으로써 의무는 다 하고, 그에 따른 권리는 겸손의 미덕으로 다른 사람에게 돌리는 일은 주부들 스스로 권익을 제대로 찾은 후에 해도 좋을 것이다. 지금은 우

리가 이렇게 많은 일들을 하는데, 가정이, 사회가, 그리고 국가가 진정
우리에게 해준 게 뭐냐고 따지는 일부터 시작해야 한다. 겸손은 그 다
음에! ■

김용근, 독서하는 여인, 1920년대

우리를 놀라게 하는 주부의 잠재력

〈부엌에서 세계가 보인다〉를 읽고

이숭선*

아무도 알아주지 않는 부엌일이나 가정경제와 육아를 담당하면서 많은 주부들은 '이건 쉬운 일이 아니야, 멋 모르고 했다간 큰 일 내지' 하고 생각한다.

간단한 시장보기에서도 물가와 경제를 느끼고 간단한 요리 과정 중에서도 맛의 변화와 함께 화학변화와 우리 생체의 리듬을 깨닫는다. 육아는 또 어떠한가? 의사가 없을 때는 아이 여럿 키운 이웃 엄마가 의사이고 때론 진짜 의사보다 낫다고 느낀 주부가 한 둘이겠는가. 애들의 일상 생활과 성장과정 속에서 교육학과 심리학은 물론 정치의 현장을 실감해 온 것이 주부들의 세계이다.

그런 주부들이 이 책을 마주하면서 '맞아, 사실이야. 모두들 깨달아야 돼!'하며 손뼉을 치는 것은 너무나 당연할 수밖에 없다고 하겠다. 그러나 막상 책을 펼쳤을 때는 무언가 촛점이 안 맞은 것이 아닌가 하며 고개를 갸웃거리다가 마지막 책장을 덮을 때쯤 가서야 저자의 뜻이 이해되고 주부들의 잠재력에 놀라고 그 결과에 대해서 박수를 보내지만 거

---

* 1951년 제주에서 태어났다. 대학교를 나오고 정농회 소비자협의회 회장으로 일하고 있다. 주부로서 두 아이가 있다.

기까지 도달하는 과정이 지루하기 짝이 없기 때문에 과연 모든 이들이 이 책을 끝까지 읽을 수 있겠는가에 의문을 품지 않을 수 없고 그 점이 안타깝다.

1987년 일본의 통일 지방의회 선거에서 정당의 힘에 의존하지 않고 당선된 33명의 '보통 주부'에 대한 놀라움은 전업주부들에 대한 재평가와 생활클럽 생협에 대한 관심으로 나타났다. 이 책도 그 관심의 표현이며 특별히 사회학적인 접근으로 다각적인 분석과 평가로 그 전망까지 진단해본 그 열심과 애정이 대단하다.

그러나 각 장마다 독립적이어서……라는 단서하에 쓰여졌다고 하지만 같은 얘기가 수없이 반복되는 것은 참기 힘들다. 우선 끊임없이 생소한 용어 내지는 새로운 논리가 소개되면서 그 설명이 지리하게 이어진다. 생활자의 논리, 어소시에이션(Association), 개인화, 워커즈 컬렉티브……사회과학서적으로는 손색이 없겠지만 제목에서의 기대와는 거리가 있기 때문이다. 그보다는 '일본의 생활클럽 생협의 연구 보고서'라고 해야 더 어울릴 것이다.

사실 이 생활클럽 생협은 처음부터 이렇게 성장하리라거나 또는 이런 형태가 되리라거나 하는 분명한 목표를 가지고 출발한 것은 아니었다. 민주화운동에 뜻을 가지고 있던 아주 작은 숫자의 사람들이 필요에 의해서 시작한 단순한 자금조달의 방법이 이렇게 큰 일이 된 것이다. 따라서 그 일을 시작한 사람들조차도 현재 평가되는 수준에 이르리라고는 생각지 못했다. 그런 일에 의미를 부여하고 정리해 주는 일을 이 책이 맡은 것이다. 애정을 가지고 연구한 흔적이 곳곳에서 보인다.

"워커즈 컬렉티브에서 일을 하기 시작하다니, 나도 웬지 모르겠어요. 센터에서 열린 설명회에 나갔다가 어느새 나도 모르게 뭔가 할 수 있을 것 같은 착각에 빠져 버렸어요. 정신을 차리고 보니, 어디 한번 해 볼까? 재미있을 것 같은데, 하는 기분이 돼 있었으니까요. 천성이 갇순해서 덜렁대거든요.”

“생협은 안전한 물건을 배달해 주는 곳이라고 생각했는데 아 글쎄, 삶을 바꾸는 운동이라잖아요. 그 말을 듣고 깜짝 놀랐죠. 운동이라니 이 양반들이 돌았나 생각했어요. 그러나 보통주부로 눌러 앉아 할망구가 되는 게 두렵고, 이 일로 자신의 이름으로 활동하고 평가 받는 게 즐거워요.”

“이 세계는 마치 깡패들의 세계와 닮은 데가 있어요. 한번 발을 들여놓으면 좀처럼 빠져 나오기가 어렵거든요. 나는 생활방식을 바꾸자느니 어쩌니 하는 생활클럽 슬로건을 아니꼽게 생각해서 조합원만이 인간다운 생활방식으로 살고 있다는 자부도 역겹게 느꼈던 사람인데 벌써 14년이 됐어요. 지금은 내가 점점 깊이 빠져드는 것을 느껴요. 취업을 할 것인가 이 일을 할 것인가 많이 생각했죠. 이 일을 선택한 이유는 사는 보람이라는 것과는 조금 달라요. 억지로 일하는 것이 아니고, 자진해서 일하고 있다는 신선한 긴장감 같은 거죠. 여기서 일하는 즐거움이란, 자신이 변해가는 재미란, 게다가 자신의 손으로 돈을 번다는 거, 그 느낌을 말로 다 할 순 없죠.”

“이젠 매스컴의 취재가 무서워져요. 새로운 노동의 실험이라느니, 풀뿌리같은 비즈니스라느니 하고 칭찬을 받게 되면 식은 땀이 날 것 같아요. 기사화 될 만한 훌륭한 일은 아니잖아요.”

이런 평범하고 현실과 가깝고 실천적인 사실들을 재정리하려는 노력은 다음과 같이 나타난다.

“워커즈 컬렉티브 활동은 기존의 생활클럽의 무상의 협동행위에서 탈피하여 유상으로 이루어짐으로써 그런 점에서 시장경제의 영리활동과 유사하나 그것의 목표는 일정한 주장이다. 즉 이용하는 측과 만드는 측을 구별하지 않고 양자 사이를 교류하고 공생하는 관계를 가시적으로 만들어 내며, 그럼으로써 재화 혹은 서비스와 화폐의 단순한 교환관계를 뛰어 넘으려는 목표가 자리잡고 있다.”

“왜 무상에서 유상으로 전환되었느냐를 살펴보면 세 가지로 요약할 수 있다. 생활공간으로의 기업화의 침투, 새로운 주부상 정립, 일하는 주부 시대를 맞아 일의 방식의 점검이다.”

“워커즈 컬렉티브의 제안은 생각의 공유화과정을 통해 나날의 실천 속에서 전업소비자를 ‘생활자’로, 동시에 전업주부를 탈전업주부로 바꾸었으며 기존의 자립상(自立像)을 뛰어 넘는 일이고 지역 속에서 삶의 실천의 여러 얼굴을 만나게 되는 과정이다.”

또한 이 책은 이들 단체들이 직면한 문제를 분석 정리하면서 그 대책을 제시하려고 노력한다.

“생활클럽 생협이라는 수단을 통해서 우선 주부들의 손으로 생활자의 논리를 확립하였다. 그리고 자녀를 키우고 난 주부의 직장복귀가 증대해가고 있는 상황에 대응하여 워커즈 컬렉티브라는 시험을 시작하였다. 이러한 시험이 기존의 직업논리나 남성의 논리를 깨 부술 날이 멀지 않은지 모른다. 이 생활자의 논리를 확산시키기 위해서는 일하는 여성들과, 가사는 여성의 것이라는 고정관념을 가진 남성들까지로 그 대상을 확대해야 할 것이다.”

“처음 이 운동을 시작한 ‘나’와 똑같은 ‘많은 나’를 만드는 일, 즉 조직화의 문제이다. 확실히 운동을 추진하면서 사업도 해나가기 위한 전망은 언제나 불확실한 기반 위에 존재한다. 그렇지만 불확실하다는 것이 운동과 조직화의 출발점이라는 점, 이것은 분명한 사실이다.”

마치 장님이 코끼리의 모습을 알려고 애쓰는 것처럼 각 장의 저자들은 애를 쓴다. 그리하여 모자이크 된 그림처럼 일본 생협의 모습이 우리 앞에 나타난다. 따라서 요즘 우리 나라에서도 활발하게 일어나고 있는 유사한 많은 단체들이 교과서로 삼기에 매우 적합하다.

그러나 주부로서 아쉬운 것은 이 책을 바탕으로 그 뜻을 충분히 담은 ‘부엌에서 세계가 보인다.’라는 책이 다시 쓰여지기를 바라는 마음이다.

객관적인 자세로서 객체화시킨 생활클럽 생협이 아니라 주관적으로 읽
을 수 있고 그 일을 하고 있는 또 하나의 나를 만날 수 있는 책을 바란
다. 그런 의미에서 마지막 '8장'은 그 가능성을 보여준 시작으로 받아들
이고 싶다. ■

우리 속에 있는 여신들 : 심리여성학

Goddesses In Every Women*

장필화

　심리여성학은 기존 심리학이 남성을 원형으로 설정하여 연구대상, 연구문제와 개념들이 남성중심적인 것을 비판한다. 이러한 비판이 초기 심리여성학의 촛점을 여성의 심리구조에 맞게 하고 남성과 공통, 또는 대비되는 여성심리의 특성을 밝혀내는 데 큰 비중을 두었다. 우리말로 번역된 책으로는 E. 맥코비의《성차의 형성과정》, C. 다울링의《신데렐라 콤플렉스》, 캐플란과 시드니의《성의 심리학》 등을 이러한 연구의 집약으로 볼 수 있다.

　이러한 연구들의 공헌은 더 말할 나위도 없이 컸지만 여성은 모두 어떤 공통적인 특징을 —— 정도의 차이는 있더라도 —— 공유한다는 전제가 이 모든 연구에 기본적으로 깔려 있다는 점에서 한계가 있었던 것도 사실이다. 여성은 모두 개별인간으로서의 특징을 갖는다고 하는 것이 여성들간의 차이를 설명해 주지 못할 때 그 논리에 대한 신빙성마저 부정되는 경우도 흔히 있어 왔다. 이 점에서 볼렌의 책은 여성 유형의 다

---

* 이 책은 진볼렌(Jean Shinoda Bolen)이 지었고, 하프와 로우(New York : Harper & Row)에서 1984년에 출판했다. 장필화는 1951년에 태어나 이대 영문과를 졸업한 후 영국에서 학위를 취득하고 현재 이대 대학원 여성학과 교수로 일하고 있다.

양성을 주요 연구과제로 설정하였다는 점에서 심리여성학에서뿐 아니라 다른 영역에 새로운 출구를 열어 주고 있다.

　일상의 삶을 살면서 우리는 많은 여성들과 만나고 인연을 맺게 된다. 가깝게는 어머니, 언니, 동생과 같이 혈연으로 맺어진 인연으로부터, 친구, 스승, 선후배, 결혼한 후에는 시어머니, 동서, 시누이와의 관계로 새로운 인연을 맺는다. 그리고 이웃간에, 일을 통하여, 우리는 또 많은 여성들과 만나 새로운 인연을 맺어간다.
　다른 여성과의 만남은 일상의 삶에서만 끝나는 것이 아니다. 신문, 잡지, 책, 전화매체 등을 통하여 우리는 시대와 공간을 초월하여 다른 여성과의 만남을 계속한다. 어쩌면 우리의 삶은 만남의 연속으로 이루어진 것 같기도 하다. 그런데 이러한 만남들 가운데, 우리는 전혀 상대의 생각과 행동을 이해할 수 없는 상황에 부딪치기도 한다. 반대로 내가 상대방에게 이해받지 못하는 경우, 그리고 심지어는 나도 내가 왜 그런 생각과 행동을 하게 되었는지 스스로가 어처구니 없어 하게 되는 경우를 경험하게 되기도 한다.
　이 책에서 저자 볼렌은 심리 분석을 방법으로 여성을 7가지 유형으로 나누고 있다. 만나는 여성마다 모두 자기와 같은 유형이거니 하고 가정하고 관계를 맺다가 점차 드러나는 차이와 마찰에 당혹해 한 경험이 있는 사람들은 적어도 볼렌이 제시한 7가지 유형에 대한 인식을 통해 자기자신과 주변 여성들에 대한 이해의 폭을 넓힐 수 있을 것이다. 그리하여 자신에게 자극적이거나 만족감을 주는 일들이, 혹은 좌절감을 주는 일들이 친구에게는 전혀 그렇지 않을 수도 있다는 것을 이해하게 된다.
　저자 볼렌은 정신과 의사이자, 정신분석가로서 융의 심리학과 여성주의적 시각을 결합한 분석방법을 사용한다. 융의 시각은 인간은 강력한 내부의 힘들, 즉 원형(archetypes)들에 의해 좌우된다고 보는 것인데, 여기서 원형은 집단 무의식에 들어 있는 본능적 행동 유형을 말한다. 집단 무의식이란 무의식의 한 부분으로서, 독립적인 것이 아니라 일반적인 것으로서 어디서나 그리고 누구에게나 통용되는 한 집단의 행동양식과 내용을 담고 있다. 반면에 여성해방주의로서 볼렌은 외부의 힘들, 구체적으로 한 사회가 여성에게 뒤집어 씌운 고정관념적 여성상(stereotypes)에 의해 여성들이 지배받고 있다고 보는데, 다시 말해서 외부의 힘이 여성 내부의 힘의 어떤 유형은 억누르고, 어떤 유형은 지나치게 강조해 왔다고 본다. 모든 여성은 이 두 힘——안으로부터는 여성들의 원형에 대해 움직이고 밖으로는 고정관념에 의해 움직이는——의 사이에 끼여 갈등하고 있는 것이다.

융에 의하면 여성은 의식선상에서는 여성적 성격을 갖고 있고 무의식 속에서는 남성적 요소(animus)를 갖고 있다. 반면에 남성은 의식선상에서는 남성적 성격을, 그리고 무의식 속에는 여성적 요소(anima)를 지닌다. 감수성, 수동성, 아이를 키우는 것, 주관성 등은 모두 여성적 성격인 반면에, 합리성, 영성, 그리고 객관적이고 확고하게 행동할 수 있는 능력은 남성적 속성이 된다. 이때 만일 여성이 이러한 남성적 속성을 성격으로 갖고 있다면, 그 속성이 아무리 잘 발달했다 하더라도 융의 이론에 따르면 그녀는 결함이 있는 여성이 된다. 왜냐하면 그녀는 여성이지 남성이 아니기 때문이다. 한 예로 만일 어떤 여성이 사회적으로 성공하고 합리적인 사고를 할 수 있다면 그녀는 남성적 요소가 잘 발달되어 있다고 말할 수 있을 것이다. 그러나 그녀는 근본적으로 남성보다는 열등하다. 왜냐하면 그녀의 남성적 요소는 남성처럼 의식의 수준에 있는 것이 아니고, 무의식의 수준에 있는 것으로서 이러한 무의식의 남성적 요소는 적대적이고, 권력추구적이고, 비합리적인 편파성을 특징으로 한다고 융은 보았기 때문이다.

볼렌은 융의 심리학에서 원형(본능적 행동유형)이라는 고정관념을 받아들이는 반면, 융의 도식이 설명할 수 없는 일단의 여성이 있다고 강조함으로써, 융을 보완하는 이론을 내세운다. 볼렌의 이론적 기여는 겉으로는 도식처럼 여성이 갖고 있는 '무의식적 남성적 요소'의 발로인 경우도 있지만, 그 자체가 여신 유형(남성적 요소가 아닌)에 의한 것일 수도 있다고 주장한 데에 있다. 즉 목표지향적인 태도를 유지하면서 활발한 활동을 벌이는 것이 남성적 요소를 무리하게 표현하는 것이 아니고 여성적 자아를 있는 그대로 표현한 결과라고 평가될 수 있다고 본다. 이러한 볼렌의 설명은 융의 이론에 의해 자존심을 손상당해 온 자립적이고 목표지향적인 여성들을 이해하는 새로운 해석틀을 제공해 주었다고 할 수 있다.

볼렌이 제시하는 7가지 원형은 그리스의 여신들로부터 의인화시킨 것이다. 그 7가지의 원형은 아르테미스, 아테네, 헤스티아, 헤라, 데미테르, 페르세포네, 아프로디테로 표현하는데, 원형에 그리스 여신의 이름을 붙인 것은 그 여신들의 모습이 여성들의 느낌을 잘 대변하고 있다고 보기 때문이다.

세 종류의 여성

볼렌은 이 일곱 여신은 그들의 의식수준과 원하는 역할, 그리그 자극받는 것의 종류에 따라 크게 셋으로 나누어 설명한다. 이 세 그룹은 다른 삶에 대한 태도, 관계를 중요시하는 정도, 그리고 주변 사람과 강한 유대감을 지녀야 만족하는 정도에 따라 구분된다. 첫번째로 소개되는 그룹에는 '처녀 여신들'로 불리워지는 아르테미스, 아테네, 헤스티아가 속한다. 아르테미스는 그리스 신화에서 사냥과 달의 여신으로 나타나며, 그녀 자신 백발백중하는 궁수였고 모든 어린 생명들의 보호신이었다. 한편 아테네는 지혜와 수공의 여신으로 그녀의 이름을 딴 아테네 도시의 보호자이며 모든 영웅들의 수호신이기도 하였다. 아테네는 보통 무장한 모습으로 알려져 있으며 전쟁에서는 최고의 전략가로 알려져 있다. 마지막으로 헤스티아는 화덕의 여신으로 올림프스의 신들 중에는 제일 덜 알려진 여신이다. 그녀는 가정이나 신정에서 화덕의 불길로 알려져 있다.

'처녀 여신들'은 자율적이고 사회활동적 자질을 가지고 있는 여신들을 대표한다. 다른 올림프스의 여신들과는 달리 이들은 사랑에 쉽게 빠지지 않고 감정적인 애착 때문에 그들이 중요하게 생각하던 것으로부터 멀어지지도 않는다. 따라서 그들은 다른 사람과의 관계 속에서 피해자가 되지도, 고통을 받지도 않는다. 원형으로서의 이 세 여신들은 여성들에게도 독립의 욕구가 있다는 것을 보여 주며, 자신에게 의미가 있는 일에 집중할 수 있는 능력이 있다는 것을 보여준다. 아르테미스와 아테네는 목표지향적이고 논리적인 사고를 하는, 업적지향적인 원형이다. 반면에 헤스티아는 내향적이면서 영적인 세계에 관심을 갖는 원형이다. 이 세 여신은 모두 활발하게 각자 자신의 목표하는 것을 추구하는 원형들로서 자율적이며 능력이 있는 것이 여성적 속성에 포함될 수 있다는 것을 보여 준다.

두번째 그룹에는 헤라, 데미테르, 페르세포네가 포함되며 볼렌은 이들을 '상처받기 쉬운 여성'들로 구분한다. 헤라는 결혼의 여신이며 제우스의 아내이다. 데미테르는 곡식의 여신인데, 그녀의 신화 중에 가장 중요한 것이 엄마로서 그녀의 역할이다. 페르세포네는 데미테르의 딸로서 '소녀'라고 불리기도 한다.

이 '상처받기 쉬운 여성들'은 아내, 엄마, 딸이라는 전통적 역할을 대변한다. 이 세 여신들은 관계지향적인 여신들로서 중요한 관계를 잘 유지하는 것이 그들의 자신감을 갖는 데에 매우 중요한 변수가 된다. 이들은 애정과 유대감이 필요한 여성들을 대변한다. 즉 그들은 다른 사람에게로 향해 있으며, 따라서 상처받기 쉽다. 신화에서 이 세 여신들은 남성신들에게 강간당하고 유기당하며 굴욕을 당하였다. 각자는 그들의 애정이 깨어졌을 때 괴로와했고 정신병적 증세를 보여 주었다. 그러나 각 여신은 또한 괴로움으로부터 벗어남으로서, 애정의 손실에 대한 반응의 유형이 어떤 것인지를 보여 주었고 고통을 통한 성장의 가능성에 대한 통찰력을 여성들에게 마련해 주었다.

아프로디테는 사랑과 미의 여신인데 '변화하는 여신'으로서 세번째 그룹에 속한다. 그녀는 여신들 중 가장 예쁘고 매혹적이었다. 그녀는 계속되는 연애를 통해 수많은 아이를 낳았고, 사랑과 미를 만들고, 성적인 매력과 관능미, 그리고 새로운 생활을 만들어 내었다. 그녀는 자기가 선택하여 새로운 관계를 시작했으며 결코 희생당하지 않았다. 다른 '처녀여신들'처럼 자율성을 유지하면서 동시에 다른 '상처받기 쉬운 여신들'처럼 타인과 관계를 맺었다. 아프로디테의 의식은 집중적이었으면서 동시에 수용적인 것으로 자신과 상대가 모두 영향을 받는 방식이다. 아프로디테 원형은 지속성보다는 강렬함을 관계에서 구하고, 자의적인 과정에 가치를 두며 항상 개방되어 있는 것을 특색으로 한다.

여성들의 자아생활

이상의 일곱 여신 원형의 설명을 통해서 우리는 자신의 행동과 성향에 대해, 그리고 주변여성을 이해하는 데 있어, 원형에 비추어 봄으로써 자신을 객관화하고, 동시에 갈등과 반목으로 치닫지 않도록 자신과 주변여성의 행동을 통제할 수 있는 관점을 제공받음을 알 수 있다. 자신의 성향이 어떤 여신의 활성화로 설명되어질 수 있는지, 그리고 자신의 변화를 위해서 마음 속에 어떤 여신을 활성화시켜야 하는지, 볼렌은 우리에게 익숙한 그리스 신화의 여신들의 비유를 통하여 간결하고 설득력 있게 여성심리를 제시하고 있다.

한 가지 볼렌의 분석에 덧붙인다면, 미리 우리 자신을 이러한 몇몇의 여신에 제한하여 유형화한다는 것의 한계이다. 각 개인의 특수성, 개별성에 대한 깊은 이해를 하려는 자세를 갖기도 전에, 상대를 어느 유형에 속하는지 미리 규정함으로써 깊이 이해할 수 있는 가능성을 배제하는 것에 대한 우려이다. 이 일곱 여신들은 다 함께 인간 본성의 전체적 모습을 드러내고 있고, 각 여신은 이 본성의 일부만 대변하고 있다. 전체적 모습을 가지고 있는 전인적 여신에 대한 상상력의 첫 단계로 볼렌의 작업은 의의가 있다고 하겠지만, 이 유형화를 고정적인 것으로 본다

면, 그것은 우리 자신에게 새로운 한계를 지우는 것이라고 생각된다. ■

엄마는 왜 여자를 좋아해?
사람의 마음을 가장 잘 아니까
남잔 왜 남자끼리만 놀지?
따로따로는 모자라니까

근데 왜 남자가 무서운데?
똘똘 뭉쳐 힘을 휘두르니까
그럼 왜 여자는 똘똘 뭉쳐
남자를 혼내주지 않지?
여자가 뭉치면 그 힘은 사랑이 되니까
여자가 뭉치면 그 힘은 우정이 되니까
—— 강희영, '엄마와 딸의 이야기 1'중에서

주부 파업 일지

김정연 외*

주부들 사라지다
* 첫번째 뉴스—3월 8일/여성의 날

앵커:3월 8일 저녁 뉴스를 말씀드리겠습니다. 오늘 정오, 새빛광장에서 열린 '여성의 날 100주년 기념잔치'에 참석했던 주부들이 집으로 돌아오지 않고 행방을 감추어 경찰이 수사에 나섰습니다.

목격자에 따르면 '여성의 날 100주년 기념행사'의 일환으로 개최된 '주부 직업병, 더 이상 방치할 수 없다'라는 주제의 세미나에서 주부들은 유례없이 격렬한 토론을 벌였다고 합니다. 토론이 끝난 후 주부들은 구호를 외치며 일제히 동쪽을 향해 행진했다는 것입니다.

그럼 여기서 현장에 나가 오늘의 행사를 취재중이던 맹한남 기자에게 마이크를 옮겨 당시 상황을 듣기로 하겠습니다. 맹한남 기자?

맹한남 기자:(화면;봄 기운 완연한 썰렁한 광장이 보인다. 맹 기자는 '주부 직업병……' 플래카드가 걸린 노천극장의 무대 위에 서 있다.) 네. 오늘의

---

* 1961년 서울에서 태어났다. 이화여대 사회학과를 졸업했다. 현재 자유기고가로 활동중이며 이 작품은 여러 명과 의논해서 썼다.

충격적인 사건은 기자가 서 있는 바로 이곳에서 일어났습니다. 심포지엄이 시작되기 바로 전까지만 해도 이 새빛광장은 전국 각지에서 모여든 여성들의 춤과 노래로 온통 축제분위기에 싸여 있었습니다. 그러나 오전 10시 세미나가 시작되면서 주부직업병에 시달리던 여성들이 나와서 자신의 증세를 발표하자, 질병의 심각성에 놀란 주부들 속에서 분노와 한숨의 소리가 일더니 순식간에 숙연한 분위기로 변하고 말았습니다. 당시 현장에 있었던 취재기자들의 말에 따르면, 환자의 증세들은 우리의 상상 이상으로 끔찍했다고 합니다. 참지 못한 주부들은 여기저기서 울음을 터뜨렸다고 합니다. (무대 뒷편 대형스크린에 주부의 고통과 주부직업병이 소개된다. 결혼식 모습부터 주부습진, 성병, 혼수, 매맞는 여자, 낙태, 정신병원, 자살에 관한 신문기사 등 다양한 형태로 사진 및 기사가 견이어 소개된다.)

사례발표가 끝나고 곧이어 주부직업병에 대한 대책은 무엇인가라는 토론에 들어갔는데 이 과정에서 병을 완치시키려면 당장 파업을 단행하는 수밖에 없다는 결론이 나왔다고 합니다. 여성이 집안으로 돌아가는 한 어떻게 살림을 안할 수 있겠느냐는 등 의견이 분분해지면서 주부들은 결국 잠시 집을 떠나보기로 결정했던 것으로 알려지고 있습니다.

앵커:파업결의를 하필이면 행방 감추는 일로 표현한 이유는 무엇입니까?

맹한남 기자:네, 그것은 주부 파업이 전에도 몇 번 시도되었으나 실패했던 경험 때문입니다. 주부들은 실패의 이유가 남편과의 개인적인 협상과정에서 주부들이 쉽게 타협했기 때문이라고 풀이하고 있습니다. 이번만큼은 사전통고 없이 전면파업에 들어감으로써 주부의 확고한 의지를 보이고 남편들에게 충격을 주기로 결의한 것입니다.

앵커:주부들이 성명서를 남겼다고 들었습니다만, 그 내용을 간추려 주시지요.

맹한남 기자:주부들은 성명서를 통해, 주부의 가사노동은 이 사회를 존립케 하는 막중한 가치를 지닌 사회적 노동임에도 불구하고, 이 사회

는 이제까지 입으로만 성직이니 천직이니 떠벌였을 뿐 그 가치를 전혀 인정해 주지 않았다고 통박했습니다. 뿐만 아니라 그 동안 여성들이 가사노동을 GNP에 포함시키라고 요구하고, 가사노동에 대한 임금을 지불하는 다양한 방법을 제시해 왔음에도 불구하고 정부가 여성들의 이런 요구를 한낱 농담 정도로 받아들이는 태도에 깊은 실망을 나타냈습니다. 각종의 주부직업병이 만연, 주부의 생명을 위협하는데도 그 현실을 계속 개인적인 문제로 돌리는 것은 이제 더 참을 수 없노라고 단호한 의지를 보이고 있습니다. 인류의 절반인 여성의 아픔을 이해하지 못하는 이 사회를 여기서 제지하지 못한다면 조만간 인류의 멸망을 초래할 것이 뻔하므로, 당장 행동에 옮기겠노라고 밝혔습니다.

앵커:주부직업병을 인류의 멸망과 결부시키다니 좀 억지소리처럼 들리지 않습니까?

맹한남 기자:네, 주부들은 주부직업병이 크게는 물질적 풍요, 개발과 성장만을 향해 치닫는 이 현대사회의 구조와 관련된 것이라는 점에 의견일치를 보았습니다. 구체적인 예로 주부습진의 경우, 식기세제를 과다하게 사용하는 것이 피부손상의 직접적 원인이 되는데 세제광고는 주부들을 유혹하고 계속해서 세제를 쓰게 합니다. 세제는 또 상수원을 오염시킴에도 불구하고 오로지 기업주의 이익을 위해 소비가 조장되는 이러한 메카니즘은 지구파괴에까지 이른다는 겁니다.

앵커:거, 참. 세제를 안 쓰면 될 것 갖고…… 네, 죄송합니다. 그러니까 가사 노동의 가치인정과 사회전반적인 개혁이라는 두 가지 목표를 노리고 주부들이 파업에 돌입한 거군요. 참, 사라진 주부들은 도대체 어디로 간 것입니까? 또 수사당국에서는 주부집단 증발 사건에 대해 어떤 조치를 취하고 있습니까? (혼잣말로)사라지다니? 아니 우리가 때리나 어쩌나? 이 대명천지에 사라지긴 어디로 사라져?

맹한남 기자:사라졌다는 표현 외에 더 적절한 말이 없다고 봅니다. 그냥 사라졌으니까요. 목격자들 역시 그렇게 표현하고 있습니다. 주부들은 거대한 대열을 이루면서 동쪽을 향해 행진하더니 갑자기 시야에서

사라졌다고 합니다.

　수색에 나선 경찰당국과 군에서도 '주부들이 사라졌다'고 말하고 있습니다. 어디서도 흔적을 찾을 수 없다고 합니다. 그런데 이러한 불가사의한 사건에 부딪치자 많은 사람들이 갑자기 <보라의 나라> 전설을 믿기 시작했습니다. 특히 아이들과 여성들은 주부들이 보라의 나라에 간 것이 틀림없다고 입을 모으고 있습니다. 어떻게 그런 믿음이 가능할 수 있는지 본 기자는 지금, 제가 무슨 말을 하고 있는지 어리벙벙할 뿐입니다.

　앵커:맹 기자, 맹 기자…… 어젯밤 술이 아직 안깬 것 아닙니까? 보라의 나라라니 무슨 뚱딴지 같은 얘깁니까?

　맹한남 기자:저 역시 어렸을 적 동화책에서 본 것이 전부입니다. 보라의 나라는 여성들만이 들어갈 수 있는 여성들의 유토피아라고 합니다. 물론 전설 속의 나라입니다. 동쪽 어느 곳에 있는 그 나라는 여성들의 마음이 한데 모일 때 열린다는 말이 전해 내려오고 있습니다. 이 전설이 오늘 갑자기 현실화된 게 아닐까요. 전 머리가 아픕니다. 카메라 꺼 주세요……

　앵커:아무리 괴롭더라도 주부들이 그들의 신성한 의무를 저버리고 가출했다는 건 도저히 있을 수 없는 일이라고 본 앵커는 생각합니다. 이러한 극한투쟁은 사태를 더 어렵게 할 뿐입니다. 주부들이 모성을 되살려 하루빨리 돌아오기를 간절히 바라면서 이 스튜디오에 굳건히 가정을 지키고 계신 주부 몇 분을 모셔 긴급 좌담회를 갖기로 하겠습니다. (주부 3명 등장, 의자에 앉는다) 어서 오십시오. 먼저 오늘의 사태에 대해서 어떻게 생각하십니까?

　주부들(모두 동시에) : 전적으로 지지합니다.

　앵커:네? 지지한다고요? 여러분들께선 동참하시지 않으셨는데도요?

　주부1:전적으로 지지합니다. 드디어 올 것이 온 것입니다. 그 동안 너무들 참았어요.

앵커:뭐가 그렇게 못 견딜 만큼 힘들다고 보십니까. 주부는 여성들의 본업이 아닙니까. 유사 이래로.

주부2:본업인 줄 알고 살아왔죠. 유사 이래로.

주부3:천직인 줄 알았죠, 유사 이래로.

앵커:그런데요?

주부들:우린 속았어요.

앵커:누구에게요?

주부들:모두에게요. 남편에게, 사회에게, 그리고 우리 자신들에게.

앵커:주부가 천직이 아니라면 뭐란 말씀입니까?

주부1:노예!

주부2:청소부!

주부3:세탁부!

주부1:요리사!

주부2:쓰레기통!

주부3:씨받이!

앵커:(말을 막으며) 왜 그토록 자기자신을 낮추십니까? 그런 일들이야말로 이 사회에 꼭 필요한 일들이 아닙니까? 거룩한 일이죠. 여러분들이 안 하시면 그 누가 대신할 수 있겠습니까?

주부들:당신이 할 수 있어!

앵커:원 농담도……

주부1:왜 못해요? 성스럽고 필요한 일인데, 얼마든지 나눠 드리겠어요. 우린 이제 더 이상 못참겠어요.

앵커:주부 일이 귀찮은 일이긴 하지만 그렇다고 뭐 죽을 만큼 힘든 일도 아니잖습니까? 하루종일 밖에 나와 상관 눈치보며 뼈빠지게 일하는 남자들에 비하면 편안하게 집에 들어 앉아서……

주부2:편안? 여보세요, 앵커씨, 주부들은 벌써 오래 전에 뼈가 다 빠졌어요.

주부3:뼈만 빠졌나요? 몸도 마음도 다 삭아 버렸지요.

주부들:남은 건 빈 껍데기!

앵커:(당황해서) 아, 오늘은 너무 흥분들 하신 것 같군요. 전국에 계신 시청자 여러분 죄송합니다. 그러나 대부분의 여성들은 여전히 현모양처로서의 본분을 잊지 않으시리라고 본 앵커는 굳게 믿고 있습니다.

세상은 뒤죽박죽

* 두번째 뉴스—5월 8일/파업 2개월 후

앵커:3·8 여성의 날 벌어졌던 주부들의 증발 사태가 전국적으로 확산되는 가운데 전국이 대혼란에 빠져들고 있습니다. 각 직장마다 직원들의 지각사태 조퇴사태 때문에 업무가 마비되고 있습니다. 식품점마다 농수산물은 썩어나고, 인스턴트식품은 동이 난 상태입니다. 어린이들은 영양실조로 얼굴이 누렇게 뜨는가 하면 머리카락에 이가 생기는 등 보건위생상태도 심각한 지경에 이르고 있습니다. 그럼 마이크를 우리 나라 최대기업체인 미래산업 현장에 나가 있는 전무식 기자에게 넘기겠습니다.

전무식 기자:(미래산업의 한 사무실. 뒷벽 시계가 10시를 가리키고 있으나 운동장처럼 큰 사무실은 텅 비어 있다.) 여기는 우리 나라에서 가장 인사관리를 잘한다고 알려져 있는 미래산업 본사 기획실입니다. 종전 같으면 8시 30분만 되면 전직원이 출근을 완료, 40분에 직원회의를 가진 다음 9시 정각부터 칼날같이 업무를 개시하던 곳입니다. 그러나 시계가 10시를 넘어서고 있는 지금까지 사무실은 단 한 명도 출근하지 않은 채 텅 비어 있습니다.

3, 40대 기혼남성들이 대부분인 이 사무실의 직원들은 주부가 증발된 그 이튿날부터 제 시간에 출근하지 못하고 있습니다. 아, 저기. 마침 한 분이 나오시는군요. 직접 이야기를 들어 보겠습니다. (허겁지겁 기진맥진한 채 들어오는 회사원. 차림새가 엉망이다. 와이셔츠는 때가 묻은 채 구겨진 것을 그냥 입고, 면도도 못한 얼굴이다.)

전무식 기자:안녕하십니까? 출근이 꽤 늦으신데……

회사원1 : (숨이 가쁜 채로) 여성의 날인가 무슨 날인가, 그런 일이 있고부터 모든 게 엉망진창입니다. 우리 마누라 원래 그런 덴 기웃거리지도 않는 여자였어요. 그런데 어찌된 셈인지 그 날부터 여기저기 전화를 걸고 쏘다니더니 딱 1주일 후 어느 날 사라진 거예요.(울상) 국민학교 1학년 딸 아이와 4학년인 아들, 그리고 누워 계신 아버님을 팽개치고 없어졌다 이겁니다. 그러니 그 뒤치다꺼리를 누가 합니까? 파출부들도 다 사라졌다니…… 아이 도시락 싸야지, 세탁기 돌려야지, 그런 건 그래도 괜찮아요. 병드신 아버님 시중들 사람이 있어야 하잖습니까? ……점심에 잡술 미음 끓여 놓고 나왔는데…… 아이구, 정말 못해 먹겠어요. 밑엣사람 같으면 결근해 버리면 그만일텐데 중간 간부가 되다 보니 그렇게도 할 수 없고……

전무식 기자:전에도 경험이 있으십니까? 부엌살림이라든가 아이들 치다꺼리 같은 것……

회사원1:천만에요. 우리 마누라 그런 일에 최고였다니까요. 또 남자가 할 일이 따로 있지, 체신 없게스리. 게다가 아버님을 모시고 사는데 어떻게 부엌일을 들여다 봅니까. 이 여자가 어떻게 그런 짓을 할 수 있지? 내가 저한테 얼마나 잘해줬는데…… 다시 나타나기만 해 봐라.(씩씩거리다가 갑자기 울상을 짓는다) 좀 배워 둘 걸 그랬어요. 애들이 통 밥을 안 먹어요. 도시락도 반은 남겨 오는데, 이러다가 큰일 나겠어요. 요리책대로 음식을 만드는데 제대로 되지가 않습디다. 책을 좀 제대로 만들어 놓지 않구.

딸년은 나한테 머리를 빗겨 달라고 아침마다 성화를 부리지 않나…… 아버님까지 자꾸 부르시지요. 내가 몸이 하나밖에 더 있습니까? 정말 너무들 합니다, 너무해요…… (운다)

(허겁지겁 들어오는 직원들 모습이 보인다. 풀이 죽은 채 윗사람 눈치를 보며 힘없이 자기 자리를 찾아 앉는다)

전무식 기자:(회사원 2에게) 부인이 돌아오신다면 어떻게 하시겠습니

까?

　　회사원2:돌아오기만 해 보십시오. 어휴, 남편을 뭘로 보고…… 여자들
은 그저 바깥구경을 시키지 말아야 하는 건데. 다시는 이런 짓 못하도
록 단단히 혼내줄 겁니다.

　　전무식 기자:경영진에서도 현재와 같은 상황에선 정상업무가 불가능
하다고 보고, 출퇴근시간의 조정, 자유시간근무제 도입, 사내 탁아소 설
치 등 대책 마련에 부심하고 있습니다. 이제까지 구체적인 대책마련이
이루어지지 않았던 것은 파업주부들이 곧 돌아오리라는 기대 때문이었
으나 오히려 파업은 확산일로에 있습니다. 주부일을 대신할 여성들조차
파업에 동참하는 추세여서 앞으로 문제는 더욱 심각해질 전망입니다.

　　앵커:이번에는 국민학교에 나가 있는 한심해 기자를 불러 보겠습니
다.

　　한심해 기자:저는 서울에서 가장 부유한 동네로 알려져 있는 압정국
민학교에 나와 있습니다.

　　(화면은 병색이 완연한 아이들의 얼굴로 가득 찬다. 땟국이 흐르는 모습에
머리카락은 먼지로 뒤덮여 있다.)

　　교사1:(1학년 1반 담임 ○○○, 자막으로 소개된다.)

　　한심해 기자:요즘 힘드시죠. 아이들이 퍽 지쳐 보입니다.

　　교사1:아이들이 모두 영양실조에 걸려 있습니다. 매일매일 인스턴트
식품만 먹으니 할 수 없죠. 체육이나 음악 시간이 유명무실해졌습니다.
(소독약 분무기를 아이들 머리에 대고 누른다.)

　　한심해 기자:아니 지금 무얼 하시는 겁니까?

　　교사1:이 애들 머리카락 속 좀 보십시오. 이게 다 이 투성이입니다.
머리를 감나, 옷을 제때 빨아 입나……

　　한심해 기자:이 학교에서는 첫째 시간 전과 점심시간에 식사를 거르
는 아이들을 위해 빵과 우유를 배급해 왔습니다. 그러나 최근 인스턴트
식품수요가 폭발적으로 증가하자 제조업자들이 이 틈을 악용, 품질을
떨어뜨리고 가격을 올리고 있어 큰 문제가 되고 있습니다. 주부 파업으

로 가장 타격을 입는 이들은 누구보다도 어린이들로서, 어린이의 건강을 위해서라도 정부가 적극적으로 주부 파업을 해결해야 한다는 데 교사들은 의견을 모으고 있습니다.

앵커:(머리를 긁적이며) 아이구, 가려워……(더 맹렬하게 긁어댄다) 우리 아이한테서 이가 옮았나 봅니다. 자, 그럼 이번에는 한국 최대의 대형유통센터에 나가 있는 진정한 기자를 불러 보겠습니다.

진정한 기자:여기는 소련의 국영백화점이 아닙니다.(선반마다 텅텅 비어 있다.) 보시다시피 인스턴트 식품은 품절상태입니다. 그런데도 혹시 출고되는 식품이 있을까 하고 기다리는 손님들이 보이는군요. 이처럼 전국의 수퍼마켓은 점심시간을 이용해 장을 보러 나온 남자들로 붐비고 있습니다. 식품이 달리자, 직장인들은 틈만 있으면 사재기를 하기 때문에 더욱 업무가 마비되고 있다고 합니다.

앞으로 시간이 흐를수록 식품고갈상태는 심해질 것으로 예상됩니다. 전국민의 영양상태가 우려되는 바입니다. 도대체 정부는 무얼 하고 있느냐는 여론이 들끓고 있습니다. 아 참, 저도 나온 김에 라면이라도 몇 개나마 구해야 하는데……

앵커:아, 진정한 기자. 미안하지만 우리 집에서 먹을 것까지 좀 사다 주면 고맙겠습니다. 값은 따블로 쳐드릴 테니까요.……시청자 여러분, 정말 온세상이 뒤죽박죽이 된 것 같습니다. 옛사람이 말하기를 '남자는 세계를 움직이고, 여자는 남자를 움직인다'고 했습니다만 불과 60일만에 세계를 움직이는 것도 역시 여성이라는 사실이 확인되고 있는 시점입니다.

오늘 이 스튜디오에는 그간 말못할 고초를 겪어온 남성 몇 분을 모셔서 이야기를 나눠 보도록 하겠습니다(남편 1, 2, 3, 4 등장한다. 더럽고 초췌한 모습들).

남편1:(혀꼬부라진 소리로) 야, 이년아, 하늘 같은 서방님 팽개쳐 놓고 어디 처박혀 있는 거야? 너 없으면 못살 줄 알았냐? 어림없지, 어림없어!

앵커:대낮부터 약주가 과하시군요.

남편1:여보슈, 당신이 내 마누라라도 된다는 거야, 뭐야? 대낮부터 잔소리해대는 꼬락서니라니…… 에이, 재수 없어!

앵커:(화를 참으며) 그 동안 집안일은 누가 맡아 왔습니까?

남편1:아, 그야 장모지. 딸년이 내뺐는데 그 에미가 일 안하면 누가해? 그런데 두 주일 일하곤 그냥 나가 떨어지데. 그 다음부터는 딸년 부려 먹는 거지. 국민학교 3학년이나 됐는데도 간을 못맞춰…… 아침에도 흠씬 두들겨 패줬지. 애비를 알기를 제 발뒷꿈치 때만큼도 여기지 않는단 말이야.

앵커:부인께서 돌아오시면 어떻게 하시겠습니까?

남편1:그걸 몰라서 물어? 여자는 그저 불문곡직 두드려 패야 돼. 요즘 남자녀석들이 마누라 엉덩이에 치어 지내니까 여편네들 간덩이에 바람만 든 거라구. 여자는 자고로 문밖 출입을 막아야 한다니까. 아, 그리고 말이 나왔으니 말이지, 테레비에도 책임이 커! 뭐, 여자도 세상의 절반이라고? 웃기시네, 똑똑히 만들라고!

앵커:(남편 2에게) 선생님께선 왜 부인들이 돌아오지 않는다고 생각하십니까?

남편2:(거드름 피우는 말투로) 아, 네, 그게, 그러니까, 도대체 이해할수 없는 일입니다. 저로 말하면 남들이 다 부러워할 만큼 출세도 했고 돈도 명예도 가진 남편인데 아내가 뭐에 불만을 품었는지 전혀 짐작이 안갑니다. 다른 여자들이야 다 이유가 있겠죠만.

앵커:혹시 선생님께서 가정생활에 무관심하셨던 건 아닙니까?

남편2:아, 그게, 다 당연한 이치 아닙니까. 우리 사회에서 이만한 자리와 돈을 소유하게 되려면 남보다 훨씬 부지런해야 하잖습니까. 또 남자들 세계란 게 으레 술자리에서 일이 더 많은 법 아닙니까. 게다가 저 같은 사람을 여자들이 그냥 놔둘 리도 없고…… 해서, 몇 번 바람을 핀 정도입니다. 그렇다고 가정을 버릴 생각은 전혀 해보지 않았습니다. 예편네가 남자들 하는 일을 이해해 주진 않고 ……그저…… 복에 겨워서

……

앵커:여유가 많으시니까, 가정살림은 파출부를 쓰면 간단히 해결되시겠군요.

남편2:네, 그게, 그렇습니다. 파출부 일당이 날마다 오르는데다 구하기도 점점 어려워집디다. 어제 온 여자는, 내가 뭐, 너무 하인 부리듯 한다나요. 파출부가 하인이지 그럼 뭡니까. 우리 여편네한테 한 것에 비하면 상전 받들듯이 했는데…… 원,요즘 것들은 아래 위를 몰라……

앵커:부인이 돌아오시면 반가히 맞아 들이시겠습니까?

남편2:뭐 제 잘못을 뉘우치고 들어온다면 받아들여야죠. 지깟 것이 가면 어딜 가겠습니까, 그리고 어디 간들 나처럼 돈 잘 버는 남자 만날 수나 있습니까. 한때 잘못쯤이야 너그럽게 용서해 주는 게 장부의 도리겠죠.

앵커:(남편3에게)왜 그렇게 안절부절 못하십니까? 어디 편찮으십니까?

남편3:정말 못살겠습니다. 난 원래 마누라가 없으면 꼼짝 못하는 사람이에요. 나야 시키는 대로 고분고분 다 했는데 이제 와서 이렇게 헌신짝처럼 버리다니…… 지난 두 달 동안 어떻게 살았는지 모르겠어요.

앵커:정말 어떻게 사셨습니까. 밥과 빨래는 누가 했습니까? 그런데 이게 무슨 냄새지?

남편3:하나도 안했어요. 돌아다니면서 얻어 먹었어요. 빨래도 못하겠고. 손에 잡히질 않아서요. 이 옷도 두달째 그냥 입고 있어요.

(앵커와 남편들, 코를 막고 고개를 절레절레 흔든다)

앵커:부인이 이 TV를 보고 있다고 가정하시고 한 말씀 해보십시오.

남편3:여보, 돌아와요, 내가 뭘 잘못했어요. 당신 시키는 대로 다 할 테니 어서 돌아와 줘요. 애들을 봐서라도 돌아와요. 애들은 고아원에 맡겼어요. 내가 워낙 할 줄 아는 게 없잖소.(운다)

앵커:(남편4에게) 아까부터 표정이 굉장히 못마땅하신 것 같은데, 무슨 불만이라도 있으십니까?

남편4:정말 한심합니다. 같은 남성으로서 정말 부끄럽습니다. 주부들이 왜 사라졌는지를 전 오늘 이 자리에서 분명히 깨달을 수 있었습니다.

앵커:왜 사라졌습니까?

남편4:사라지지 않을 수 없었습니다. 더 이상 참을 수 없었기 때문에 사라진 겁니다. 저 역시 참을 수 없으니까요.

앵커:뭘요?

남편4:이기심! 폭력! 무관심! 비인간성! 몰이해!……

남편1, 2, 3:잘난 척 하지 마!

남편4:정말 너무들 합니다. 아직도 모르시겠습니까. 두 달로도 부족합니까? 전 사실 오늘까지 아내가 원망스러웠습니다. 문제가 있으면 대화와 타협으로 풀어야지 왜 그런 극렬한 방법을 사용했는지 이해할 수 없었습니다. 그러나 오늘 여기서 전 분명히 알게 되었습니다. 대화를 기피한 건 그들이 아니라 바로 남편들이었다는 것을. 나도 당신들도 아내를 대등한 인간으로 생각하지 않았고 지금도 꼭같습니다.

앵커:그런 추상적인 말씀은 그만두시고 부인이 사라진 이유를 구체적으로 무어라고 생각하십니까.

남편4:너무 힘들었기 때문입니다.

앵커:좀 도와 주시지 그러셨습니까?

남편4:바로 그거예요. 전 도와 준다고 생각했어요. 가끔 시장도 봐 주고 설거지도 해주고 애들과 놀아 주기도 했으니까요. 사실 전 쫌팽이 소리를 들으면서 많이 도와 주었습니다.

앵커:그런데도? 뭐가 문제이죠?

남편4:우린 맞벌이 부부입니다. 벌이를 나누는데 집안 일도 나누어야 했습니다. 도와 주는 차원이 아니라 나누어야 했단 말입니다.

앵커:다른 주부들은 경우가 다르잖습니까? 집에서 놀면서 집안일을 나누라니 그런 억지가 어딨습니까.

남편4:놀다니요. 두 달 동안 집안일을 전담해 보니 제가 얼마나 잘못 생각해 왔는지를 알겠습다. 집안일처럼 정신적 육체적 중노동도 없을 겁니다. 해도해도 끝이 없고, 하지 않으면 금방 표가 나고…… 늘 자질 구레한 일이 널려 있어서 신경을 집중시킬 수가 없는…… 정말 중노동입니다. 그런 일들을 여자들이 이제까지 소리없이 해왔다는 데 전 놀랐어요. 게다가 아무런 댓가도 요구하지 않으면서.

남편1, 2, 3:그게 여자의 행복이야! 천직이고.

앵커:여자들이 해온 일들을 너무 무시해 온 것도 사실입니다. 저 역시 요즘에야 겨우 깨닫기 시작했어요.

남편1, 2, 3:그게 여자의 운명이라니까!

남편4:이제야 아내를 이해하게 됐습니다. 아내를 사랑하게 됐습니다. 진정으로 전 다시 세상을 보게 되었습니다.

남편1, 2, 3:저런 바보! 머저리. 잘났다, 이 배반자.

아이들도, 미혼 여성들도
* 세번째 뉴스—5월 9일

앵커:(숨 가쁘게) 긴급뉴스를 말씀드리겠습니다. 대규모 실종사건이 재발되었습니다. 3월 8일 주부들이 증발했던 새빛광장에 모인 어린이들이 실종되었다고 합니다.

(화면—아이들이 플래카드를 높이 들고 모여드는 새빛고을 광장. 플래카드에는 '엄마는 어디에' '대통령 할아버지, 우리 엄마를 찾아 주세요' '배가 고파요' 등등의 구호가 쓰여 있다.)

어린이들은 오늘 아침부터 각자 무리를 지어 새빛광장으로 모여 들었습니다. 그들은 더 이상 엄마 없는 하늘 아래서 살기 싫다며 주부들이 사라졌던 동쪽을 향해 행진을 시작했답니다. 갑자기 그들의 모습이 사라졌다고 목격자들이 전했습니다.

(이 순간 또 다른 메모지가 앵커에게 전달된다. 화면에 '미혼여성들, 인신매매, 여성학대 규탄대회 직후 실종'이란 자막이 나온다.)

속보입니다. 중고등학교와 대학교에 재학중인 여학생들과 직장에 다니던 미혼 여성들이 또 실종되었습니다. 주부 실종 이후 미혼여성들에 대한 성폭력과 인신매매가 극에 달하여, 생명이 위협당하는 현실을 더 이상 견딜 수 없게 된 미혼여성들이 어린이들이 실종된 직후 새빛광장에 모였습니다. 그들은 여성의 생존권은 스스로 지켜야 한다는 결의안을 채택한 후, 주부들과의 연대를 위해 동쪽으로 행진하던 중 사라졌다고 합니다.

（앵커에게 메모지가 새로 전달된다.）

방금 사라진 미혼여성들이 최고권 대통령 앞으로 보낸 건의서가 입수되었습니다. 내용은 다음과 같습니다.

"민생치안을 맡은 최고책임자가 오히려 여성들을 납치하여 재벌가의 가정부와 성적 노리개로 팔아 먹고 있으니 통탄하지 않을 수 없다. 대통령은 아직도 주부파업의 본질을 헤아릴 줄 모르는가. 주부의 실종은 양심이 실종된 사회 때문이다. 주부가 돌아오지 않는 사회에서 우리들이 그들의 일을 대행하리라고 기대한다면 그것은 오산이다. 최고권 대통령이 주부 파업을 해결하겠다는 확고한 의지를 보이지 않는 한 우리는 영원히 돌아오지 않을 것이다."

사라진 미혼여성들과 어린이들은 모두 보라의 나라로 들어갔으리라고 추정되나, 확인할 방도는 묘연합니다. 엄청난 사태를 맞아 전국에는 정적만이 감돌고 있습니다.

인류 역사 이래, 이런 일이 벌어지리라고 감히 짐작이나 해 보았습니까. 우리 아이들은 도대체 어디로 갔습니까……

주부 파업 비상대책 위원회 조직되다

* 네번째 뉴스—5월 9일

앵커:주부파업이 단기간으로 끝날 거라고 자신만만해 하던 관계당국자들이 모두 해직되었습니다. 파업 해결을 요구하는 남성들의 시위사태

가 전국적으로 확산되고 있습니다. 최고권 대통령은 오늘 대통령 직속 기관으로 '주부 파업 비상대책 위원회'를 설치하고 위원장에 가부진 씨를 임명하였습니다. 가부진 씨는 10년 전 부인과 사별한 후 혼자 살림을 맡아오며 두 남매를 키운 가정 주부(主夫)로서의 경력이 인정되어 발탁되었다고 합니다. 지금 이 스튜디오에는 가부진 씨를 모셨습니다. 안녕하십니까. 중책을 맡으셔서 긴장되시겠습니다.

가부진 위원장:예, 어깨가 무겁습니다.

앵커:'주파위'에서 가장 시급히 해결해야 할 문제는 무엇입니까.

위원장:예, 지금 주부가 이제까지 해왔던 일 즉 가사노동을 화폐로 환산하고 있습니다.

앵커:주부들이 몽땅 사라진 마당에 무엇을 근거로 어떻게 그런 계산을 할 수 있습니까.

위원장:주부 파업 이후 가장 유망한 직종으로 부상하고 있는 주부대행사의 사례금 책정을 그 기준으로 삼는다면 무리가 없을 것으로 봅니다.

앵커:주부대행사 평균 보수는 어느 수준입니까?

위원장:(통계자료를 제시한다. 막대그래프로 직종별 임금을 비교할 수 있다.) 이 표를 보십시오. 대졸 신입사원 50만 원, 기업체 부장급 85만 원, 국회의원 200만 원, 주부대행사 250만 원으로 나타나 있습니다. 이건 보름 전 자료예요. 지금은 이 돈으로도 대행사 구하기가 하늘의 별따기일 겁니다.

앵커:제 월급의 꼭 2배이군요. 주부대행사는 주부 파업 이전에도 존재했던 걸로 아는데, 그 때의 보수는 어땠었는지요.

위원장:당시는 파출부로 불리웠죠. 종일 사례금이 1만원에서 1만 5천 원에 불과했습니다. 한 달 평균 40만 원에도 못 미쳤습니다. 주부들이 자신의 가사노동비를 계산했을 때도 50~60만 원에 지나지 않았지요. 고만한 액수 갖고도 사회에서는 '뻔뻔스럽다'고 비난했었습니다만, 지금 생각하면 남성들이 너무 현실을 몰랐었던 것 같습니다.

앵커:주관적 평가가 5, 60만 원이었는데 왜 지금은 250만 원이나 주어야 합니까. 형평에 어긋나는 것 아닙니까.

위원장:사실 가사노동을 너무 여성들에게만 맡긴 것이 불찰이었습니다. 가사노동의 노우하우를 빼내야 했는데. 요리책 대로 음식을 만든다고 어디 맛이 납디까. 그러니 숙련도가 높은 주부대행사의 경우 임금이 높아질 수밖에 없는 겁니다. 수요공급 원칙이죠.

앵커:현재 주부대행사로 취업중인 사람들은 전직이 어떤 사람들입니까.

위원장:식당 주방 또는 세탁소에서 일하던 남자들, 청소부나 정원사 등으로 살림살이와 가까왔던 남자들입니다. 또 저처럼 살림을 오랫동안 해온 남자들은 대환영을 받습니다.

앵커:'주파위'가 제시하는 주부 일의 평가기준은 어떤 것입니까?

위원장:주부대행사가 하는 일은 광범위합니다. 집안살림이라는 게 그렇지 않습니까. 가족에 대한 정서적 서비스까지 포함하니까요. 다른 직종과 비교할 만한 대상이 없습니다.

경제기획원과 노동부 그리고 각 대학 부설 연구소에 프로젝트를 주어 주부 일의 값을 내라고 했습니다만 아마도 이 자료에 나와 있는 액수가 되지 않을까 생각하고 있습니다. 너무 낮게 잡아 놓으면 그나마 주부대행사 지망자가 줄어들 뿐더러 또 다른 파업이 일어날지도 모르잖습니까.

앵커:위원장께선 10년 동안 가정주부생활을 해오신 분인데, 자신이 하는 노동의 값을 매기라면 얼마로 잡으시겠습니까. 개인적인 질문으로 받아 주십시오.

위원장:이거 영 쑥스럽습니다만…… 위원장 보수가 90만 원이 안된다고 하던데…… 제 가사노동비는 그 두 배는 되지 않을까요. 노동의 양과 질을 다 따지면 말입니다. 정말 힘든 일이에요. 이 손을 좀 보십시오. 지문이 안 나와요, 지문이. 허리디스크는 아예 완치될 걸 기대도 안합니다. 그나마 애들이 다 커서 혼자 사니까 해내지. 이 노동량에 남편

시중까지 들어야 한다면, 어휴, 생각만 해도 소름이 끼칩니다……

앵커:(혼잣말로) 이거야 원, 꼭 여편네들 넋두리 같잖아. 자, 위원장께선 주부 파업이 언제쯤 해결될 거라고 예상하시는지요.

위원장:글쎄요, 잘 모르겠습니다. 다만, 주부들 마음이 돌아설 만큼 충분한 여건이 성숙될 경우 돌아오리라고 생각합니다만…… 쉽지 않겠지만…… 아무튼 그 문젠 제 소관사항이 아니라서요……

앵커:(비디오 테이프를 전해 받는다. 홍분해서)전국에 계신 시청자 여러분! 제 손에 들어온 이 테이프가 어디서 왔는지 아십니까? 여기 보라의 나라라고 씌어 있습니다. 이 테이프가 언제 어떻게 전달됐는지는 아무도 모릅니다. 아무튼 주부들이 사라진 후 보라의 나라에 대한 이야기가 무성했습니다만 이렇게 실체로 다가오기는 인류 역사 이래 처음입니다. 틀림없이 주부들이 자신의 의사를 전달하기 위해서 보낸 것으로 확신합니다. 자, 다 함께 화면을 보십시다.

(신비한 분위기. 많은 여성들이 아이들과 함께 평화롭고 자유로운 표정으로 노래하며 춤추는 모습이 화면을 가득 메운다.)

여성1:정말 꿈만 같아. 내가 이렇게 즐겁게 살 수 있다니. 하루하루를 이토록 가쁜한 기분으로 지낼 수 있다니. 혹시 꿈이 아닐까 매일 꼬집어 보게 된다니까.

여성2:나도 마찬가지야. 처음엔 긴가민가 했는데…… 정말 행복해. 남자 없이도 얼마든지, 아니, 남자가 없어야 행복할 수 있다는 걸 예전엔 왜 몰랐을까.

여성3:일하는 게 이렇게 즐거울 줄 몰랐어. 눈치 볼 사람도 없고 명령하는 사람도 없지만, 일하고 싶은 마음이 용솟음쳐.

아이1:엄마들, 누나들, 여기가 바로 천국이 맞죠?

여성1:제일 신나는 건 내가 바보가 아니란 사실을 확인한 거야. 생각나는 대로 말해도 모두들 귀를 기울여 주거든. 함께 웃고, 시름도 나누고, 함께 하는 게 이렇게 신나는 일인 줄 몰랐지.

여성2:맞아. 누가 여성의 적은 여성이라고 그랬지? 왜 같은 여자끼리 절대로 통할 수 없다고 생각했을까. 여자는 언제나 혼자일 뿐이라고들 떠들어댔지. 난 혼자가 아니야.

여성3:얼마나 멋진 친구들이야, 아이들도 그렇고. 왜 여자들은 제 남편, 제 새끼만 돌보는 게 현모양처라고 생각했을까. 모든 아이들이 이토록 다 사랑스러운 줄 왜 몰랐을까.

(모두들 한바탕 어울려 춤춘다)

여성1:언제쯤 돌아갈까, 우리.

여성2:돌아가다니? 왜? 절대로 안가. 영원히 여기서 살자.

여성3:돌아가긴 가야 해. 여기서 사는 것처럼 행복한 세상으로 만들기 위해서라도 돌아가긴 해야 해.

여성1:과연 그게 가능할까?

여성2:절대로 바뀌지 않을 거야. 인류가 생긴 이래 그래 왔는데, 몇 달 사이에 바뀔 순 없어. 남자들이란 게 얼마나 고집스런 동물인데, 어림없지.

여성3:우리들도 깔보일 짓들을 했어. 무조건 죽어 지내고, 한 번도 우리 힘을 보여줄 생각도 못했었잖아. 참을 수 없을 땐 울기나 하고. 팔자니 운명이니 하면서. 남자들을 잘못 길들여 놨던 거야. 어려운 일은 남자들이 해결해 주기를 기대하면서…… 그러니 태어날 때부터 남자들은 자신이 하늘이라고 생각할 수밖에.

여성1:이젠 그 생각이 틀렸다는 걸 알게 됐을 거야.

여성2:벌써? 한 1년쯤 지나면 모를까. 정신 차릴려면 멀었다구.

여성3:우리 한 번 알아 볼까? 우리 요구조건을 내걸고 어떻게 나오나 한번 시험해 보면 어때. 여성의 날에 결의한 주부강령을 무조건 수락한다면 돌아가고, 그렇지 않으면 말고. 솔직히 말하면 남자들이 좀 불쌍해지기 시작하거든.

여성1, 2:아무튼 우리 여자들은 너무 마음이 고와서 탈이라니까. 그래 당신이 한번 읽어 봐.

여성3:(가슴에서 종이를 꺼내 읽는다)

주부강령

1) 여성이 하는 모든 일이 사회적으로 필요한 일임을 인정하라. 가정주부의 노동 기본권을 보장하고, 정서적 관계맺음의 중요성을 인정하라.

2) 여성에게 대한 일체의 폭력을 근절하라. 아내 구타·강간 및 모든 성폭력범을 엄중히 처단하라.

3) 가사노동·육아·그리고 사회활동의 의무와 권리를 남녀평등하게 보장하라. 지역사회내 탁아소와 공동취사시설을 시급히 설치하라.

4) 지역의회 의석을 주부에게 비례제로 할당하라.

5) 남성의 인간성 회복을 위해 그들을 일하는 기계로부터 해방시켜라.

어느 수탉의 외침

* 다섯번째 뉴스—6월 8일/파업 90일째

앵커:39세의 견실한 중소기업체 사장이 15층 아파트 베란다에서 투신자살했습니다. 김민완 기자를 불러 사건경위를 알아 보도록 하겠습니다. 김민완 기자.

김민완 기자:(아파트단지 앞에서) 네, 오늘 아침 7시 이 아파트 15층에서 뛰어내려 목숨을 끊은 기만해 씨는 중학생인 딸과 국민학생 아들을 둔 가장으로 3월 8일 이전까지만 해도 자신이 이 세상에서 가장 행복한 사람이라고 입버릇처럼 자랑했다고 합니다. 그러나 주부 파업으로 아내와 아이들을 잃고 혼자가 되자 그 사실을 도저히 받아들일 수 없었습니다. 설사 아내와 아이들이 돌아온다 해도 남성의 자존심을 무참히 짓밟은 그들을 용서할 수 없을 것 같다는 말을 자주 했다는 것입니다. 그는 지난 밤 눈 한번 붙이지 않은 채 양주를 두 병이나 비웠습니다. 수신인을 밝히지 않은 유서 한 통이 그의 괴로왔던 심경을 말해 주고 있습니

다.

"나는 늘 승리의 고지를 향해 앞으로 앞으로 달리기만 했다. 젊은 나이에 돈과 지위를 거머 쥐었다. 회사에서는 유능한 최고경영자요, 가정에서는 위엄 있는 가장으로 존경을 받아왔다.

그런데 지금 나에게 남은 것은 무엇인가. 돈만 벌어다 주면 저절로 움직여 돌아갈 줄 알았던 가정이었는데, 가족들은 어느 날 갑자기 나를 버렸다.

이제 더 이상 나를 필요로 하는 곳은 없다. 나는 나 자신을 먹이기도 입히기도 힘들어 하는 무능력자가 되고 말았다.

내가 추구했던 것은 모두 껍데기뿐이었다. 껍데기……"

기만해 씨의 자살사건에 대한 전문가들의 의견을 들어 보겠습니다. 먼저 남성심리치료사 정분석 박사님을 모시겠습니다.

정분석 박사:글쎄요. 오죽 했으면 스스로 목숨을 끊었겠습니까마는, 왜 죽을 각오로 살지 못하는지 정말 아쉽습니다. 인명은 고귀한 거예요. 가족이 없다고 자살한다면 이 세상에 살아 남을 사람이 어디 있겠습니까. 인명경시 풍조, 이거 정말 문제입니다.

김민완 기자:이번에는 남성학 연구자이신 이해도 선생에게 한 말씀 부탁드리겠습니다.

이해도 선생:사회는 변화하는데 의식은 제자리에 머물러 있다면 결국 이런 결과가 올 수밖에 없습니다. 주부 파업 이후 남성의 성공이란 게 과연 무엇이냐는 냉철한 반성이 요구되고 있습니다. 남성들은 옛날의 좋았던 한때에 대한 미련을 과감하게 끊어야 합니다. 여성들을 억압하면서 얻은 성취가 무슨 의미가 있겠습니까. 이 기회에 우리 남성들도 해방되어야 합니다. 해방된 남성으로서 우리 아내와 아이들이 돌아오도록 적극 노력해야 합니다.

앵커:어린이와 여성들이 사라져 버린 사회의 혼란상이 문화계에도 반영되고 있습니다. 새로운 문화의 창조를 위해서 전 문화계가 진통하고 있습니다.

(화면—서점의 베스트 셀러 진열대. 문명필 작 《하얀 모래 위의 행복》이 1위를 나타내고 있다.)

고상한 기자:출간 한 달만에 1백만 부가 팔린 문명필 씨의 중편 《하얀 모래 위의 행복》이 장안의 지가를 올리고 있습니다. 이 책은 기만해 씨의 자살사건을 이미 예견했다는 듯, 평생을 과학에 몸 바쳐온 한 과학자를 내세워 삶의 가치가 무엇인지를 묻고 있습니다. 주인공은 자신에게 세계적인 명성을 가져다 준 기술이 자기 고향을 폐허로 만들고 인간을 기형으로 만들게 되자 자신의 업적에 회의를 품고 원자력발전소가 폭발한 고향의 폐허 속으로 뛰어 들어가 자살을 합니다. 한 번도 인간의 생명에 외경심을 품어 본 적이 없는 자신이 견딜 수 없었기 때문입니다.

또 최근 극장가에서는 《어느 수탉의 외침》이라는 영화가 공전의 히트를 기록하고 있습니다. 경쟁위주의 사회에 적응할 수 없었던 여린 감성의 소유자인 주인공이 10년 동안의 방황과 좌절 끝에 '행복한 주부'가 된다는 내용입니다. 주인공의 마지막 대사 "중요한 건 그게 아니었다"는 경제적 능력과 가부장적 권위를 최고의 가치로 여기던 주인공이 적성과 평등의 가치를 받아들이게 되면서 깨달음을 얻고 한 말로서, 이 대사는 최근의 상황과 절묘하게 맞아떨어져 전남성의 유행어가 되었습니다.

그 밖에도 연극, 미술계 등 문화계 전반에서는 어린이와 주부가 사라진 의미에 대한 진지한 물음이 제기되고 있습니다. 문화평론가들은 남성의 반성과 고뇌라는 테마를 비껴간다면 진정한 예술가가 아니라고 단언하고 있습니다.

남성들, 무조건 항복하다
* 여섯번째 뉴스—6월 9일

앵커:진짜 긴급뉴스입니다. 남성들이 무조건 백기를 들었습니다. 어제

오전 새빛광장에 모여든 수백만 명의 남성들은 '주부귀환촉구 비상대책위원회'를 결성, 그 대표위원으로 현명해 씨를 선출하였습니다. 비대위는 12시간의 마라톤회의 끝에, 여성들의 요구조건을 무조건 수락하기로 결정하였습니다.

곧이어 현명해 위원의 성명발표가 있겠습니다.

현명해 위원: (넥타이 없는 와이셔츠 차림에 덥수룩한 머리) 친애하는 국민, 아니 남성 여러분, 그간 얼마나 혼란스럽고 또 얼마나 고통스러우셨습니까?

사실 저는 처음 주부증발사건이 일어날 때만 해도 이런 사태가 오래 갈 것이라고 생각하지 못했습니다. 주부들이란 뭐니뭐니 해도 남편과 아이들을 떠나서는 살 수 없는 존재라고 믿었기 때문입니다. 분위기에 밀려서 사라지는 척 했지만 곧 제풀에 꺾여서 돌아오리라고 생각했습니다. 그리고 그때까지 기다렸다가 돌아오면 단단히 혼을 내야겠다고 작정하고 있었습니다.

여러분 역시 마찬가지였을 겁니다. 그리고 주부직업병 따위야 죽을 병도 아닌데 뭐 그리 호들갑을 떠느냐, 조금은 괘씸한 기분까지 들었습니다.

그런데 이런 우리의 생각이 잘못임이 드러났습니다. 그들은 돌아오지 않았습니다. 그리고 그들이 생명처럼 사랑했던 아이들이, 우리를 버리고 그들을 찾아 사라져 버렸습니다. 젊은 여성들은 다르게 생각하려니 했는데 마찬가지였습니다. 우리는, 주부를 너무 얕보았던 것입니다. 그들의 괴로움을 전혀 이해하지 못한 것입니다.

그들이 사라진 후의 참담한 생활을 통해 우리는 남성들이 얼마나 어리석고 잘난 척 하는 인간이었는가를 깨달았습니다. 그리고 앞으로 이런 사태가 하루라도 더 지속된다면 그것은 곧 지옥이라는 생각에 우리는 동의하게 되었습니다. 이것은 인류 최대의 재앙입니다. 이 재앙을 물리치기 위해 우린 우리가 할 수 있는 모든 일을 해야 합니다.

그런데 그 일은 우리가 마음만 고쳐먹으면 또 너무나 쉬운 일일니다.

즉 여성들이 내걸었던 주부강령을 무조건 수락하는 일입니다.

이것이 패배일까요? 아닙니다. 본위원회는 어제 12시간 동안의 토의 결과, 주부강령은 주부뿐만 아니라 바로 우리 남성들까지도 해방시키기 위한 요구임을 깨달았습니다(감격에 겨워 울먹인다).

그렇습니다. 주부강령은 이 세상을 사람이 사는 사회로 바꿀 것입니다. 우린 그들에게 고마와 해야 합니다.

다시 강조하거니와, 우린 무조건 수락하기로 결정했습니다. 이젠 여성들의 처분만 바라겠습니다.

앵커:(울먹이며) 모두의 승리입니다! 드디어 해냈습니다! 증오와 반목의 시대는 가고 화해와 일치의 시대가 왔습니다. 그럼 카메라를 새빛광장에 나가 있는 맹한남 기자에게 돌리겠습니다.

맹한남 기자:이곳 광장은 온통 열광의 도가니로 변했습니다. 불과 이틀 전만 해도 문제해결의 열쇠를 정부에 요구하면서 '무능정권 물러가라'고 부르짖던 남성들이 어제부터 완전히 딴사람으로 바뀐 것 같습니다. 자발적으로 비대위를 결성한 이후, 그들의 태도는 자유롭고 자신만만해졌습니다. 현명해 위원의 성명을 들으면서 그들은 뭔가 확신을 가지게 된듯 서로 어깨를 두드리며 감격적인 장면을 연출하고 있습니다. 직접 이야기를 들어 보겠습니다.(남성A에게) 기분이 어떠십니까?

남성A:네, 최곱니다. 우리는 해냈어요. 우리가 반성하고 마음을 모았으니 그들은 이제 돌아올 겁니다. 왜 이렇게 쉬운 일을 이제야 하게 됐는지 모르겠습니다.

(맹한남 기자, 남성들에게 마이크를 들이댄다)

남성B(술 취해):(중얼거림)오기만 해봐라. 후려 갈겨줄테니……

남성C:남성의 한 사람으로서 정말 자랑스럽고 기쁩니다. 이제 모든 게 잘될 겁니다. 이제 우리는 행복해질 겁니다.

남성D:(권모술수형) 우선 오게 해 놓고 보라지……

남성E:여보, 빨리 돌아와요. 환영축하연을 열어 내 요리 솜씨를 보여줄테니.

맹한남 기자:잠깐, 어디다 대고 말씀하십니까?

남성들:보라의 나라!

맹한남 기자:어떻게 말입니까? 누구에게요?

남성들:그들은 그냥 압니다. 우리들 마음이 모아지면 그들에게 그냥 전해지는 겁니다.

맹한남 기자:정말 동화 같은 이야기입니다만 저로서도 믿지 않을 도리가 없습니다. 이제까지의 모든 일들이 믿을 수 없으면서도 믿지 않을 수 없었으니까요.(동쪽 하늘을 향해) 어머니, 돌아오세요!

여성들 돌아오다

(보라의 나라, 여성회의)

여성1:저들이 정말 마음을 바꾸었네.

여성2:어떻게 저런 일이!

여성3:우리가 한 거야. 우린 해냈어요.

여성1 : 자, 이제 어떻게 하지?

여성2:당장 가야지!

여성3:잠깐, 그동안 생각해 온 것들을 잘 정리해 보기로 합시다. 유비무환이니까 말이예요.

여성1:맞아. 만약 잘못 틀어지면 큰일이니까. 우선 돌아가기 전에 우리들끼리 비상연락망을 짜 놓아야 해요.

여성2:그래 난 남편이 또 손찌검하면 갈 집이 필요해요.

여성3:아이들 맡길 곳도 서로 의논해 놓아야지. 누가 직장을 나가건 간에 서로 돌아가면서 보살필 수 있어야 해요. 우리가 모두 하나임을 확인한 이상 우린 해낼 수 있어요. 자 우리 함께 <주부의 다짐>을 외어 봅시다.

여성들 모두 :

주부의 다짐

1) 각자에게 문제가 생겼을 때 혼자 고민하지 않고 자매들과 함께 풀어간다.

2) 남의 아이와 내 아이의 미래를 함께 걱정한다.

3) 남성들이 공동체적 삶을 살아갈 수 있도록 함께 도와준다.

4) 사람답게 살 수 있는 사회를 만들 때까지 우린 함께 뭉쳐, 깨어 있는 사회주부가 된다.

그럼 우리 매달 보름에 만나는 것 잊지 말고, 갑시다. 새 세상 만들기 위해.

(강강수월래 노래에 맞추어 모두 손을 잡고 춤을 추며 돈다.) ■

장미 철쭉 민들레 제비꽃 털여귀꽃
할미꽃 도라지꽃 봉숭아 노루오줌꽃
우리는 그저 꽃이다.
피어남보다도
꺽임을 위해서 아름다운 꽃
바람결 같은 욕정 앞에서
쉽게 잊혀지기 위해
이름표를 달지 않은 꽃
말없는 꽃
행동하지 않는 꽃
죽은 꽃
천번 죽어도 꽃이라는데
꽃이고 싶지 않은 이들이
어스름 속 지워진 이름을 찾고 있다
——이성애, '작은 꽃에도 이름있으나' 중에서

"사실은 이렇단다"

일본자기사연구회편/허순희*

나의 삶, 〈나의 역사〉를 기록해 봅시다.

여성의 삶은 지금까지 남성의 그늘에 가려져 기록에 남아 있는 것이 거의 없는 실정이다. 여성의 삶은 흔히 개인적이고 하찮은 것으로만 간주되어 남성중심의 역사 기록에서 제외되어져 왔기 때문이다. 때문에 우리의 어머니, 할머니들이 어려운 역사 속에서 남자들과 함께, 오히려 어떤 때는 더 무거운 짐을 져 왔는데도 불구하고 우리는 대부분의 이야기를 잃어버린 채 어렴풋이 남아 있는 기억 속을 더듬거리며 몇몇 이야기만을 전할 수 있을 뿐이다. 우리 여성들은 할 말을 많이 가지고 있다. 여성이기 때문에 맛볼 수 있었던 기쁨, 또 여성으로 태어났기 때문에 겪어야 했던 어려움, 고통, 꼭 알리고 싶은 이야기들……

"사실은 이렇단다." "어머니(할머니)는 이렇게 살아왔단다."

우리의 아이들, 친한 친구에게 이렇게 들려 주고 나누고 싶었던 이야기들을 이제는 우리 자신의 손으로 적어 남기는 작업을 시작해 봄이 어

---

* 이 글은 일본자기사연구회가 만든 〈여성들의 자기사(自分史) 노트〉를 참고로 썼으며, 번역은 현재 연세대 사회학과에 공부중인 일본인 사사끼 노리꼬 씨가 맡아주었다.

떨까?

　이러한 작업은 우리 여성들의 삶을 간직하는 데 도움이 될 뿐만 아니라 생활에 쫓겨 자신을 잃고 살던 우리들에게 내 자신과 마주보는 시간을 만들어 주리라 본다. 또한 이제까지 살아온 내용을 써 나가는 과정 중에 자신도 모르고 있었던 장점과도 만나게 되고 또 한편으로는 "그때는 그렇게 했었어야 좋았을 텐데 …"하는 반성을 할 수도 있으며 깨닫지 못했던 주위 사람의 귀중함과 함께 감사하는 마음을 가질 수 있는 등 여러 의미로 자신의 인생을 보다 충실하게 할 수 있는 계기를 마련할 수도 있을 것이다. 왜냐하면 자신에 대한 삶을 기록하다 보면 자신을 돌이켜 볼 수 있을 뿐더러 가족의 역사, 태어나 자라난 시대의 흐름을 생각해 볼 수 있기 때문이다.

　어떻게 쓸까? 망설이지 말고 우선 시작해 봅시다.

　요즈음 책방에 가면 우리는 《자서전》으로 나온 많은 책들을 보게 된다. 유명한 정치가나 사업가, 학자, 배우 등 사회에서 눈부신 활약을 한 사람들이 자신의 생을 돌아보고 자신의 추억담이나 업적을 기록, 정리한 그런 것들이다. 우리는 이러한 자서전을 통해 그들의 성장과정이나 활동을 보면서 인생의 교훈을 삼는 경우도 적지 않다.

　우리가 쓰고자 하는 것도 이런 자서전과 비슷한 형식을 빌릴 수 있다. 그러나 여기에 좀더 욕심을 부리자면 지금까지 일반적인 자서전이 한 개인을 둘러싼 시대나 사회의 움직임 또는 분위기와 무관하게 쓰여져 있지만 우리는 자신들의 삶을 시대와 사회 속에 놓고 적어나가 보는 노력을 기울여 보자는 것이다. 이를 위하여 자신에 대한 객관적인 자료는 물론 나를 둘러싸고 있는 이 사회의 현실과 문제에 대해서도 관심을 기울이는 노력과 습관이 필요하다고 하겠다.

　또한 여성 자신의 시각에서 자신의 경험을 기록해 나가는 것이 무엇보다 중요하다. 지금까지 역사는 남성의 시각에서 추려진 업적이나 찬사들로 그럴 듯하게 꾸며져 왔으나, 우리 자신의 역사를 쓸 때는 나와 직접 연결된 여성, 여성의 시대적 상황을 보여 주는 당시의 법률의 제정이나 제도의 성립 등을 고려하면서 자신의 삶을 구체적이고 종합적으로 적어 나가는 것이 좋으리라 본다. 이러한 가운데 나 자신의 삶의 변화과정과 변화의 계기는 물론 과거 우리 어머니, 할머니들의 삶과 나의 삶이 어떻게 연결되어 있는지 발견하는 기쁨을 발견하게 될 것이다.

또 여성들이 평소 쓰고 있는 생활가계부도 좋은 자료가 될 수 있다. 가계부는 그야말로 그날그날 소비생활의 기록들이므로 가계부에서 주요 부분을 발췌하여 오려 붙이거나 생활주기에 따른 소비생활의 변화과정을 적어 넣는 것도 한 방법이 될 수 있다.

아이를 가진 여성이면 그 아이를 임신하였을 때부터 자신의 몸의 변화, 이에 따른 심리적인 변화를 기록해 나가는 것도 자신에게나 아이에게나 귀중한 기억의 한 페이지를 장식할 수 있을 것이다.

여러 가지 자신의 가능성을 실험해 보는 것은 어떨까? 원고나 편지를 작성하여 방송국, 잡지사에 투고해 본다거나, 나의 역사를 적어 나가는 노트에 어울리는 삽화를 도안해 본다거나 남기고 싶은 장면을 사진으로 찍어 보는 시도를 해봄도 좋을 것이다.

〈나의 역사〉 노트를 만들기 위한 몇 가지 힌트

1) 이 노트는 나의 역사를 쓰기 위한 노트인만큼 오래 간직할 수 있도록 두꺼운 겉표지에 언제나 자료를 보충하고 빼어쓸 수 있는 파일식 노트로 마련하는 것이 좋다. 파일식 노트는 때와 장소에 상관없이 기록자가 필요한 때 기록하는 데 편리할 뿐만 아니라 친구들, 이웃들과 공통된 경험을 중심으로 이야기를 나누고자 할 때 혹은 딸에게 아들에게 기록 중 어떤 부분만을 보여 주고 싶을 때도 그 부분만 따로 떼낼 수 있기 때문에 편리하게 사용할 수 있다.

2) 첫 페이지에는 자신의 이름을 기입한다.
3) 이 노트를 처음 사용하기 시작할 때 당시의 자신에 대해서 기록해 둔다.

방법	지금의 나

지금의 나

살고 있는 곳
지역
가족상황
직업
경제상태
건강상태
취미. 스포츠
성격. 특기
모임
좋아하는 옷차림(힌트 : 디자인을 손수 그리거나 천, 사진 등을 붙이
는 것도 재미있는 방법 중 하나)
인상적인 사회의 사건
친한 친구, 이웃
내가 보는 나(장점, 단점)
왜 나는 나의 역사를 써 보려는 시도를 하고 있나?

＊이러한 항목을 힌트로 하여 지금의 나를 기록하고 시작하는 년, 월, 일, 나이 등을 기록해 둔다.

4) 지금까지의 나를 기록한다.

<table>
<tr><td rowspan="1">방법</td><td>뒤돌아 본 나</td></tr>
</table>

방법

뒤돌아 본 나

출생에 대하여

　　　(힌트 : 출생지, 출생했을 때, 출생했을 때의

　　　　　　사회적 상황, 가족상황, 출생시 체중, 신장, 건강상태 등)

국민학교 입학 전의 나

　　　(힌트 : 살고 있던 곳, 자주 놀았던 곳, 친구들, 유치원, 선생님, 추

　　　　　억의 사건들)

국민학교 시절

　　　(힌트 : 살았던 곳, 국민학교 때 나의 모습, 선생님, 친구들, 소풍,

　　　　　학예회, 운동회, 인상적인 사성적표, 첫사랑, 특별활동, 과

　　　　　외활동 등)

중학교 시절

　　　(힌트 : 살았던 곳, 학교의 모습, 중학교의 역사, 교풍, 선생님, 친

　　　　　구들, 친한 그룹, 좋아한 학과, 싫어한 학과, 교복, 체육제,

　　　　　학예회, 문화제, 과외활동, 스포츠, 자주 했던 놀이, 자주

　　　　　갔던 장소, 인상적인 사건, 연애, 감명깊게 읽은 책, 전쟁,

　　　　　사회적 사건이나 변화)

고등학교 시절

5) 세대에 따른 자기를 쓴다.

〈나의 역사〉 노트를 사용하면서, 〈나의 역사〉를 쓰는 동안에 우리는
자신도 변하고 주위의 상황도 변함을 느낄 수 있을 것이다. 40 대에는
보이지 않았던 것들이 50 대가 되면서 확연하게 보인다든지 50 대에는
쓰기 힘들었던 것이 60 대가 되면 쉽게 쓰인다든지, 60 대에는 나를
공개하는 것이 껄끄럽고 거북스러웠는데 70 대가 되어서는 자연스럽

게 느껴지는 경험을 하게 될지도 모른다. 따라서 세대별로 자신의 역사를 기록해 두는 것이 바람직하다.

6) 나 자신만큼, 여성들에게 있어서 주위 사람들은 나를 이해하는 데 좋은 참고 자료가 될 수 있다. 남편에 대해서, 부모에 대해서, 아이들에 대해서 성장과정, 성격, 취미, 여러분에게 준 영향 등을 적어 둔다.

7) 추억의 난을 만들어 본다.

<table>
<tr><td>방법</td><td>

• 추억의 사건

　(힌트 : 즐거웠던 일, 기뻤던 일, 슬펐던 일, 고통스러웠던 일)

• 우리 가정의 경제상태 변화

　(힌트 : 나의 수입 변화, 가족의 경제상태, 재산, 가계부의 발췌)

• 시대와 함께 한 삶

　(힌트 : 사회의 사건들과 나와의 관계, 물가의 변동과 우리 가족의
　　　　 생활 등)

• 나의 모습 변화

　(힌트 : 나이별로 본 나의 머리형 변화, 좋아했던 옷차림, 백, 구두,
　　　　 악세사리, 소품 등)

• 우리 집의 생활

　(힌트 : 우리집의 대표적인 요리, 잘 먹었던 요리, 방의 배치, 마음
　　　　 에 드는 인테리어, 정원수나 꽃, 애완동물, 우리집의 오락
　　　　 등) ■

</td></tr>
</table>

주부, 그 막힘과 트임
[또 하나의 문화] 제6호

● **초판 발행일**
1990년 7월 7일

● **11쇄 발행일**
1999년 6월 23일

● **편집인**
또 하나의 문화 동인들

● **발행인**
유승희

● **발행처**
도서출판 또 하나의 문화

● **주소**
서울 서대문구 창천동 53-57 우일빌딩 4층 (120-180)

● **전화**
(02) 324-7486

● **팩스**
(02) 323-2934

● **홈페이지**
http://tomoon.com

● **출판등록번호**
1987년 12월 29일 제9-129호

● **ISBN**
89-85635-16-6 03330

한반도를
핵폭탄
싫어!
평화
이 땅에